PLOTIN
ET L'ORDONNANCEMENT DE L'ÊTRE

Derniers ouvrages parus dans la même collection

BERMON E., *Le cogito dans la pensée de saint Augustin*, 2001, 432 p.

ZAMBON M., *Porphyre et le Moyen-Platonisme*, 2002, 400 p.

SAFFREY H.D., *L'Héritage des Anciens au Moyen Âge et à la Renaissance*, 2002, 318 p.

PLOTIN, *Sur le ciel* [*Ennéade* II, 1 (40)]. Introduction, texte grec, traduction et commentaire par R. Dufour, 2003, 190 p.

PRADEAU J.-F., *L'imitation du principe. Plotin et la participation*, 2003, 188 p.

SCHNIEWIND A., *L'éthique du sage chez Plotin, Le paradigme du spoudaios*, 2003, 238 p.

VIANO C. (dir.), *L'alchimie et ses racines philosophiques. La tradition grecque et la tradition arabe*, 2005, 242 p.

PORPHYRE, *Sentences*. Édition sous la direction de L. Brisson, 2005, 2 tomes, 874 p.

PONTIER P., *Trouble et ordre chez Platon et Xénophon*, 2006, 528 p.

BÉNATOUÏL Th., *Faire usage : la pratique du stoïcisme*, 2006, 364 p.

HISTOIRE DES DOCTRINES DE L'ANTIQUITÉ CLASSIQUE
Fondateur : Jean Pépin Directeur : Luc Brisson

XXXVI

PLOTIN ET L'ORDONNANCEMENT DE L'ÊTRE

Étude sur les fondements et les limites de la "détermination"

par

Bernard COLLETTE-DUČIĆ

Ouvrage publié avec le concours de la Fondation Universitaire de Belgique

PARIS
LIBRAIRIE PHILOSOPHIQUE J. VRIN
6, Place de la Sorbonne, V^{e}

—

2007

Imprimé en France
ISSN 0153-0828
ISBN 978-2-7116-1946-7
www.vrin.fr

AVERTISSEMENT

Les œuvres de Plotin sont citées d'après l'édition des *Plotini Opera* publiée dans la collection « Oxford Classical Texts » par P. Henry et H.-R. Schwyzer, 1964-83, également appelée « *editio minor* ». Pour les autres auteurs anciens cités, le lecteur trouvera les références des éditions utilisées dans la bibliographie, à la fin de cet ouvrage.

Pour la traduction des passages cités de Plotin et d'autres auteurs anciens, j'ai eu recours, le plus souvent, aux traductions déjà existantes. Dans ce cas, je donne le nom du traducteur entre parenthèses, après la référence. Les traductions qui ne sont pas accompagnées du nom d'un traducteur sont de ma main.

Enfin, pour faciliter leur lecture, j'ai traduit en français les citations des commentateurs contemporains non francophones.

Ce livre contient quelques abréviations. Voici leurs significations :

D.-K. *Die Fragmente der Vorsokratiker*, texte et index par H. Diels et W. Kranz, Berlin, Weidmann, 1964 [1922].

K.-R.-S. *Les philosophes présocratiques. Une histoire critique avec un choix de textes*, par G.S. Kirk, J.E. Raven et M. Schofield, Paris, Cerf, 1995.

SVF *Stoicorum Veterum Fragmenta*, texte établi par J. Von Arnim, Leipzig, Teubner, 1903-1905.

LS *The Hellenistic Philosophers*, t. I-II, texte, traduction et commentaire par A.A. Long et D.N. Sedley, Cambridge, Cambridge University Press, 1987.

H.-S. *Plotini Opera* [*editio major*], t. I-III, texte établi par P. Henry et H.-R. Schwyzer, Leiden, Brill, 1951-1973.

H.-S.[2] *Plotini Opera* [*editio minor*], t. I-III, texte établi par P. Henry et H.-R. Schwyzer, Oxford, Oxford University Press, 1964-1983.

Les références aux textes de Plotin reprennent, dans l'ordre, l'*Ennéade* (en chiffres romains, de I à VI), le numéro du traité (de 1 à 9), le numéro chronologique du traité (indiqué entre crochets, de 1 à 54), le chapitre et la (ou les) ligne(s) citée(s).

Le propos n'est pas simple,
les points de vue sont multiples,
les commentateurs successifs proposent des scolies incompatibles,
une formulation globale et définitive est exclue sauf à gauchir le sens du message.
Robert Pinget, *L'Apocryphe*.

Pour Sandra

Ce livre constitue la version remaniée d'une thèse de doctorat soutenue à l'Université Libre de Bruxelles le 16 décembre 2004. Je tiens ici à remercier chaleureusement les membres du jury pour leurs commentaires et encouragements : Lambros Couloubaritsis, Luc Brisson, Carlos Steel, Jean-Luc Solère et Baudouin Decharneux. Je remercie également très sincèrement Wilfried Kühn ainsi que les deux lecteurs anonymes de la Fondation Universitaire de Belgique pour les critiques circonstanciées qu'ils ont accepté de faire de ce travail.

Ma reconnaissance va directement à mon directeur de thèse, Lambros Couloubaritsis, qui n'a cessé, depuis le début, de me soutenir dans mes recherches et qui, le premier, m'a initié à la philosophie plotinienne.

Plusieurs personnes on eu la gentillesse de relire cet ouvrage et m'ont évité, ce faisant, de nombreuses fautes : Laurence, Sylvain, Sabrina, Monique et Pierre, Françoise et François. Qu'ils reçoivent ici le témoignage de ma gratitude.

Une pensée particulière va à Sylvain Delcomminette. Ses encouragements, ses critiques, l'amitié qui nous lie depuis plusieurs années, tout cela a contribué de manière décisive à l'accomplissement de ce livre.

Enfin, mes remerciements vont à Luc Brisson et aux Éditions Vrin, pour avoir accepté de publier ce livre, ainsi qu'à la Fondation Universitaire de Belgique, pour en avoir soutenu financièrement la publication.

INTRODUCTION

Plotin, philosophe du troisième siècle après J.-C. et fondateur de l'Ecole néoplatonicienne, affirme que les doctrines qu'il professe ne sont pas nouvelles puisqu'elles ont été établies bien avant lui par Platon. Nul ne doute, cependant, à la lecture des *Ennéades*, de la singularité de l'œuvre qui s'en dégage, singularité qui fait passer son auteur, peut-être malgré lui, du statut de commentateur à celui de philosophe à part entière. L'un des points de démarcation essentiels de la pensée plotinienne relativement à celle de Platon se laisse immédiatement voir à travers l'expression « monde intelligible »[1] ou *kosmos noètos* qu'il utilise a plusieurs reprises pour caractériser le « lieu de la pensée »[2] où sont rassemblées les Idées. Une telle expression témoigne de la nouvelle perspective adoptée par l'approche plotinienne : il ne s'agit plus seulement, désormais, d'envisager les idées comme les principes explicatifs du monde sensible et des réalités englobées par celui-ci, mais de les comprendre elles-mêmes comme les parties d'un tout, parties qui ne prennent sens et nécessité que par leur appartenance à ce tout.

L'idée d'une ordonnance des êtres n'est bien entendu pas en soi neuve. Les stoïciens – dont l'influence sur Plotin, en la matière, n'est pas mince – ont les premiers défini le monde comme un σύστημα ou système en lequel, du fait d'être gouvernés par une nature unique, les êtres (dieux, hommes et choses engendrées pour eux) sont en relation de mutuelle sympathie. Le corollaire immédiat d'une telle doctrine est que rien, dans le monde, n'est dès lors sans raison : tout ce qui arrive se produit du fait d'une cause et possède, par là même, une *nécessité*. D'une manière similaire, Plotin va chercher à montrer que, dans le monde sensible, rien n'est dû au hasard car tout, ultimement, est régi « jusque dans les moindres détails »[3] par une loi divine qui trouve son siège dans l'intelligible. L'idée de nécessité, cependant, ne peut se limiter au domaine du sensible car les intelligibles constituent également une multiplicité et il serait inconcevable que les éléments d'une telle multiplicité ne trouvent aussi à s'ordonnancer dans l'unité. Cet ordonnancement, c'est ce que Plotin appelle σύνταξις.

En intégrant les intelligibles dans une ordonnance divine, Plotin assure aux idées une nécessité. Mais cette nécessité a un coût. En effet, faire de l'intelligible

1. Cf. *Enn.* IV 8 [6] 3, 8.
2. Cf. *Enn.* IV 8 [6] 3, 7. Une telle expression pourrait trouver son origine en *Phédon* 80d.
3. Cf. *Enn.* IV 3 [27] 16, 15-17.

un ensemble systématique où chaque idée se voit reliée aux autres par un lien nécessaire, à la manière des multiples théorèmes composant une science unique, n'est pas un geste neutre puisqu'il mène à envisager les intelligibles comme le résultat d'une génération (qui leur donne sens), donc comme des réalités secondes : les idées sont ce qu'elles sont et ont le nombre qu'elles ont parce qu'elles ont été engendrées sous l'action de deux principe, l'Un et la matière de l'intelligible. En particulier, elles doivent leur unité, donc leur nécessité, à l'Un lui-même, lequel demeure « seul et isolé », au-delà du monde intelligible.

En faisant des idées des réalités secondes, Plotin transforme, dans le même mouvement, le statut traditionnellement accordé à la *détermination*, attribut essentiel de l'être. Rappelons, en effet, que l'idée est ce qui désigne le « ce qu'est », l'essence, donc l'être. A la différence des réalités sensibles constamment en devenir et donc en flux, les intelligibles représentent ce qui « demeure identique et de la même manière »[1], c'est-à-dire ce qui est parfaitement *déterminé*. Cette détermination s'exprime, chez Plotin, en termes de « limite » : « l'être ne doit pas flotter, pour ainsi dire, dans l'illimité (τὸ δὲ ὂν δεῖ οὐκ ἐν ἀορίστῳ οἷον αἰωρεῖσθαι), mais doit se voir fixé par une limite et trouver le repos (ἀλλ' ὅρῳ πεπῆχθαι καὶ στάσει) ; le repos est, pour les intelligibles, la délimitation et la forme (στάσις δὲ τοῖς νοητοῖς ὁρισμὸς καὶ μορφή), grâce auxquelles ils acquièrent aussi l'existence (οἷς καὶ τὴν ὑπόστασιν λαμβάνει) »[2]. Le fait d'être délimité et de posséder une forme (laquelle est une différence qui permet de distinguer les intelligibles entre eux) est la condition même de l'existence de l'être. C'est aussi ce qui fait de l'intelligible, à quelque niveau que l'on se place dans son ordonnance, quelque chose de *particulier*, un « certain ceci » ou τόδε τι, comme le dit Plotin en *Enn.* V 5 [32] 6, 5, reprenant ainsi à son compte l'un des attributs qu'Aristote avait, avant lui, accordé à l'οὐσία[3].

Or, si la détermination est le propre de l'être et donc de l'ordonnance intelligible dans son ensemble, l'Un, qui est ce qui fonde ultimement une telle ordonnance, étant en-dehors de l'être, est également en-dehors de la détermination. Et en effet, l'Un, nous dit Plotin, n'est pas lui-même « quelque chose (τι) »[4]. Étant la source de toute détermination, il est non spécifique (ἀνείδεον), sans forme (ἄμορφον), donc illimité (ἄπειρον) : « l'Un doit être non spécifique (ἀνείδεον). S'il est non spécifique, il n'est pas une essence, car une essence doit être un certain ceci (τόδε γὰρ τι δεῖ τὴν οὐσίαν εἶναι), c'est-à-dire quelque chose de défini (ὡρισμένον) ; mais il est impossible de saisir l'Un comme un ceci (τὸ δὲ οὐκ ἔστι λαβεῖν ὡς τόδε) »[5].

1. Cf. *Enn.* VI 7 [38] 13, 4-8. On trouve cette expression, chez Platon, en *Phédon* 78d6 et 79d5 et *Sophiste* 248a12.
2. Cf. *Enn.* V 1 [10] 7, 24-26, traduction de F. Fronterotta, modifiée.
3. Cf. *Catégories* 5 3b10-13 et *Métaphysique* K 1060b19-23.
4. *Enn.* VI 9 [9] 3, 37.
5. *Enn.* V 5 [32] 6, 4-7.

Il y a ainsi, à l'extérieur du système de l'être, une indétermination essentielle, celle de l'Un. Mais cette extériorité comprend également ce que Plotin appelle la matière dernière, à savoir ce qui est engendré par les dernières puissances de l'intelligible, mais qui demeure incapable de trouver son accomplissement dans une forme et une délimitation. Cette matière, qui apparaît cette fois en deçà de l'être, c'est-à-dire postérieurement à lui, est donc également indéterminée, de sorte que l'on constate, finalement, que le système de l'être, chez Plotin, est entouré par une double indétermination : en amont, celle de l'Un, et en aval, celle de la matière dernière.

La question est alors de tâcher de comprendre quels rapports il existe entre l'intérieur du système et ce qui l'entoure et lui est autre. Par exemple, comment comprendre que la détermination de l'être trouve son fondement et son origine dans l'indétermination de l'Un? Comment, à partir de ce qui est absolument dépourvu de déterminations, de ce qui est « sans forme » et « sans spécificité », peut-il advenir un tout délimitant en lui une multiplicité de parties, dont chacune est à la fois essentiellement reliée aux autres tout en étant parfaitement identique à soi? En outre, si l'on admet que la détermination et l'ordonnance de l'être sont issues de l'Un, que reste-t-il de l'indétermination de ce dernier dans l'être? Faut-il considérer qu'elle a totalement disparue ou bien que l'être, malgré la détermination essentielle qui le caractérise, en a gardé une trace? C'est à ces questions cruciales, qui mettent en jeu la métaphysique plotinienne dans son ensemble, que j'ai essayé de répondre dans le présent ouvrage.

Pour ce faire, j'ai développé mon étude autour de trois pôles, auxquels correspondent les trois parties qui structurent ce livre.

La première partie a pour objet d'étudier le rôle causal joué par l'indétermination dans la constitution d'un *kosmos*, à savoir respectivement le *kosmos* intelligible et le *kosmos* sensible. Mes recherches ont permis de mettre au jour l'explication qu'en donne Plotin, explication au premier abord surprenante mais qui se révèle finalement absolument cohérente avec le reste de sa pensée. Ainsi, selon l'Alexandrin, c'est par l'incapacité de l'Intellect à penser l'indétermination de l'Un ou celle de la matière dernière qu'un *kosmos* advient. Autrement dit, il y a une sorte d'impuissance créatrice à l'origine de toute détermination : l'Intellect, en faisant de l'Un un objet de pensée, lui qui pourtant échappe à toute qualification et est, pour cette raison, impensable et indicible, lui confère simultanément une détermination étrangère. L'être est le résultat d'une telle détermination. Par là, on voit que l'être n'est pas autre chose que l'Un, non pas cependant l'Un en lui-même, mais bien l'Un en tant qu'il est envisagé par le prisme déterminant de la pensée, prisme par lequel il éclate en une multiplicité ordonnée d'intelligibles. Il en va de même pour la matière dernière. L'âme, explique Plotin, souffrant à la vue de la nature indéfinie de la matière et ne pouvant plus supporter de demeurer dans le non-être, « applique à la matière la spécificité des choses » (*Enn.* II 4 [12] 10, 31-35). Autrement dit, c'est parce que l'indétermination de la matière provoque en l'âme souffrance et effroi, que cette dernière détermine la matière, l'informe en lui appliquant les idées qu'elle tient en elle. Il y a, dans le chef de l'âme, une impuissance à soutenir une pensée de la matière en tant que matière et c'est cette impuissance qui la contraint à la penser sous le mode d'un corps, c'est-à-dire sous le mode d'une matière spécifiée.

Une fois étudiées les conditions de possibilité de la détermination de l'intelligible, la deuxième partie s'attache à mieux cerner ce qu'il en est, proprement, de la détermination de l'être, envisagée cette fois dans l'immanence de l'Intellect. Cette recherche nous mènera à aborder le traité VI 6 [34], traité explicitement dédié à l'étude du nombre. Il s'avère en effet que le nombre est non seulement ce qui, d'après Plotin, manifeste la parfaite limitation de l'intelligible, mais également ce qui en règle la génération et assure la nécessité : c'est avec le nombre, peut-on lire, que « l'être engendre les êtres en se mouvant conformément au nombre (κατ' ἀριθμόν) »[1]. Après avoir étudié la structure hénologique du nombre en général, nous analyserons la structure tout à fait originale que prend l'Intellect dans le traité *Sur les Nombres*, une structure à trois termes : l'être-l'intellect-le vivant total. Cette structure nous permettra de mieux comprendre en quoi consiste le phénomène de pluralisation interne de l'intelligible, à savoir non pas une multiplication quantitative mais une forme de distinction progressive de ce qui, à l'origine, existe en puissance à l'état indistinct.

Une fois déterminé l'ordonnancement particulier que le nombre donne à l'être, la troisième et dernière partie aborde alors la question de la présence de l'indétermination dans le système de l'être en tant que tel. En effet, même si l'ordonnance de l'être apparaît comme le résultat d'un mouvement de limitation d'une illimitation initiale, on constate que l'*apeiron*, entendez l'illimité, demeure en lui présent et actif. A dire vrai, un tel *apeiron*, qui se présente sous deux formes différentes, apparaît comme essentiel au système de l'être, puisqu'il assure à la fois une pluralisation interne de l'être et la totalisation de la pluralité ainsi engendrée. Pluralité et totalité constituent les deux exigences auxquelles l'ordonnancement de l'être a à satisfaire. La raison en est que l'Intellect, qui est selon Plotin identique à l'être, d'une part, ne peut se mouvoir que dans la multiplicité, et, d'autre part, doit pouvoir penser la totalité des intelligibles à travers chacun de ses actes, même lorsqu'il prend pour objet un intelligible particulier. La compréhension de ces deux exigences permet d'éclairer, on le verra, les raisons qui ont poussé Plotin à appliquer à son ontologie un système hénologique original, système qui fait du tout non pas quelque chose de supérieur ou d'inférieur à ses parties, mais bien quelque chose d'identique. Un tel système nous révèle le monde intelligible comme un monde où le tout est présent en chacune de ses parties et où aucune de celles-ci n'est absolument pas séparée des autres. Dans un tel monde, cependant, chaque réalité conserve sa spécificité propre. C'est cette irréductibilité qui assure à la multiplicité des êtres de perdurer en tant que multiplicité.

1. Cf. *Enn*. VI 6 [34] 15, 24-25.

PREMIÈRE PARTIE

L'INDÉTERMINATION COMME CONDITION DE LA DÉTERMINATION

CHAPITRE PREMIER

L'IDÉE ET LES LIMITES DU SYSTÈME

L'IDÉE DE SYSTÈME CHEZ PLOTIN : LÉGITIMITÉ ET DÉLIMITATION

Historiquement, ainsi que l'écrit V. Goldschmidt, on s'accorde à reconnaître que « les stoïciens furent les premiers à employer le mot σύστημα au sens objectif de système du monde »[1]. Puisqu'un tel système est reconnu comme historiquement premier, il apparaît important, avant d'analyser ce qu'il en est chez Plotin, d'examiner les caractéristiques principales du *sustèma* stoïcien. Nous disposerons, de cette manière, d'une première définition de la notion de système ou, tout au moins, d'un critère de référence à l'aune duquel nous pourrons comparer la position plotinienne.

Le sustèma *stoïcien*

Nous avons conservé plusieurs témoignages concernant la définition du monde comme *sustèma* par les philosophes du Portique, témoignages qui nous montrent que cette définition à été très tôt développée dans l'Ecole, probablement avec Chrysippe[2] (IIIe siècle avant J.-C.), et qu'elle a persisté au moins jusqu'à Cléomède[3] (IIe siècle après J.-C.). Dans un texte tiré des *Vies et doctrines des philosophes illustres* de Diogène Laërce, on trouve cette définition attribuée à Posidonius, philosophe rhodien du Ier siècle avant J.-C. dont l'influence sur Plotin a été notée par plusieurs commentateurs modernes[4] :

1. V. Goldschmidt, *Le système stoïcien et l'idée du temps*, Paris, Vrin, 1953, p. 61 (désormais cité V. Goldschmidt, *Le système stoïcien*...).

2. Cf. *SVF* 2.527.

3. Cf. *SVF* 2.562.

4. *Cf.* W. Theiler, *Die Vorbereitung des Neuplatonismus*, Berlin, Weidmannsche Buchhandlung, 1930 p. 61-109 et « Plotin zwischen Plato und Stoa », dans P. Henry, P. Hadot, O. Gigon, O. Reverdin (éd.), *Les sources de Plotin*, Genève, Fondation Hardt, 1960, p. 75-76 (désormais cité P. Henry *et al.* (éd.), *Les sources*...) – voir également la discussion retranscrite à la suite de cet article, où

> Le monde (κόσμος), selon Posidonius, « est un *système* (σύστημα) formé du ciel, de la terre et des natures qui sont en eux, ou bien un *système* (σύστημα) formé par les dieux, les hommes et les êtres créés pour eux. Le ciel est l'ultime périphérie (ἡ ἐσχάτη πειφέρεια), dans laquelle est établie la totalité du divin (ἐν ᾗ πᾶν ἵδρυται τὸ θεῖον), Diogène Laërce 7.138 = Fr. 14 Ed.-Kidd, trad. R. Goulet.

De cette présentation, somme toute fort générale, on peut toutefois déjà retirer l'identification faite entre *kosmos* et *sustèma*[1]. Selon cette acception, le *sustèma* renvoie au monde compris comme totalité organisée et englobante dont le ciel assure la parfaite limitation[2]. En ce sens, le *sustèma* correspond, dans son extension, à ce que les stoïciens appellent « tout » (ὅλον), lequel comprend le monde *sans* le vide illimité qui l'entoure, par opposition à l'« univers » (πᾶν) qui, lui, englobe également le vide et, pour cette raison, est illimité (ἄπειρον)[3]. Le *sustèma* manifeste donc le caractère fini ou délimité du *kosmos* : le monde est unique, étant gouverné par une nature unique, et ses parties sont en mutuelle sympathie, c'est-à-dire peuvent interagir du fait de la communauté de nature qui les habite[4].

Il semble, cependant, que cette acception du *sustèma* comme « système fini » n'ait pas fait l'unanimité chez les stoïciens. En effet, toujours d'après Diogène Laërce, Apollodore (un stoïcien du IIe siècle avant J.-C.) aurait soutenu que l'univers (τὸ πᾶν) peut être appelé de deux manières : soit « monde (κόσμος) », soit, d'une façon différente, « le système formé par le monde *et* le vide extérieur (τὸ ἐκ τοῦ κόσμου καὶ τοῦ ἔξωθεν κενοῦ σύστημα) »[5]. Selon cette nouvelle acception (celle d'un *sustèma* élargi), le *sustèma* ne coïncide plus avec le monde en tant que tel – un monde qui est, par nature, limité – puisqu'il s'étend au-delà de celui-ci, jusqu'au *vide* qui entoure le monde, un vide qui, lui, est non limité.

Pseudo-Galien, dans un passage – *Si ce qui se trouve dans l'utérus est vivant* 19.160, 9 et *sq.* – qui s'accorde avec la position orthodoxe de Posidonius (celle d'un *sustèma* restreint), nous donne des indications fort intéressantes quant au mode d'émergence du *sustèma*. Après avoir rappelé que « le monde est un système constitué de ciel, de terre et des natures intermédiaires (κόσμος τοίνυν ἐστὶν σύστημα οὐρανοῦ καὶ γῆς καὶ τῶν μεταξὺ φύσεων) <que sont> l'eau et

P. Henry affirme que Posidonius « a été l'une des sources les plus importantes, directes ou indirectes, de Plotin » (p. 87).

1. A côté de la définition du monde comme *sustèma*, la notion de *sustèma* est également utilisée par les stoïciens dans le domaine de l'épistémologie pour définir l'art : « l'art est un système d'appréhension (σύστημα ἐκ καταλήψεων) » (cf. *SVF* 2.56, 2.93, 2.94, 2.95 et 2.97). Il est intéressant de noter que le *sustèma*, dans cette définition, joue un rôle unificateur relativement aux appréhensions puisqu'il est compris comme un « rassemblement » ou ἄθροισμα d'appréhensions (cf. *SVF* 2.56 et 2.95). La vertu, étant elle-même considérée comme un art, est par là même également comprise comme un *sustèma* (cf. *SVF* 3.214). Enfin, de manière générale, le savoir scientique lui-même est un *sustèma* (cf. *SVF* 3.112 = LS 41H).

2. *Cf.* V. Goldschmidt, *Le système stoïcien…*, *op. cit.*, p. 64-65.

3. Cf. *SVF* 2.522-524.

4. Cf. *SVF* 2.534.

5. Diogène Laërce 7.143, traduction de R. Goulet.

l'air, et qui possède ce qui passe à travers toutes ces choses, à savoir le souffle principal et premier-né », il explique que ces choses existaient avant l'apparition du *pneuma*, ou souffle, mais qu'elles étaient alors « indistinctes <et> indifférenciées (ἄκριτα ἦν <καὶ> ἀδιάλλακτα) » et portaient le nom de « matière ». A présent, conclut-il, elles portent celui de « monde », parce qu'elles opèrent « de manière harmonieuse et en bon ordre (ἐμμελῶς καὶ εὐτάκτως) et que le mouvement se produit, pour ainsi dire, en rythme et en beauté (ἐν ῥυθμῷ καὶ κόσμῳ) »[1]. L'apparition du *sustèma* et donc du monde est ici présentée comme le résultat d'un processus de *détermination* : la matière, indistincte et indifférenciée, se voit définie par le *pneuma* qui s'insuffle en elle, et donne alors naissance à un *kosmos* où chaque élément, chaque nature, trouve sa mesure propre et agit en harmonie avec les autres.

Relativement à ces quelques textes, il est intéressant de faire les deux observations suivantes, lesquelles ne seront pas, on le verra, sans résonance dans la conception de Plotin.

D'abord, il convient d'insister sur l'existence des deux acceptions du *sustèma*, l'une désignant le *kosmos* (κόσμος ou ὅλον), l'autre renvoyant au *kosmos* et au vide qui l'entoure (πᾶν). Cette divergence serait de peu d'importance si le *kosmos* et le vide n'étaient pas de natures si opposées : en effet, le *kosmos* est un corps organisé et délimité (le ciel en constitue, avons-nous vu, l'ultime périphérie), alors que le vide est incorporel[2] et illimité. Elargir la notion de *sustèma* au vide qui entoure le *kosmos* n'est donc pas un geste quelconque consistant simplement à élargir l'extension du *sustèma*. Il s'agit, en vérité, de faire rentrer l'*apeiron*, l'illimité, au sein de la belle totalité organisée qu'est le *sustèma*. Comment interpréter un tel geste? On pourra plus facilement lui donner un sens si on comprend pourquoi les stoïciens ont besoin d'un vide extérieur et pourquoi ce vide, par nature, doit être illimité. La nécessité d'un vide extérieur au *kosmos* s'explique par le dynamisme d'un tel monde. On sait en effet que, pour les stoïciens, le *kosmos* se meut successivement par un mouvement d'expansion puis par un mouvement de concentration : le point charnière de ces deux mouvements est l'*ekpyrose* – ou embrasement – par laquelle un nouveau cycle est provoqué. Si le *kosmos*, dès lors qu'il est traversé par le mouvement d'extériorisation, doit s'étendre, il doit alors nécessairement exister un quelque chose en quoi il peut s'étendre. Ce quelque chose, c'est le vide. Or un tel vide ne peut nullement être déterminé (*i.e.* limité) puisqu'il est seulement « ce qui est capable d'être occupé par un être (τὸ οἷον τε ὑπὸ ὄντος κατέχεσθαι) mais n'est pas occupé (μὴ κατεχόμενον δέ) »[3]; lorsque le quelque chose qui entoure le *kosmos* se voit effectivement occupé par le *kosmos* en extension, ce quelque chose ne peut plus alors proprement s'appeler « vide »,

1. *SVF* 2.638.
2. *Cf.* LS 49A.
3. LS 49B.

mais bien seulement « lieu », puisqu'il apparaît alors limité par la présence d'un corps [1].

Ces quelques explications permettent de comprendre pourquoi, au sein du Portique, a pu exister une telle divergence quant à ce que recouvre exactement la notion de *sustèma*. En effet, si le vide, bien que par nature illimité, peut être compris par Apollodore comme appartenant au *sustèma*, c'est non pas parce qu'il se verrait malencontreusement confondu avec un corps, mais bien parce qu'il constitue la condition de possibilité de l'existence même du monde, compris comme vivant animé, qui doit pouvoir trouver un lieu où s'étendre lors de l'*ekpyrose*. Dès lors, si Apollodore intègre l'*apeiron* (ou illimité) du vide dans le *sustèma*, c'est vraisemblablement parce qu'il entend montrer que cet *apeiron* constitue ni plus ni moins la condition de possibilité de l'existence même du *sustèma* au sens restreint, c'est-à-dire du *sustèma* qui renvoie au *kosmos*.

La deuxième observation porte sur la « génération » du *kosmos* et la détermination que celle-ci induit en lui. Nous avons vu que cette génération met en jeu deux termes, à savoir d'une part une matière illimitée et, d'autre part, le *pneuma* ou Dieu. Ces deux termes constituent, pour les stoïciens, les deux « principes » de la génération du réel – « ce qui agit et ce qui pâtit (τὸ ποιοῦν καὶ τὸ πάσχον) » [2] –, des principes qui sont, quant à eux, « inengendrés et impérissables (ἀγενήτους <καὶ> ἀφθάρτους) » [3]. En tant que tels, la matière et Dieu manifestent cela même qui est toujours mis en jeu dans une entreprise de *génération*, à savoir un principe « *à partir duquel* telle ou telle chose advient (*unde fiat aliquid*) » et un principe « *par lequel* une chose advient (*deinde a quo fiat*) » : le premier, concluent-ils, est matière, le second cause [4]. L'existence de ces deux principes est révélatrice de la conception générale du monde que se font les stoïciens. Elle semble basée sur les axiomes suivants : le monde est quelque chose de déterminé (*i.e.* de limité et d'organisé) ; ce qui est déterminé est le résultat d'un processus de génération ; tout processus de génération implique deux principes, l'un actif, l'autre passif. Ainsi entendu, le fait que soient posés, à l'origine du *kosmos*, deux principes de génération, induit le caractère nécessairement dérivé d'un tel *kosmos* et du *sustèma* (au sens restreint) qui s'y identifie : le *sustèma* – qui se manifeste par le fait d'être « informé (μεμορφῶσθαι) » [5], donc pourvu d'une forme qui en marque le caractère déterminé – ne peut être premier puisque, étant engendré, il suppose toujours antérieurement à lui l'activation de deux principes qui sont inengendrés et, pour cette raison, « sans forme (ἀμόρφους) » [6].

1. Vide et lieu désignent donc une même réalité, mais sous deux modes différents : dans le cas du vide, le corps est susceptible d'être accueilli mais est absent ; dans le cas du lieu, le corps est effectivement présent. Cette distinction permet de comprendre pourquoi le lieu est limité et pas le vide.

2. Diogène Laërce 7.134.

3. *Ibid.*

4. Cf. *SVF* 2.303.

5. Diogène Laërce 7.134.

6. *Ibid.*

La suntaxis plotinienne

Qu'en est-il chez Plotin? Tout d'abord, on doit reconnaître que Plotin, nulle part, n'utilise le terme *sustèma*. Il emploie toutefois un mot qui s'en approche, celui de σύνταξις[1]. Ainsi que nous allons le voir, la notion de σύνταξις ou « ordonnancement » s'applique, de prime abord, au monde sensible et, en ce sens, est intimement liée à celle de *sumpatheia*[2]. La σύνταξις, toutefois, n'est pas limitée aux seules réalités sensibles puisque Plotin, dans deux textes remarquables, développe l'idée d'un ordonnancement des âmes et, au niveau de l'Intellect, des idées. Il convient de nous pencher en premier lieu sur l'usage qui est fait de cette notion au niveau du monde sensible, en examinant le contexte de son utilisation et les caractéristiques qu'elle apparaît recouvrir. Ensuite, nous aborderons son usage au niveau du monde intelligible, en tâchant de comprendre ce qui a autorisé Plotin à développer l'usage de cette notion dans un domaine auquel elle n'était pas initialement destinée.

– l'ordonnancement des réalités sensibles

La première caractéristique de la σύνταξις, la plus évidente, est qu'elle consiste en une *forme d'unification* du monde sensible produite par l'âme et les raisons principielles contenues en celle-ci. Ordonnancer, c'est unifier une pluralité. C'est cette caractéristique qui est mise en avant dès les premiers textes faisant état d'un ordonnancement des réalités sensibles :

> [Contexte : action de l'idée de Beau sur le sensible] La spécificité (τὸ εἶδος) s'approche et compose à partir de plusieurs parties ce qui va être *en un ordonnancement unique*, l'amène à une unité parfaite et le rend un par cet accord (ἐκ πολλῶν ἐσόμενον μερῶν ἓν συνθέσει συνέταξέ τε καὶ εἰς μίαν συντέλειαν ἤγαγε καὶ ἓν τῇ ὁμολογίᾳ πεποίηκεν) (...). Ainsi donc, un corps beau est beau par une communauté avec une raison venue des dieux (λόγου ἀπὸ θείων ἐλθόντος κοινωνίᾳ) », *Enn.* I 6 [1] 2, 18-28, trad. J. Laurent, modifiée.
>
> [Contexte : l'âme est-elle le premier principe ?] Mais alors, puisque c'est l'âme qui mène toutes choses à l'un (τὰ πάντα εἰς ἓν ἄγει) en les fabriquant, en les

1. *Cf.* B. Collette, *Dialectique et hénologie chez Plotin*, Bruxelles, Ousia, 2002, p. 120 (désormais cité B. Collette, *Dialectique et hénologie...*) ainsi que W. Helleman-Elgersma, *Soul-Sisters. A Commentary on* Enneads *IV 3 (27), 1-8 of Plotinus*, Amsterdam, Rodopi, 1980, p. 427-429 (désormais cité W. Helleman-Elgersma, *Soul-Sisters...*). Sur la notion de *taxis*, que l'on retrouve dans le terme de σύνταξις, on consultera l'ouvrage remarquable de D.J. O'Meara, *Structures hiérarchiques dans la pensée de Plotin*, Leiden, Brill, 1975, p. 3-5 et 63 n. 37 (désormais cité D.J. O'Meara, *Structures hiérarchiques...*) où l'auteur met en évidence les liens existants entre *taxis* (et ses dérivés) et hiérarchie et celui de P. Aubin, *Plotin et le christianisme. Triade plotinienne et trinité chrétienne*, Paris, Beauchesne, 1992, p. 69-73.

2. *Cf.* G.M. Gurtler, « Sympathy in Plotinus », *International Philosophical Quarterly* 24, 1984, p. 395-406 et « Sympathy : Stoic materialism and the Platonic soul », dans M.F. Wagner (éd.), *Neoplatonism and Nature. Studies in Plotinus'* Enneads, Albany, State University of New York Press, 2002 (désormais cité M.F. Wagner (éd.), *Neoplatonism and Nature...*), p. 241-276. Voir également le traité *Sur les difficultés relatives à l'âme* (*Enn.* IV 3-5 [27-28]) où cette notion intervient à de nombreuses reprises et l'introduction de L. Brisson dans *Plotin. Traités 27-29*, GF-Flammarion, 2005, p. 32-34.

façonnant, en les formant et *en les ordonnançant* (δημιουργοῦσα καὶ πλάττουσα καὶ μορφοῦσα καὶ συντάττουσα), faut-il dire, maintenant que nous sommes arrivés à elle, que c'est elle qui procure l'un et que c'est elle qui est l'Un ?, *Enn.* VI 9 [9] 1, 17-20, trad. P. Hadot, modifiée.

Le verbe *suntattein*, dans ces deux passages, renvoie à l'action de l'âme, vraisemblablement de l'âme végétative, action consistant à informer le sensible au moyen de *logoi* (ou raisons principielles contenues dans l'âme). Ordonnancer signifie « procurer l'un » à ce qui ne le possède pas, à savoir à ce qui n'est encore que pure multiplicité éparse. En ce sens, il faut comprendre que l'unification ne porte pas, à proprement parler, sur des corps déjà constitués, mais plutôt sur la matière des corps, laquelle est illimitée et dépourvue de toute unité [1]. Les corps et, avec eux, le monde sensible, n'apparaissent que lorsque l'âme a ordonnancé la matière et ainsi produit une σύνταξις.

Une deuxième caractéristique de la σύνταξις est que l'unification en question *n'annihile pas la multiplicité*, mais, au contraire, la préserve. Comme l'explique Plotin en III 2 [47] 2, 28-31, il y a, dans notre monde, des parties qui s'attirent et se conviennent et d'autres qui, au contraire, se haïssent et sont ennemies. Toutefois, « entre les parties qui agissent et pâtissent ainsi, s'établit une harmonie unique (μίαν... ἁρμονίαν), chacune d'elles faisant entendre un son propre (φθεγγομένων μὲν ἑκάστων τὰ αὑτῶν), et la raison qui est en elles produit l'harmonie et l'ordonnancement un (τὴν ἁρμονίαν καὶ τὴν μίαν τὴν σύνταξιν) dans l'univers (εἰς τὰ ὅλα) » [2]. D'une manière générale, chaque être sensible doit être compris comme une partie d'un tout et, pour cette raison, contribue, avec les autres, à la plénitude de ce tout [3]. L'ordonnancement n'abolit donc pas les

1. Cf. *Enn.* II 4 [12] 15, 3-8 : « Si donc tout ce qui est nombre et raison est extérieur à l'illimitation – ils sont en effet délimitations et ordres, et ce qui est ordonné dans les autres choses, aussi, vient de ceux-ci, et ce n'est pas ce qui est ordonné, qui n'est pas non plus ordre, qui ordonne ces choses-là, mais ce qui est ordonné est autre à côté de ce qui ordonne, et ce qui ordonne c'est la limite, la délimitation et la raison –, alors nécessairement, ce qui est ordonné et défini, est l'illimité », traduction de J.-M. Narbonne, modifiée.

2. *Enn.* III 2 [47] 2, 28-31, traduction de E. Bréhier, modifiée.

3. Cf. *Enn.* II 3 [52] 7, 16-27 « Quel est alors l'ordonnancement unique <qui relie toutes choses> (τίς οὖν ἡ σύνταξις ἡ μία) (...)? Toutes les choses doivent dependre les unes des autres (συνηρτῆσθαι δὴ δεῖ ἀλλήλοις τὰ πάντα) – comme cela a été bien dit, il y a une communauté de souffle unique (σύμπνοια μία) non seulement dans chacune des choses particulières, mais bien plus encore d'abord dans l'univers – et un principe unique doit unifier le vivant multiple et, à partir de toutes choses, produire l'unité (μίαν ἀρχὴν ἐν πολὺ ζῷον ποιῆσαι καὶ ἐκ πάντων ἕν) : et de même que, en chaque <chose particulière>, chaque partie a sa tâche particulière, de même dans l'univers chaque chose a sa tâche propre; et cela s'applique plus à l'univers du fait que ses parties ne sont pas seulement des parties (μὴ μόνον μέρη) mais également des touts et sont plus grandes (ἀλλὰ καὶ ὅλα καὶ μείζω). Chacune donc, procédant d'un principe unique, fait son œuvre propre (τὸ αὑτοῦ πρᾶττον) et toutes sont utiles à tous : car aucune n'est exclue du tout (οὐ γὰρ ἀπήλλακται τοῦ ὅλου) », traduction de E. Bréhier, modifiée. On notera les résonnances stoïciennes de ce passage : pour les philosophes de la Stoa, la *sumpnoia* rend compte de la liaison opérée par le *pneuma* (ou principe actif) entre des choses de natures différentes. L'unification du monde, rapporte Diogène Laërce 7.140, « est rendue nécessaire par la communauté de souffle et de tension (σύμπνοιαν καὶ συντονίαν) qui unit les corps célestes aux corps terrestres », traduction de R. Goulet. L'identification

différences entre les êtres : il permet leur communication, leur interaction. Une telle interaction, Plotin la nomme *sumpatheia* :

> L'unité <du monde sensible> vient du fait que l'univers est un tout en sympathie avec lui-même (συμπαθὲς δὴ πᾶν τοῦτο τὸ ἕν) ; c'est comme un vivant qui forme une unité, où ce qui est loin est en fait tout près (καὶ ὡς ζῷον ἕν, καὶ τὸ πόρρω δὴ ἐγγύς), tout comme dans l'unité que forme un individu donné, sont tout près les uns des autres un ongle, une corne, un doigt ou n'importe qu'elle autre partie parmi celles qui n'y sont pas attenantes ; mêmes s'il y a quelque chose entre elles et même si cette chose ne subit aucune affection, une partie est affectée par une autre qui n'est pas dans son voisinage, *Enn.* IV 4 [28] 32, 13-17, trad. L. Brisson.

La sympathie, qui désigne le fait que des réalités sensibles peuvent en affecter d'autres ou être affectées par d'autres « à distance », c'est-à-dire sans être en contact direct, s'explique du fait que le monde sensible est un monde « un » parce qu'une âme unique le gouverne. Les parties de l'univers (entendez, n'importe quel corps) sont donc mutuellement reliées du fait qu'elles sont toutes, *in fine*, gouvernées par une même âme.

Une troisième caractéristique de la σύνταξις est qu'elle est la manifestation, dans le monde sensible, d'un ordre et d'une loi intelligible qui assure à chaque être et à chaque évènement une raison, un pourquoi, donc une *nécessité*. Ce trait est développé dans le traité concernant les *Difficultés relatives à l'âme* à l'occasion de l'examen des actes injustes. Certes, explique Plotin, l'injustice commise par un homme contre un autre est une injustice et l'homme qui l'a perpétrée n'est jamais affranchi, en dernière analyse, de sa responsabilité. Mais il faut pouvoir considérer l'acte déclaré injuste comme la partie d'un tout qui ne prend véritablement sens que relativement à ce tout et à l'ordre qui le régit :

> Une fois cette action replacée dans *l'ordonnancement* que constitue l'univers (συντεταγμένον δ' ἐν τῷ παντί), elle ne peut être considérée comme une injustice ni au regard de cet ordre ni non plus pour celui qui l'a subie ; en vérité, il fallait qu'il en soit ainsi (οὕτως ἐχρῆν). Et si celui qui a subi cette injustice est un homme de bien, cela tournera finalement à son avantage. Il faut en effet se garder de penser que cet *ordonnancement* n'est ni divin ni même juste (δεῖ γὰρ τήνδε τὴν σύνταξιν οὐκ ἀθεεὶ οὐδὲ ἄδικον) ; il faut au contraire considérer qu'il agit avec exactitude dans la distribution de ce qui convient, mais qu'il cache les causes et qu'il fournit aux ignorants des occasions de le blâmer, *Enn.* IV 3 [27] 16, 19-25, trad. L. Brisson, modifiée.

Non seulement les événements de ce monde sont mutuellement reliés de sorte que rien n'y est jamais totalement isolé du reste, mais l'interaction entre les êtres

de l'univers à un vivant nous rappelle en outre que, pour les stoïciens, « le *sustèma* était utilisé pour décrire un organisme vivant » (A.D. Nock, « Posidonius », *The Journal of Roman Studies* 49, 1959, p. 4, n. 19).

du monde sensible est régie « jusque dans les moindres détails »[1] par une loi[2] et un ordre divin dont la σύνταξις constitue la parfaite manifestation.

– l'ordonnancement des âmes

L'idée d'un ordonnancement des êtres se retrouve également au niveau des réalités comprises dans la troisième hypostase, celle de l'Ame. Comme dans le cas du monde sensible, les âmes sont dans un ordonnancement unique parce qu'elles dépendent toutes d'une âme primitive unique et, grâce à celle-ci, sont en mutuelles « sympathie »[3] :

> C'est parce que toutes les âmes viennent de la même âme dont vient aussi l'âme du monde qu'il y a sympathie entre elles (ἐκ γὰρ τῆς αὐτῆς πᾶσαι οὖσαι, ἐξ ἧς καὶ ἡ τοῦ ὅλου, συμπαθεῖς) (...). Si la structure d'ensemble qu'elles [sc. les âmes] forment est variée (εἰ ποικίλον τὸ ὅλον σύνταγμα αὐταῖς) – car toute "raison" même si elle est unique, n'en est pas moins multiple et variée, à l'instar d'un être vivant qui, même s'il est pourvu d'une âme, possède une multiplicité de formes – si tel est le cas, il existe un *ordonnancement* (εἰ δὴ τοῦτο, καὶ σύνταξίς ἐστι), en ce sens que ces réalités ne sont pas totalement dissociées les unes des autres (οὐ διέσπασται τὰ ὄντα ὅλως ἀπ' ἀλλήλων), qu'elles ne sont pas non plus livrées au hasard (οὐδὲ τὸ εἰκῇ ἐν τοῖς οὖσιν), puisque le hasard ne règne pas même parmi les corps. Il s'ensuit qu'il y a un nombre déterminé de ces réalités (ἀριθμόν τινα ἀκόλουθόν ἐστιν εἶναι), *Enn.* IV 3 [27] 8, 2-3 et 17-22, trad. L. Brisson, légèrement modifiée.

On retrouve, de manière explicite, les trois caractéristiques de la σύνταξις isolées plus haut : si les âmes sont dans une structure unifiante (un *suntagma*) et si cette structure est « variée », au sens où elle comprend une multiplicité d'âmes mutuellement différentes (notamment par leurs degrés de perfection), alors il y a un ordonnancement des âmes. Et un tel ordonnancement, poursuit Plotin, signifie que les âmes ne sont pas totalement dissociées les unes des autres et qu'elles ne sont pas livrées au hasard. Autrement dit, l'ordonnancement témoigne de ce que les âmes sont reliées entre elles et à l'âme supérieure d'où elles procèdent, de sorte que chacune trouve une nécessité dans le tout formé par l'âme hypostase. Il convient, enfin, de souligner le dernier point mentionné dans cet extrait : s'il y a ordonnancement des âmes, cela signifie qu'il existe un *nombre* déterminé de celles-ci. Le nombre est ce qui témoigne de la parfaite détermination du tout formé par la multiplicité variée des âmes : chaque âme constitue une réalité

1. Cf. *Enn.* IV 3 [27] 16, 15-17 : « Car si les choses doivent arriver suivant des causes et des conséquences qui ressortissent à la nature, c'est-à-dire suivant une raison unique et suivant un ordre unique (κατὰ λόγον ἕνα καὶ τάξιν μίαν), il faut penser que les plus petits détails sont fixés par cet ordre et tissés par lui (τὰ σμικρότερα δεῖ συντετάχθαι καὶ συνυφάνθαι νομίζειν) », traduction de L. Brisson.

2. Cf. *Enn.* IV 3 [27] 15, 15.

3. Ce point contredit l'affirmation de G.M. Gurtler, « Sympathy in Plotinus », art. cit., p. 403, selon laquelle la sympathie ne s'appliquerait qu'aux réalités du monde sensible et jamais à celles enveloppées par l'Ame hypostase.

parfaitement déterminée, un 'ceci' (*tode*) comme Plotin l'écrit un peu plus loin, de sorte que chaque partie du tout contribue à la complétude et à la perfection de celui-ci[1].

– l'ordonnancement des idées

Il nous reste à examiner la partie supérieure du monde intelligible, celle que constitue la seconde hypostase, l'Intellect. On trouve, dans les *Ennéades*, un texte remarquable où la multiplicité des intelligibles est dite ordonnancée dans l'unité. La raison invoquée, comme on va le voir, est que l'Intellect, dont l'existence est nécessaire dès lors que l'on accepte l'idée d'une providence dans le monde sensible, ne saurait avoir été produit par hasard, mais, au contraire, doit tenir son existence et celle des multiples intelligibles qu'il comprend par nécessité :

> De sorte que si on appelle providence cet état de chose, on doit comprendre alors qu'il existe un Intellect antérieur à ce tout, à partir duquel et conformément auquel un tel tout existe. Si donc un tel Intellect est Intellect antérieur à toutes choses et principe, il ne saurait être comme survenu par hasard (οὐκ ἂν εἴη ὡς ἔτυχε) ; étant multiple (πολὺς μὲν ὤν), il s'accorde avec lui-même et pour ainsi dire *s'ordonnance* dans l'unité (συνῳδὸς δὲ αὑτῷ καὶ οἷον εἰς ἓν συντεταγμένος). Car une multiplicité et une pluralité *ordonnancée* et encore toutes les raisons qui à travers le tout sont comprises en une unité, ne surviennent ni par hasard ni par accident (οὐδὲν γὰρ πολὺ καὶ πλῆθος συντεταγμένον καὶ λόγοι πάντες καὶ περιληφθεντες ἑνὶ διὰ παντὸς ὡς ἔτυχε καὶ ὡς συνέβη), *Enn.* VI 8 [39] 17, 9-16, trad. G. Leroux, modifiée.

On notera ici le *hoion* qualifiant l'expression εἰς ἓν συντεταγμένος. Ce terme joue un rôle quasi technique chez Plotin. Il sert à montrer que l'expression qu'il accompagne ne s'applique pas au sens propre, donc qu'il ne faut pas l'entendre selon le sens qu'elle a dans son domaine d'application habituel. Au chapitre 14 du traité qui nous occupe, Plotin met en garde le lecteur sur l'usage des termes que nous sommes forcés d'utiliser à propos de l'Un (comme « choix » ou « volonté »). Il faut, écrit-il, les comprendre à chaque fois sous le mode du « comme si (οἷον) »[2]. Le *hoion* ne signifie pour autant pas que l'expression qu'il précède est en soi illégitime : il nous engage seulement à la redresser. Si l'on parle de volonté et de choix à propos de l'Un, il ne faut pas penser ces termes selon le sens qu'ils ont dans le monde sensible et il ne faut pas non plus penser que leur attribution à pour effet de multiplier l'Un. De la même manière, dans notre texte, si Plotin parle, à propos de l'Intellect, de ce qui est « comme son ordonnancement dans l'unité », ce n'est pas pour nier qu'un tel ordonnancement existe, mais seulement pour montrer que cet ordonnancement n'est pas parfaitement identique à celui qui est dans le

1. Nous aurons l'occasion de voir, aux chapitres IV et V, que le nombre ne renvoie pas seulement à une manifestation de la perfection de l'intelligible, mais qu'il est lui-même le principe ordonnateur des intelligibles et joue, en ce sens, un rôle analogue à celui des raisons relativement aux êtres sensibles.

2. Cf. *Enn.* VI 8 [39] 14, 47-50.

monde sensible. Dans un tel monde, en effet, la σύνταξις a pour but de montrer que au-delà des oppositions existant entre les êtres, au-delà des évènement néfastes qui surgissent entre eux et qui peuvent apparaître, si on ne les replace pas dans un tout, purement contingents, il existe une unité, un ordonnancement par lequel prennent sens toutes ces interactions[1]. Dans l'intelligible, au contraire, et particulièrement dans l'Intellect, il n'y a nulle opposition, nul antagonisme. Toutefois, la multiplicité qui s'y trouve et les différences qu'elle implique a tout autant besoin d'une nécessité que celle des êtres sensibles : si ceux-ci sont gouvernés par une providence et si cette providence n'est jamais qu'une mise en application d'une loi supérieure logée dans l'intelligible, alors il faut penser également que les intelligibles, dans l'Intellect – dont les *logoi*, dans l'Ame, sont une image –, sont également soumis à une unité qui leur donne sens et nécessité, unité qui fait de l'Intellect une σύνταξις. Cette unité, supérieure à toute unité, Plotin la nomme quelque lignes plus loin[2] : c'est l'Un, la première hypostase.

Récapitulons. S'il n'est jamais question, littéralement, d'un « système » dans les *Ennéades*, on accordera toutefois qu'il existe bel et bien un « ordonnancement » du monde, que cet ordonnancement consiste en l'unité d'une multiplicité et qu'il n'est lui-même rendu possible que par la préexistence d'une unité originaire. Ce dernier point est important, car il nous plonge dans la question épineuse du *dehors*, c'est-à-dire de l'extériorité (mais nous verrons que cette notion ne peut se référer à une extériorité radicale[3]) du système lui-même. C'est, en somme, la question que nous avons déjà abordée plus haut, dans le Stoïcisme, à travers l'interprétation particulière qu'Apollodore donne du *sustèma* comme ce qui désigne non pas seulement le *kosmos*, mais l'ensemble formé par le *kosmos* et le vide illimité qui l'entoure. Nous avons vu que si le vide était ainsi intégré au *sustèma*, ce n'est pas parce qu'il serait un élément interne du *kosmos*, mais seulement parce qu'il en constitue la condition de possibilité, le ce sans quoi un monde vivant est impossible, puisqu'un tel monde croît et a dès lors besoin d'un espace où s'étendre. De manière analogue, chez Plotin, nous voyons que la σύνταξις s'identifie systématiquement à une forme donnée de *kosmos* (intelligible ou sensible), mais qu'elle suppose *in fine* pour sa propre venue à l'être une unité originaire. Cette unité originaire n'est autre, pour l'Alexandrin, que l'Un,

1. Cf. *Enn*. III 3 [48] 1, 9-12 : « Comme toutes choses se sont élancées à partir d'une unité, elles se rencontrent, par une nécessité naturelle, dans une unité (ἐκ γὰρ ἑνός τινος ὁρμηθέντα πάντα εἰς ἓν συνέρχεται φύσεως ἀνάγκῃ), de sorte que bien qu'elles croissent différentes et deviennent contraires (ὥστε καὶ διάφορα ἐκφύντα καὶ ἐναντία γενόμενα), elles sont cependant entraînées en un ordonnancement unique, du fait qu'elles viennent d'une unité (τῷ ἐξ ἑνὸς εἶναι συνέλκεται ὅμως εἰς σύνταξιν μίαν) ».

2. Cf. *Enn*. VI 8 [39] 17, 18-27.

3. Il ne faut en effet pas se méprendre sur le terme « dehors » : l'Un n'est pas en dehors de la σύνταξις au sens où il serait un phénomène étranger et inessentiel ; tout au contraire, son antériorité est ce par quoi il est présent et intérieur à la multiplicité qui en procède. Toutefois, parce qu'il est lui-même dépourvu de toute multiplicité et qu'il est, nous le verrons, indéterminé, l'Un est nécessairement en dehors de la σύνταξις.

c'est-à-dire le premier principe. La σύνταξις plotinienne est donc, comme le *sustèma* stoïcien (dans son acception restreinte), tributaire d'un *dehors* et ne peut être considérée comme parfaitement αὐτάρκης, autosuffisante [1].

Si la σύνταξις ne peut englober l'ensemble du réel, l'Un échappant par nature au système lui-même puisqu'il le fonde, quelles réalités sont-elles déterminées par un tel ordonnancement? Autrement dit, quelles sont les limites de la σύνταξις ?

Nous avons vu que la σύνταξις plotinienne se retrouve au sein des deux *kosmoi* que sont le monde intelligible et le monde sensible et l'on peut dire que chacun de ces *kosmoi* forme en lui-même une certaine ordonnance. Toutefois, d'un point de vue non seulement ontologique mais également hénologique, il faut reconnaître que le *kosmos noètos* est premier relativement au *kosmos aisthètos* : alors que le premier désigne l'être véritable, lequel, pour Plotin, implique l'Intellect et l'Ame, le second ne porte que sur l'être entendu en un sens dérivé, à savoir le devenir. Aussi, dans cette étude, axerons-nous notre recherche sur la σύνταξις du monde intelligible.

En guise de premier éclaircissement, il convient d'aborder le monde intelligible plotinien par l'intermédiaire de la dynamique, insufflée par l'Un, qui le met en branle. Cette dynamique, chez l'Alexandrin, se nomme πρόοδος ou procession [2]. En elle-même, celle-ci témoigne de ce que la σύνταξις n'est pas première, mais seulement engendrée, puisqu'elle procède de l'Un. Dans le cours de l'engendrement de la σύνταξις intelligible, la procession met au jour les deux strates ou « hypostases » que sont l'Intellect et l'Ame [3]. Chacune de ces strates représente un état pluralisé de l'Un et cette pluralisation va crescendo à mesure de l'éloignement par rapport à l'Un : l'Intellect, parce qu'il a eu l'audace de s'éloigner de l'Un [4], est devenu une unité plurielle et l'Ame, elle-même engendrée à partir de l'Intellect, manifeste l'état qui, à l'intérieur de l'être, possède la plus grande multiplicité en acte [5].

1. Il convient cependant de noter que la relation de la σύνταξις plotinienne à l'Un n'est pas identique à celle qu'entretient le *sustèma* stoïcien avec le vide : l'Un est le principe génératif de l'être et de son ordonnancement; le vide, en revanche, ne joue aucun rôle relativement à la génération et à l'unification du *kosmos*.

2. Pour être tout à fait exact, le mouvement insufflé par l'Un est double : processif et conversif. On laissera pour l'instant de côté ce deuxième aspect et comprendra la procession comme l'ensemble du mouvement qui part de l'Un et aboutit à la matière dernière.

3. Selon G. Verbeke, « Pourquoi "trois" hypostases principales chez Plotin ? », dans *Recherches d'islamologie. Recueil d'articles offert à Georges C. Anawati et Louis Gardet par leurs collègues et amis*, Louvain, Peeters, 1977, p. 359-379, le vocable *hupostasis*, s'il se rapporte à une chose, « signifie le sédiment ou la lie d'un liquide, la fondation d'un bâtiment ou une nature substantielle qui existe réellement » (p. 374). Plus loin, on peut lire encore : « dans la mesure où le terme choisi est révélateur de la pensée de Plotin, il faudra en conclure que notre auteur est à la recherche des principes de base du réel, de ce qui est à la racine de tout ce qui existe, de ce qui constitue le fondement de la réalité » (p. 375).

4. *Enn.* VI 9 [9] 5, 29. Sur la notion d'audace (τόλμα), cf. *infra*, p. 246 et 251.

5. Le mouvement de pluralisation par lequel se développe l'intelligible dans son ensemble ne signifie pas la production d'une quantité toujours plus grande d'êtres. La multiplicité de l'intelligible

Le mouvement processif par lequel se voient engendrés l'Intellect et l'Ame a ceci de particulier qu'il est unidirectionnel [1] : « dans la série des choses engendrées (ἐν τοῖς γεννωμένοις) », explique Plotin, entendez ici l'Intellect et l'Ame [2], « il n'est pas possible de s'avancer vers le haut (πρὸς τὸ ἄνω χωρεῖν), mais seulement vers le bas en s'enfonçant dans le multiple (εἰς πλῆθος) » [3]. Une telle procession vers le multiple a-t-elle une fin ? Rappelons tout d'abord que l'Intellect et l'Ame, bien que multiples, n'en restent pas moins uns : leur multiplicité n'est pas absolue (sans quoi ils seraient dits *apeira*, sans limites), ni radicalement différenciée (sinon domineraient partout l'opposition et l'incommunicabilité). L'Intellect, qui vient immédiatement après l'Un, constitue la plus grande unité possible englobant une multiplicité, c'est-à-dire l'unité au-delà de laquelle on ne peut aller sans que la multiplicité, rassemblée par cette unité, ne disparaisse. L'Ame, de son côté, manifeste la multiplicité intelligible la plus grande, une multiplicité au-delà de laquelle on ne peut aller sans que l'unité qui la rassemble ne disparaisse.

La présence de l'Un, dans l'Intellect aussi bien que dans l'Ame, est ce qui assure à ces deux « hypostases » une réalité (littéralement : ὑπόστασις), laquelle implique, on le verra, complétude et achèvement : chacune renferme en son sein une multiplicité déterminée d'éléments et non une multiplicité qui, toujours, court vers le plus multiple, jusqu'à atteindre l'indétermination complète ; chacune manifeste donc un temps d'arrêt dans la procession, temps qui suspend, pour un moment, le cours apparemment sans fin de la procession. Dans ce cours, l'Ame possède un statut particulier. En elle-même, en tant qu'hypostase, elle est complète et achevée : elle existe pleine et entière. Mais parce qu'elle constitue le degré le plus bas du monde intelligible, son achèvement coïncide en même temps avec celui du *kosmos* intelligible en tant que tel. L'Ame apparaît donc comme la limite inférieure et intérieure de la σύνταξις. Pour autant, elle ne constitue pas le terme ultime du mouvement processif qui part de l'Un – identifié dans l'extrait

est là même, qu'on la prenne au sommet (dans l'Intellect total) ou dans la partie la plus basse (celle de la *phusis* qui contient les *logoi*). La différence entre ces deux niveaux doit plutôt se comprendre en termes de puissance et d'acte : plus l'intelligible procède et plus il *actualise* les êtres contenus en puissance dans l'Intellect total.

1. On ajoutera, pour éviter toute confusion, qu'il est « globalement » unidirectionnel, puisque chaque réalité engendrée suppose une stabilisation momentanée de la procession, stabilisation qui coïncide avec le mouvement d'*epistrophè* de la réalité considérée.

2. Pour l'Intellect et l'Ame, le fait d'être engendrés constitue, relativement à l'Un, le critère discriminatif le plus fondamental, c'est-à-dire le critère qui les renvoie nécessairement au rang de principes seconds, et cela même sans considération aucune de leur nature propre (c'est-à-dire de ce que chacune de ces notions recouvre). La distinction entre ce qui est engendré et ce qui ne l'est pas permet, par ailleurs, de préciser celle faite par Plotin (cf. *Enn.* VI 8 [39] 20, 4-5) entre « ce qui est produit » et « ce qui produit » : si l'Un est du rang de ce qui produit, et si c'est de cette manière qu'il se distingue de toute autre chose, c'est certes parce qu'il est producteur et que les autres choses sont produites, mais c'est surtout parce que lui-même n'est pas produit et ne suppose donc pas de principe antérieur.

3. *Enn.* V 3 [49] 16, 5-7, traduction de B. Ham, modifiée.

suivant au Bien [1] –, car ce mouvement court au-delà de l'ordre intelligible, ou, plus exactement, en deçà. A cet en deçà correspond alors l'illimité (ἄπειρον) de la matière :

> Puisqu'il n'y a pas seulement le Bien (οὐ μόνον τὸ ἀγαθόν), nécessairement, du fait qu'il y a sortie (τῇ ἐκβάσει) hors du Bien ou, si on préfère le dire ainsi, descente (ὑποβάσει)[2] et éloignement (ἀποστάσει), il doit y avoir le terme dernier (τὸ ἔσχατον); et ce dernier terme, après lequel plus rien ne peut être engendré, c'est le mal. Il est nécessaire que ce qui vient après le Premier soit, de sorte qu'il est nécessaire que le dernier soit : ce dernier, c'est la matière (ἡ ὕλη), qui ne possède plus rien du Bien, *Enn.* I 8 [51] 7, 17-22.

On ne s'attardera pas, en cet endroit, sur l'identification que fait Plotin entre matière et mal. Ce qu'il importe ici de remarquer est que la procession qui émane de l'Un suppose nécessairement un terme dernier, en l'occurrence la matière. Or, cette nécessité ne va pas de soi : ne pourrait-on pas penser, par exemple, que puisqu'une telle procession se produit dans l'éternité, elle *ne* doive au contraire *pas* supposer de terme dernier? Ce serait oublier que la procession plotinienne n'est pas un simple mouvement physique, mais un mouvement de vie et c'est précisément pour cette raison que Plotin en parle comme d'une *génération*[3]. La procession dépend d'un double critère : elle n'a de sens, d'une part, qu'en tant qu'elle manifeste un éloignement par rapport au Premier et, d'autre part, qu'en ce qu'elle est génératrice de *vie*; dès lors que l'éloignement est tel qu'il n'est plus possible, pour une réalité donnée, de donner naissance à une autre, le mouvement processif s'arrête. C'est pour cette raison qu'il est dit, dans le traité *Sur les deux matières*, que la matière, à la différence des réalités qui la précèdent, « ne vit ni ne pense » et qu'elle est un « cadavre orné (νεκρὸν κεκοσμημένον) »[4].

1. Sur cette identification, *cf.* C. Steel, « L'Un et le Bien. Les raisons d'une identification dans la tradition platonicienne », *Revue des sciences philosophiques et théologiques* 73, 1989, p. 69-85.

2. On ne trouve qu'une seule occurrence de ce terme dans les *Ennéades*. D'après le contexte, *hupobasis* est donné comme similaire à *apostasis*, terme qui désigne le mouvement d'éloignement de ce qui est engendré relativement au principe. L'*hupobasis*, en ce sens, est liée à l'idée d'une multiplication, d'une progressive particularisation du terme engendré, particularisation qui peut être tout aussi bien constitutive que volontaire, notamment dans le cas des âmes. Ainsi, chez Priscianus, explique C. Steel, « il existe une certaine "dégradation et perversion" (ὑπόβασις καὶ διαστροφή) dans les *activités* de l'âme qui peut également être appelée *pathos*. Un tel *pathos* ne survient pas comme quelque chose de passif en vertu d'une influence extérieure – car cela est propre au domaine corporel – mais parce que l'âme, jusqu'à un certain degré, descend *dans son activité* et utilise son corps "d'une manière perverse" » (*The Changing Self. A Study in Later Neoplatonism*, Bruxelles, édition de l'Académie Royale de Belgique, 1978, p. 59, désormais cité C. Steel, *The Changing Self...*).

3. Ainsi, dans l'extrait précédent, le « terme dernier » (τὸ ἔσχατον) est défini comme « ce après quoi rien ne peut plus être engendré », ce qui indique que c'est la génération, l'engendrement, qui gouverne de part en part le mouvement processif.

4. *Enn.* II 4 [12] 5, 17-18. En toute rigueur, il faudrait dire que la matière est seulement « cadavre » : le qualificatif « orné » ne lui vient qu'après coup, lorsque la matière est informée par les spécificités et les raisons intelligibles. Sur les modalités d'une telle information, cf. *infra*, p. 114-119.

En conclusion, si l'on peut parler, chez Plotin, d'un système, d'un ordonnancement de l'être, on aura également compris qu'un tel système ne peut en aucun cas englober la totalité du réel puisque, d'une part, en amont, il suppose nécessairement une unité originaire qui le fonde (*i.e.* l'Un) et, d'autre part, en aval, il se voit dépassé par l'illimitation de la matière, une illimitation qui – on le verra aux chapitres VI et VII –, n'est que l'avatar ultime du mouvement processif qui a donné jour à la σύνταξις de l'être. Cela signifie, simultanément, que le réel plotinien ne se confond pas avec l'être (*i.e.* l'ensemble formé par l'Intellect et l'Ame) et que celui-ci est non seulement débordé par quelque chose qui le dépasse et qu'il ne peut intégrer, mais que lui-même ne pourrait voir le jour sans ce dehors qui le fonde et le délimite.

QUE CE QUI EST EN DEHORS DU SYSTÈME DE L'ÊTRE N'EST PAS RIEN

Que chez Plotin, l'idée de système et, avec elle, l'ontologie tout entière, ne se confonde pas avec la totalité du réel, est assurément une thèse bien comprise par la plupart des commentateurs. La simple prise en compte de l'Un comme *au-delà* de l'être, suffit à en vérifier la véracité. Mais on oublie quelque fois que l'Un n'est pas, pour Plotin, le seul à *ne pas être*, c'est-à-dire à ne pas posséder l'être[1] : la matière, comprise comme matière dernière[2], est définie par Plotin comme non-être, plus précisément, comme « identique à la partie de l'autre qui est opposée aux êtres véritables »[3]. C'est pour cette raison qu'on parlera d'un « double dehors » au système de l'être : « double » puisqu'il renvoie à deux termes, mais pas « dual » pour autant puisque, de ces deux termes, seul l'Un est principe inconditionné.

Si l'Un et la matière sont « en dehors » de l'être – l'Un parce qu'il est au-delà de l'être et la matière parce qu'elle est en manque de toutes les déterminations intelligibles –, quelle forme de réalité peut-on encore leur accorder ?

Nous entrons ici dans le délicat sujet de l'ὑπόστασις. Contrairement à ce que laisse entendre le titre du traité V 1 [10], *Sur les trois hypostases qui sont principes*, le vocable ὑπόστασις ne désigne que très rarement, chez Plotin, les réalités

1. Que l'Un *n'est pas* (cf. *Enn.* V 2 [11] 1, 6) ne signifie pas qu'il est *un* non-être (*un* « non-être » comme par exemple le mouvement qui, comme genre, est autre que le genre de l'être, donc est un non-être) ni *le* non-être (c'est-à-dire, conformément à la définition donnée par Platon en *Sophiste* 258a11-b1 et e2, « la partie de l'"autre" qui s'oppose à l'être de chaque chose »), ni, enfin, qu'il soit le non-être absolu, le pure néant. L'Un, du fait qu'il est au-delà de l'être, est en même temps antérieur à la distinction entre être et non-être. Si l'Un n'est pas, c'est donc au sens où il n'est rien de ce qui vient après lui, donc qu'il n'est pas lui-même un être. « L'Un, dans sa transcendance », écrit J. Moreau, « exclut l'alternative de l'être et du néant; il est au-delà de l'être et du non-être, c'est-à-dire au-delà de toute essence définie, comme au-delà de cette infinité amorphe qui n'est pas, parce qu'elle n'est rien ». *Cf.* « L'Un et les êtres selon Plotin », *Giornale di Metaphysica* 11, 1956, p. 209.

2. Outre la matière ultime, il faut également distinguer une matière de l'Intelligible. L'Ame également, lorsqu'elle est produite par l'Intellect sans être encore informée par lui, est appelée « matière ».

3. *Enn.* II 4 [12] 16, 1-2. Plotin fait ici directement référence à *Sophiste* 258e2-3.

que nous subsumons traditionnellement sous ce terme – tradition dont le véritable instigateur est Porphyre, disciple et premier éditeur de Plotin – et que sont l'Un, l'Intellect et l'Ame. Pour autant, certains commentateurs ont pu mettre en doute le fait que l'Un soit, pour Plotin, une hypostase. L'Alexandrin ne dit-il pas de l'Un, dans le traité VI 8 [39], qu'il est « antérieur à l'hypostase » ? Il convient donc d'analyser ce point, tant pour l'Un que pour la matière ultime, ce qui nous permettra également de mieux comprendre en quoi la question de l'être ne recouvre qu'imparfaitement celle de l'existence.

L'arrière-fond stoïcien

Pour comprendre le statut existentiel que Plotin admet pour l'Un et pour la matière dernière, il convient d'abord de situer l'usage qu'il fait du terme « *hupostasis* » en le replaçant dans le contexte polémique et philosophique de son utilisation. Ce contexte apparaît régulièrement dans les *Ennéades*, et particulièrement dans les traités VI 1 [42] et VI 6 [34] où Plotin critique certaines positions tenues par les stoïciens, en particulier celle concernant le statut des universaux ou Idées, qu'ils nomment pour leur part « concepts » (ἐννοημάτα). Ainsi que nous allons le voir, dans sa critique Plotin fait sien le critère de démarcation utilisé par les stoïciens pour distinguer ce qui existe de ce qui n'existe pas. Un tel critère affirme comme « existant » cela qui existe séparément et indépendamment. Cette séparation prend deux formes : une chose existe si elle existe indépendamment de la pensée qui la prend pour objet (et, pour cette raison, n'est pas une pure construction mentale sans corrélat extra-psychique) ; une chose existe si elle a une existence indépendante des autres choses (et, pour cette raison, ne leur est pas réductible).

Dans le premier traité qu'il a consacré aux genres premiers de l'être (*Enn.* VI 1 [42]), Plotin examine les catégories d'Aristote (ainsi que celles des Stoïciens) afin de déterminer si elles constituent des unités génériques. Toutefois, aux chapitres 6 et 7, consacrés à l'analyse des relatifs, « Plotin examine d'abord une question qui est étrangère à celles qui occupent Aristote, celle de l'existence même des relatifs ; et il commence par exposer à ce sujet une thèse négative (chap. VI) qu'il réfutera ensuite (chap. VII, 1-22) »[1]. La thèse négative en question est vraisemblablement celle des stoïciens[2]. On sait que ceux-ci considèrent une espèce de relatif – celle qu'ils nomment « disposé relativement à » (πρός τί πως ἔχον) –, comme un genre de l'être[3], à savoir comme une perspective possible selon laquelle on peut

1. Commentaire de E. Bréhier, *Plotin. Ennéades*, t. VI[1], Paris, Les Belles Lettres, 1992 [1936], p. 13.

2. Voir cependant J. Barnes, « Bits and Pieces » dans J. Barnes et M. Mignucci (éd.), *Matter and Metaphysics*, Napoli, Bibliopolis, 1988, p. 252-3, qui estime que la position développée dans ces passages est celle que les sceptiques croient pouvoir déduire de la philosophie des dogmatiques (parmi lesquels on trouve les stoïciens).

3. Plus précisément, ce que Plotin appelle « relatif » renvoie à ce que les stoïciens appellent « disposé relativement à ».

aborder tel ou tel corps[1]. En ce sens, il pourrait paraître douteux que ce soit leur position que Plotin critique en VI 1 [42] 6-7. Il convient cependant de rappeler que le relatif, même s'il peut constituer un genre de l'être, n'a pas d'existence séparément de cet être (c'est-à-dire, selon les stoïciens, de tel ou tel corps). Autrement dit, il n'existe pas quelque chose comme le relatif en soi, car le relatif en soi n'est qu'un concept (ἔννοημα), une pure construction de l'esprit, qui, en tant que telle, est dépourvue tant de l'existence au sens propre (ou ὕπαρξις), laquelle s'applique aux corps, que de la subsistence (ou ὑπόστασις), laquelle s'applique aux incorporels[2].

La thèse générale des stoïciens est déjà visible au regard de ce qu'ils disent du semblable et de l'égal : affirmer de deux choses qu'elles sont « semblables » ou « égales » n'affecte nullement ces deux choses; être semblable ou égal suppose que préexistent deux choses possédant déjà d'elles-mêmes et indépendamment de toute relation une certaine qualité ou une certaine quantité[3]. Autrement dit, la similarité ou l'égalité n'advient que lorsque nous constatons qu'une chose est semblable ou égale à une autre, de sorte que l'on peut dire que le rapport de similarité ou d'égalité n'est pas autre chose que « *notre propre jugement* (ἡμετέρα κρίσις) en tant qu'il compare des choses qui sont ce qu'elles sont par elles-mêmes (τὰ ἐφ' ἑαυτῶν ὄντα ἅ ἐστι) »[4] et qu'il n'a pas d'existence en soi mais seulement par et à travers ce jugement. Il en va de même pour les relatifs du type à gauche/à droite : « en réalité, une chose est à telle place, l'autre à telle autre

1. Les quatres « genres » ou « catégories » sont : le substrat (ou matière), le qualifié, le disposé et le disposé relativement à. *Cf.* A.A. Long & D.N. Sedley, *The Hellenistic Philosophers*, t. I, Cambridge, Cambridge University Press, 1987 (désormais cité A.A. Long & D.N. Sedley, *The Hellenistic Philosophers*), sections 27-29.

2. Selon l'interprétation de A.A. Long & D.N. Sedley, *The Hellenistic Philosophers*, *op. cit.*, p. 164, les stoïciens utilisent le terme « *hupostasis* » (et sa forme verbale *huphistasthai*) pour la classe de ce qu'ils appellent les incorporels (laquelle regroupe les dicibles, le lieu, le vide et le temps; *cf.* LS 27G, 3; 49C, 1; 50D, 1 et 50E, 3; 51F, 6) et celle des réalités fictives, comme le centaure. Toutefois, sur ce dernier point, voir D.N. Sedley, « Stoic Metaphysics at Rome », dans R. Salles (éd.), *Metaphysics, Soul, and Ethics in Ancient Thought, Themes from the Work of Richard Sorabji*, Oxford, Oxford University Press, 2005, p. 124, n. 18, qui juge désormais, sur base d'une nouvelle interprétation de Sénèque, *Lettre* 58, 13-15 (LS 27A), que les réalités fictives ne sont pas même reconnues comme « subsistantes » par les Stoïciens (en tout cas d'après le compte-rendu de Sénèque, qui constitue, en la matière, le seul texte conservé décrivant le statut ontologique des *ficta* stoïciens). L'*hupostasis* se distingue alors de l'*huparxis* qui concerne, quant à elle, l'existence au sens propre, celle des corps (*cf.* LS 34D, 40E et 40 H). De son côté, V. Goldschmidt, dans son article « Ὑπάρχειν et Ὑφιστάναι dans la philosophie stoïcienne », art. cit., soutient que la distinction *huparxis/hupostasis* ne recouvre pas parfaitement celle entre corps/incorporels. Il fait valoir que si l'*hupostasis* désigne le plus souvent le mode d'existence propre aux incorporels (p. 341-342), le verbe ὑπάρχειν peut cependant désigner l'existence de corps et d'incorporels (p. 333). En vérité, il semble que, selon cet auteur, ce qui distingue l'existence (*huparxis*) de la subsistence (*hupostasis*), c'est que la première renvoie à une existence *actuelle*, qui se déroule dans le temps présent (p. 335-336). Rappelons que, selon Chrysippe, « seul le présent existe (ὑπάρχειν); le passé et le futur subsistent (ὑφεστάναι) » (LS 51B).

3. Cf. *Enn.* VI 1 [42] 6, 21 : « Le fait que deux choses soient de même quantité (τὸ γὰρ ταὐτὸν ἐν τῷ ποσῷ) préexiste au rapport <d'égalité> (προϋπάρχει πρὸ τῆς σχέσεως) ».

4. *Enn.* VI 1 [42] 6, 22.

place, et *c'est nous qui concevons* l'une à droite et l'autre à gauche (ἡμεῖς δὲ τὸ δεξιὸν καὶ τὸ ἀριστερὸν ἐνοήσαμεν), sans qu'il y ait rien de tel en elles (ἐν δὲ αὐτοῖς οὐδέν) »[1].

Le sens de la démarcation est clair. Pour les stoïciens, en tout cas tel que Plotin interprète ici leur pensée, ce qui n'existe pas – *i.e.* ce qui n'est rien[2] –, c'est ce qui n'existe que dans et par notre pensée et n'a aucun corrélat extra-psychique réel. Dans la critique qu'il leur oppose, Plotin va tenter de démontrer qu'il faut au contraire accorder l'existence aux relatifs, quoique selon certaines modalités. Mais ce qu'il nous importe ici de voir, c'est qu'il ne remettra pas en question le critère de démarcation des stoïciens distinguant entre « existence réelle » et « existence seulement conceptuelle ». On constate au contraire qu'il la reprend plus d'une fois à son compte, comme lorsqu'il demande, après avoir établi, dans le traité *Sur les Nombres*, l'antériorité de l'Un sur l'être et du nombre sur les êtres, si cette antériorité n'existe que « par la conception et l'appréhension (τῇ ἐπινοίᾳ καὶ τῇ ἐπιβολῇ) <que nous en avons> ou bien si cette antériorité correspond à une antériorité par l'hypostase (τῇ ὑποστάσει) », entendez une antériorité réelle[3].

A ce premier critère de démarcation, les stoïciens ajoutent cet autre : une chose existe si elle subsiste « par elle-même », indépendamment des autres choses[4]. Ce second critère transparaît déjà dans ce qui vient d'être dit des relatifs, lesquels ne sont que des rapports postérieurs puisqu'ils sont pensés relativement à « des choses qui sont ce qu'elles sont en elles-mêmes (τὰ ἐφ' ἑαυτῶν ὄντα ἅ ἐστι) ». Dans le traité VI 6 [34], on trouve ce second critère utilisé par les stoïciens pour dénier l'existence à l'un lui-même. En effet, disent-ils, « de même que la "pluralité" (τὸ πλῆθος) n'est *rien* (οὐδέν ἐστιν) en dehors des choses que l'on dit multiples (παρὰ τὰ πράγματα τὰ πολλὰ λεγόμενα), ni la "fête" (ἡ ἑορτή) en dehors de ceux qui se rassemblent et trouvent leur joie dans les cérémonies sacrées », de même « nous ne pensons pas l'un comme quelque chose de seul et d'isolé du reste (τὸ ἓν μόνον τι καὶ ἀπηρημωμένον), lorsque nous

1. *Enn.* VI 1 [42] 6, 33-35, traduction de E. Bréhier.

2. Cf. *Enn.* VI 1 [42] 7, 21 : μηδὲν εἶναι. En vérité, les stoïciens se contentent d'affirmer que les universaux sont des « non quelques-choses » (οὔτινα) ou des « quasi quelques-choses » (ὡσανεί τινα), c'est-à-dire qu'ils ne sont pas des choses particulières comme les corps ou les incorporels (cf. *SVF* 1.65 = LS 30A ; Diogène Laërce 7.60 et *SVF* 2.278 = LS 30E).

3. *Enn.* VI 6 [34] 9, 13-14. Voir également *Enn.* VI 2 [43] 13, 26-28. La distinction entre existence seulement en pensée et existence réelle est également utilisée par Porphyre, l'un des disciples de Plotin, dans son *Isagoge*, lorsqu'il se demande, à propos du genre et de l'espèce (*i.e.* deux des cinq prédicables, les trois autres étant la différence, le propre et l'accident), « s'ils existent (εἴτε ὑφέστηκεν) ou s'ils ne consistent qu'en de purs concepts (εἴτε καὶ ἐν μόναις ψιλαῖς ἐπινοίαις κεῖται) », *Isagoge* 2, traduction de A. de Libera et A.-Ph. Segonds. Sur la distinction entre *hupostasis* et *epinoia* telle qu'elle apparaît chez les stoïciens, *cf.* Th. Kobusch, *Sein und Sprache. Historische Grundlegung einer Ontologie der Sprache*, Leiden, Brill, 1987, p. 33-37.

4. A proprement parler, pour les stoïciens, un tel critère n'est valable que pour l'existence des corps, non pour la subsistence des incorporels, lesquels sont toujours dépendant, en dernière instance, du corps.

disons "un" »[1]. Autrement dit, l'un, à l'instar d'autres concepts comme « pluralité » ou « foule », n'a pas d'existence « en soi » : rien dans le réel extra-psychique ne correspond à une réalité qui serait l'un en soi ou la pluralité en soi. Aussi faut-il comprendre, selon les stoïciens, que l'un (ou le nombre) est un simple « *ennoèma* », c'est-à-dire un concept produit par la pensée *à partir des choses réelles* – lesquelles sont, pour les stoïciens, des corps – mais qui n'existe pas en dehors de ces choses.

Ainsi que l'écrit A. Charles-Saget, la réponse de Plotin à l'objection stoïcienne va consister à « dénier au seul corporel le pouvoir de faire impression sur l'âme »[2] :

> Mais si on dit <comme les stoïciens> que l'un (τὸ ἕν) et la monade (τὴν μονάδα) ne possèdent pas l'*existence* (μὴ ὑπόστασιν... ἔχειν) – en effet, il n'est pas d'*un* qui ne soit *quelque chose d'un* (τὶ ἕν) – et qu'ils ne sont qu'une "affection de l'âme" (πάθημα... τῆς ψυχῆς) relative à chacun des êtres [*i.e.* êtres au sens de corps], qu'est-ce qui tout d'abord empêche, lorsqu'on dit "être", de dire que l'être aussi est une affection de l'âme et qu'il n'est *rien* de ce qui est (μηδὲν... ὄν) ? Et si l'on répond qu'il [*i.e.* l'être] stimule (νύττει), frappe (πλήττει) et produit (ποιεῖ) une représentation (φαντασίαν) relative à l'être, nous, nous voyons aussi que l'âme est stimulée et reçoit une représentation relative à l'un (περὶ τὸ ἕν), *Enn.* VI 6 [34] 12, 1-7, trad. J. Bertier *et al.*, modifiée.

La position stoïcienne soutient qu'il n'y pas d'un en soi, mais seulement « quelque chose d'un » ou « un certain un » (τὶ ἕν), à savoir telle ou telle chose particulière qui est dite une[3]. Seule cette dernière chose existe et seule elle nous affecte, c'est-à-dire produit une « affection de l'âme » lorsque celle-ci vient à la penser. L'un en soi, en revanche, est une affection de l'âme sans objet réel[4],

1. *Enn.* VI 6 [34] 12, 20-24, traduction de J. Bertier *et al.*, modifiée. Sur ce passage, *cf.* D. O'Meara, « La question de l'être et du non-être des objets mathématiques chez Plotin et Jamblique », *Revue de théologie et de philosophie* 122, 1990, p. 410.

2. A. Charles-Saget, *L'architecture du divin. Mathématique et philosophie chez Plotin et Proclus*, Paris, Les Belles Lettres, p. 138 (désormais cité A. Charles-Saget, *L'architecture du divin...*).

3. *Cf.* LS 30G : « (...), des particuliers (τῶν καθ' ἕκαστα) [il n'y a pas de science], qu'ils soient en flux total ou qu'on les appelle aussi des étants, comme Aristote avait coutume de faire, ou que l'on aille jusqu'à dire que *seuls il sont* (μόνα εἶναι), comme l'affirment les stoïciens », traduction de J. Brunschwig et P. Pellegrin modifiée.

4. Pour les stoïciens, l'expression « affection de l'âme » peut répondre à deux cas de figures possibles : soit l'affection renvoie à un « quelque chose » (τι) d'effectivement *présent* (*cf.* LS 30C : παρόν) et *existant* (*cf.* LS 39A, 17 ; 39G, 17 : ὑπάρχον) dans le réel extra-psychique – sur le « quelque chose », *cf.* A.A. Long & D.N. Sedley, *The Hellenistic Philosophers*, *op. cit.*, p. 163-166 (ou vol. 2, p. 20-24 de l'édition française) –, « quelque chose » qui est nécessairement une chose individuelle et corporelle : dans ce cas, l'affection de l'âme est une *phantasia* – *Cf.* J.-J. Duhot, *La conception stoïcienne de la causalité*, Paris, Vrin, 1989, p. 101-105 (désormais cité J.-J. Duhot, *La conception stoïcienne...*) ; soit l'affection ne renvoie à rien d'existant et, dans ce cas, une telle affection est un *phantastikon*, « une attraction à vide (διάκενος ἑλκυσμός) » dont l'objet intentionnel est un *phantasma* (*cf.* LS 39B). Enfin, le *phantasma* lui-même peut recouvrir deux types d'irréalités : soit des irréalités qui, tout en n'existant pas au sens propre, sont toutefois dites « subsister » et qui, possédant

quelque chose que l'âme a conçu à partir de la considération de choses particulières unes[1]. Face à cette vision empiriste et corporelle de l'existence, Plotin répond que « à propos de l'un aussi (περὶ τὸ ἕν) l'âme est stimulée et reçoit une représentation ». Selon lui, en effet, cet « un »[2] est non pas « quelque chose d'un » – c'est-à-dire un 'un' particulier attaché à tel ou tel corps – mais bien « quelque chose » à part entière : « c'est en voyant quelque chose (τι) qu'elle [*i.e.* la *dianoia* de l'âme] dit "un" : ce n'est pas une affection vide (κενὸν πάθημα), ce n'est pas à propos de *rien* (ἐπὶ μηδενί) qu'elle dit "un" »[3]. Autrement dit, l'un est non seulement pensable indépendamment d'un ou plusieurs corps particuliers, mais il est lui-même un « quelque chose » à part entière. L'utilisation de l'expression stoïcienne « quelque chose », par Plotin, pour désigner l'un, révèle deux points importants : l'Alexandrin entend assurément ici montrer que l'un, et avec lui tous les intelligibles, possède une existence *analogue* à celle que les stoïciens prêtent aux choses particulières[4], et plus précisément aux corps (lesquels, d'après la Stoa, sont les seuls réalités pouvant produire une impression dans l'âme) ; en outre, par cette expression, il veut également dire que l'un « n'est pas rien », étant entendu que le « quelque chose » est ce qui, pour les stoïciens, en tout cas tel que Plotin interprète leur doctrine, s'oppose au rien. Lorsque Plotin affirme que l'un *existe*, il veut donc dire qu'il n'est pas *rien*[5] : *il y a* quelque chose qui existe indépendamment de ma pensée et indépendamment du reste du réel et qui est l'un.

un minimum de détermination, sont des « quelques-choses », donc des individus (*cf.* LS 39B) ; soit des irréalités qui n'existent ni ne subsistent et qui, étant de purs « concepts (ἐννοήματα) » – terme, on l'a vu, que les stoïciens utilisent pour désigner les idées platoniciennes ou, en général, les universaux –, ne sont pas des « quelques-choses ». Dans l'extrait cité, nous sommes manifestement dans le dernier cas de figure envisagé, à savoir celui des « *ennoèmata* », ce que d'ailleurs confirme, par la suite, le texte : « Sans doute ceux qui font, des nombres et de l'un, une espèce unique de ce qui s'appelle chez eux "concepts" (ἐννοημάτων), admettraient bien pour ceux-là [*i.e.* les nombres et l'un] une existence (ὑποστάσεις), si précisément "quelque chose de ceux-là" existe », *Enn.* VI 6 [34] 12, 13-16.

1. *Cf.* Diogène Laërce 7.60 : « Un concept est un phantasme fabriqué par la pensée, qui n'est ni un "quelque chose" ni un "qualifié", mais un "quasi quelque-chose" et un "quasi qualifié", à la façon dont se produit un schème de cheval, même si aucun cheval n'est présent », traduction de J. Brunschwig et P. Pellegrin.

2. Il est ici à noter que cet « un » n'est pas à proprement parler l'Un au-delà de l'être, mais seulement sa manifestation intelligible.

3. *Enn.* VI 6 [34] 13, 8-9.

4. A savoir aux corps et aux incorporels, lesquels tombent sous le genre du *ti* ou « quelque chose ».

5. S'il y a (de) l'Un, c'est que l'Un est, comme l'écrit W. Beierwaltes, une « réalité ». *Cf.* « Le vrai soi », dans M. Dixsaut (éd.), *La connaissance de soi. Études sur le traité 49 de Plotin*, Paris, Vrin, 2002, p. 28 (désormais cité M. Dixsaut (éd.), *La connaissance de soi...*). Toutefois, par « réalité » il faut entendre quelque chose qui, parce que antérieur à toute différenciation et toute détermination, est par soi-même *indifférencié* (W. Beierwaltes parle quant à lui, p. 28-29, d'une « in-différence » de l'Un, tant en lui-même que relativement à ce qui vient après lui). C'est en ce sens qu'il faut interpréter l'affirmation de Plotin selon laquelle l'Un est *mèden* (cf. *Enn.* III 8 [30] 10, 26-31) : il ne s'agit pas ici d'un néant d'existence, mais seulement d'un *néant de détermination.* Cf. *Enn.* III 8 [30] 9, 53-54 : l'Un n'est « rien de toutes les choses (οὐδὲν τῶν πάντων) », et les remarques de E. Varessis, *Die Andersheit bei Plotin*, Stuttgart et Leipzig, Teubner, 1996, p. 87 (désormais cité E. Varessis, *Die Andersheit...*). En *Enn.* V 3 [49] 12, Plotin écrit : « La connaissance est quelque chose d'un (ἕν...τι).

L'existence de l'Un et de la matière du sensible

A présent que nous avons identifié les deux critères utilisés par Plotin pour déterminer si une chose est ou non une hypostase, voyons si ces critères peuvent s'appliquer à l'Un et à la matière du sensible. La question est : peut-on dire que, pour l'Alexandrin, l'Un et la matière du sensible sont des réalités existant indépendamment de notre pensée et indépendamment des autres choses ou faut-il au contraire les considérer comme de pures constructions de l'esprit obtenues par abstraction à partir de la perception des corps et ne correspondant à rien de véritablement existant dans le réel extra-psychique? Il me semble qu'on doit trancher cette alternative en faveur de la première possibilité : l'Un et la matière du sensible *sont* des hypostases. Cette réponse se trouve confirmée par les textes mêmes des *Ennéades*, ainsi que nous allons le voir. Dans les deux cas, Plotin fait valoir un même argument : l'Un et la matière du sensible existent, sont des hypostases, car sans eux rien d'autre ne pourrait exister.

Pour ce qui est de l'Un, l'explication est donnée dans le traité V 6 [24], où Plotin démontre la nécessité de poser l'Un comme hypostase à partir de l'unité-multiple de l'intelligible. Au troisième chapitre, il distingue entre deux sortes d'« un » – l'« un » qui existe *en soi-même* et l'« un » qui existe *dans les autres choses* – que l'on peut identifier, respectivement, à l'Un et à l'Intellect. Si le second « un » est effectivement « semblable » au premier, explique-t-il, il ne peut toutefois lui être dite identique : en effet, l'« un » qui est en soi et l'« un » qui, par participation, est en autre chose, doivent nécessairement être compris comme autres. Cette altérité signifie que l'« un » qui est en soi-même « doit être lui-même seul (ἀλλὰ δεῖ αὐτὸ μόνον εἶναι), s'il doit être vu aussi dans les autres choses (εἰ μέλλοι καὶ ἐν ἄλλοις ὁρᾶσθαι) ». Autrement dit, pour qu'il y ait un « un » *en autre chose*, il faut concevoir qu'*existe* par soi-même et isolé de toute autre chose un « un » *en soi*. Si tel ne devait pas être le cas, il faudrait dire que être, pour l'un en soi, « c'est *posséder l'existence* avec les autres choses (σὺν ἄλλοις τὴν ὑπόστασιν ἔχειν) ». Mais cette affirmation se révèle insoutenable : si l'on dit que « l'un qui existe en soi-même » ne peut pas exister seul (μόνον) mais seulement avec d'autres choses, alors il s'ensuit que seul ce qui est composé existe; or, comment le composé pourrait-il exister alors qu'il est formé de termes simples qui, parce qu'ils sont simples, n'existent pas? Il faut donc accorder que l'« un » qui existe en autre chose suppose, pour venir à l'être, un « un » qui existe en soi-même et seul. Ainsi est donc démontrée la nécessité de conférer l'hypostase à l'Un.

Or, l'Un est sans le "quelque chose" (ἄνευ τοῦ "τί"); s'il était "quelque chose d'un", il ne serait pas l'un en soi (αὐτοέν); car le "en soi" est avant le "quelque chose" », traduction de B. Ham. Autrement dit, l'Un, du fait qu'il est l'Un en soi, ne peut nullement être *quelque chose d'un*, c'est-à-dire une certaine unité (parmi d'autres possibles). La détermination (ici, le *ti*) n'advient qu'après l'Un, dans le non-Un de l'Intellect. Sur l'Un comme ce qui est au-delà du « quelque chose » (*i.e.* de *ce qui est* déterminé), voir l'article de J.-M. Barbonne, « L'*ou ti* de Plotin », art. cit., p. 33-34.

Le même type de raisonnement est appliqué par Plotin à la matière du sensible. Dans son traité *Qu'est-ce que les maux et d'où viennent-ils?,* l'Alexandrin explique que c'est à la présence de la matière qu'il faut imputer la descente de l'âme dans la matière et, avec elle, la production du devenir. En effet, écrit-il, « même si c'est l'âme qui, elle-même, a engendré la matière, par suite d'une affection, et si elle est entrée <ensuite> en commerce avec elle et est devenue mauvaise, c'est la matière par sa présence qui en est la cause (ἡ ὕλη αἰτία παροῦσα) »[1]. Certains, pourtant, affirment que la matière n'existe pas. Plotin renvoie ces derniers, pour un traitement plus approfondi de la matière, à son traité *Sur la matière* (II 4 [12]) où est démontrée « la nécessité de son *existence* (τὴν ἀνάγκην τῆς ὑποστάσεως αὐτῆς) »[2]. Cette nécessité, comme il est dit dans le traité III 6 [26], vient de ce que la matière est l'un des principes génératifs des corps (l'autre principe étant la *phusis*), de sorte que « si elle n'existait pas (μὴ οὔσης), rien ne pourrait exister (οὐδὲν ὑπέστη ἄν) »[3].

Enfin, de même que l'un n'est pas qu'une « affection vide » – comme le pensent les stoïciens – mais bien une « réalité subsistante » existant indépendamment de notre pensée, ce dont témoigne la représentation (*phantasia*) que nous en avons lorsque nous le pensons, de même ce n'est pas ne rien penser que penser la matière :

> —Ce n'est donc pas la même chose, cette affection de l'âme (ψυχὴν πάθος), lorsqu'elle ne pense rien (μηδὲν νοῇ)?
> —Non, car lorsque l'âme ne pense rien (μηδέν), elle n'énonce rien (λέγει μηδέν), ou plutôt elle n'éprouve rien (πάσχει οὐδέν); au contraire, lorsqu'elle pense la matière, elle éprouve une affection qui est comme l'empreinte[4] du sans forme (οἷον τύπον τοῦ ἀμόρφου), *Enn.* II 4 [12] 10, 20-23.

Si l'âme, en pensant la matière, éprouve une affection qui est « comme l'empreinte du sans forme (οἷον τύπον τοῦ ἀμόρφου) », ce n'est pas parce que la matière *n'existe pas*, mais seulement parce qu'elle *n'est pas*. En effet, comme nous le verrons par la suite[5], la matière est « sans forme » ou « informe » du fait qu'elle consiste en une réalité imparfaitement engendrée. A la différence de l'être, la matière est incapable de se retourner vers le principe qui lui a donné le jour (à savoir, la *phusis*), de sorte qu'elle demeure éternellement non définie. Le caractère *amorphon* de la matière témoigne donc de sa nature, mais ne constitue nullement une dénégation de son existence. Au contraire : *il y a* quelque chose d'informe et qui, comme il a été dit plus haut, est la cause de la descente de l'âme, et c'est de ce quelque chose que témoigne le « *tupos* » (terme qui doit s'entendre

1. *Enn.* I 8 [51] 14, 51-53, traduction de D. O'Brien.
2. *Enn.* I 8 [51] 15, 1.
3. *Enn.* III 6 [26] 14, 1.
4. Τύπος, rappelons-le, est un terme utilisé par les stoïciens pour désigner le type d'affection propre à la φαντασία (représentation). Sur ce point, *cf.* LS 39A et 39F.
5. Cf. *infra*, p. 48-54.

ici au sens d'une *phantasia* ou représentation) qui se forme en notre âme lorsqu'il y a pensée de la matière.

DE LA FONDATION DU SYSTÈME DE L'ÊTRE

Si la σύνταξις plotinienne est coextensive avec l'être, elle n'embrasse donc pas pour autant la totalité de *ce qui existe*, *i.e.* du réel au sens large. L'Un et la matière du sensible, parce qu'ils sont autres que l'être, apparaissent en effet irréductibles à la σύνταξις, une irréductibilité qui se manifeste par le caractère indéterminé de leurs natures. Comme nous allons le voir à présent, cette indétermination, qui les rejette pour ainsi dire en dehors de la sphère de l'être, est ce qui, paradoxalement, rend possible la fondation de la σύνταξις de l'être. Les rôles de ces deux principes que sont l'Un et la matière du sensible ne sont toutefois pas identiques et il convient de distinguer leurs fonctions respectives : l'Un, parce qu'il est le Premier, est ce en quoi trouve son origine la σύνταξις de l'être ; la matière du sensible, en revanche, parce qu'elle est dernière, marque la limite extérieure et inférieure de cette σύνταξις. Étant en dehors de la σύνταξις de l'être, l'Un et la matière apparaissent en même temps comme des impensables : soit du fait d'être au-delà de toute détermination noétique, soit du fait d'être en deçà, chacun constitue un pôle d'attraction pour la pensée et, de ce fait, fait apparaître les limites de cette pensée. L'Intellect se révèle en effet impuissant à penser ce qui est en dehors de lui, mais cette impuissance est, on va le voir, créatrice.

L'Un

Son indétermination

Avant d'analyser concrètement comment la σύνταξις naît de l'incapacité à penser l'Un en lui-même, il nous faut d'abord montrer en quoi et pourquoi l'Un est dit indéterminé. Cette indétermination est démontrée, dans le traité *Sur l'origine des idées et sur le Bien* (*Enn.* VI 7 [38]) à partir des notions de principe (ἀρχή) et d'engendrement (γένεσις). Ces deux notions sont particulièrement importantes et, on va le voir, permettent de rendre compte du réel dans son ensemble, de l'Un à la matière du sensible en passant par l'être.

Le passage intervient après qu'a été mise au jour « la beauté qui <resplendit> sur les spécificités (εἴδεσι κάλλος) », entendez sur les idées, et a pour objet de révéler le principe des idées et de leur commune beauté[1] :

> Le <principe des spécificités> ne peut être aucune d'entre elles (δεῖ δ' αὐτὸ εἶναι τούτων μηδὲ ἕν). Car il serait quelque chose parmi elles et n'en serait qu'une partie (τὶ γὰρ αὐτῶν ἔσται μέρος τε ἔσται). Donc, il ne peut être ni une forme (οὐδέ... μορφή) comme celles dont nous venons de parler, ni une puissance

1. Sur ce passage, voir W. Theiler, « Das Unbestimmte, Unbegrenzte bei Plotin », *Revue internationale de philosophie* 92, 1970, p. 292-293.

déterminée (οὐδέ τις δύναμις) et il ne peut même pas non plus être toutes les formes et toutes les puissances qui ont été engendrées et qui existent là-haut (οὐδ' αὖ πᾶσαι αἱ γεγενημέναι καὶ οὖσαι ἐνταῦθα), mais il faut qu'il soit au-dessus (ὑπέρ) de toutes les puissances et de toutes les formes. C'est donc le non-spécifique qui est le principe (ἀρχὴ δὲ τὸ ἀνείδεον), non pas le non-spécifique qui a besoin de la forme (οὐ τὸ μορφῆς δεόμενον)[1], mais le non-spécifique d'où vient toute forme intellectuelle (ἀλλ' ἀφ' οὗ πᾶσα μορφὴ νοερά), *Enn.* VI 7 [38] 32, 5-10, trad. P. Hadot, modifiée.

La démonstration commence par la notion de *principe* et par l'exigence que celle-ci implique. Cette exigence peut se formuler de la manière suivante : que ce qui est principe ne peut rien être de ce dont il est principe. Ainsi, si l'être est une multiplicité de formes et de puissances intellectuelles, et même la totalité de ces formes et de ces puissances, le principe de ces dernières ne pourra lui-même être « aucune d'entre elles, car il serait alors quelque chose parmi elles et n'en serait qu'une partie ». Le principe implique d'emblée une transcendance relativement à ce de quoi il est le principe et cela doit se comprendre du fait que le principe est toujours, pour Plotin, un principe producteur. Le principe manifeste donc un état antérieur à ce qui va être produit et ne peut, de ce fait, faire lui-même partie de ce qui est produit et qui, au niveau de l'Un, n'existe pas encore.

Certains commentateurs, comme J. Moreau, ont cru pouvoir affirmer que, de l'Un, « rien ne saurait être exclu ; s'il ne peut recevoir aucune détermination, c'est que, *éminemment*, il les contient toutes. Son *indétermination* n'est pas possibilité nue, indigence ; il est au contraire puissance infinie, richesse inépuisable »[2]. La question est ici de savoir si l'on peut dire de l'Un qu'il contient toutes les déterminations qui adviennent après lui, même si ce n'est que « éminemment ». Bien sûr, affirmer qu'il les contient « éminemment » c'est en même temps lui refuser de les contenir « réellement » : « éminemment » sert en effet à affirmer d'un principe qu'il est la source de réalités qui n'adviennent réellement que de manière postérieure. En ce sens, on pourrait, semble-t-il, affirmer de l'Un qu'il contient « éminemment » toutes les déterminations qui adviennent à partir de lui. Toutefois, il semble bien qu'une telle affirmation n'empêche pas une certaine multiplicité de s'insinuer en l'Un. En particulier, cette appellation laisse entendre que l'Un, s'il ne possède pas réellement les déterminations postérieures, les pré-

1. Le thème du « besoin », crucial dans les *Ennéades*, permet de distinguer chaque degré de la réalité relativement à un état d'autosuffisance (αὐτάρκεια). Dans le cas présent, Plotin entend prévenir toute confusion possible entre l'Un et la matière, cette dernière étant également dite « sans forme » (cf. *Enn.* II 4 [12] 4, 17 ; 10, 23 ; *Enn.* II 5 [25] 4, 12), précisément, cette fois, parce qu'elle est en éternel *besoin* des formes (*Enn.* II 4 [12] 16, 17 *sq.*). Quant à l'être, il constitue un degré intermédiaire entre ce qui est absolument sans besoin (l'Un) et ce qui est absolument dans le besoin (la matière) : il est certes dans le besoin, à savoir dans le besoin de lui-même (de se penser, de se posséder), mais ce besoin est assouvi : il se pense et se possède. C'est pourquoi il est dit autosuffisant, sans pour autant être parfaitement autosuffisant (cf. *Enn.* V 3 [49] 13, 17-21). Seul l'Un peut être dit « véritablement autosuffisant » (cf. *Enn.* V 3 [49] 13, 16-17) : étant seul et isolé, il n'a besoin de rien, ni d'un autre (comme c'est le cas de la matière), ni de lui-même (comme c'est le cas de l'être).

2. J. Moreau, « L'Un et les êtres selon Plotin », art. cit., p. 213.

contient cependant de manière *indistincte*. Or, *une multiplicité indistincte demeure une multiplicité*. Tel est le cas de ce que Plotin appelle, en *Enn.* VI 2 [43] 20, l'« Intellect total » : un tel Intellect, nous dit-il, n'est l'Intellect d'aucune chose particulière (il ne se porte sur aucun objet particulier); il *contient* en acte *tous* les intellects particuliers mais aucun séparément des autres[1]. Dans le cas de cet Intellect total, on peut donc dire qu'il est une *multiplicité indéterminée* : il contient tous les intellects particuliers auxquels il va donner le jour, mais seulement de manière indistincte puisque aucun de ces intellects n'y est saisi en particulier (*i.e.* en acte). Dans ces conditions, affirmer de l'Un qu'il contient éminemment toutes les déterminations qu'il contribue à engendrer a dès lors – si l'on donne à «éminemment» le sens de «préexister de manière indistincte» – pour conséquence désastreuse de rendre l'Un multiple. Pour cette raison, je suis d'accord avec L.P. Gerson pour dire «qu'un tel langage (...), obscurcit la causalité spécifique que l'Un exerce : car il suggère que l'Un donne l'essence aussi bien que l'existence au νοῦς »[2] : l'Un ne serait plus seulement la cause du fait que quelque chose d'autre que lui *existe*, mais aussi du fait de ce que ce quelque chose soit tel type de réalité plutôt que tel autre. En conséquence, on peut donc dire que l'affirmation selon laquelle « l'Un n'est rien de tout ce qui advient à partir de lui » doit se comprendre *au sens fort* : il n'est aucune détermination intelligible et celle-ci ne préexiste pas en lui, même éminemment[3].

C'est pour cette raison, explique Plotin, que le principe des formes et des puissances intellectuelles est τὸ ἀνείδεον, c'est-à-dire, littéralement « le non-spécifique ». Sur cette traduction, il convient toutefois de s'arrêter quelques instants. Contrairement à la majorité des traducteurs qui traduisent *eidos* par « forme » et *aneideon* par «sans forme» ou «informe», je prends le parti de les traduire respectivement par « spécificité » et par « non-spécifique » ou « sans spécificité ». P. Hadot, dans une note concernant le passage qui nous occupe, souligne que

1. Sur l'Intellect comme Intellect total, cf. *infra*, p. 263-278.

2. L.P. Gerson, « Plotinus's metaphysics : emanation or creation ? », *Review of Metaphysics* 46, 1992-1993, p. 572. *Cf.* également L.P. Gerson, *Plotinus*, London, Routledge, 1994, p. 14 (désormais cité L.P. Gerson, *Plotinus*).

3. Il faut reconnaître, cependant, que l'on trouve trace dans les *Ennéades* – *cf.* V 3 [49] 15, 27 *sq.* – d'un texte expliquant que si l'Un est « principe de toutes choses (ἀρχὴ τῶν πάντων) », c'est parce qu'il les «pré-contient toutes en lui (τῷ πρότερον ἔχειν αὐτά)», bien que «de manière indistincte (εἶχεν ὡς μὴ διακεκριμένα) ». Une telle explication – unique dans le *corpus* plotinien – me paraît créer une brèche au sein de l'Un, en laissant entrer en lui, bien que de manière latente et indéterminée, la multiplicité postérieure des êtres. Je ne crois pas qu'il faille, comme H.J. Krämer, dans son ouvrage *Der Ursprung der Geistmetaphysik, Untersuchungen zur Geschichte des Platonismus zwischen Platon und Plotin*, Amsterdam, P. Schippers, 1964, p. 340 (désormais cité H.J. Krämer, *Der Ursprung*...), prendre une telle explication comme emblématique de la position de Plotin et affirmer que l'Un est puissance de toutes choses parce qu'il «comprend en lui, sous une forme "latente" et "sans forme", la réalité postérieure » et qu'il constitue « une espèce de préconception (*eine Art von Vor-Begriff*)... de la réalité » (p. 340) – dans le même sens va l'interprétation de C. D'Ancona, « Determinazione e indeterminazione nel sovrasensibile secondo Plotino », *Rivista di storia della filosofia* 45, 1990, qui soutient qu'une telle pré-compréhension de la multiplicité intelligible dans l'Un « ne lèse pas la simplicité du premier principe » (p. 452).

Plotin utilise « *morphè*, et non pas *eidos* qui avait été employé depuis le début du traité, mais [que] le sens est fondamentalement le même » [1]. Bien qu'il ne précise pas plus avant le sens en question, on peut aisément penser qu'il s'agit de celui d'« idée ». Il faut en effet reconnaître que Plotin utilise souvent « *morphè* », comme c'est le cas ici, pour désigner l'idée, ou plutôt, quelque chose de l'idée. Mais la *morphè* ne manifeste pas le même aspect, si l'on peut dire, de l'idée que l'*eidos*. C'est ce que l'on peut voir, par exemple, au chapitre 33 du même traité, lorsque Plotin affirme que, dans l'intelligible, la véritable beauté est « la spécificité sans forme » :

> Est belle la spécificité sans forme (τὸ δὲ ἄμορφον εἶδος καλόν), si précisément elle est spécificité et dans la mesure où tu l'auras dépouillée de toute forme (εἴπερ εἶδος ἐστι, καὶ ὅσῳ ἂν ἀποσυλήσας εἴης πᾶσαν μορφήν) ; par exemple, de la forme qu'introduit la raison, selon laquelle nous sommes amenés à affirmer qu'une chose diffère d'une autre (οἷον καὶ τὴν ἐν λόγῳ, ᾗ διαφέρειν ἄλλο ἄλλου λέγομεν), à affirmer par exemple que la justice et la tempérance diffèrent l'une de l'autre, alors que, pourtant, elles sont belles toutes deux (ὡς δικαιοσύνην καὶ σωφροσύνην ἀλλήλων ἕτερα, καίτοι καλὰ ὄντα), *Enn.* VI 7 [38] 33, 4-7.

Dans ce texte [2], Plotin utilise manifestement *eidos* et *morphè* dans des sens différents et la raison en est qu'il entend distinguer, dans l'intelligible, entre deux niveaux de beauté. Dans le premier niveau – qui est aussi le plus primitif des deux – la beauté désigne non pas la beauté de tel ou tel *eidos* donné (par exemple la beauté de l'idée de justice ou de celle de tempérance), mais celle de l'*eidos* en tant que tel, c'est-à-dire de ce qui est commun à toutes les idées particulières et qui fait de chacune, précisément, un *eidos*. Dans le second, au contraire, la beauté est systématiquement associée à telle ou telle idée particulière, c'est-à-dire à un *eidos* pourvu d'une *morphè* : la *morphè*, ainsi comprise, apparaît comme ce qui fait « différer » (διαφέρειν) une idée d'une autre, non pas en tant qu'idée (*i.e.* en tant qu'*eidos*), mais au sens où l'idée de justice, par exemple, n'est pas la même chose que l'idée de tempérance. On comprend dès lors pourquoi la beauté première, dans l'intelligible, est appelée « spécificité sans forme » : en tant qu'elle relève de l'ordre intelligible, elle est un *eidos* ; mais parce qu'elle apparaît comme la beauté de toute idée et non pas simplement d'une idée particulière, elle se voit dépourvue de *morphè*, puisque c'est par la *morphè* qu'une idée se distingue d'une autre [3].

Pour autant, il ne faudrait pas croire que la *morphè* n'intervient que pour différencier des idées de même niveau. Si la beauté première, dans l'intelligible,

1. P. Hadot, *Plotin. Traité 38*, Paris, Cerf, 1988, p. 165 (désormais cité P. Hadot, *Plotin. Traité 38*).

2. Une interprétation décisive de ce texte a été donnée par C. D'Ancona Costa, « AMORPHON KAI ANEIDEON. Causalité des formes et causalité de l'Un chez Plotin », *Revue de philosophie ancienne* 10, 1992, p. 99.

3. Ailleurs, en *Enn.* II 4 [12] 4, 2-7, Plotin distingue, à propos des idées, entre « ce qui leur est commun » et « ce qui les fait différer les unes des autres (ᾧ διαφέρει ἄλλο ἄλλου) » : le premier est identifié à la matière (comprise comme matière intelligible) et le second à la *oikeia morphè* ou « forme propre ». Pour l'interprétation de ce texte, cf. *infra*, p. 241 *sq.*

est « sans forme », c'est seulement pour manifester qu'elle porte sur la totalité des idées et qu'elle ne se confond avec aucune d'entre elles prise isolément. Elle est donc, relativement aux idées particulières, moins déterminée (ce que manifeste le terme « *amorphon* »). Elle n'est pas pour autant absolument indéterminée et c'est pour cela qu'elle demeure un *eidos* à part entière. Etre un *eidos*, cela signifie d'abord être une réalité spécifique et être une réalité spécifique, pour Plotin, c'est être une réalité *particulière*. La traduction d'*eidos* par « forme » ne rend pas compte du lien que Plotin entend maintenir entre l'idée et l'espèce. Or, ce lien est pourtant manifeste, à la fin du traité VI 2 [43] (en 22, 11-19), où les idées sont présentées comme les espèces d'un genre supérieur (que Plotin nomme Intellect total) et où il est dit qu'il est impossible de penser une idée qui serait un « individu » ou une unité numérique. Comme nous le verrons par la suite[1], le rapport genre/espèce qui relie l'Intellect aux idées est interprété par Plotin comme celui de l'universel au particulier. On peut même dire que, en général, dans l'intelligible au sens large (lequel comprend également les âmes), chaque niveau apparaît à la fois comme universel au regard d'un niveau inférieur et comme particulier relativement à un niveau supérieur[2]. De cette manière, l'*eidos*, même quand il est entendu comme *amorphon*, doit se comprendre comme la particularisation d'un niveau universel antérieur, lequel est considéré comme moins déterminé que lui et donc plus universel[3]. Dans le cas présent, ce qui est antérieur à l'*amorphon eidos*, c'est l'Un. L'Un, avons-nous vu, est dit « non spécifique », ce que Plotin rappelle à plusieurs reprises dans les *Ennéades*[4], y compris dans le passage suivant tiré du traité V 5 [32] :

> Comme l'essence engendrée est une spécificité (τῆς δὲ γενομένης οὐσίας εἴδους οὔσης) – on ne peut dire en effet que ce qui est engendré par cette source soit autre chose – et pas la spécificité de telle ou telle chose, mais la spécificité de toute chose (καὶ εἴδους οὐ τινός, ἀλλὰ παντός), de sorte qu'aucune <spécificité particulière> n'est laissée en dehors (ὡς μὴ ἂν ὑπολιπεῖν τι ἄλλο), l'Un doit être

1. Cf. *infra*, p. 227-239.

2. *Enn.* VI 7 [38] 28, 20-29. Un exemple significatif est celui de l'idée. Chaque idée particulière possède une forme, forme par laquelle elle se distingue des autres idées particulières, alors que l'idée en soi – que Plotin appelle quelquefois « essence engendrée <par l'Un> », *Enn.* V 5 [32] 6, 1-2 – est dite « sans forme ». L'idée particulière (la justice en soi ou la tempérance en soi) peut également être dite « sans forme », mais seulement lorsqu'on l'envisage relativement à ce qui lui est postérieur, à savoir ses participants sensibles : « En effet, la forme n'est appelée proprement de ce nom que lorsqu'elle se trouve en quelque chose d'autre, mais si elle est en elle-même, elle est *sans forme*. C'est donc ce qui participe à la Beauté qui est informé, pas la Beauté » (*Enn.* VI 7 [38] 32, 37-39, *cf.* également *Enn.* I 2 [19] 2, 20-23). C'est donc à une hiérarchie d'universaux *relatifs* que nous avons à faire, lorsque l'on remonte des corps à l'Un – en passant par les âmes, les idées et l'idée en soi –, hiérarchie où seul l'Un apparaît comme « universel » au sens absolu du terme, étant dépourvu de toute particularisation.

3. En ce sens, on peut dire que la *morphè* de l'*amorphon eidos* – c'est-à-dire ce qui distingue l'*eidos*, pris absolument, de l'Un – consiste précisément dans le fait d'être un *eidos*, *i.e.* d'être une réalité spécifique, particulière et non pleinement universelle comme l'Un.

4. Outre *Enn.* VI 7 [38] 32, 9 et *Enn.* V 5 [32] 6, 4, *cf.* également *Enn.* VI 7 [38] 17, 36.40 ; 28, 28 ; 33, 13.21.37 ; *Enn.* VI 9 [9] 3, 4.43 ; 7, 14.

> non spécifique (ἀνάγκη ἀνείδεον ἐκεῖνο εἶναι). S'il est non spécifique, il n'est pas une essence, car une essence doit être un certain ceci (τόδε γάρ τι δεῖ τὴν οὐσίαν εἶναι), c'est-à-dire quelque chose de défini (ὡρισμένον); mais il est impossible de saisir l'Un comme un ceci (τὸ δὲ οὐκ ἔστι λαβεῖν ὡς τόδε), *Enn.* V 5 [32] 6, 1-7.

Dans ce texte, on voit réitérée l'affirmation selon laquelle l'*eidos* engendré par l'Un n'est pas l'*eidos* de telle ou telle chose, mais de toutes choses, entendez de toutes les idées particulières. Un tel *eidos* constitue donc le niveau universel de l'intelligible. Pour autant, il demeure spécifique puisqu'il est *eidos* et suppose donc, antérieurement à lui, l'existence d'une réalité absolument universelle, donc non spécifique : l'Un. Au traité VI 7 [38], l'Un est dit « sans forme et sans spécificité (ἄμορφος καὶ ἀνείδεος) »[1], ce que la plupart des traducteurs, pris au piège de la traduction unique par « forme » qu'ils donnent à *morphè* et *eidos*, traduisent par « sans figure et sans forme »[2]. Cette traduction, outre qu'elle entraîne d'autres confusions – celle entre *morphè* et *skhèma*, par exemple – fait fi de la différence de sens existant entre *eidos* et *morphè*. Or, si l'Un est *amorphos* et *aneideos*, ce n'est pas pour les mêmes raisons : il est sans *morphè* parce qu'il est absolument seul et qu'il n'a donc rien de quoi se distinguer; il est non spécifique parce qu'il constitue un niveau absolument universel, non particulier sous quelque rapport que ce soit[3]. Il existe, toutefois, une raison commune à cette double indétermination de l'Un, celle d'être premier, donc d'être non engendré[4] :

> Ce qui est engendré (τὸ γενόμενον), si précisément il est engendré, a été engendré comme quelque chose et a reçu une forme appropriée (ἔδει γενέσθαι τι καὶ μορφὴν ἰδίαν ἔσχεν); mais ce que personne n'a produit (ὃ δὲ μηδεὶς ἐποίησε), comment pourrait-il avoir été produit comme quelque chose (<τί> τις ἂν ποιήσειεν)?, *Enn.* VI 7 [38] 32, 10-12.

Ce point est crucial : *tout* ce qui est engendré est nécessairement déterminé[5]. Cela vaut aussi bien pour telle ou telle idée que pour l'Intellect tout entier, lequel

1. *Enn.* VI 7 [38] 17, 40. *Cf.* J. Bussanich, « Plotinus's metaphysics of the One », dans L.P. Gerson (éd.), *The Cambridge Companion to Plotinus*, Cambridge, Cambridge University Press, 1996, p. 43 (désormais cité L.P. Gerson (éd.), *The Cambridge Companion...*).

2. C'est le cas notamment de P. Hadot. A.H. Armstrong, de son côté, écrit « shapeless and formless ». Quant à E. Bréhier, il traduit l'ensemble du segment ἄμορφος καὶ ἀνείδεος par « sans forme », considérant manifestement les deux termes comme identiques.

3. Qu'on ne se méprenne pas : affirmer que l'Un est « absolument universel » ne fait nullement de lui un genre. L'Un ne peut être un genre puisqu'il est le plus universellement attribuable (chez Plotin, tout – la matière du sensible exceptée – participe de l'Un) et que, ce faisant, il ne possède aucune extériorité en laquelle puiser les différences nécessaires à la production des espèces. Sur ce point, voir les explications données concernant l'être (cf. *infra*, p. 205-217).

4. Sur l'indétermination de l'Un comme conséquence de son statut de principe premier, voir également les réflexions de C. Gaudin, « La production des êtres chez Plotin et la question de l'économie des principes », *Revue des sciences religieuses* 68, 1994, p. 282.

5. Il faut toutefois ici préciser que « ce qui est engendré » n'est pas nécessairement identique à « ce qui est dérivé ». En effet, tout ce qui est *dérivé* du Premier n'est pas nécessairement engendré, car un être engendré doit avoir non seulement procédé d'un principe antérieur, mais en plus s'être converti à

contient la totalité des intelligibles. Le caractère universel de l'Intellect ne l'empêche en effet pas, précisément parce qu'il est engendré, d'être quelque chose de déterminé. En revanche, l'Un, du simple fait qu'il est premier, est seul et absolument universel, étant non pas l'Un de quelque chose, mais l'Un de toutes choses, puisque toutes choses procèdent de lui[1]. Pour cette raison il doit être compris comme absolument indéterminé.

Sa détermination

Pour décrire la constitution de l'Intellect, Plotin recourt le plus souvent au schème de la génération. Il ne s'agit évidemment pas d'une génération temporelle, mais bien d'une génération logique, celle par laquelle nous établissons les étapes qu'il faut nécessairement poser si l'on veut rendre compte de l'Intellect constitué, c'est-à-dire de l'Intellect qui contient en lui la totalité des intelligibles. Sans une telle génération, en effet, il nous serait impossible de répondre à cette simple question : d'où viennent les idées ? Qui plus est, le schème de la génération nous permet d'appréhender la σύνταξις de l'être selon une dynamique interne et non de manière uniquement stratigraphique : chaque strate se trouve reliée à ce qui la précède et à ce qui la suit selon une double dynamique de procession-conversion.

Dans le cas de l'Intellect, la génération se fait selon trois temps : il faut d'abord poser l'Un seul et en lui-même; puis un intellect indéfini, à savoir un intellect qui procède de l'Un sans s'y convertir et ne possède encore en lui aucun intelligible; et enfin l'Intellect déterminé, celui qui, s'étant retourné vers son principe processif, se constitue comme Intellect accompli. Nous aurons l'occasion par la

ce principe. Ce n'est que par cette conversion qu'il devient proprement « quelque chose d'engendré », car ce n'est qu'à ce moment qu'il est achevé et déterminé : il a alors reçu une forme. En revanche, la matière du sensible, comprise comme matière ultime, si elle est effectivement dérivée de l'Un (ainsi que nous le montrerons par la suite), n'est pas proprement « engendrée », puisqu'elle est impuissante à se convertir à son principe générateur. Une telle matière, nous le verrons, n'est en vérité qu'incomplètement engendrée et c'est pourquoi Plotin écrit qu'elle n'est qu'une « aspiration à l'hypostase (ὑποστάσεως ἔφεσις) » (*Enn.* III 6 [26] 7, 13).

1. Le fait que le premier principe soit appelé chez Plotin « Un » n'en constitue nullement une qualification. En effet, l'Un n'est pas un certain Un et lorsqu'on l'appelle « Un », on n'entend nullement lui attribuer l'unité (*cf.* E.D. Perl, « "The power of all things" : the One as pure giving in Plotinus », *American Catholic Philosophical Quarterly* 71, 1997, p. 305 *sq.*). Comme les autres qualificatifs utilisés pour en rendre compte, l'appellation d'« Un » pour désigner le premier principe doit être comprise au sens d'une *négation* : « Peut-être le nom "Un" contient-il seulement la suppression de la multiplicité (ἄρσιν ἔχει πρὸς τὰ πολλά). C'est pourquoi les Pythagoriciens l'indiquent entre eux symboliquement par le nom d'"Apollon", qui est la négation du multiple (ἀποφάσει τῶν πολλῶν) », *Enn.* V 5 [32] 6, 26-28. Sur ce dernier texte, *cf.* J. Pépin, « Plotin et le miroir de Dionysos (*ENN.* IV, 3 [27], 12, 1-2) », *Revue internationale de philosophie* 24, 1970, p. 312 et C. Steel, « L'Un et le Bien. Les raisons d'une identification dans la tradition platonicienne », art. cit., p. 81. A strictement parler, « le terme "Un" ne réifie pas l'Un comme un objet ou une entité distincte (II. 9.1. 1-8, VI. 7.38.4-9, VI. 9.5. 29-34), mais enlève toute pluralité et composition » (J. Bussanich, « Plotinus's metaphysics of the One », art. cit., p. 42). Dans le même sens, voir R. Schürmann, « The one : substance or function ? », dans M.F. Wagner (éd.), *Neoplatonism and Nature…*, *op. cit.*, p. 162-163.

suite d'analyser dans le détail ces trois étapes et, en particulier, le processus de détermination qu'elles mettent en jeu. Pour l'instant, contentons-nous d'aborder la génération de l'Intellect selon la dernière étape, celle de la conversion. Cette étape est cruciale puisqu'elle marque le premier *acte* de ce qui va devenir l'Intellect, acte *sans lequel* il ne pourrait y avoir d'Intellect achevé.

A cette phase ultime de la génération de l'Intellect, il semble que nous nous trouvions dans une contradiction logique : si l'Intellect véritable est un intellect qui pense, donc qui contient en lui la totalité des intelligibles, et si l'intelligible lui-même ne préexiste ni dans l'Un (pour les raisons que nous avons exposées plus haut) ni dans l'intellect indéfini, comment rendre compte du passage de cette intellect indéfini à l'Intellect achevé puisque le seul élément nécessaire à un tel passage – l'intelligible –, fait défaut ?

La solution de ce paradoxe passe par la considération de ce qui a été dit plus haut de l'Un comme hypostase, *i.e.* comme réalité subsistante. Si, comme c'est le cas, l'intelligible ne *préexiste* pas à l'Intellect, il ne faut pas pour autant en conclure que *rien* ne préexiste et donc qu'il n'y a, pour l'intellect indéfini, rien de pensable. C'est exactement ce que Plotin veut nous signifier lorsqu'il écrit : « Il ne serait pas légitime (οὐ ἦν θέμις) que, regardant vers le Bien [*i.e.* l'Un], l'Intellect [*i.e.* l'intellect indéfini] ne pense rien (μηδὲν νοεῖν), ni qu'il pense <des idées> qui seraient déjà dans le Bien (οὐδ' αὖ τὰ ἐν ἐκείνῳ) »[1]. Il y a donc, entre le rien et l'intelligible, quelque chose : l'Un. Le premier acte de l'Intellect est ainsi celui de penser l'Un, ce qui implique de faire de l'Un un objet intelligible :

> L'Intellect qui possède l'intelligible ne pourrait exister (ὅ τε νοῦς ὁ τὸ νοητὸν ἔχων οὐκ ἂν συσταίη) s'il n'y avait une essence purement intelligible (μὴ οὔσης οὐσίας καθαρῶς νοητοῦ), une essence intelligible seulement relativement à l'Intellect (πρὸς τὸν νοῦν) mais qui, en elle-même (καθ' ἑαυτό), n'est proprement ni pensante, ni intelligible. L'intelligible, en effet, n'est intelligible que pour autre chose (τό τε γὰρ νοητὸν ἑτέρῳ), à savoir pour l'Intellect, lequel ne posséderait, par l'intellection, qu'un objet vide (τὸ ἐπιβάλλον τῇ νοήσει κενὸν ἔχει) s'il n'avait à saisir et à comprendre l'intelligible qu'il pense (ἄνευ τοῦ λαβεῖν καὶ ἑλεῖν τὸ νοητὸν ὃ νοεῖ), *Enn.* V 6 [24] 2, 7-11.

L'Un est cette « essence purement intelligible » sans laquelle « l'Intellect qui possède l'intelligible » (*i.e.* l'Intellect constitué) ne pourrait exister : il est le « ce sans quoi » l'Intellect appliquerait sa pensée *à vide*. Toutefois, ainsi que Plotin l'explique immédiatement, l'Un n'est intelligible que « relativement à l'Intellect » : en lui-même, il reste indépendant de toute pensée puisqu'il n'a besoin d'aucune pensée pour subsister[2]. Ce point est bien entendu capital : saisir l'Un « en lui-même » (καθ' ἑαυτό) ou comme intelligible (νοητόν) ne sont pas choses

1. *Enn.* VI 7 [38] 15, 16-17.

2. *Cf.* J. Bussanich, « Plotinus on the inner life of the One », *Ancient Philosophy* 7, 1987, p. 163-189 : « Il faut souligner ici que lorsqu'il renvoie à l'Un comme νοητόν, Plotin ne veut pas suggérer que l'Un est intelligible en lui-même, ni que l'Intellect, dans sont état processif, plus que dans son état parfaitement actualisé, comprend la réalité de l'Un » (p. 165).

identiques. Même si une telle appréhension ne peut en rien affecter l'Un lui-même, elle a cependant une conséquence fondamentale pour l'Intellect : en saisissant l'Un comme intelligible, l'intellect indéfini devient simultanément un Intellect accompli[1].

On sera ici attentif à considérer ce que cache cet acte premier de l'Intellect : en saisissant l'Un sous le mode de la pensée (comme intelligible), l'Intellect manifeste en même temps son *impuissance* à saisir l'Un en lui-même – c'est-à-dire selon la nature non spécifique qui est la sienne – et c'est cette même impuissance qui, simultanément, *constitue* l'Intellect comme Intellect, c'est-à-dire comme totalité intelligible se pensant soi-même.

> L'Intellect a donc reçu la puissance d'engendrer (δύναμιν εἰς τὸ γεννᾶν) et de se remplir de ses propres rejetons (πληροῦσθαι γεννημάτων)[2], le Bien donnant ce que lui-même ne possédait pas. Mais de l'un du Bien, vient pour l'Intellect le plusieurs : en effet, étant impuissant à posséder (ἀδυνατῶν ἔχειν) la puissance qu'il avait accueillie, il a brisé (συνέθραυε) cette puissance et en a rendu multiple l'unicité (πολλὰ ἐποίησε τὴν μίαν), afin que, de cette manière, il soit capable de la supporter partie par partie (δύναιτο κατὰ μέρος φέρειν), *Enn.* VI 7 [38] 15, 18-22.

L'Un n'a rien d'autre à donner à l'Intellect que lui-même. Cela signifie qu'il ne peut donner à l'Intellect cette multiplicité d'idées qui la constitue comme Intellect. Mais la seule présence de l'Un, le seul fait que l'Un *existe*, suffit à donner à l'Intellect la puissance d'engendrer en elle la multiplicité des idées[3]. Cette puissance, cependant, n'est jamais que la face visible d'une impuissance[4],

1. Sur ce point, se rapporter à *Enn.* V 4 [7] 2 – où l'Un est également présenté comme *noèton* – et au commentaire de K. Corrigan, « Plotinus, 'Enneads'5, 4[7], 2 and related passages. A new interpretation of the status of the intelligible objects », *Hermes* 144, 1986, p. 195-203.

2. Ainsi que le fait remarquer P. Hadot, *Plotin. Traité 38*, *op. cit.*, p. 263, Plotin fait ici « allusion au mythe de Kronos qui dévore ses propres enfants. En face du Bien-Ouranos, l'Esprit apparaît comme Kronos, parce qu'il retient les idées en lui-même, parce qu'il les pense comme identiques à lui-même ».

3. Que la puissance de l'Intellect reçue de l'Un soit « puissance d'engendrer » témoigne, comme l'écrit J. Trouillard dans son article « La notion de ΔΥΝΑΜΙΣ chez Damascios », *Revue des études grecques* 85, 1972, p. 353, de ce que « chez les néoplatoniciens, δύναμις signifie "pouvoir" ou "puissance active", avant de signifier la potentialité passive qu'ils héritent d'Aristote ». Le sens de δύναμις comme potentialité passive n'est pour autant pas exclu, poursuit l'auteur, mais « il est alors le dernier d'une série en laquelle le dynamisme producteur s'éteint par degrés pour s'achever dans l'inertie d'une sorte de réceptacle. Ce dernier, d'après Proclos, est "toutes choses en puissance" (δυνάμει τὰ πάντα), alors que le chef de la série est "la puissance génératrice de tous les êtres" (γόνιμος τῶν ὅλων δύναμις) ». Il en va de même chez Plotin pour qui l'Un est considéré comme une « puissance totale » ou encore « puissance de toutes choses » (cf. *infra*, p. 72-74 et p. 214-216), alors que la matière du sensible est seulement « en puissance toutes choses » (cf. *infra*, p. 48). Sur la notion de puissance, on se rapportera avec profit à la très belle étude de G. Aubry, *Dieu sans la puissance.* Dunamis *et* energeia *chez Aristote et chez Plotin*, Paris, Vrin, 2006, p. 211-286 (désormais cité G. Aubry, *Dieu sans la puissance…*).

4. *Cf.* J. Trouillard, « La présence de Dieu selon Plotin », *Revue de métaphysique et de morale* 59, 1954, p. 38-45 : « Le Bien est pour nous une puissance incommensurable d'intelligibilité et de subjectivité que nous ne pouvons penser sans la dénaturer » (p. 40).

celle que l'Intellect a à posséder ce qui est dépourvu de toute spécification et de toute différence, en l'occurrence, ici, de posséder et de penser l'Un [1].

La matière

Son indétermination

Dans les *Ennéades*, on trouve trace de plusieurs matières : la matière de l'intelligible, l'Ame comme matière que détermine l'Intellect et enfin la matière ultime. C'est de cette dernière qu'il sera ici question.

Cette matière, considérée comme substrat (ὑποκείμενον) ou réceptacle (ὑποδοχή) des idées [2] – en vérité, elle ne reçoit que les simulacres des idées et non les idées en tant que telles, lesquelles demeurent en elles-mêmes et transcendantes [3] –, est ce qui se trouve « en dernier dans les choses d'en bas (ἐν ἐσχάτῳ τοῦ κάτω) » [4]. La nécessité de la matière découle en droite ligne de la procession qui s'opère à partir de l'Un : c'est cette procession, assimilée à un éloignement [5], à une descente [6], qui implique l'existence d'un terme dernier. Or, de même que l'Un, en tant que terme premier, est en-dehors de la σύνταξις de l'être, de même la matière, produite par un mouvement processif qui, à mesure qu'il procède, constitue la σύνταξις *de l'être*, surgit en-dehors de cette σύνταξις. La raison de cette extériorité tient, comme pour l'Un, à ce que la matière relève du non-être, c'est-à-dire de ce qui est autre que l'être. Cette altérité, la matière la manifeste par

1. M.I. Santa Cruz écrit : « La *noèsis* voit *tout ce qui est enfermé dans la force productrice de l'Un*, mais pour fixer l'objet de sa vision elle doit opérer une sorte de division, grâce à laquelle la *noèsis* devient *noûs* » (je souligne) (*cf.* « L'Un est-il intelligible ? », dans M. Dixsaut (éd.), *La connaissance de soi…*, *op. cit.*, p. 84). Un tel propos laisse entendre que l'Un enferme déjà en lui une totalité, totalité que l'Intellect ne ferait que « découvrir » (moyennant toutefois une entreprise de division). En réalité, cette totalité n'est pas découverte mais *produite* par l'Intellect du fait de son incapacité à penser quelque chose qui n'est qu'un. Sur cette incapacité constituante à penser l'Un dans son unicité, voir également *Enn.* V 3 [49] 11, 1-10. Il convient d'ajouter ici, cependant, que l'Intellect est capable de saisir l'Un en tant qu'Un, donc sans le multiplier. Cette puissance de l'Intellect consiste en une puissance de « ne pas penser », donc de ne pas déterminer l'Un (cf. *Enn.* V 5 [32] 8, 21-23 et *Enn.* VI 7 [38] 35, 28-30). Ce faisant, l'Intellect cesse d'être un Intellect à part entière pour s'unir à l'Un (cf. *Enn.* VI 9 [9] 3, 10-14). Sur la puissance de l'Intellect de ne pas penser, voir l'article de R. Arnou, « "L'acte de l'Intelligence en tant qu'elle n'est pas Intelligence". Quelques considérations sur la nature de l'Intelligence selon Plotin », dans *Mélanges Joseph Maréchal*, t. II, Paris et Bruxelles, Desclée de Brouwer, 1950, p. 249-262. Sur l'union de l'âme avec l'Un, voir H. Dörrie, « La doctrine de l'âme dans le néoplatonisme de Plotin à Proclus », *Revue de théologie et de philosophie* 23, 1973, p. 116-134, principalement p. 122-125 ; P.-M. Schuhl, « Descente métaphysique et ascension de l'âme dans la philosophie de Plotin », *Studi internazionali di filosofia* 5, 1973, p. 71-84, principalement p. 76-78 et D.J. O'Meara, « A propos d'un témoignage sur l'expérience mystique de Plotin (*Enn.* IV 8 [6], I, I-II) », *Mnemosyne* 27, 1974, p. 238-244.

2. *Enn.* II 4 [12] 1, 1-2.

3. Cf. *Enn.* I 8 [51] 8, 18-27.

4. *Enn.* III 4 [15] 1, 17.

5. Cf. *Enn.* I 8 [51] 7, 19 : ἀποστάσει.

6. Cf. *Enn.* I 8 [51] 7, 19 : ὑποβάσει.

sa nature même, laquelle s'apparente selon Plotin à un mouvement éternel de fuite[1] :

> La matière a fui la nature des êtres véritables (πέφευγε τὴν τῶν ὡς ἀληθῶς ὄντων φύσιν), *Enn.* II 5 [25] 4, 15-16.
> Ce qu'on appelle sa nature ne doit rien avoir en elle des êtres véritables, mais doit avoir totalement fui l'essence de ces êtres (ἅπασαν ἐκπεφευγέναι τὴν τῶν ὄντων οὐσίαν) et être totalement autre (πάντῃ ἑτέραν), *Enn.* III 6 [26] 13, 21-23.

Si la matière fuit la nature de l'être, elle ne peut rien être de ce qui constitue l'être. La nature de l'être étant caractérisée par la spécificité et la forme, celle de la matière ultime sera, conséquemment, « non spécifique » et « sans forme ». C'est effectivement le cas, en II 5 [25], où il est dit que la matière du sensible « nous apparaît comme quelque chose de "non spécifique" (ἀνείδεόν τι φανταζομένη) » et que, de cette manière, « elle ne peut pas être comptée parmi les réalités spécifiques »[2]. Ce caractère « non spécifique », bien qu'il n'aille pas sans nous rappeler la non-spécificité de l'Un, ne doit toutefois pas être confondu avec cette dernière. Si matière et Un sont effectivement « non spécifiques » parce que tous deux sont en dehors de l'être, il ne faut jamais perdre de vue que l'Un est d'abord non spécifique parce qu'il est la source de toute spécificité tandis que la matière est non spécifique et sans forme parce qu'elle est pénurie, manque total : « La matière est pénurie de sagesse, de vertu, de beauté, de force, de forme, de spécificité et de qualification (πενία μὲν φρονήσεως, πενία δὲ ἀρετῆς, κάλλους, ἰσχύος, μορφῆς, εἴδους, ποιοῦ). Comment donc ne serait-elle pas difforme (οὐ δυσειδές) ? »[3].

L'indétermination de la matière n'est toutefois pas seulement liée à ce mouvement de fuite qui en constitue comme la nature. Elle relève également de sa fonction, celle de substrat (*hupokeimenon*) et de réceptacle (*hupodokhè*) des corps[4]. La matière est, à côté des *logoi* produits par l'Ame (plus précisément, par la *phusis* ou nature, laquelle représente la partie la plus basse de l'Ame), un constituant à part entière des corps. Chaque corps est en effet le résultat de la détermination d'un principe passif (la matière) par un principe actif (les idées, transmises par l'intermédiaire des *logoi*). En tant que nature composée, le corps n'est donc ni intelligible ni matériel, mais seulement « corporel ». Inversement, tout ce qui relève du corporel (tout ce qui résulte du mélange[5] d'une forme et d'une matière) ne pourra lui-même être attribué à l'un ou l'autre de ses principes constitutifs. En

1. Le thème de la fuite a pu être inspiré à Plotin par la lecture du *Sophiste* (la figure du sophiste apparaît en effet toujours fuyante et insaisissable). Il n'est pas étonnant, dès lors, de voir que, dans le traité *Sur les deux matières*, il identifie la matière avec l'« autre », soit l'un des cinq genres du *Sophiste* (cf. *Enn.* II 4 [12] 13 et 16).

2. *Enn.* II 5 [25] 4, 11-13. Platon, dans le *Timée*, écrivait déjà, à propos du Réceptacle, qu'il est « invisible et sans forme (ἀνόρατον και ἄμορφον) » (51a7).

3. *Enn.* II 4 [12] 16, 23-24. *Cf.* E. Varessis, *Die Andersheit…*, *op. cit.*, p. 282-284.

4. *Enn.* II 4 [12] 6, 1-2.

5. Cf. *Enn.* III 2 [47] 2, 36-40.

clair, cela signifie que la matière ne saurait être dite « qualifiée » – qualifiée s'entend ici dans un sens large, à savoir celui qui comprend toutes les déterminations corporelles possibles, qu'elles soient qualitatives ou quantitatives – à la manière des corps puisqu'elle en est le principe :

> Eh bien, s'il en est ainsi, à côté des autres qualités (ποιότησιν), par exemple les couleurs et les états de chaleur et de froid, nous ne lui attribuerons pas non plus la légèreté ou la pesanteur, la densité ou la rareté, ni non plus la figure. Donc pas davantage la grandeur (μέγεθος), car la grandeur est une chose et ce qui est rendu grand une autre (ἄλλο τὸ μεγέθει, ἄλλο τὸ μεμεγεθυσμένῳ εἶναι), <de même que> la figure est une chose et le fait d'être figuré une autre (ἄλλο τὸ σχήματι, ἄλλο τὸ ἐσχηματισμένῳ), *Enn.* II 4 [12] 8, 8-13, trad. J.-M. Narbonne, modifiée.

Que la matière soit sans grandeur, de même que sans couleur, légèreté, etc., résulte de ce qu'elle est un principe constitutif du corps (donc du monde sensible) et qu'elle ne peut, de ce fait, être elle-même un corps [1]. Certains commentateurs se sont montrés fort sévères sur cette absence de « grandeur » que Plotin prête à la matière. Ainsi en est-il de J.-M. Narbonne qui écrit : « la réflexion plotinienne atteint ici son profil le plus bas » [2]. Il est difficile de partager un tel anathème qui résulte, semble-t-il, d'une confusion entre matière et corps. « Le trait le plus significatif, décisif, à cet égard », poursuit l'auteur, est « le fait que Plotin dénie au monde sensible ce caractère minimal qu'est son extension spatiale » [3]. Cette affirmation me paraît erronée : c'est la matière qui est sans grandeur, selon l'Alexandrin, pas le monde sensible (lequel, étant un corps, est par là même qualifié). Ainsi que l'écrit Plotin, « la grandeur est une chose et ce qui est rendu grand une autre ». Autrement dit, il y a, d'une part, la grandeur comme détermination propre aux corps et, d'autre part, ce qui est rendu grand, c'est-à-dire la matière comprise comme ce qui reçoit la détermination intelligible (la grandeur en soi) et, par là, donne naissance aux corps et aux déterminations corporelles (parmi lesquelles on trouve la couleur, la légèreté et... la grandeur) [4].

1. Sur ce point, voir H. Benz, *"Materie" und Wahrnehmung in der Philosophie Plotins*, Würzburg, Königshausen und Neumann, 1990, p. 106-108 (désormais cité H. Benz, *"Materie"*...) et J. Laurent, *Les fondements de la nature selon Plotin. Procession et participation*, Paris, Vrin, 1992, p. 80-81 (désormais cité J. Laurent, *Les fondements*...).

2. J.-M. Narbonne, *Plotin. Les deux matières*, Paris, Vrin, 1993, p. 226 (désormais cité J.-M. Narbonne, *Plotin. Les deux matières*).

3. *Ibid.*, p. 224-225. Plus loin, l'auteur écrit encore : « A force de vouloir priver le monde sensible de toute détermination, Plotin en arrive pratiquement à faire disparaître la distinction elle-même du sensible et de l'intelligible » (p. 225).

4. Il est ici significatif de noter que la critique de J.-M. Narbonne, rejoignant en cela celle faite par d'autres commentateurs – par exemple F.R. Jevons, « Dequantification in Plotinus' cosmology », *Phronesis* 9, 1964, p. 64-71 –, n'est soulevée qu'à l'encontre de l'absence de grandeur et non, par exemple, de celle de couleur, légèreté, densité, etc. La grandeur se distinguerait ainsi des autres déterminations par un caractère propre, et c'est ce caractère qui justifierait son maintien au sein de la matière. Il apparaît clairement que cette résistance à assimiler la grandeur aux autres déterminations corporelles vient d'une comparaison entre la matière plotinienne et la χώρα platonicienne. Selon F.R. Jevons, là où Platon se serait contenté d'ôter de la *khôra* les déterminations corporelles

Enfin, si la matière est indéterminée, c'est aussi parce qu'elle est matière de *tous* les êtres sensibles. En effet, être matière de tous les êtres sensibles, cela signifie, écrit Plotin, « être en puissance tous les êtres (πάντα δυνάμει τὰ ὄντα) »[1]. Or, si la matière est en puissance tous les êtres (au sens où elle est le substrat de chacun d'entre eux), c'est d'abord parce qu'elle n'est en acte aucun de ces êtres[2] :

> Ainsi, son être en puissance (τὸ δυνάμει) consiste à être non pas en puissance quelque chose (τι), mais en puissance toutes choses (πάντα). Or, n'étant rien en elle-même hormis ce qu'elle est en étant matière, elle n'est pas non plus en acte (οὐδ' ἐνεργείᾳ ἐστίν). Car si elle devait être quelque chose (τι) en acte, elle serait cela qui est en acte et non pas la matière; donc elle ne serait pas complètement matière (πάντῃ ὕλη), mais matière comme l'est l'airain, *Enn.* II 5 [25] 5, 5-8, trad. J.-M. Narbonne.

Si la matière devait être en acte ne fût-ce qu'un seul des êtres auxquels elle donne naissance, elle ne pourrait plus être dite matière de *tous* les êtres puisque, de ce fait, elle ne serait plus en puissance tous les êtres. L'utilisation que fait ici Plotin du couple conceptuel aristotélicien de la puissance et de l'acte n'est pas sans évoquer un passage important du *Timée* où le réceptacle est assimilé à « ce en quoi se forment des empreintes (τοῦτ' αὐτὸ ἐν ᾧ ἐκτυπούμενον) »[3], les empreintes

strictement qualitatives, Plotin aurait, *en plus*, soustrait les déterminations quantitatives (même constat chez J.N. Findlay, « The Neoplatonism of Plato », dans R.B. Harris (éd.), *The Significance*..., *op. cit.*, p. 36). A l'appui de sa thèse, l'auteur rappelle le texte bien connu du *Timée* où Platon introduit la notion de *khôra* : « Enfin, il y a toujours un troisième genre, celui de la *khôra* : il ne peut être détruit et fournit une place (ἕδραν δὲ παρέχον) à tout ce qui naît (ὅσα ἔχει γένεσιν πᾶσιν) » (52a8-b1). Telle est la fonction de la *khôra* : fournir une place aux êtres sensibles, car il n'est rien qui ne soit quelque part. Dès lors, pour F.R. Jevons, il paraît clair que la *khôra* suppose « une extension mathématique », donc une grandeur. Mais n'est-ce pas là faire de nouveau une confusion entre corps et matière? Comment la *khôra*, si elle est en deçà de toute détermination corporelle, si elle est indestructible, non sensible, etc., pourrait-elle être quantifiée? Comment croire qu'elle possède déjà une grandeur alors que la grandeur ne naît qu'avec les corps? Lorsque Platon écrit que la *khôra* « fournit une place à tout ce qui naît », il n'est pas sûr qu'il entende par là que la *khôra* soit elle-même cette place : elle en est plutôt la condition de possibilité, le *ce sans quoi* il ne pourrait y avoir de corps et donc de détermination spatiale. C'est en tout cas ainsi que Plotin le comprend lorsqu'il écrit : « Il faut quelque chose d'un pour recevoir (ὡς ἑνός τινος τοῦ δεξομένου), un vase ou un lieu : or le lieu est postérieur à la matière et aux corps (ὁ τόπος ὕστερος τῆς ὕλης καὶ τῶν σωμάτων), de sorte que les corps ont besoin auparavant de matière », *Enn.* II 4 [12] 12, 10-13, traduction de J.-M. Narbonne, modifiée.

1. *Enn.* II 5 [25] 4, 3-4.

2. Sur la matière du sensible comprise comme « en puissance tous les êtres », voir M.I. Santa Cruz, *La genèse du monde sensible dans la philosophie de Plotin*, Paris, Presses Universitaires de France, 1979, p. 107-108 (désormais cité M.I. Santa Cruz, *La genèse*...) et les explications de H. Benz, *"Materie"*..., *op. cit.*, p. 100-104. Il ne me paraît toutefois pas justifié d'affirmer que l'expression « *dunamei panta* » doive être considérée comme une « attribution positive » de la matière. Ainsi que cela ressort de l'extrait suivant, être « en puissance tous les êtres », pour la matière, c'est d'abord n'en être aucun en acte. Il faut donc plutôt comprendre l'expression « *dunamei panta* » comme une négation.

3. *Timée* 50d5-6.

étant « les images des êtres éternels »[1], c'est-à-dire les êtres sensibles. Si l'empreinte doit être diverse et variée, écrit Platon, ce en quoi se forme cette empreinte doit être absolument exempt de toutes les figures qu'il doit recevoir, sans quoi il ne serait plus apte à produire parfaitement les autres empreintes qu'il reçoit par ailleurs, celles-ci étant altérées par les figures qui préexistent en lui. Conséquemment, le réceptacle ne pourra jamais lui-même être affecté ne fût-ce que par une empreinte, c'est-à-dire la conserver lors de la venue de nouvelles empreintes[2]. Plotin, de son côté, bien qu'il suive un schème conceptuel différent, ne dit pas autre chose que Platon lorsqu'il affirme que la matière ne peut jamais être en acte quelque être que ce soit, sans quoi elle ne serait plus matière totale, mais seulement matière au sens de l'airain. Étant en puissance tous les êtres sensibles, la matière plotinienne doit être, à l'instar du réceptacle platonicien, absolument exempte de toute prédétermination : elle est donc toujours seulement *en puissance*, et c'est cela qui constitue son indétermination[3].

Face à cette indétermination de la matière, peut paraître paradoxale l'affirmation selon laquelle la matière est « une (μία) et continue (συνεχής) »[4]. Si la matière, par sa nature même, fuit les déterminations intelligibles et est antérieure aux déterminations corporelles, comment pourrait-on encore lui accorder la moindre caractéristique, comme l'unité et la continuité ? C'est que l'unité et la continuité dont il est ici question ne doivent précisément pas être comprises comme des qualifications et, par là, des déterminations de la matière[5]. Elles doivent être entendues tout comme l'appellation de « non spécifique » ou de « sans forme », comme des *négations* : si l'on affirme que la matière est une et

1. *Timée* 50c5.

2. *Timée* 50d-e.

3. Sur ce point, voir l'éclairage philologique donné par F. Solmsen, « Plotinus 6. 9. 7 (2. 518. 3ff Volkmann) », *Classical Philology* 53, 1958, p. 245. Voir également, pour un texte similaire, *Enn.* III 6 [26] 10, 1-13 et le commentaire de J. Simons, « Matter and time », *Dionysius* 9, 1985, p. 53-74.

4. *Enn.* II 4 [12] 8, 1.

5. Il s'agit ici de distinguer entre détermination réelle et détermination conceptuelle. Que l'on confonde ces deux formes de déterminations et toute appellation, même celle de « sans forme », sera considérée comme une détermination réelle. Une telle confusion mènerait à croire que tout est toujours qualifié (y compris, par exemple, l'Un), donc que tout est toujours multiple et composé. On trouve ce type de confusion chez certains commentateurs, par exemple de C.R. Kordig, « The Mathematics of Mysticism: Plotinus and Proclus », R.B. Harris (éd.), *The Structure of Being. A Neoplatonic Approach*, Albany, State University of New York Press, 1982, p. 114-121 (désormais cité R.B. Harris (éd.), *The Structure of Being*...). Il est à noter qu'une telle confusion est dénoncée par Plotin lui-même dans le traité *Sur les deux matières* : à un interloctuteur anonyme affirmant que « rien n'empêche que la matière, tout en étant sans qualité parce qu'elle ne participe, par sa propre nature, d'aucune des autres qualités, ne soit qualifiée par le fait même qu'elle ne participe d'aucune », Plotin répond : « En réalité, que fait-il d'autre, celui qui parle ainsi, que de faire de tout des choses qualifiées et des qualités (...). Mais si quelque chose est qualifié, c'est qu'une qualité s'y ajoute. Or, il est ridicule de rendre qualifié ce qui est autre que le qualifié et n'est pas qualifié » (*Enn.* II 4 [12] 13, 7-9 et 14-17, traduction de J.-M. Narbonne).

continue, c'est pour montrer qu'elle se refuse à être multiple et discontinue, multiplicité et discontinuité étant les signes mêmes de la détermination[1].

Que la matière soit « une » résulte directement de ce qu'elle est destituée de toute détermination : « il faut que la matière elle-même ne soit pas un composé (μὴ σύνθετον), mais qu'elle soit quelque chose de simple (ἁπλοῦν) et d'un (ἕν) par sa propre nature : ainsi, elle sera isolée (ἔρημος) de toutes choses »[2]. La matière est donc « une » au sens où elle est non composée, et cette non-composition en manifeste simultanément l'impassibilité : « cela qui est seul et isolé (τὸ μόνον καὶ ἔρημον) des autres choses et totalement simple (παντάπασιν ἁπλοῦν) ne saurait être affecté (ἀπαθὲς) par d'autres choses, étant à part au milieu de toutes ces choses qui agissent les unes sur les autres – par exemple, dans une maison où les objets se heurtent les uns les autres, la maison et l'air qui est en elle sont impassibles »[3].

Quant à la continuité de la matière, elle relève de l'incapacité de produire quoi que ce soit à partir de quelque chose de discontinu : « aucun démiurge ne produira quelque chose à partir d'une matière discontinue »[4], écrit Plotin. Une matière discontinue serait en effet déjà différenciée et, de ce fait, ne pourrait plus être matière de *tous* les corps. C'est pour cette raison que la matière, conformément aux indications que Platon a laissées dans le *Timée*[5], doit être « tout à fait telle que le veut le principe agissant (τὸ ποιοῦν) [*i.e.* l'idée, pour Plotin] et aisément conduite vers toutes choses (εὐάγωγος εἰς ἅπαντα) »[6] : si elle devait être déjà différenciée, préformée, elle ne pourrait plus être parfaitement soumise au principe intelligible qui l'informe et serait matière au sens de l'airain.

Sa détermination

A plusieurs reprises, dans le traité *Sur les deux matières*, on peut lire des expressions du type « la matière n'est jamais sans forme »[7], expressions propres à jeter le trouble chez le commentateur puisqu'elles laissent entendre que la matière est naturellement déterminée. Mais un regard attentif nous montre immédiatement que, par là, Plotin n'entend nullement conférer subitement une détermination à la matière : il veut seulement nous signifier que nous vivons dans un monde déjà constitué, où la matière a toujours déjà été déterminée par les idées et, ainsi, donné naissance aux corps.

1. Aussi me paraît-il erroné de considérer, comme le fait H. Benz, *"Materie"*..., *op. cit.*, p. 85-92, l'unité et la continuité de la matière comme des attributions positives.

2. *Enn.* II 4 [12] 8, 13-14.

3. *Enn.* III 6 [26] 9, 37-41. Dans ce passage, comme dans le précédent, Plotin s'inspire vraisemblablement d'une expression de *Philèbe* 63b7-8. On notera ici, et ce n'est pas un hasard, que cette expression est également utilisée par Plotin pour désigner l'Un (cf. *Enn.* VI 7 [38] 40, 28).

4. *Enn.* II 4 [12] 7, 25-26.

5. *Timée* 50d-e.

6. *Enn.* II 4 [12] 8, 20-21.

7. Cf. *Enn.* II 4 [12] 5, 2 : οὐδέποτε γὰρ ἄνευ μορφῆς.

A cette détermination ontologique de la matière, Plotin fait correspondre une détermination noétique, laquelle, exactement comme c'était le cas au sujet de l'Un, résulte d'une incapacité à penser la matière *en elle-même*, c'est-à-dire dans son indétermination :

> Et puisque la matière elle-même ne demeure pas non plus sans forme (οὐκ ἔμεινεν... ἄμορφος), mais qu'elle est informée en des choses (ἐν τοῖς πράγμασίν ἐστι μεμορφωμένη), l'âme aussi, souffrant à cause de son caractère non défini (ἀλγοῦσα τῷ ἀορίστῳ), lui applique aussitôt la spécificité des choses (εὐθέως ἐπέβαλε τὸ εἶδος τῶν πραγμάτων), de peur d'être comme en dehors des êtres (οἷον φόβῳ τοῦ ἔξω τῶν ὄντων εἶναι) et ne pouvant supporter longtemps d'être dans le non-être (οὐκ ἀνεχομένη ἐν τῷ μὴ ὄντι ἐπιπολὺ ἑστάναι), *Enn.* II 4 [12] 10, 31-35.

C'est parce que l'indétermination de la matière provoque en l'âme souffrance (ἄλγος) et effroi (φόβος), que cette dernière détermine la matière, l'informe en lui appliquant les idées qu'elle tient en elle. Il y a, dans le chef de l'âme, une impuissance à soutenir une pensée de la matière en tant que matière et c'est cette impuissance qui la contraint à la penser sous le mode d'un corps, c'est-à-dire sous le mode d'une matière spécifiée, déterminée eidétiquement[1].

Cette incapacité de l'âme est due au fait que toute pensée se fait « selon le semblable (τῷ ὁμοίῳ) »[2], de sorte que l'âme devient identique à cela même qu'elle pense : ce devenir ne signifie pas que l'âme, par exemple, devienne une pierre si elle pense une pierre, mais seulement qu'elle active en elle la détermination eidétique qui correspond à la pierre. Or, dans le cas de la matière, qui est purement *apeiron*, quelle détermination trouver? Voilà pourquoi l'âme, en pensant la matière, « éprouve une affection qui est comme l'empreinte du sans forme »[3].

Au non-être de la matière correspond ainsi, pour l'âme qui tente de la penser, une non-pensée : l'âme est contrainte de penser le ténébreux ou l'obscur (*i.e.* la matière), d'une manière ténébreuse ou obscure, c'est-à-dire « de penser en ne pensant pas (νοεῖ οὐ νοοῦσα) »[4]. Par là, nous voyons que toute pensée est déterminante, mais qu'elle n'est déterminante que parce qu'elle ne peut jamais

1. *Cf.* E. Arroyabe, « Zur plotinischen Rede von "Materie" », *Prima Philosophia* 4, 1991, p. 203 : « L'irréductibilité de la matière à la détermination conforme à la raison signifie, dans le cas de Plotin, une défaite de la raison (*eine Niederlage der Vernunft*) ».

2. *Enn.* II 4 [12] 10, 2. Ce type de connaissance pourrait, si l'on en croit Aristote, remonter à Empédocle. Sur ce point, cf. *Métaphysique* B, 4, 1000b5-9; *cf.* également G.S. Kirk, J.E. Raven et M. Schofield, *Les philosophes présocratiques*, Fribourg, Cerf, 1995, p. 333-334 et le commentaire de J. Bollack, *Empédocle. III. Les origines*, Paris, Minuit, 1969, p. 448-451. Sur la connaissance « par le semblable » chez Plotin, voir également *Enn.* VI 9 [9] 4, 26 *sq.* et 11, 32 ainsi que les commentaires de R. Arnou, *Le désir de Dieu dans la philosophie de Plotin*, Paris, Alcan, [s. d.], p. 142-150 (désormais cité R. Arnou, *Le désir de Dieu*...) et de H. Benz, *"Materie"*..., *op. cit.*, p. 113.

3. *Enn.* II 4 [12] 10, 23.

4. *Enn.* II 4 [12] 10, 31. Sur ce texte, voir E. Arroyabe, « Zur plotinischen Rede von "Materie" », art. cit., p. 199-200.

s'appliquer qu'à un objet déjà nécessairement déterminé. Que cet objet vienne à être, à l'instar de la matière, indéterminé, et la pensée se voit elle-même projetée dans le non-être d'une non-pensée. C'est la douleur et l'effroi provoqué par cette non-pensée qui force l'âme à déterminer la matière, c'est-à-dire à lui conférer une détermination qu'elle ne possède pas d'elle-même. Autrement dit, comme dans le cas de l'Un, l'âme transforme la matière en objet de pensée, *i.e.* en *pragma* : elle lui applique « la spécificité des choses », de sorte que la matière se voit « informée en des choses (ἐν τοῖς πράγμασίν ἐστι μεμορφωμένη) », prend forme et, de ce fait, *disparaît comme matière.*

La détermination de la matière équivaut ainsi à la transformation de la matière en objet de pensée : au lieu de s'assimiler à la matière, la pensée assimile la matière à elle-même. La conséquence d'une telle assimilation est que cet objet de pensée n'est plus la matière, mais une matière informée, donc une non-matière. A cette non-matière correspond, au niveau ontologique, le monde sensible, un monde toujours déjà constitué comme monde, c'est-à-dire toujours déjà eidétiquement déterminé. Ici aussi, c'est par impuissance à penser la matière, que la pensée l'informe et, ce faisant, engendre une σύνταξις.

CHAPITRE II

L'ÉMERGENCE DE L'ÊTRE

A présent que nous avons vu qu'il existe, pour Plotin, un ordonnancement du réel, sensible aussi bien qu'intelligible, et que cet ordonnancement est pensé par l'Alexandrin selon le schème de la détermination, il convient de s'attacher à découvrir comment se produit une telle détermination et, tout d'abord, quels sont les principes (et leur nombre) que celle-ci met en jeu.

LES PRINCIPES ET LEUR NOMBRE

La question du nombre des principes et l'importance qu'elle recouvre est directement liée à celle de l'émergence du multiple. Elle se résume à demander si l'Intellect, en tant que multiplicité unifiée et achevée, peut ou non être engendré directement et sans intermédiaire par l'Un. Selon J.-M. Narbonne, la réponse est affirmative : « La production de la réalité n'est pas chez celui-ci (*i.e.* Plotin), comme c'était le cas dans l'Ancienne Académie, référée à une dualité de principes... mais bien, en une version décidément moniste, à une sorte d'écoulement dont les *successives scansions* produisent à chaque fois une entité, ou une région de l'être, qualitativement marquée et déterminée »[1]. Ph. Merlan, de son côté, est déjà moins affirmatif, et considère que chez Plotin « le monisme est encore préservé mais dans sa forme la plus précaire »[2].

Deux arguments semblent conforter l'interprétation d'un émanatisme moniste. Le premier, qui est aussi le plus général, est que, selon Plotin, il y a un ordre conforme à la nature, et que, dans cet ordre, seul l'Un précède l'Intellect :

> Nous ne devons pas aller vers d'autres principes, mais poser ce premier principe [*i.e.* l'Un], ensuite après lui l'Intellect et le pensant premier, ensuite, après

1. J.-M. Narbonne, *Plotin. Les deux matières*, *op. cit.*, p. 100, n. 82.

2. Ph. Merlan, *From Platonism to Neoplatonism*, Den Haag, M. Nijhoff, 1975, p. 125 (désormais cité Ph. Merlan, *From Platonism...*).

Intellect, l'Ame, car c'est là l'ordre conforme à la nature (αὕτη γὰρ τάξις κατὰ φύσιν) : nous ne devons pas poser plus de principes dans l'intelligible, ni moins[1] (μήτε πλείω τούτων τίθεσθαι ἐν τῷ νοητῷ μήτε ἐλάττω), *Enn.* II 9 [33] 1, 12-16.

Ainsi, selon cet ordre – que Plotin qualifie de κατὰ φύσιν[2] –, l'Intellect découle directement et sans intermédiaire de l'Un, à la différence de l'Ame qui, elle, nécessite en plus l'Intellect. On s'accordera toutefois à remarquer qu'un tel ordre ne nous donne qu'une vision stratifiée du réel, une vision où les principes n'apparaissent qu'en tant que principes constitués, c'est-à-dire sous la forme d'hypostases. Or, le problème de l'émergence du multiple implique au contraire une vision dynamique où ce qui est en jeu est le *passage* de l'Un à l'Intellect. La question à poser est alors : l'Un, comme principe de toutes choses et comme principe unique de l'Intellect, *suffit-il* à expliquer l'émergence de l'Intellect en tant que multiplicité unifiée? A cette question, il semble bien cette fois que Plotin réponde par la négative puisque, en plus de l'*Un*, il ajoute comme second principe la *matière de l'intelligible.* A quelle nécessité répond l'introduction d'une telle matière? Quel rôle exact joue cette matière, en tant que principe, dans la constitution de l'Intellect? C'est à ces questions que nous tenterons de répondre dans la première section de ce chapitre.

Le deuxième argument mis en avant découle en droite ligne du précédent. Certes, on peut dire qu'il y a deux principes, mais il ne s'agit pas de principes séparés puisque la matière de l'intelligible est elle-même directement dérivée de l'Un. Toute l'originalité plotinienne résiderait précisément dans ce fait que, contrairement à l'Ancienne Académie qui distinguait entre deux principes séparés et inengendrés[3] – l'Un et la Dyade indéfinie –, Plotin fait, quant à lui, directement dériver la matière de l'Un[4]. Pour l'Alexandrin, en somme, seul l'Un

1. Plotin nous met régulièrement en garde contre la tentation de multiplier les hypostases par l'introduction de nouveaux intermédiaires. Voir, par exemple, *Enn.* II 9 [33] 1-2 et *Enn.* V 1 [10] 3, 4.

2. Plotin utilise différents types de *taxeis* ou ordonnances mettant en jeu les notions d'« antériorité » (*proteron*) et de « postériorité » (*husteron*). Ainsi, parmi différentes espèces de priorités (selon le temps et le lieu, selon la connaissance, selon la puissance, etc.), il y en a une « à laquelle Plotin accorde le plus d'importance, et qui est l*a priori*té par nature », écrit D. O'Meara. *Cf.* « The hierarchical ordering of reality in Plotinus », dans L.P. Gerson (éd.), *The Cambridge Companion…*, *op. cit.*, p. 71. Une telle priorité « se réfère à une relation de dépendance non réciproque dans laquelle, dans une série de termes, le postérieur dépend de l'antérieur et ne peut pas exister sans l'antérieur, alors que l'antérieur existe indépendamment du postérieur et n'est pas détruit avec la destruction du postérieur » (p. 72).

3. Sur ce point, *cf.* J.M. Rist, « Monism : Plotinus and some predecessors », *Harvard Studies in Classical Philology* 69, 1965, p. 329-344, principalement p. 331-332.

4. Pour autant, Plotin ne rejette pas la dualité des principes pythagoriciens que sont l'Un et la Dyade indéfinie, puisqu'ils les considère comme les principes générateurs des nombres intelligibles et, avec eux, de l'ensemble du monde intelligible (cf. *Enn.* V 1 [10] 5 et *Enn.* V 4 [7] 2, 8). *Cf.* C.J. De Vogel, « La théorie de l'*apeiron* chez Platon et dans la tradition platonicienne », *Revue philosophique de la France et de l'étranger* 149, 1959, p. 21-39; H.J. Krämer, *Der Ursprung…*, *op. cit.*, p. 315-318; W. Theiler, « Einheit und unbegrenzte Zweiheit von Platon bis Plotin », dans *Untersuchungen zur Antiken Literatur*, Berlin, 1970, p. 478-483; Ch. D'Ancona, « Determinazione e indeterminazione nel sovrasensibile secondo Plotino », *Rivista di storia della filosofia* 45, 1990,

serait principe parce qu'il est principe inconditionné et la matière de l'intelligible, du fait qu'elle est issue de l'Un, ne pourrait être considérée comme un principe mais seulement comme une *étape* – une « scansion », écrit J.-M. Narbonne – dans la production de l'Intellect. En tant qu'étape, la matière serait dépassée par ce qu'elle engendre, à la différence de l'Un qui, transcendant, subsisterait en lui-même au-delà de son produit.

Pour savoir quel statut l'on doit véritablement accorder à la matière de l'intelligible, nous aborderons la question des principes selon une double perspective : d'une part, nous tâcherons de mettre au jour les raisons qui poussent Plotin à faire intervenir, à côté de l'Un, une matière pour rendre compte de l'Intellect; d'autre part, nous examinerons ce qu'il en est de ce lien de filiation existant entre la matière de l'intelligible et l'Un. De cette manière nous serons à même de nous prononcer sur le statut (« principe » ou « étape ») que Plotin entend conférer à la matière de l'intelligible.

La matière comme non-Un : l'altérité

Pour Plotin, il est impossible de déduire une multiplicité déterminée *directement* de l'Un. En effet, pour ce faire, il faudrait poser que le multiple *préexiste*, d'une manière ou d'une autre, dans l'Un. Or, une telle hypothèse mènerait à deux conséquences désastreuses : d'une part, l'Un perdrait la simplicité qui est la sienne et qui en fait le principe du multiple et, d'autre part, en posant le multiple comme préexistant dans le principe qui est précisément censé en expliquer l'émergence, le problème serait seulement reporté d'un niveau puisque, à nouveau, on demandera d'où vient une telle multiplicité présente dans l'Un.

A ce stade, il semble donc que nous soyons dans une impasse : si nous posons l'Un comme principe unique, nous sommes obligés de le détruire en lui attribuant une multiplicité préexistante; si nous posons une multiplicité préexistante, nous sommes obligés de poser un « un » antérieur qui puisse à nouveau en expliquer l'émergence. Cette aporie, toutefois, est salvatrice car elle fixe les limites de sa propre solution : elle nous indique la nécessité de poser, avec l'Un, un principe qui soit autre que l'Un tout en n'étant pas multiple (sans quoi l'on tomberait dans une régression à l'infini). Ce principe, pour Plotin, c'est l'altérité (ἑτερότης) elle-même[1].

p. 457-463; Ch. Horn, *Plotin über Sein, Zahl und Einheit. Eine Studie zu den systematischen Grundlagen der* Enneaden, Stuttgart et Leipzig, Teubner, 1995, p. 170; M. Andolfo, *L'ipostasi della psyche in Plotino. Struttura e fondamenti*, Milano, Vita e Pensiero, 1996, p. 162-163 (désormais cité M. Andolfo, *L'ipostasi della psyche*...) et D. Nikulin, « The one and the many in Plotinus », *Hermes* 126, 1998, p. 331-333.

1. Sur la notion d'altérité et son identification à la matière de l'intelligible, voir R. Arnou, « La séparation par simple altérité dans la "Trinité" plotinienne », *Gregorianum* 11, 1930, p. 181-193; J.M. Rist, « The indefinite dyad and intelligible matter in Plotinus », *The Classical Quarterly* 12, 1962, p. 92-107; « The Problem of "Otherness" in the *Enneads* », dans *Le Néoplatonisme* [Entretiens de Royaumont], Paris, éd. du C.N.R.S., 1971, p. 77-87 (désormais cité *Le néoplatonisme*).

L'altérité est un concept transversal que l'on retrouve à tous les niveaux du réel : entre l'Un et l'Intellect, au sein de l'Intellect, comme principe du mal pour les âmes, comme incarnation de la matière du sensible [1]. Nous aurons l'occasion d'analyser ces différents sens par la suite. Pour l'instant, contentons-nous de voir ce qu'il en est de cette altérité dans sa première manifestation, c'est-à-dire comme principe du multiple. Prise en ce sens, l'altérité ne peut être ni l'un, ni le multiple. Elle apparaît d'emblée comme un entre-deux qu'il semble bien difficile de déterminer. Pour ce faire, et en guise d'introduction à cette notion, on citera un texte remarquable où l'altérité désigne le mouvement de pluralisation de l'Intellect, c'est-à-dire, littéralement, « ce qui éveille l'Intellect à la vie (ἐξεγείρει αὐτὸ εἰς τὸ ζῆν) » [2] :

> Assurément, si c'était un terme simple (ἁπλοῦν) qui se meut, l'Intellect ne serait que ce seul terme (ἐκεῖνο μόνον ἔχει) : ou bien il est lui-même (αὐτό) et il ne s'est avancé (προὔβη) vers rien d'autre ; ou bien, s'il s'est avancé, il est alors autre (ἄλλο), sans doute [3], et, par conséquent, *deux* (δύο) ; pourtant, si les deux termes sont identiques (ταὐτόν), l'Intellect demeure *un* (ἕν) et ne s'est pas avancé. C'est seulement s'ils sont autres (ἕτερον) que l'on peut dire que l'Intellect s'est avancé, avec l'altérité (μετὰ ἑτερότητος), et qu'il a produit à partir de ce "même" et de cet "autre" un *troisième terme* (τρίτον ἕν). Ainsi, produit à partir du "même" et de l'"autre", ce qui a été produit a donc pour nature d'être "même" et "autre". Il ne s'agit pas d'un "autre" particulier (τί), mais de l'"autre" total (πᾶν ἕτερον), car, aussi bien, le "même" qui lui correspond est le "même" total (ταὐτον πᾶν). Étant le "même" total et l'"autre" total, il n'y a rien de tout ce qui est autre qui lui échappe, *Enn.* VI 7 [38] 13, 17-25, trad. P. Hadot, modifiée.

De manière très significative, c'est par le schème du *nombre* que Plotin mène ici sa démonstration. On voit en effet que l'argumentation qui conduit à l'avènement de l'Intellect en tant qu'Intellect constitué suit trois étapes dont chacune est symbolisée par un nombre : à l'Intellect comme *même* que lui-même, correspond le « un » ; à l'Intellect comme *autre* que lui-même, le « deux » ; enfin, à l'Intellect comme même et autre, c'est-à-dire constitué comme Intellect accompli, le « trois ».

Alors que le « un » et le « trois » paraissent parfaitement déterminés, on aura remarqué que le « deux » oscille entre ces deux extrêmes. Dans un premier temps, il est dit que l'Intellect qui s'est avancé, est autre, donc « deux ». Mais immédiatement après, Plotin revient sur ce point et pose l'alternative suivante : soit, dit-il,

1. Sur cet aspect transversal de l'ἑτερότης, on lira avec profit l'article de M. Nédoncelle, « Altérité, altération et aliénation dans la philosophie de Plotin », dans *Mélanges Octave et Melpo Merlier*, t. II, Athènes, Institut Français d'Athènes, p. 173-183. L'auteur montre comment l'altérité se transforme progressivement, à mesure que se creuse l'écart relativement à l'Un, en devenant altération puis, dans le cas des âmes individuelles, aliénation. Voir aussi D. Nikulin, « The one and the many in Plotinus », art. cit., p. 326-340.

2. *Enn.* VI 7 [38] 13, 11-12.

3. Je lis, avec P. Hadot, ἄλλο μὲν ὄν et non, avec H.-S.², ἄλλο μένον. Voir, sur cette correction, la note de P. Hadot, *Plotin. Traité 38*, *op. cit.*, p. 121, n. 130.

les deux termes qui composent ce « deux » sont identiques, et dans ce cas l'Intellect demeure « un », soit ils sont autres et, dans ce cas, il y a production d'un troisième terme. Autrement dit, à la différence du « un » et du « trois », le « deux » est incapable de se poser de soi-même comme un deux *déterminé* : dès lors qu'on essaie de le penser en lui-même, il nous échappe et devient soit « un », soit « trois ».

Comment expliquer un tel phénomène ? C'est que le deux, dans notre texte, ne renvoie pas à autre chose qu'à un mouvement et à une altérité : « si il s'est avancé, alors il est autre ». Ce mouvement d'altérité, en soi, est indéterminé : il désigne seulement un éloignement (*i.e.* ce que Plotin appelle une « apostase » [1]) et ne prend aucunement en compte les termes que cet éloignement met en jeu. Ce n'est que lorsque l'on envisage ce mouvement d'altérité comme reliant deux termes déterminés, que l'on peut alors décider, selon que ces termes sont autres ou identiques, si le deux en question est « un » ou « trois », c'est-à-dire s'il se réfère à deux réalités parfaitement identiques et donc unes ou à deux réalités distinctes. Toutefois, ce faisant, on remarque que le deux, en lui-même, nous a échappé : ce qui n'était qu'un mouvement est devenu *rapport*.

Bien que la présentation que nous en donne Plotin semble, du moins au premier abord, faire du « un » et du « deux » des éléments immanents à l'Intellect, on accordera que seul le « troisième terme » se réfère à l'Intellect en tant qu'Intellect accompli, c'est-à-dire en tant que multiplicité variée. Le « un » et le « deux », de leurs côtés, renvoient aux *étapes* qu'il est nécessaire de poser pour rendre compte de l'Intellect constitué mais également aux *principes* qui le rendent possible[2]. D'après le contexte de notre extrait, ces principes (l'identité et l'altérité) sont considérés dans l'immanence de l'Intellect. Mais leur présence, dans l'Intellect, ne peut ultimement s'expliquer que par participation de l'Intellect à l'Un et à la matière de l'intelligible, lesquels, ainsi qu'on va le voir, recouvrent effectivement les notions d'identité et d'altérité.

Le « un », en tant que principe d'identité, renvoie en effet ultimement à la présence de l'Un dans l'Intellect. Parce que la simplicité de l'Un empêche toute altérité de s'introduire en lui, l'Un apparaît comme ce qui est « seulement même » : « Ce principe réside au-delà, seul, libre dans la vérité, parce qu'il n'est pas esclave de lui-même, mais qu'il est seulement lui-même (μόνον αὐτο) et véritablement lui-même (ὄντως αὐτό), tandis que chacune des autres choses

1. Sur le terme d'« apostase », cf. *Enn.* V 1 [10] 1, 8 et *Enn.* VI 6 [34] 1, 2. Voir également le commentaire de F. Brunner, « Le premier traité de la cinquième "Ennéade" : "Des trois hypostases principielles" », *Revue de théologie et de philosophie* 23, 1979, p. 135-172, qui définit l'expression « altérité première (ἡ πρώτη ἑτερότης) » (*Enn.* V 1 [10] 1, 4) utilisée par Plotin pour désigner l'origine du mal pour les âmes, comme « l'écart voulu par l'âme particulière et qui constitue *le premier moment de l'"apostasie" postérieure* » (p. 138).

2. Cette différence entre « étape » et « principe » est importante car elle montre que les deux termes qui sont ici en jeu sont à la fois séparés, en tant que principes, et reliés, puisque l'altérité est postérieure, logiquement, à l'identité.

[*i.e.* chacun des êtres] est à la fois même et autre (αὐτὸ καὶ ἄλλο)»[1]. Cette identité première qu'est l'Un, à l'instar de l'altérité première, n'est donc pas un rapport : Plotin ne dit pas que l'Un est identique *à soi*, mais seulement qu'il est « lui-même », ce qui revient à affirmer qu'il est « même »[2].

Le « deux », en tant que mouvement d'altérité, manifeste la présence, dans l'Intellect, de ce que Plotin nomme ailleurs « principe de la matière <de l'intelligible> » :

> L'altérité (ἡ ἑτερότης), là-bas, qui produit la matière (ἢ τὴν ὕλην ποιεῖ), existe toujours ; car c'est elle qui est principe de la matière (ἀρχὴ γὰρ ὕλης αὕτη), ainsi que le mouvement premier (ἡ κίνησις ἡ πρώτη) ; c'est pourquoi aussi, celui-ci a été appelé altérité[3], parce que le mouvement et l'altérité sont apparus ensemble (ὁμοῦ ἐξέφυσαν) ; or le mouvement et l'altérité qui viennent du premier (ἀπὸ τοῦ πρώτου) sont aussi indéfinis (ἀόριστον), et ils ont besoin de celui-là pour être définis (κἀκείνου πρὸς τὸ ὁρισθῆναι δεόμενα) ; or ils sont définis (ὁρίζεται) lorsqu'ils se retournent vers lui (ἐπιστραφῇ) ; mais, auparavant, la matière et l'altérité aussi sont indéfinies (ἀόριστον καὶ ἡ ὕλη καὶ τὸ ἕτερον) et pas encore bonnes, mais dépourvues de la lumière de celui-là, *Enn.* II 4 [12] 5, 28-35, trad. J.-M. Narbonne.

Une difficulté surgit dans ce texte qu'il convient de souligner immédiatement : alors que l'altérité est présentée – de même que le mouvement premier –, comme 'principe' de la matière de l'intelligible, elle est par la suite rangée au même niveau que celle-ci, lorsqu'il est dit que « la matière et l'autre aussi sont indéfinis ». Comment expliquer un tel glissement ?

A la vérité, il ne s'agit pas proprement d'un glissement, car l'altérité désigne effectivement le principe de la matière de l'intelligible et peut toutefois être identifiée à cette matière, moyennant cependant quelques aménagements. Le terme « principe », attribué à l'altérité, ne doit pas ici être entendu constitutivement : il ne renvoie pas à un principe indépendant, qui serait situé entre l'Un et la matière de l'intelligible. Il signifie seulement que l'altérité renvoie à la *nature* de toute matière quelle qu'elle soit : intelligible ou sensible. Dès lors que nous parlons de telle ou telle matière, nous ne pouvons donc plus utiliser le vocable « altérité » sans une certaine spécification. C'est pour cette raison que Plotin, dans la suite du traité II 4 [12], lorsqu'il lui sera demandé si la matière du sensible est identique à l'altérité, répondra : « non, mais seulement à la portion de l'altérité qui

1. *Enn.* VI 8 [39] 21, 30-33, traduction de G. Leroux, modifiée.

2. Dire que l'Un est identique à soi, ce serait simultanément le faire descendre au rang du second principe, l'Intellect, pour qui l'identité à soi ne va jamais sans une dualité. Sur ce point, cf. *Enn.* V 6 [24] 1, 23-24.

3. Que le mouvement ait également été appelé « altérité », c'est ce qu'Aristote nous rapportait déjà au troisième livre de sa *Physique* et il est clair, ici, que Plotin se réfère à ce texte. La raison d'une telle identification, expliquait alors Aristote, est que le mouvement « semble indéfini (ἀόριστον τι δοκεῖ) », de même que l'altérité, l'inégalité et le non-être « parce que privatifs (στερητικαὶ εἶναι ἀόρισται) » (*Physique* Γ 2, 201b19-28).

est opposée aux êtres véritables »[1]. Par là, on voit que la matière du sensible n'est qu'une actualisation possible de l'altérité, en l'occurrence celle qui s'oppose aux êtres intelligibles. Dans le cas de la matière de l'intelligible, bien que Plotin ne le dise pas aussi explicitement, on peut toutefois légitimement déduire qu'il suit un même raisonnement : la matière de l'intelligible n'est pas l'altérité, elle est seulement la partie de l'altérité qui s'oppose à l'Un[2].

Il est donc permis d'identifier l'altérité et la matière de l'intelligible, à condition toutefois de situer cette altérité : de même que la matière de l'intelligible vient à la suite de l'Un, de même l'altérité, qui constitue la nature de cette matière, doit être située au regard de l'Un (c'est pour cette raison que Plotin écrit que « le mouvement et l'altérité viennent du premier »). En ce sens, la matière de l'intelligible est autre, certes, mais autre relativement à l'Un : elle est non-Un. Ce non-Un qu'est la matière de l'intelligible renvoie ainsi au multiple, mais à un multiple *indéterminé* : en effet, s'il est vrai que l'altérité ne constitue pas un rapport parce qu'elle est antérieure à tout rapport (d'identité ou de différence) et s'il est vrai que seul un rapport met en jeu des termes déterminés, l'altérité ici en question renvoie seulement à *l'autre de l'Un*, donc nécessairement au multiple, sans que ce multiple soit une multiplicité déterminée (entendez une multiplicité unifiée et donc nombrable).

Dans la série « un, deux, trois » posée par Plotin pour rendre compte de ce que l'Intellect est une multiplicité pleine de variété, on constate ainsi que l'indétermination du « deux », celle-là même qui le fait osciller entre la simplicité du « un »et la multiplicité déterminée du « trois », n'est autre que l'indétermination propre à la matière de l'intelligible. Il n'est par conséquent pas étonnant que Plotin ait pu identifier une telle matière avec la « dyade indéfinie » des pythagoriciens[3] :

> Par conséquent, ce qu'on appelle là-bas nombre et dyade, ce sont les raisons et l'Intellect; mais la dyade est indéfinie (ἀλλὰ ἀόριστος μὲν ἡ δυάς), si on la prend comme une sorte de substrat (τῷ οἷον ὑποκειμένῳ), tandis que le nombre qui provient d'elle et de l'Un (ἐξ αὐτῆς καὶ τοῦ ἑνός) correspond à chaque spécificité, *Enn.* V 1 [10] 5, 13-16, trad. F. Fronterotta, modifiée.

Il est intéressant de voir, dans ce passage, comment le « deux » peut désigner deux réalités différentes selon Plotin : si on le prend comme déterminé, c'est-à-dire, en somme, comme l'ordonnancement de deux unités, le « deux » en question est alors un nombre et renvoie à la multiplicité déterminée des spécificités[4]; si, au contraire, on le prend comme indéterminé – comme c'est le cas en *Enn.* VI 7 [38] 13, 17-25 –, le « deux » renvoie alors à la matière de l'intelligible en tant que substrat de la détermination par l'Un. Un tel substrat est déjà une forme de

1. *Enn.* II 4 [12] 16, 1-2. Cf. *infra*, p. 86-109.

2. Sur ce point, voir J. Rist, « Plotinus on matter and evil », *Phronesis* 6, 1961, p. 155-156.

3. Cf. *Enn.* V 1 [10] 5, 6-19 et *Enn.* V 4 [7] 2, 7-8. Sur cette doctrine de la « dyade indéfinie », qui pourrait avoir été professée par Platon, du moins si l'on en croit Aristote, voir *Métaphysique* A 6, 987b14 et M 7, 1081a14; Stobée I, 49, 1a, p. 318, 21 et Numénius, fr. 52 Des Places.

4. C'est cet usage que l'on trouve en *Enn.* V 3 [49] 15, 37-39.

multiplicité, et c'est pourquoi Plotin insiste sur l'aspect duel [1], mais cette multiplicité ne possède encore aucune unité, ce pourquoi elle demeure indéterminée.

Ainsi qu'il est dit dans ce dernier passage, l'Intellect (ou le nombre) provient « de la dyade indéfinie *et* de l'Un ». Il y a donc bien *deux* principes à l'œuvre dans la constitution de l'Intellect. Cela nous est par ailleurs confirmé, littéralement cette fois, dans un autre passage, tiré du traité VI 7 [38], où il est question des deux principes, respectivement la matière et l'Un, qui sont à l'origine de l'Intellect : « Son principe (ἀρχή) a donc été cela qu'il était avant d'être rempli (ἐκεῖνό τε ὃ πρὶν πληρωθῆναι ἦν). Son autre principe (ἑτέρα δὲ ἀρχή) a été celui qui, comme de l'extérieur (οἱονεὶ ἔξωθεν), le remplissait et par lequel, en se remplissant, il a été pour ainsi dire modelé (οἷον ἐτυποῦτο) » [2]. Plotin distingue donc bien entre deux principes : la matière, comme « cela qu'était l'Intellect avant d'être rempli », c'est-à-dire comme une multiplicité non encore déterminée et unifiée par l'Un ; l'Un, comme « ce qui, comme de l'extérieur, la remplissait » et qui frappe la matière du sceau de la détermination, produisant simultanément un troisième terme, l'Intellect.

La matière, acte productif de l'Un

La matière de l'intelligible reçoit, dans les *Ennéades*, de multiples appellations [3] : altérité, dyade indéfinie [4], acte premier [5], vie indéfinie [6] et vue [7], sans oublier des dénominations plus techniques comme « substrat » et « réceptacle » [8]. Toutefois, quel que soit le nom sous lequel elle se manifeste, elle est toujours présentée comme dérivée et comme ayant l'Un pour seule origine : comme altérité, nous l'avons vu, elle advient « à partir du Premier (ἀπὸ τοῦ πρώτου) » [9] ; comme dyade indéfinie, « elle est née de l'Un (παρὰ τοῦ ἑνὸς γεγενημένη) et reçoit de lui une délimitation, elle qui est par elle-même illimitée » [10] ; comme acte premier, elle est « engendrée par le Bien (γενόμενον ὑπ' αὐτοῦ) » [11] ; comme vie multiple et illimitée, elle « rayonne à partir de la nature si puissante du Bien (παρὰ τοιαύτης φύσεως ἐκλαμψάσης) » [12].

1. En ce sens, l'interprétation de Th. Szlezák selon laquelle la dyade indéfinie, chez Plotin, prend la forme d'une « unbestimmte Einheit » (d'une « unité indéfinie »), paraît insatisfaisante. Cf. *Platon und Aristoteles in der Nuslehre Plotins*, Bâle et Stuttgart, Schwabe & Co Ag, 1979, p. 65 (désormais cité Th. Szlezák, *Platon und Aristoteles*...).
2. *Enn.* VI 7 [38] 16, 33-35.
3. *Cf.* J. Bussanich, « Plotinus's metaphysics of the One », art. cit., p. 51.
4. *Enn.* V 1 [10] 5, 14-15 ; V 4 [7] 2, 8.
5. *Enn.* VI 7 [38] 18, 12.13.41 : ἡ ἐνέργεια ἡ πρώτη.
6. *Enn.* VI 7 [38] 17, 14-15.
7. *Enn.* V 4 [7] 2, 6 : ἡ ὄψις.
8. *Enn.* II 4 [12] 1, 1.
9. *Enn.* II 4 [12] 5, 32.
10. *Enn.* V 1 [10] 5, 7-8.
11. *Enn.* VI 7 [38] 18, 42-43.
12. *Enn.* VI 7 [38] 17, 20-21.

Il y a ainsi, sur cette question, une multiplicité de textes très explicites qui, tous, affirment finalement cette simple assertion : la matière n'est pas sans origine, elle vient de l'Un. Pourtant, si l'on peut comprendre assez aisément que la matière ne soit pas le premier principe, puisque ce rang est déjà occupé par l'Un et que la matière n'est pas l'Un, une question beaucoup plus épineuse se pose alors : comment l'Un a-t-il produit cette matière ? comment, de l'Un, peut-il advenir une multiplicité indéterminée, sans que cette production ne fasse sortir l'Un de lui-même, sans qu'elle n'en brise la simplicité ?

La réponse de Plotin à cette question, nous l'avons déjà entrevue. Elle réside dans la relation entre « même » et « autre ». Toutefois, et pour éviter ici un malentendu lourd de conséquences, il convient de préciser que parler de l'Un comme « même » et de la matière comme « autre » ne signifie pas déterminer un rapport entre deux termes distincts (le même et l'autre), rapport qui serait celui de contrariété, comme entre grand et petit, blanc et noir, etc. Lorsque Plotin affirme, d'une part, que le principe de la matière est l'altérité, et, d'autre part, ainsi que nous allons bientôt le voir, que l'Un produit « en demeurant le même », il n'entend pas déterminer un « quelque chose » (la matière) qui serait le *contraire* de l'Un (pris comme même). C'est que, ainsi qu'il a déjà été dit plus haut, la matière n'est pas un *terme* qui serait relié à un autre (l'Un) par une relation : elle est cette relation elle-même à son état originaire, c'est-à-dire un mouvement d'éloignement hors de l'Un[1], mouvement qui préexiste et par là fonde l'Intellect et le rapport de l'Intellect à l'Un.

Que la matière n'est pas autre chose qu'un mouvement de génération

Engendrer, produire, c'est d'abord faire advenir quelque chose d'autre, autre par rapport à ce qui existe déjà (que ce soit relativement au principe générateur ou à tout autre terme existant avant la production de la nouvelle réalité). L'altérité, ici, se confond totalement avec l'acte même de production : le seul fait de poser qu'il y a production d'un quelque chose suffit à affirmer de ce quelque chose qu'il est autre. En effet, soit une chose existe, et elle n'a pas à être produite; soit une chose n'existe pas et, si elle est produite, elle est nécessairement autre que tout ce qui lui préexiste. Cette altérité, parce qu'elle s'identifie à l'acte de production lui-même, ne prend pas en considération les propriétés de la réalité engendrée, seulement le fait que cette réalité a été engendrée : *il y a* quelque chose et ce quelque chose, du seul fait d'avoir été engendré, est nécessairement autre. Ceci vaut pour toute génération et donc également pour celle dont l'Un est l'initiateur :

1. La matière, écrit A.H. Armstrong, « n'est jamais simplement statique et neutre mais toujours une tendance dynamique », *cf.* « Spiritual or intelligible matter in Plotinus and St. Augustine », dans *Augustinus Magister* [Congrès international augustinien, 21-24 sept. 1954], Paris, Études augustiniennes, 1954, p. 278). Voir également P. Hadot, « être, vie, pensée chez Plotin et avant Plotin », dans P. Henry *et al.* (éd.), *Les sources…*, *op. cit.*, p. 134, qui qualifie le mouvement qui vient de l'Un « de mouvement aveugle, d'altérité pure, de pur éloignement ».

> Si quelque chose vient de l'Un (εἴ τι ἐκ τοῦ ἑνός), il doit être autre que lui (ἄλλο δεῖ παρ' αὐτό); puisqu'il est autre, il n'est pas un (ἄλλο δὲ ὂν οὐχ ἕν) : sinon, ce serait lui, l'Un (τοῦτο γὰρ ἦν ἐκεῖνο). S'il est non un (μὴ ἕν), il est deux, donc déjà nécessairement une pluralité, *Enn.* V 3 [49] 15, 37-39, trad. B. Ham, modifiée.

Dans ce passage, on voit clairement que l'altérité dont il est question ne consiste pas à distinguer, dans la nature de ce qui est engendré, des propriétés qui nous permettraient de la différencier de la nature et des propriétés du principe engendrant. Elle se contente, si l'on peut dire, d'affirmer une exigence : ce qui est engendré par l'Un *doit* être non-Un (μὴ ἕν). Que ce non-Un soit, *in fine*, une multiplicité, n'est qu'une conséquence de cette exigence. Par là, on voit que ce qui fonde la différence entre l'Un et ce qui est engendré par l'Un réside tout entier dans l'acte productif, acte qui doit se comprendre comme une puissance d'altérité.

S'il en est ainsi, la matière, en tant que principe d'altérité, n'est elle-même rien d'autre que l'acte productif par lequel quelque chose (sc. l'Intellect) est engendré à partir de l'Un. La matière n'est donc pas elle-même un quelque chose, quelque chose qui serait autre que l'Un : elle est le mouvement de production lui-même, un mouvement compris comme puissance d'altérité. Ce faisant, nous voyons que la matière est finalement intimement liée à l'Un puisqu'elle n'est pas elle-même une réalité à côté de l'Un, mais l'acte par lequel l'Un engendre. Une nouvelle question surgit alors : pourquoi Plotin s'est-il senti obligé de séparer la matière de l'Un et d'en faire, dans la production de l'Intellect, un principe distinct ? Pour répondre à cette question, il nous faut envisager le type de causalité que l'Un met en œuvre.

Que l'Un engendre parce qu'il « demeure dans le même »

S'il est vrai que ce qui est engendré, du fait qu'il est engendré, est nécessairement autre que le principe qui l'a engendré, il est tout aussi vrai que le principe engendrant, du fait qu'il est principe, doit demeurer autre que ce qu'il engendre, sous peine de se voir confondu avec ses effets et d'être lui-même un effet. Il y a là une nécessité à la fois logique et ontologique : ce qui est principe, parce qu'il est principe, ne peut pas lui-même faire partie des choses dont il est le principe.

Chez Plotin, cet axiome logique devient en lui-même un principe causal, principe qui affirme que « celui qui donne ne possède pas lui-même ce qu'il donne »[1] :

> — Comment toutes choses viennent-elles de l'Un, qui est simple (ἁπλοῦ) et qui ne montre, dans son identité (ἐν ταὐτῷ), aucune variété (ποικιλίας) ni même quelque dualité (διπλόης) ?
> — C'est parce qu'il n'y a rien en lui (ἢ ὅτι οὐδὲν ἦν ἐν αὐτῷ) que toutes choses viennent de lui (διὰ τοῦτο ἐξ αὐτοῦ πάντα) : afin que l'être soit (ἵνα τὸ ὂν ᾖ),

1. Sur cette forme de causalité, voir J.-L. Chrétien, « Le Bien donne ce qu'il n'a pas », *Archives de philosophie* 43, 1980, p. 263-277 et C. D'Ancona Costa, « AMORPHON KAI ANEIDEON. Causalité des formes et causalité de l'Un chez Plotin », art. cit., p. 105-109.

> l'Un n'est pas l'être (διὰ τοῦτο αὐτὸς οὐκ ὄν), mais le générateur de l'être (γεννητὴς δὲ αὐτοῦ), *Enn.* V 2 [11] 1, 3-7.

L'absence de multiplicité en l'Un, loin d'être une forme d'anormalité qui mette en doute le fait que l'Un puisse être générateur de toutes choses, est au contraire la raison même de la possibilité de l'émergence du multiple : la multiplicité intelligible n'est pas rendue possible *en dépit de* la simplicité de l'Un, mais bien *parce que* l'Un est simple. Toutefois, il faut bien comprendre que si Plotin attribue ici à la simplicité de l'Un la cause de la possibilité du multiple, c'est d'abord parce que cette simplicité est le résultat de l'exigence logique vue plus haut : si l'Un est générateur de « toutes choses » (*panta*), il ne peut lui-même être « toutes choses », mais bien *autre* que « toutes choses », donc « rien » (*ouden*), donc simple.

A ce premier principe causal, s'en ajoute un second : l'Un engendre en demeurant en lui-même. Ainsi que Ch. D'Ancona Costa l'a montré dans ses travaux, ce type de causalité est d'abord propre aux idées [1] : chaque idée communique son caractère spécifique aux participants « en demeurant en soi-même (ἐφ' ἑαυτοῦ μένειν) » [2]. Ce « demeurer en soi-même » rend compte, écrit l'auteur, d'une double capacité : « la capacité d'être présent "dans" une réalité physique d'une manière non locale et la capacité d'être la cause d'effets en étant le modèle immuable de la structure rationnelle interne de ces effets » [3]. Cette double capacité caractérise également l'Un qui se communique aux réalités postérieures du seul fait d'être ce qu'il est et de le demeurer [4]. Prise en ce sens, cette seconde forme de causalité se démarque nettement de la première (celle selon laquelle l'Un donne ce qu'il ne possède pas lui-même) : il ne s'agit plus d'être principe causal du multiple, mais seulement principe de l'unité et de la cohésion internes des réalités postérieures. Toutefois, de manière apparemment paradoxale, on constate que Plotin utilise également l'expression « demeurer en soi-même » lorsqu'il veut montrer que l'Un est principe générateur de toutes choses, donc du multiple. Ainsi en témoigne le passage suivant :

> La nature de l'Un est telle qu'elle est la source des choses les meilleures et une puissance engendrant les êtres en demeurant en elle-même (μένουσαν ἐν ἑαυτῇ), sans en être amoindrie (οὐκ ἐλαττουμένην) et sans être elle-même dans les êtres qu'elle a engendrés (οὐδὲ ἐν τοῖς γινομένοις), *Enn.* VI 9 [9] 5, 35-38.

1. C. D'Ancona Costa, « Plotinus and later Platonic philosophers on the causality of the first principle », dans L.P. Gerson (éd.), *The Cambridge Companion…*, *op. cit.*, p. 356-385 et « AMORPHON KAI ANEIDEON. Causalité des formes et causalité de l'Un chez Plotin », art. cit., p. 69-113.

2. *Enn.* III 2 [47] 1, 38-45. Voir aussi VI 5 [5] 8, 20-22.

3. C. D'Ancona Costa, « Plotinus and later Platonic philosophers on the causality of the first principle », art. cit., p. 361. Sur cette forme de causalité consistant à transmettre un caractère à des participants, voir également A.C. Lloyd, « The principle that the cause is greater than its effects », *Phronesis* 21, 1976, p. 146-156.

4. Cf. *Enn.* VI 9 [9] 9, 7-11 : ἕως ἂν ᾖ ὅπερ ἔστι.

Dans ce passage, il apparaît clairement que le contexte dans lequel intervient la causalité du « demeurer en soi-même » est celui de la production du multiple et non celui de la communication, par participation, de l'unité. La causalité par « demeurer en soi-même » recouvre donc, lorsqu'elle s'applique à l'Un, un sens supplémentaire et autre que celui qu'elle a lorsqu'elle est associée aux idées. Par là, nous voyons que Plotin n'entend pas, lorsqu'il s'agit de l'Un, distinguer entre deux formes séparées de causalité[1], mais seulement entre deux manières différentes d'éclairer un même phénomène, celui de la production du multiple. La question est à présent de comprendre pourquoi c'est « en demeurant en soi-même » que l'Un peut produire le multiple.

Pour répondre à cette question, il faut d'abord souligner que le « demeurer en soi-même » est la cause même de l'émergence du multiple et non une sorte de concession : comme dans le cas de la causalité par simplicité, ce n'est pas en dépit du fait que l'Un demeure en lui-même que quelque chose d'autre que lui est produit, mais bien à cause de ce « demeurer en soi-même ».

« Demeurer en soi-même » s'oppose à « sortir de soi-même » et « sortir de soi-même », qu'est-ce, sinon devenir *autre* que soi ? La causalité du « demeurer en soi-même » signifie, de cette manière, faire advenir quelque chose d'autre que soi sans être soi-même autre que soi, c'est-à-dire sans être soi-même cet autre qu'il s'agit de produire. Produire en demeurant en soi-même, c'est donc produire par ipséité, *i.e.* « en demeurant *dans le même* caractère » :

> Il est évident que si quelque chose est venu à l'existence après l'Un, c'est en tant qu'il [*i.e.* l'Un] demeurait dans le même caractère[2] que cela est venu à l'existence (μένοντος ἐκείνου ἐν τῷ αὐτῷ ἤθει ὑπέστη). Il faut donc, pour que quelque chose d'autre vienne à l'existence (ἵνα τι ἄλλο ὑποστῇ), que ce principe soit en tout point tranquille en lui-même (ἡσυχίαν ἄγειν ἐφ' ἑαυτοῦ πανταχοῦ ἐκεῖνο), *Enn.* V 3 [49] 12, 33-36, trad. B. Ham.

« Demeurer en soi-même », c'est ainsi demeurer *soi*, ne pas devenir autre. Voilà pourquoi il a été dit que l'Un, en engendrant autre chose, n'est pas amoindri et ne fait pas partie de ce qu'il engendre : il serait amoindri précisément si, de lui-même, il devenait autre que lui-même ; car s'il était autre que lui-même, il serait nécessairement inférieur à lui-même et ne serait plus principe générateur de « toutes choses », mais seulement « toutes choses ».

La causalité par ipséité répond ainsi aux mêmes exigences logiques que la causalité par simplicité : le principe producteur, du fait qu'il ne peut produire que quelque chose d'*autre* que lui, ne peut jamais lui-même être cet autre, sous peine de ne plus en être le principe.

Que nous envisagions la matière comme l'un des deux principes qui président à la production de l'Intellect ou comme l'acte productif par lequel l'Un engendre

1. Voir, sur ce point, les remarques éclairantes de C. D'Ancona Costa, « Plotinus and later Platonic philosophers on the causality of the first principle », art. cit., p. 371.

2. Référence au passage de *Timée* 42e5-6.

autre chose que lui, nous sommes à chaque fois amenés à poser la matière comme séparée de l'Un :

– dans le premier cas, cette séparation est rendue nécessaire par l'impossibilité de déduire directement de l'Un une multiplicité déterminée;

– dans le second, cette séparation apparaît comme la condition *sine qua non* de toute production, à savoir que le principe productif, en tant que principe, doit « demeurer dans le même caractère », séparé du mouvement productif lui-même [1].

Nous sommes, dès lors, autorisés à poser qu'il y a, à l'origine de l'Intellect, non pas un mais *deux principes*. Nier cette dualité sous prétexte que la matière de l'intelligible n'est pas sans origine puisqu'elle est engendrée par l'Un, c'est en même temps nier la causalité propre à l'Un, celle qui consiste à demeurer en soi-même et à laisser à la matière l'altérité nécessaire à la production de l'être [2].

La séparation de la matière et de l'Un n'est pas sans conséquences sur le sens du déploiement de l'être selon Plotin. On sait qu'un tel déploiement est fait d'un double mouvement: la procession, qui marque l'écart relativement au principe, et la conversion, qui consiste à mettre un terme à cet écart et, par là, à produire une réalité déterminée. Dès lors que la matière, en tant que mouvement productif de l'Un, est nécessairement séparée de l'Un, l'initiative qui prévaut à ce mouvement productif est, par là même, transférée à la matière elle-même: c'est à elle qu'il revient de *se* convertir vers l'Un et de produire, par cette conversion, une nouvelle réalité, l'Intellect.

La venue à l'être de l'être

Pour rendre compte de la génération de l'être, donc de l'ordonnance intelligible, Plotin use du schème de la détermination : l'Intellect et, avec lui, la totalité des idées, est issu d'un processus mettant en œuvre un principe déterminant (l'Un) et une matière indéterminée. Un tel schème n'est toutefois pas l'apanage du seul Intellect: il en va également de cette manière pour la génération de l'Ame et du monde sensible. C'est que, pour Plotin, tout terme engendré est

1. « Pas plus que Numénius », écrit D. O'Brien, « Plotin ne veut prêter à son premier principe une "activité", car il ne veut pas imposer la moindre entorse à sa simplicité absolue. Mais Plotin ne veut pas non plus refuser au premier principe, à l'Un, sa fonction génératrice. D'où la doctrine énoncée dans les deux textes d'*Ennéade* V 1 [à savoir *Enn.* V 1 [10] 6, 15-19 et 7, 4-6]. La génération implique, certes, un mouvement, mais ce mouvement ne se trouve que du côté de ce qui est engendré ». *Cf.* « La matière chez Plotin : son origine, sa nature », *Phronesis* 44, 1999, p. 51.

2. Le système plotinien demeure donc moniste puisqu'il y a un seul et même principe à l'origine de toutes choses (y compris, nous le verrons, à l'origine de la matière dernière). Cependant, l'Un ne peut être principe de toutes choses sans s'adjoindre, lors de la production de chaque nouvelle réalité, les services d'un principe dérivé, une matière, laquelle peut seule lui assurer de « demeurer dans l'identité », donc de demeurer ce qu'il est: « principe de toutes choses ». Sur le monisme plotinien, *cf.* J.M. Rist, « Monism: Plotinus and some predecessors », art. cit., p. 329-344 et Ch. Horn, *Plotin über Sein…*, *op. cit.*, p. 170-173.

nécessairement *déterminé*. « Déterminé » doit se comprendre en deux sens différents :

– d'une part, comme possédant une *ipséité*, c'est-à-dire l'ensemble des déterminations par lesquelles une chose est ce qu'elle est;

– d'autre part, comme étant *particulier*, donc non universel.

(1) S'il est vrai que l'altérité renvoie à un mouvement sans fin par lequel une chose est sans cesse autre, jamais définie, toujours dans l'indétermination, l'ipséité est au contraire le résultat d'un arrêt, d'un repos, consécutif à une détermination :

> Voilà pourquoi ces choses sont des essences (οὐσίαι) : en effet, elles sont déjà délimitées (ὥρισται) et chacune d'elles possède comme une forme (οἷον μορφήν). L'être ne doit pas flotter (αἰωρεῖσθαι), pour ainsi dire, dans l'illimité (ἐν ἀορίστῳ), mais se voir fixé par une limite (ὅρῳ πεπῆχθαι) et trouver le repos (στάσει); le repos est, pour les intelligibles, la délimitation et la forme (ὁρισμὸς καὶ μορφή), grâce auxquelles ils acquièrent aussi l'existence (τὴν ὑπόστασιν λαμβάνει), *Enn.* V 1 [10] 7, 23-26, trad. F. Fronterotta, modifiée.

La détermination est une sorte de fixation (πῆχις) qui délimite ce qui, autrement, ne serait que dispersion infinie. Cette délimitation, par laquelle advient l'ipséité, est à comprendre comme une forme d'unification : « Tout ce qui n'est pas un est sauvegardé (σῴζεται) par l'Un et est ce que précisément il est (ὅπερ ἐστί) grâce à lui. Car s'il n'est pas devenu un, quoique constitué de parties multiples, il n'est pas encore ce que l'on pourrait appeler "soi-même" (αὐτό) » [1].

(2) En outre, une chose déterminée est nécessairement une chose particulière, un certain ceci (*tode ti*). Dès lors qu'une chose est engendrée, elle devient l'effet d'une cause supérieure. Elle est donc, relativement à son principe générateur, inférieure. Cette infériorité se marque, d'un point de vue hénologique, par une particularisation. Il en va ainsi, par exemple, de l'essence intelligible :

> Puisque l'essence engendrée (τῆς γενομένης οὐσίας) est une spécificité (εἴδους) (...) – et pas la spécificité de telle ou telle chose, mais la spécificité de toute chose –, l'Un doit nécessairement être non spécifique (ἀνείδεον). S'il est non spécifique, il n'est pas une essence, car une essence doit être un certain ceci (τόδε γάρ τι δεῖ τὴν οὐσίαν εἶναι), c'est-à-dire quelque chose de défini (ὡρισμένον); mais il est impossible de saisir l'Un comme un certain ceci (τὸ δὲ οὐκ ἔστι λαβεῖν ὡς τόδε), *Enn.* V 5 [32] 6, 1-8.

La particularisation est une conséquence nécessaire de la détermination, c'est-à-dire finalement de la génération elle-même : un terme engendré est un terme délimité (*hôrizomenon*), lequel à son tour est un terme déterminé (*tode ti*), donc particulier. La particularisation est la marque par laquelle nous voyons qu'un terme n'est pas sans origine : étant le produit d'un processus de génération, un tel

1. *Enn.* V 3 [49] 15, 11-14, traduction de B. Ham, modifiée.

terme est nécessairement déterminé par ce processus qui le relie à son principe; il n'est pas, comme l'Un, « seul et isolé »[1], mais bien relié et donc, en lui-même, lié.

Par ailleurs, il est ici important de rappeler ce que nous avions déjà remarqué au chapitre précédent, à savoir qu'une telle particularisation peut également s'appliquer à l'universel lui-même : dans l'extrait, il est dit que l'essence engendrée est essence non « de quelque chose » mais bien « de toutes choses »[2]. Étant essence de toutes choses, elle n'en reste pas moins elle-même une chose déterminée, un *tode ti*. Cette détermination inhérente à l'essence même lorsqu'elle est comprise à son plus haut degré d'universalité est due, comme on l'a vu plus haut, au fait que l'essence intelligible est par nature un *eidos*, donc une certaine spécificité.

S'il en est ainsi, seul l'Un échappe à la particularisation et à la détermination : étant sans origine, il n'est pas issu d'un processus de génération; il n'y a donc rien, avant lui, qui puisse le délimiter; il n'a, enfin, aucun lien de dépendance avec ce qui vient après lui : il n'est pas l'Un (ou le Bien) *de* toutes choses, puisqu'il est au-delà de toutes choses.

*

On l'a vu, la génération de l'Intellect, en tant qu'elle est génération d'une multiplicité déterminée, suppose la préexistence de deux principes : l'Un et la matière. Ces deux principes doivent être transcendants *et* immanents. Cela signifie qu'ils doivent être, en tant que conditions de possibilité de la génération de l'Intellect, antérieurs à l'Intellect proprement dit et, en tant que constituants, présents à l'Intellect lorsque celui-ci est constitué. Il faut donc distinguer, pour rendre compte de l'émergence de l'être, deux, voire trois moments : celui où l'Un et la matière demeurent antérieurs à la génération de l'Intellect, celui où ils sont présents dans l'Intellect constitué et, entre les deux, celui où ils interagissent. C'est sur base de ces trois moments que j'analyserai la génération de l'Intellect, en tentant à chaque fois de montrer quelle fonction spécifique jouent les deux principes que sont l'Un et la matière.

L'Un et la matière comme principes : transcendance et inaltérabilité

Si l'Un et la matière sont *principes* de l'Intellect, cela signifie qu'ils sont antérieurs à lui et donc inaltérables :

> Ce qui est avant (πρό) l'Intellect et la pensée en est le principe (ἡ ἀρχή); non qu'il leur soit immanent (ἐνυπάρχουσα) : ce n'est pas l'origine (τὸ ἀφ' οὗ) qui est immanente (ἐνυπάρχει), mais les constituants (ἐξ ὧν). L'origine (ἀφ' οὗ) de

1. Cf. *Enn.* V 3 [49] 10, 17 et 13, 32.

2. Cette essence de toutes choses est appelée également « spécificité des spécificités premières (εἶδος εἰδῶν τῶν πρώτων) » (*Enn.* VI 7 [38] 17, 35-36), expression qui n'est pas sans rappeler celle utilisée par Aristote en *De Anima* Γ 8, 432a2 pour désigner l'Intellect.

chaque chose n'est pas chaque chose mais est autre que toutes choses (ἕτερον ἁπάντων), *Enn.* V 3 [49] 11, 16-18, trad. B. Ham, modifiée.

L'inaltérabilité est une conséquence nécessaire de la transcendance : si le principe est antérieur, il ne peut lui-même être le constituant de ce dont il est le principe ; n'étant pas immanent, il ne peut dès lors être lui-même altéré par la production de ce qu'il engendre.

Nous avons déjà eu l'occasion de voir que l'Un ne pouvait être cause du multiple que s'il *demeurait en lui-même*, c'est-à-dire, pour reprendre l'expression du *Timée*, que « s'il demeurait dans le même caractère » : la production du multiple n'altère pas l'Un lui-même, ne le meut pas, ne le fait pas être autre que lui-même. L'Un, lors de la production de ce qui vient après lui, conserve donc son ipséité :

> L'Un n'a pas besoin de ce qui est engendré à partir de lui, mais laisse totalement seul ce qui est engendré, parce qu'il n'en a en rien besoin, mais est le même (ὁ αὐτός) que celui qu'il était avant de l'engendrer (...). Parce qu'il transcende (ὑπερβεβηκώς) toutes choses, il peut les produire et les laisser être par elles-mêmes, lui qui demeure au-dessus (ὑπέρ) de toutes choses, *Enn.* V 5 [32] 12, 41-50.

En ce qui concerne la matière, il semble au premier abord plus difficile d'en affirmer l'inaltérabilité puisqu'elle est vouée, si l'on peut dire, à être déterminée par l'Un, donc à être transformée. Toutefois, que la matière soit ainsi destinée à être informée par l'Un signifie-t-il vraiment que sa nature soit altérable ? Il paraît important, ici, de distinguer entre la nature et la fonction de la matière :

– la nature de la matière est ce qu'elle est et a à être en tant que *principe* de la multiplicité déterminée de l'Intellect, c'est-à-dire en tant que principe d'altérité ; en ce sens, la matière est nécessairement *indéterminée* ;

– la fonction de la matière est conditionnée par la nature de celle-ci : c'est parce que la matière est indéterminée qu'elle peut subir l'action déterminante de l'Un ; en ce sens, elle est *déterminable*.

Plotin résume parfaitement ce point, au début du traité *Sur les Nombres*, lorsqu'il aborde la question de l'existence de l'illimité dans les êtres intelligibles :

> – Mais pour l'illimitation (ἀπειρία), comment cela se passe-t-il ? Car si elle est dans les êtres, elle est déjà limitée (ὥρισται) et si elle n'est pas limitée (μὴ ὥρισται) elle n'est pas dans les êtres, mais peut-être dans les choses qui deviennent (ἐν τοῖς γινομένοις ἴσως), comme <elle en fait partie> aussi par l'action du temps (ὡς καὶ τῷ χρόνῳ)[1].

1. *Cf.* J. Pépin, « Platonisme et antiplatonisme dans le traité de Plotin *Sur les nombres* (VI.6 [34]) », *Phronesis* 24, 1979, p. 199. L'auteur démontre que la séquence ὡς καὶ τῷ χρόνῳ fait référence, comme d'ailleurs l'ensemble du chapitre 3, au *Parménide* de Platon et, sans doute, au passage 151e3 *sq.* où il est dit que si l'Un participe au temps alors « il devient plus jeune et plus vieux que soi », soit un couple de contraires qui est la marque même de l'illimitation.

– Si elle a été limitée (ὁρισθῇ), c'est qu'elle est précisément illimitée (ἄπειρος) : en effet, ce n'est pas la limite (τὸ πέρας) mais l'illimité (τὸ ἄπειρον) qui est limité (ὁρίζεται); car il n'y a pas autre chose, intermédiaire (μεταξύ) entre la limite (πέρατος) et l'illimité (ἀπείρου), qui reçoive la nature de la limitation (ὃ τὴν τοῦ ὅρου δέχεται φύσιν), *Enn.* VI 6 [34] 3, 9-15.

Ce point peut paraître banal, mais il mérite d'être rappelé : ce qui est déterminé, donc ce qui subit l'action d'une limite, ce n'est pas ce qui est déjà d'une nature déterminée, mais bien ce qui est indéterminé et, pour cette raison, appelle à être déterminé. D'une manière générale, écrit encore Plotin, « aucun des êtres [*i.e.* des êtres intelligibles] n'est dans une limite (ἐν πέρατι), tandis que ce qui est limité (τὸ πεπερασμένον) et mesuré (μεμετρημένον) est ce qui est empêché de courir vers l'illimitation (τὸ εἰς ἀπειρίαν κωλυθὲν δραμεῖν) et a besoin d'une mesure (μέτρου δεόμενον) »[1].

Il est crucial de toujours garder à l'esprit la distinction conceptuelle entre nature et fonction. Toute confusion, en ce domaine, entraîne nécessairement l'abolition du système tout entier : en effet, affirmer que la matière est, par nature, altérable, c'est faire de la matière une matière qualifiée, déterminée; une telle matière n'a plus, dès lors, le statut de *principe*, mais seulement celui de constituant, c'est-à-dire de « ce de quoi est fait » une chose et non plus de « ce grâce à quoi » cette chose a été rendue possible.

La détermination de la matière par l'Un

La détermination de la matière et, avec elle, la constitution (*sustasis*) de l'Intellect, implique que la matière, qui n'est pourtant qu'un pur mouvement d'apostase, d'éloignement, se retourne vers son principe générateur, l'Un, et soit, par cette conversion, déterminée[2]. Or, on accordera qu'un tel mouvement de conversion ne va pas de soi : comment ce qui n'est que pur éloignement, pur mouvement d'altérité par rapport au principe qui lui a donné la vie, pourrait-il tout à coup se retourner, se déterminer et ainsi trouver son propre accomplissement ?

Tant que l'on envisage l'Un et la matière en dehors de toute structure généalogique et hiérarchique, donc seulement comme les deux principes nécessaires à la constitution d'une multiplicité déterminée, un tel problème ne se pose pas. Mais dès lors qu'on les relie par le schème généalogique de la parenté – la matière apparaissant comme le rejeton de l'Un – on est alors bien obligé de tâcher de comprendre comment le mouvement de ce qui n'a apparemment rien en commun avec l'Un peut s'infléchir et devenir mouvement de retour au principe générateur.

Pour ce faire, ainsi que nous allons le voir, Plotin apporte une première clarification, en qualifiant d'un même nom le double mouvement d'éloignement

1. *Enn.* VI 6 [34] 18, 8-11, traduction de J. Bertier *et al.*, modifiée.

2. Sur ce mouvement d'auto-constitution, voir le très beau commentaire de J. Trouillard, *La procession plotinienne*, Paris, Presses Universitaires de France, p. 80-83. Voir également F. Brunner, « Le premier traité de la cinquième "Ennéade" : "Des trois hypostases principielles" », art. cit., p. 164.

et de retour vers l'Un. Ce nom, c'est celui de « Vie »[1]. Mais même si cette « vie » peut apporter une continuité à ce qui en semble dépourvu, elle ne répond pas complètement, on le verra, à la question posée : pourquoi ce qui est seulement « autre » peut-il malgré tout se convertir et devenir, en plus, « même » que ce qui l'a engendré ? C'est en puisant à la nature même de l'altérité que Plotin trouvera la solution de ce « mystère », comme l'appelle P. Hadot[2], à savoir en utilisant le manque et la pénurie dont est accablée la matière (étant le non-Un, ce qui est totalement dépourvu d'« un ») comme aspiration et désir de plénitude.

La Vie

L'Un, écrit Plotin, « est la puissance causale de la vie sensée et intellectuelle (ζωῆς ἔμφρονος καὶ νοερᾶς), puissance d'où viennent la vie et l'Intellect et tout ce qui se dit de l'essence et de l'être »[3] ; la vie, écrit-il encore, « est l'acte du Bien (τὴν τἀγαθοῦ ἐνέργειαν), ou plutôt l'acte qui dérive du Bien (ἐκ τἀγαθοῦ ἐνέργειαν) ; l'Intellect est cet acte, lorsqu'il a été délimité (ὁρισθεῖσαν) »[4].

Si Plotin utilise la notion de vie tant pour rendre compte du mouvement hors de l'Un que du mouvement vers l'Un[5], c'est, me semble-t-il, pour deux raisons primordiales. La première est liée à la continuité (*sunekheia*) et à la cohésion (*sunekheia*) qu'un tel concept permet d'instaurer entre des éléments mutuellement autres. Ainsi Plotin qualifie-t-il de « grande vie (ζωὴ μακρά) » l'ensemble de la procession dont l'Un est le principe :

> Toutes ces choses sont donc identiques à lui [*i.e.* que l'Un] et pas identiques à lui ; elles sont identiques en ce qu'elles dérivent de lui et pas identiques en ce qu'il leur a donné l'existence en demeurant en lui-même. C'est donc comme une grande vie (οἷον ζωὴ μακρά) qui s'étend dans sa longueur : chaque portion est autre que celles qui suivent (ἕτερον ἕκαστον τῶν μορίων τῶν ἐφεξῆς), mais le tout (πᾶν) est continu (συνεχές), et chaque partie est différente de l'autre sans que ce qui précède soit détruit en ce qui suit, *Enn.* V 2 [11] 2, 24-29.

La notion même de vie est donc parfaitement appropriée à rassembler les deux mouvements contradictoires d'éloignement hors de l'Un et de retour à l'Un : elle renvoie à l'idée d'un tout assurant continuité et cohésion à toutes les portions qu'il embrasse et dépassant l'altérité et les différences qui les séparent.

La seconde raison pour laquelle Plotin choisit la « vie » est comme le versant de ce que nous venons de voir : s'il est vrai que la vie est ce qui assure la continuité et la cohésion de ce qui est multiple et varié, il est tout aussi vrai que la vie ne peut

1. Sur ce point, voir P. Hadot, « être, vie, pensée chez Plotin et avant Plotin », art. cit., p. 132-134.
2. *Ibid.*, p. 132.
3. *Enn.* V 5 [32] 10, 12-13.
4. *Enn.* VI 7 [38] 21, 4-6.
5. « La vie représente », écrit Pierre Hadot, « un mouvement d'autodétermination, d'autoactualisation de l'être; elle est le mouvement de la matière intelligible qui se donne à elle-même forme et détermination, en se tournant vers l'Un. L'*être* et la *pensée*, dont l'unité constitue l'Intelligence, apparaissent alors comme le produit de l'autodétermination de la *vie* » (*cf.* « être, vie, pensée chez Plotin et avant Plotin », art. cit., p. 134-135).

elle-même se concevoir sans cette *multiplicité variée* : elle suppose nécessairement une pluralité de parties et cette pluralité est réfractaire à tout réductionnisme moniste. L'altérité et les différences qui séparent chacune de ces parties sont en effet ce qui garantit la persistance du multiple en tant que multiple. Il n'est pas étonnant, dès lors, de constater que Plotin associe régulièrement la vie à l'Intellect : elle est à la fois « le lieu du mouvement et le mouvement lui-même qui va de la *pensée* à l'*être* »[1]. Si ce mouvement, écrit Plotin, était « comme une ligne ou comme quelque autre corps homéomère (ὁμοιομερές) et sans variété (ἀποίκιλον) », qu'aurait-il de « vénérable (σεμνόν) » ? S'il n'avait en lui « aucune variation (ἐξαλλαγήν) », si « nulle altérité ne l'éveillait à la vie (μηδέ τις ἐξεγείρει αὐτὸ εἰς τὸ ζῆν ἑτερότης) », il ne serait pas lui-même un acte[2]. La vie est ce qui rend l'Intellect vénérable : sans elle, il ne serait que le chemin balisé du même et de l'un ; sans elle, il ne pourrait *être* puisque c'est elle qui lui assure, d'une part, une dualité et une multiplicité et, d'autre part, le rassemblement de cette multiplicité au sein d'une unité qui lui donne sa propre cohésion.

Le désir et la trace du Bien

Même si la vie permet effectivement de rassembler en une unité les mouvements d'apostase et d'*epistrophè* constitutifs de l'Intellect – et de les rassembler sans nuire à leur mutuelle altérité –, elle ne répond toutefois pas à la question de savoir pourquoi ce qui n'est que pur éloignement hors de l'Un se retourne vers l'Un et est, de ce fait, déterminé. Il nous faut donc chercher ailleurs la solution de cette aporie, une solution qui, on va le voir, se déploie en deux temps :

– il y a conversion parce qu'il y a, dans ce qui n'est encore qu'une vie (ou matière) indéterminée, un désir (*ephesis*[3]) du Bien[4] ;

1. *Ibid.*, p. 131. Le lien entre vie, pensée et mouvement, chez Plotin, est sans doute un lointain écho du passage bien connu de *Sophiste* 248e6-249a1 où Platon écrit qu'il ne se peut que « le mouvement, la vie, l'âme, la pensée, n'aient réellement point de place au sein de l'être total (τῷ παντελῶς ὄντι) ». Sur ce passage et sa réappropriation néoplatonicienne, *cf.* C.J. De Vogel, « A propos de quelques aspects dits néoplatonisants du platonisme de Platon », dans *Le Néoplatonisme* [Entretiens de Royaumont], Paris, Éditions du C.N.R.S., 1971, p. 7-16. Sur les notions de vie et de mouvement dans l'Intellect plotinien, voir également A.H. Armstrong, « Eternity, life and movement in Plotinus' accounts of ΝΟΥΣ », dans *Le Néoplatonisme*, *op. cit.*, p. 67-76 et, enfin, J. Pépin, « Platonisme et antiplatonisme dans le traité de Plotin *Sur les nombres* (VI. 6 [34]) », art. cit., p. 201.

2. *Enn.* VI 7 [38] 13, 9-12.

3. R. Arnou (cf. *Le désir de Dieu*..., *op. cit.*) fait part de la variété des termes utilisés par Plotin pour parler du désir : ἔφεσις, ὄρεξις, πόθος, ὁρμή, προθυμεῖσθαι, ἔρως, βούλησις et ἐπιθυμία (p. 53-58). A propos de l'*ephesis*, il écrit que si ce terme peut être utilisé par Plotin pour manifester l'union avec Dieu, son usage est beaucoup plus large puisqu'il peut tout aussi bien être utilisé pour signifier le désir du mal que le désir de la génération ou de la vie (p. 53). D'une manière générale, écrit-il, « ces vocables se recouvrant en fait et servant à tous les usages, il n'est pas étonnant que dans les énumérations prolixes et quelque peu négligées qu'on trouve assez souvent dans les *Ennéades*, ils se remplacent avec indifférence » (p. 54). *Contra*, *cf.* L. Lavaud, « Structure et thème du traité 49 », dans M. Dixsaut (éd.), *La connaissance de soi*..., *op. cit.*, p. 200-202, et « Désir et pensée dans la philosophie de Plotin », *Kairos* 15, 2000, p. 107-130.

4. Sur le désir comme désir du Bien, voir, en plus des deux travaux cités dans la note précédente, R. Arnou, « "L'acte de l'Intelligence en tant qu'elle n'est pas Intelligence". Quelques considérations

– ce désir, toutefois, n'est lui-même rendu possible que par la préexistence d'une empreinte (*tupos*[1]) ou d'une représentation (*phantasma*[2], *phantasia*[3]) de l'Un, et cela avant même que la vie indéterminée n'ait eu un contact avec l'Un.

Le désir est ce qui, selon Plotin, qualifie proprement le mouvement de conversion de l'Intellect vers l'Un, mouvement qui mène à la génération de la pensée :

> Et voici ce qu'est penser (νοεῖν) : un mouvement qui se porte vers le Bien (κίνησις πρὸς ἀγαθόν) en le désirant (ἐφιέμενον ἐκείνου). Car le désir (ἡ ἔφεσις) a engendré la pensée et l'a fait exister avec lui. Le désir de la vue (ἔφεσις ὄψεως) est en effet la vision (ὅρασις)[4], *Enn.* V 6 [24] 5, 8-10, trad. L. Lavaud, modifiée.

Que le désir soit ce qui, pour Plotin, définisse le « mouvement vers le Bien » de l'Intellect n'est pas anodin : en effet, il y a désir lorsqu'il y a manque (ἔλλειψις) et besoin (ἔνδεια), c'est-à-dire lorsqu'il y a inachèvement : « tout ce qui est multiple (πολύ) et non-un (μὴ ἕν) est dans le besoin (ἐνδεές), tant que, de multiple qu'il était, il n'est pas devenu un »[5]. Or, la matière de l'intelligible, parce qu'elle est l'autre de l'Un, le non-Un, est dans un état naturel d'inachèvement, de besoin relativement à l'Un. Cela signifie que le désir, en tant que mouvement vers le Bien (*epistrophè*), tout autant que l'altérité prise comme mouvement d'éloignement hors du Bien (*proodos*, *apostasis*), définit la nature même de la matière de l'intelligible : qu'elle soit prise comme éloignement ou comme désir, la matière est toujours ainsi définie dans sa nature profonde comme manque et absence de l'Un.

Toutefois, le désir du Bien implique, à la différence du mouvement d'éloignement, que le manque sur lequel il se constitue (*i.e.* le fait d'être non-Un) soit en quelque manière positivé : ce manque ne doit plus être considéré comme source de séparation, mais doit être tout au contraire reconnu comme trace du Bien ; le non-Un de la matière ne doit plus être la marque d'une absence, mais le signe d'une présence, celle de l'Un. La trace du Bien, que Plotin nomme aussi bien empreinte

sur la nature de l'Intelligence selon Plotin », art. cit., p. 249-262, principalement p. 254-262 et J.-Y. Blandin, « "Penser, c'est regarder en direction du premier" », dans M. Fattal (éd.), *Études sur Plotin*, Montréal, L'Harmattan, 2000, p. 144-145 (désormais cité M. Fattal (éd.), *Études sur Plotin*).

1. Cf. *Enn.* V 3 [49] 11, 8.

2. Cf. *Enn.* V 3 [49] 11, 7.

3. Cf. *Enn.* V 6 [24] 5, 15.

4. J. Bussanich (cf. *The One and its Relation to the Intellect in Plotinus. A Commentary on Selected Texts*, Leyden, Brill, 1988, p. 11 et p. 224) note que la distinction entre vue (*opsis*) et vision (*horasis*) est empruntée par Plotin à Aristote. En effet, chez Aristote, l'ὄψις désigne la faculté de la vue, faculté qui est en puissance ; l'ὅρασις désigne l'ὄψις en acte, la vision comme actualisation du pouvoir de la vue (*cf.* Aristote, *De l'âme* II 426a13-14 et III 428a6-7). Chez Plotin, cette distinction est récupérée pour rendre compte du mouvement pré-noétique de conversion vers l'Un (associé à la vue) et du résultat de ce mouvement (associé à la vision), à savoir la constitution de l'Intellect en tant qu'Intellect déterminé.

5. *Enn.* VI 9 [9] 6, 18-19. Avec P. Hadot (*Plotin. Traité 9*, Paris, Cerf, p. 93, n. 118), et contre H.-S.[2], je conserve le μὴ ἕν des manuscrits.

(*tupos*) que représentation (*phantasma*), apparaît dès lors comme la condition *sine qua non* d'un désir du Bien et par là d'un mouvement de conversion vers le Bien :

> Il [*i.e.* l'intellect indéfini] a désiré de manière indéterminée (ἐπεθύμησεν ἀορίστως) une chose dont il portait en lui une certaine représentation (φάντασμά τι) et il est ressorti en ayant saisi une autre chose qu'il a rendue multiple en lui. Car, encore une fois, il a une empreinte de l'objet de vision (τύπον τοῦ ὁράματος); sinon il ne l'aurait pas laissé se produire en lui (ἢ οὐ παρεδέξατο ἐν αὑτῇ γενέσθαι), *Enn.* V 3 [49] 11, 6-9, trad. B. Ham, modifiée.

Il peut paraître étonnant que Plotin utilise les termes de *tupos* et de *phantasma* pour rendre compte de l'Intellect à un état pré-noétique et indéterminé. Ne devrait-on pas plutôt, à proprement parler, affirmer que l'empreinte ou la représentation sont *consécutives* à la saisie de l'Un par l'intellect indéfini ? C'est d'ailleurs en ce dernier sens que Plotin utilise le terme « *tupos* », quelques lignes plus loin, lorsqu'il écrit que l'intellect indéfini n'est que « désir seul (ἔφεσις μόνον) et vue informe (ἀτύπωτος ὄψις) »[1], c'est-à-dire un désir non encore assouvi et une vue qui n'a pas encore vu, qui n'a pas encore reçu l'impression de ce qu'elle a à voir pour être vision. C'est à nouveau ce sens que l'on retrouve, dans le traité VI 7 [38], lorsqu'il est dit que l'Intellect, en se remplissant des formes intelligibles, « a été comme informé par une empreinte (οἷον ἐτυποῦτο) »[2]. Nous sommes donc, dans l'extrait de *Enn.* V 3 [49] 11, 6-9, en présence d'un usage tout à fait particulier des termes « *tupos* » et « *phantasma* », à savoir celui de manifester non plus l'effet d'une saisie, mais la présence du principe générateur dans ce qui est engendré. En effet, dans le cas qui nous occupe, ce qui importe à Plotin est de montrer que l'intellect indéfini, bien que non encore déterminé par l'Un, n'est toutefois pas totalement dépossédé de l'Un : il en possède déjà une empreinte, une représentation. Il est ainsi, en quelque manière, et cela *avant* même sa conversion vers le Bien, « *agathoeides* » :

> Lorsque ce qui est autre que le Bien (τὸ ἕτερον παρὰ τὸ ἀγαθόν) pense le Bien, il le pense parce qu'il est "de l'espèce du Bien" (τῷ ἀγαθοειδὲς εἶναι) et parce qu'il ressemble au Bien (ὁμοίωμα ἔχειν πρὸς τὸ ἀγαθόν) et il le pense comme Bien parce que celui-ci est devenu, pour lui, objet de désir (ἐφετόν) et parce que lui-même possède ce qui est comme une représentation du Bien (οἷον φαντασίαν τοῦ ἀγαθοῦ λαμβάνον), *Enn.* V 6 [24] 5, 12-15.

La « représentation » (*phantasia*, *phantasma*) ou « empreinte » (*tupos*) dont est porteur l'intellect indéfini (*i.e.* la matière de l'intelligible) est donc ce qui en manifeste le caractère *agathoeides*. Toutefois, si il est dit *agathœides*, si il est dit « ressemblant au Bien », c'est non parce qu'il serait déjà en quelque manière « un »

1. *Enn.* V 3 [49] 11, 12.
2. *Enn.* VI 7 [38] 16, 34-35.

(il ne peut être dit « un », en effet, *qu'après* avoir été défini par l'Un), mais seulement parce qu'il « vient du Bien » et qu'il est « l'acte qui dérive du Bien »[1]. Le seul fait de trouver son origine dans le Bien suffit à rendre *agathoeides* l'intellect indéfini, c'est-à-dire à affirmer qu'il est, littéralement, « de l'espèce du Bien ». C'est à cette même conclusion que Plotin arrive, au traité VI 7 [38], après avoir longuement commenté le passage de *République* 509a1 : « si je les appelle "*agathoeides*", c'est parce que la Vie est l'acte du Bien (τῷ τὴν μὲν τἀγαθοῦ εἶναι ἐνέργειαν), ou plutôt l'acte qui dérive du Bien (ἐκ τἀγαθοῦ ἐνέργειαν) et que l'Intellect est ce même acte, après qu'il a été délimité (ὁρισθεῖσαν) »[2]. Ainsi, bien que séparée du Bien – c'est pourquoi Plotin précise que la Vie indéfinie (*i.e.* la matière) est non pas l'acte du Bien mais l'acte qui en dérive –, la Vie est déjà, en elle-même, de « l'espèce du Bien ».

Satiété, plénitude et totalité

Nous atteignons à présent le dernier stade de la génération de l'Intellect, à savoir celui de la détermination et, par là, de l'achèvement de la Vie indéfinie en Intellect défini. Une telle détermination suppose que ce qui n'est que simple mouvement (d'éloignement et de désir) se fasse rapport, c'est-à-dire relation entre termes déterminés. Autrement dit, de l'Un et de la matière indéterminée doit advenir un rapport d'intellection entre un être pensant et un être pensé.

L'Intellect se définit selon deux critères, que Plotin résume de cette manière : « L'Intellect, parce qu'il pense (ὅτι νοεῖ), est deux (δύο) et, parce qu'il se pense lui-même (ὅτι αὐτό), est un (ἕν) »[3]. En clair, cela signifie que, pour être véritable, l'Intellect doit, d'une part, penser, ce qui suppose qu'il y ait, en plus de lui-même, un objet de pensée sur lequel il puisse s'appliquer et, d'autre part, posséder cet objet en lui-même de sorte que, lorsqu'il le pense, il se pense lui-même. Il y a donc une double exigence, celle de dualité et celle d'intériorité.

L'exigence de dualité demande, pour être atteinte, que soit dépassé l'apparent paradoxe selon lequel les spécificités intelligibles ne peuvent être ni dans l'Un lui-même ni dans la matière de l'intelligible, c'est-à-dire dans aucun des deux principes de l'Intellect. Nous avons en effet vu que l'Un, dont la causalité consiste à donner ce dont il est dépourvu, ne peut lui-même contenir les spécificités intelligibles, sans quoi il se verrait rabaissé au niveau de ses dons et ne serait plus lui-même principe. Quant à la matière de l'intelligible, en tant que substrat ou réceptacle des intelligibles, elle ne peut elle-même être aucun de ceux-ci. L'Un et la matière de l'intelligible sont donc tous deux « non spécifiques », mais pour des

1. *Cf.* D. Montet, « Sur la notion d'ἀγαθοειδές », *Kairos*, 15, 2000, p. 131-149, où l'auteur souligne l'aspect génératif de cette expression : « Ainsi Plotin peut-il entendre les notions ἡλιοειδής (solaire) et ἀγαθοειδής ("agathoïde") comme concepts où s'avère cette relation d'engendrement : la lumière est "hélioïde" parce qu'engendrée par le soleil ; le Νοῦς est "agathoïde" d'être le rejeton du Premier » (p. 133).

2. *Enn.* VI 7 [38] 21, 4-6.

3. *Enn.* V 6 [24] 1, 23.

raisons différentes : le premier, parce qu'il ne pourrait pas produire les idées si elles existaient déjà en lui ; la seconde, parce qu'elle n'aurait pas à les recevoir si elle les possédait déjà. Nous avons vu comment Plotin réussissait à dépasser cette aporie en faisant de l'Un, pour l'intellect indéfini, le premier intelligible :

> L'intelligible, en effet, n'est intelligible que pour autre chose (τό τε γὰρ νοητὸν ἑτέρῳ), à savoir pour l'Intellect, lequel ne posséderait, par l'intellection, qu'un objet vide (τὸ ἐπιβάλλον τῇ νοήσει κενὸν ἔχει) s'il n'avait à saisir et à comprendre l'intelligible qu'il pense (ἄνευ τοῦ λαβεῖν καὶ ἑλεῖν τὸ νοητὸν ὃ νοεῖ), *Enn.* V 6 [24] 2, 10-11.

La thématique du vide est ici particulièrement importante : pour l'Intellect, ne posséder qu'un objet « vide », c'est non seulement ne *rien* avoir à penser, mais c'est aussi ne pas penser du tout, c'est-à-dire ne pas être un être pensant. Pour être un être pensant véritable, il faut que l'Intellect soit *plein* des intelligibles. Cette plénitude, nous allons le voir, répond, d'une part, à la nécessité d'un assouvissement du désir de l'Un [1] et, d'autre part, à la nécessité de complétude, à savoir le fait que l'Intellect n'est Intellect que s'il est « *ta panta* », tous les êtres.

Dans son exégèse des mythes anciens, Plotin identifie l'Un, l'Intellect et l'Ame à la triade Ouranos, Kronos et Zeus [2]. L'identification de l'Intellect à Kronos s'explique, notamment, par le fait que, selon le récit d'Hésiode, Kronos dévora ses propres enfants [3] (Zeus fut le seul à échapper à son père). De là cette interprétation plotinienne selon laquelle l'Intellect, à l'instar du dieu Kronos dévorant ses enfants, possède en lui-même les intelligibles et ne les laisse pas déchoir :

> Il est plein (πλήρη) des êtres qu'il a engendrés, comme s'il les avait avalés pour les avoir de nouveau en lui-même et ne pas permettre qu'ils tombent dans la matière (...), il reprend en lui-même ce qu'il engendre, de sorte qu'il est rempli (πλήρης) et qu'il est un Intellect rassasié (νοῦς ἐν κόρῳ), *Enn.* V 1 [10] 7, 30-36, trad. F. Fronterotta, modifiée.

L'identification entre Kronos et Koros n'est pas nouvelle puisque Platon lui-même l'avait déjà établie, dans le *Cratyle* [4], en dérivant « Kronos » de κορὸς νοῦς.

1. *Cf.* section précédente.

2. Sur cette identification, *cf.* J. Pépin, « Plotin et les mythes », *Revue philosophique de Louvain* 53, 1955, p. 21-27 ; P. Hadot, « Ouranos, Kronos and Zeus in Plotinus' treatise Against the Gnostics », dans H.J. Blumenthal et R.A. Markus (éd.), *Neoplatonism and Early Christian Thought. Essays in honnour of A. H. Armstrong*, London, Varium Publication LTD, 1981, p. 124-137 (désormais cité H.J. Blumenthal *et al.* (éd.), *Neoplatonism and Early Christian Thought*) et F. Solmsen, « Plotinus V 5, 3, 21ff., a passage on Zeus », *Museum Helveticum* 43, 1986, p. 68-73.

3. *Cf.* Hésiode, *Théogonie* 473.

4. Platon, *Cratyle* 396b : « Il est logique que Zeus (τὸν Δία) soit issu d'une grande intelligence (μεγάλης τινὸς διανοίας). Kronos en effet signifie "netteté" (κόρον) et non "enfant", et désigne sa pureté et la pureté sans mélange de son intelligence (τὸ καθαρὸν αὐτοῦ καὶ ἀκήρατον τοῦ νοῦ) ». La plupart des traducteurs, y compris E. Chambry dont je reproduis ici la traduction, interprètent *koros* comme signifiant le propre, le net, par opposition au mélangé. Selon J. Pépin, il serait toutefois possible de comprendre le *koros* du *Cratyle* comme signifiant « la complétude ».

Quant à l'interprétation plotinienne, qui privilégie le sens de « satiété »[1] à celui de « pureté », elle résulte de ce que la matière de l'intelligible, en tant que Vie ou intellect indéfini, est « désir » de l'Un, c'est-à-dire désir de plénitude. Ainsi que Plotin l'explique dans le traité VI 7 [38], le mouvement vers le Bien, de « simple mouvement (κίνησις μόνον) » est devenu « mouvement complètement rassasié et complet (κίνησις διακορὴς καὶ πλήρης) »[2] lorsqu'il a pu enfin saisir le Bien. Mais nous avons vu que cette saisie du Bien était en même temps une forme d'échec, d'impuissance à penser le Bien en lui-même[3]. Cette impuissance a ainsi pour conséquence que ce que reçoit l'Intellect, ce n'est pas le Bien lui-même, mais un Bien objectivé et déterminé, c'est-à-dire pluralisé et totalisé : « de l'un du Bien », écrit Plotin, « vient pour l'Intellect le plusieurs »[4]. L'apparent paradoxe, ici, réside dans le fait que l'Intellect ne peut se constituer que dans cet échec à posséder le Bien, puisqu'il ne peut advenir comme Intellect qu'à la condition de posséder une multiplicité (ce qui exclut *a priori* l'Un), multiplicité qui est déterminée et donc totalisée : « L'Intellect est devenu Intellect en se remplissant (πληρούμενος) <des intelligibles> et il a été l'Intellect lorsqu'il a été achevé (ἀπετελέσθη) et qu'il a vu »[5].

Le processus de totalisation de l'Intellect est décrit succinctement, mais d'une manière particulièrement révélatrice, dans ces quelques lignes du traité VI 7 [38] :

> Ainsi donc, la Vie était puissance totale (δύναμις πᾶσα). Puis la vision qu'elle a eue, grâce au Bien, a été puissance de toutes choses (δύναμις πάντων). Et enfin, c'est l'Intellect, en venant à l'existence, qui s'est révélé comme étant lui-même toutes choses (τὰ πάντα), *Enn.* VI 7 [38] 17, 32-34.

Nul doute que Plotin a mûrement pesé les trois expressions désignant les différents états de l'Intellect : la « puissance totale », qui renvoie à la Vie indéfinie ; la « puissance de toutes choses » qui désigne le mouvement de conversion de la Vie indéfinie vers l'Un et que Plotin compare à la vision, c'est-à-dire à la vue en acte ; enfin « toutes choses », expression emblématique de l'Intellect constitué. Si l'on analyse plus avant ces trois expressions, on peut voir que le processus de totalisation suit un balancement entre la notion de « puissance » et celle de « totalité » :

– dans un premier temps, les deux notions sont comme mutuellement imbriquées ; ou plutôt, la notion de totalité apparaît comme intérieure à celle de

Cf. *Mythe et allégorie. Les origines grecques et les contestations judéo-chrétiennes*, Paris, Études Augustiniennes, 1976 [1958], p. 205, n. 119.

1. Voir également *Enn.* V 1 [10] 4, 9-10.

2. *Enn.* VI 7 [38] 16, 18-19.

3. Cf. *supra*, p. 36-52.

4. *Enn.* VI 7 [38] 15, 20. Dans son remarquable article « The indefinite dyad and intelligible matter in Plotinus », *The Classical Quarterly* 12, 1962, p. 103, J. Rist écrit : « La vue qui ne voit aucune impression, à présent voit l'Un, mais seulement par l'intermédiaire de sa propre "altérité", et donc non pas comme une pure unité mais comme le Monde des Formes ».

5. *Enn.* VI 7 [38] 16, 31-32, traduction de P. Hadot, modifiée.

puissance, de sorte que l'expression « puissance totale » renvoie à la *toute puissance* de la Vie indéfinie;

– ensuite, on observe une séparation de ces deux notions puisque la puissance n'est plus « puissance totale », mais bien « puissance *de* toutes choses »; il y a ici un basculement manifeste puisque ce n'est plus la totalité qui qualifie la puissance mais la puissance qui renvoie à la totalité;

– enfin, l'expression « toutes choses », qui marque l'achèvement de l'Intellect, nous montre la disparition pure et simple de la notion de « puissance » au profit de celle, désormais seule, de « totalité ».

Cette progression qui fait comme émerger la notion de « totalité » hors de celle de « puissance » et qui mène à la disparition, *in fine*, de cette dernière, est particulièrement révélatrice de l'enjeu qui se trame derrière la constitution de l'être. Tout d'abord, remarquons que si l'expression « *dunamis pasa* » est utilisée, à plusieurs reprises, pour désigner la puissance que possède l'Intellect à produire la totalité des intelligibles, elle est également appliquée, au moins à une reprise, à l'Un lui-même (voir l'extrait suivant). Si la Vie indéfinie peut être également dite « puissance totale », c'est seulement en ce qu'elle reçoit une telle puissance de l'Un. Souvenons-nous, en effet, que si l'Un ne donne pas lui-même les intelligibles à l'Intellect, il lui donne tout de même « la puissance de les engendrer (δύναμιν εἰς τὸ γεννᾶν) »[1]. Cette puissance, c'est précisément la « puissance totale » de l'Un, c'est-à-dire une puissance *indéterminée*, car non dépendante de la totalité intelligible qui vient après elle :

> En le contemplant comme non défini (ἀόριστον), tu peux énoncer toutes les choses (πάντα) qui sont après lui (μετ' αὐτό) et affirmer qu'il n'est aucune d'entre elles (οὐδὲν ἐκείνων), mais bien pour ainsi dire puissance totale réellement maîtresse d'elle-même (δύναμιν πᾶσαν αὑτῆς ὄντως κυρίαν), *Enn.* VI 8 [39] 9, 43-45, trad. G. Leroux, modifiée.

Ce texte nous montre que la notion de « puissance totale », qui qualifie ici l'Un, se construit, si l'on peut dire, en opposition à celle de « totalité » : c'est parce que l'Un n'est rien de tout ce qui vient après lui qu'il est tout-puissant; sa puissance est totale en ce sens qu'elle n'est pas asservie à la totalité de l'être; c'est d'ailleurs pour cette raison qu'il est lui-même dit indéfini ou illimité (*aoriston*). Ceci nous permet dès lors de mieux comprendre pourquoi les expressions de « puissance totale » et de « toutes choses » définissent les termes extrêmes du processus de totalisation. Quant à l'expression médiane de « puissance de toutes choses », elle nous indique comment se produit le renversement de la puissance totale originaire de l'Un en une totalité intelligible : la puissance totale de l'Un devient puissance *de* toutes choses parce qu'elle se met au service d'un objet à produire, à savoir de la totalité intelligible; il s'agit d'une puissance désormais orientée, maîtrisée et déterminée.

1. *Enn.* VI 7 [38] 15, 18.

La notion de puissance apparaît ainsi comme la notion-clef de la génération de l'être. On la retrouve à chaque étape de cette génération, y compris à celle, originaire, des principes : elle désigne, nous l'avons vu, non seulement la « puissance totale » de l'Un, c'est-à-dire du principe déterminant de la génération, mais également la matière de l'intelligible puisque c'est celle-ci, en tant que Vie indéfinie, qui reçoit de l'Un « la puissance d'engendrer » et devient elle-même « puissance totale ». Pourtant, il est une étape où il n'est plus question, semble-t-il[1], de puissance : la dernière, celle où l'Intellect est désormais achevé et où règne alors la *totalité* des intelligibles. L'apparent paradoxe que nous avons décelé plus haut, à savoir que l'Intellect ne peut se constituer que dans son impuissance à saisir l'Un en lui-même, réside tout entier dans cet effacement progressif de la notion de puissance. Certes, l'Intellect est engendré et, avec lui, la totalité de l'être, mais cette génération a un prix : elle passe par l'abolition de cela même qui l'a rendue possible; ou plutôt – car la puissance, en tant que puissance totale, demeure au-delà de l'Intellect –, par l'exclusion de la puissance au profit de la seule totalité. Il y a donc une perte, perte nécessaire sans doute, mais qui nous montre que la détermination, pour parfaite qu'elle soit relativement à l'Intellect, n'en demeure pas moins une forme de déchéance au regard de l'Un. Nous aurons l'occasion de revenir sur ce point aux chapitres VI et VII.

L'Un et la matière dans l'Intellect constitué

Nous avons à présent à envisager l'état de l'Intellect une fois que celui-ci a été déterminé, c'est-à-dire constitué comme totalité intelligible. Il s'agit donc non plus de saisir l'Intellect dans le mouvement même de sa constitution mais seulement comme entité achevée dont on peut dès lors observer les différents constituants au repos. Ces différents constituants sont, écrit Plotin, la forme et la matière :

> Si donc les spécificités sont multiples, il y a nécessairement en elles quelque chose de commun (κοινόν τι); et aussi quelque chose de propre (ἴδιον), par quoi elles diffèrent mutuellement (ᾧ διαφέρει ἄλλο ἄλλου). Ce propre, donc, et cette différence qui sépare (ἡ διαφορὰ ἡ χωρίζουσα), c'est la forme appropriée (ἡ οἰκεία μορφή). S'il y a forme (μορφή), il y a ce qui est informé (τὸ μορφούμενον), sur quoi porte la différence (περὶ ὃ ἡ διαφορά). Aussi, y a-t-il également la matière qui reçoit la forme (ὕλη ἡ τὴν μορφὴν δεχομένη) et qui est toujours substrat (ἀεὶ τὸ ὑποκείμενον), *Enn.* II 4 [12] 4, 2-7.

La distinction entre matière et forme comme constituants de l'Intellect est établie sur base du critère distinguant entre « commun » et « propre », c'est-à-dire entre un facteur d'unité et d'identité et un facteur de multiplicité et de différence[2].

1. Lorsque la totalité des intelligibles a été produite, ces intelligibles demeurent des puissances, mais ces puissances ne sont désormais plus dirigées vers que vers un niveau postérieur, celui de la matière et du monde sensible.

2. Sur ce texte, voir le commentaire de Ch. Horn, *Plotin über Sein...*, *op. cit.*, p. 194-195.

Que la matière soit ici considérée par Plotin comme un facteur d'unité, équivaut, selon J.-M. Narbonne, à « entrer en conflit » avec l'identification, faite au chapitre 5 du traité II 4 [12], de la matière avec l'altérité et le mouvement. Qui plus est, toujours selon cet auteur, faire de la matière un principe d'unité « mène Plotin sur la voie de la contradiction avec son maître, à savoir Platon, chez qui l'ἑτερότης (*Sophiste*, 253c2-4; 255e7-10; 259a4-6) ne sert évidemment pas à assurer l'unité des formes intelligibles »[1]. Pour ma part, je ne vois ici nul conflit et nulle contradiction. Tout d'abord, s'il faut chercher une référence extérieure au corpus plotinien, c'est plutôt du côté de l'hylémorphisme aristotélicien qu'on se tournera: comme l'a déjà fait remarquer J. Rist, la matière est ici regardée « comme la base du Monde des Formes construit, sur des lignes semi-aristotéliciennes, comme complexe de Forme et de Matière intelligible »[2]. Chez Aristote, la forme (*morphè*) est ce qui manifeste l'achèvement et la perfection de ce en quoi elle apparaît; elle est, écrit L. Couloubaritsis, « manifestation phénoménale de l'*eidos* »[3], c'est-à-dire manifestation de ce qui fait la spécificité de la chose qu'elle qualifie. Or, c'est effectivement le cas ici: la *morphè* manifeste l'achèvement de l'Intellect, à savoir le fait que l'intellect indéfini est devenu un Intellect comprenant en lui la totalité des intelligibles.

Mais il y a plus. Quelques lignes après cet extrait, il n'est plus question de *morphè*, mais de *morphai*. La plupart des traducteurs, qui traduisent *eidos* et *morphè* par le même mot, celui de « forme », semblent alors identifier ces *morphai* aux multiples *eidè* produites lors de la détermination de la matière de l'intelligible par l'Un. Je pense qu'il faut lutter contre cette tentation. Comme j'ai tenté de le démontrer plus haut[4], la *morphè* ne désigne pas proprement l'*eidos* mais la différence entre *eidè*. Le texte qui nous occupe à présent montre à suffisance une telle acception de *morphè* puisqu'il y est dit que la « forme appropriée » c'est « la différence qui sépare (ἡ διαφορὰ ἡ χωρίζουσα) ». Et le passage au pluriel « *morphai* » n'y change rien: de telles formes sont en effet dites formes *de* la matière en ce sens que « la coupure et la fragmentation sont des affections de la matière (ἡ τομὴ καὶ ἡ διάσπασις ὕλης ἐστὶ πάθος) »[5]. En conséquence, on ne peut identifier *morphè* et *eidos*, sauf peut-être de manière métonymique: étant donné qu'il n'y a pas de *morphè* sans *eidos* (puisque la forme manifeste la différence existant entre *eidè*) ni d'ailleurs d'*eidos* sans *morphè* (puisque l'*eidos* ne peut se poser sans se différencier), il est possible de prendre un terme pour l'autre. C'est généralement ce que font les traducteurs, sans pour autant avoir conscience d'utiliser la métonymie.

1. J.-M. Narbonne, *Plotin. Les deux matières*, *op. cit.*, p. 78.
2. J. Rist, « The indefinite dyad and intelligible matter in Plotinus », art. cit., p. 105.
3. L. Couloubaritsis, *Aristote : Sur la Nature (Physique II)*, Paris, Vrin, p. 151 (désormais cité L. Couloubaritsis, *Aristote : Sur la Nature*...).
4. Cf. *supra*, p. 34-42.
5. *Enn.* II 4 [12] 4, 13-14.

Quant à savoir pourquoi Plotin affirme ici que la matière est principe d'unité alors que, dans le chapitre suivant du traité, il en fait une puissance d'altérité, la réponse en est, selon J. Rist, « que Plotin n'examine pas, dans le cas qui nous occupe, la *génération* de la seconde hypostase, mais la constitution et les éléments de celle-ci lorsqu'elle a été engendrée »[1]. Tant que la matière était appréhendée à travers la génération de l'être, il est clair qu'elle ne pouvait être matière que relativement à l'Un, et non relativement à la multiplicité des idées (celle-ci n'étant pas encore engendrée). Qui plus est, la matière se définissait alors comme matière relativement à un *principe déterminant*, l'Un. A présent, au contraire, la matière, étant matière de l'Intellect constitué, est dès lors « matière informée (μορφούμενον) » : elle ne se définit donc plus relativement à un principe déterminant, mais seulement relativement au produit de la détermination, à savoir la forme (*morphè*), laquelle, on vient de le voir, manifeste l'achèvement du processus de détermination de l'intellect indéfini en Intellect constitué.

Il est important de bien comprendre que la matière dont il est à présent question n'est pas différente de la matière entendue comme principe d'altérité et de mouvement : elle est cette matière indéfinie, ce non-Un, *une fois informé par l'Un.* Il ne faut donc pas distinguer entre deux matières, mais seulement entre deux états de la matière ou entre deux manières différentes d'appréhender la matière. Ceci est également vrai pour la forme : la *morphè* est l'Un, mais l'Un en tant qu'il a été déterminé et pluralisé par la Vie indéfinie qui l'a pris pour objet de pensée. C'est pour cette raison que la *morphè*, avons-nous vu, est comprise comme *oikeia morphè* : elle est cette forme qui distingue et manifeste la matière comme unité « variée et polymorphe (ποικίλον καὶ πολύμορφον) »[2].

La continuité existant entre Un et matière de l'intelligible compris comme *principes* transcendants de l'Intellect, et forme et matière, entendues comme *constituants* immanents à l'Intellect, nous montre que le processus de génération de l'Intellect renvoie à *un même et unique acte*, celui de la production de la multiplicité intelligible. Or, ceci n'est pas sans importance pour la compréhension du système plotinien dans son ensemble : lorsque Plotin décrit, d'une part, la matière de l'intelligible se retournant vers l'Un et étant, par là, déterminée, et, d'autre part, l'Intellect constitué et déterminé qui, de ce fait, contemple la totalité des intelligibles et se pense lui-même, il ne décrit pas deux actes différents mais un seul et même acte[3] :

> Et à nouveau, en pensant le Bien (αὐτὸ νοεῖ), il [*i.e.* l'Intellect] se pense lui-même par accident (ἐν τῇ νοήσει αὐτοῦ κατὰ συμβεβηκός) : car c'est en regardant le

1. J. Rist, « The indefinite dyad and intelligible matter in Plotinus », art. cit., p. 105.

2. *Enn.* II 4 [12] 16-17.

3. Une variante à cette interprétation est donnée par D. Nikulin, « Intelligible matter in Plotinus », *Dionysius* 19, 1988, p. 93, selon lequel « lorsque la dyade se tourne vers l'Un, elle reçoit comme une double définition : à la fois de l'Un et de la multitude des formes qui forment la structure de la totalité-une ». Selon cette interprétation, il y aurait ainsi effectivement un seul et même acte, mais cet acte provoquerait deux sortes de déterminations.

Bien qu'il se pense lui-même (πρὸς γὰρ τὸ ἀγαθὸν βλέπων αὑτὸν νοεῖ). En effet, c'est en agissant qu'il se pense lui-même (ἐνεργοῦντα γὰρ αὖ ἑαυτὸν νοεῖ); or, l'acte de toutes choses est un acte dirigé vers le Bien (ἡ δ' ἐνέργεια ἁπάντων πρὸς τὸ ἀγαθόν), *Enn.* V 6 [24] 5, 16-19.

Certes, on accordera que Plotin nous présente effectivement l'acte de contemplation de l'Un et l'acte de contemplation de l'Intellect par lui-même comme deux actes distincts, ne fut-ce que logiquement, puisque le premier est celui qui rend possible le second. Mais cette distinction, précisément, n'est qu'une distinction de raison, c'est-à-dire une distinction nous permettant de déplier temporellement et discursivement ce qui, dans l'intelligible, est éternel et un [1].

Il en va de même au sujet de la notion de « vie ». Ainsi que l'écrit P. Hadot, « la triade être-vie-pensée définit en quelque sorte l'Intellect, révèle sa *structure et sa genèse* » [2]. D'une part, en effet, nous avons vu que la Vie est « l'acte qui dérive du bien (ἐκ τἀγαθοῦ ἐνέργειαν) », tandis que l'Intellect est « cet acte, lorsqu'il a été défini (ὁρισθεῖσαν) » [3]. En ce sens, la vie représente la matière de l'intelligible, à la fois dans son mouvement hors de l'Un et dans son mouvement vers l'Un, c'est-à-dire dans ce double mouvement pré-noétique *et* constitutif de l'Intellect. Mais là n'est pas tout : la vie renvoie également, pour Plotin, au mouvement de la pensée au sein de l'Intellect *constitué* : elle est cet « intermédiaire (μεταξύ) » [4], cet entre-deux séparant et reliant à la fois l'Intellect et l'être. S'agit-il là de deux « Vies » différentes ? Faut-il vraiment concevoir une première vie, indéterminée et pré-noétique, puis une seconde, renvoyant cette fois à un mouvement déterminé, lequel, écrit D. Nikulin, « n'est pas le mouvement d'un quelque chose, non encore présent dans l'être, vers son actualisation » [5], mais bien le mouvement de médiation, de communication entre les êtres, lorsque ceux-ci ont déjà été engendrés ? Non. Dans les deux cas, il s'agit d'une seule et même vie : le mouvement vital de l'Intellect *en devenir* et le mouvement vital de l'Intellect *constitué* sont « uns » ; la distinction entre « devenir » et « être » n'est, une fois de plus, qu'une distinction de raison, c'est-à-dire une distinction qui n'a de valeur que pour nous, parce qu'il nous est nécessaire de déplier l'éternel sous une forme plus humaine, celle de la discursivité et de la temporalité.

Ce dernier point doit toujours être gardé à l'esprit si l'on ne veut pas se fourvoyer dans la compréhension de la pensée de Plotin : le niveau horizontal ne peut jamais être compris isolément, mais toujours en relation avec le niveau

1. « L'acte de pensée qu'un être multiple se révèle capable de produire », écrit J.-Y. Blandin, « est à comprendre comme la marque d'un effort que réalise cet être pour dépasser sa propre multiplicité *non pas, fondamentalement, ou originairement, en direction de lui-même, mais en direction de ce qui lui est supérieur et dont il procède* » (*cf.* « "Penser, c'est regarder en direction du premier" », art. cit., p. 135).

2. P. Hadot, « être, vie et pensée chez Plotin et avant Plotin », art. cit., p. 130.

3. *Enn.* VI 7 [38] 21, 5-6.

4. *Enn.* VI 7 [38] 13, 9.

5. D. Nikulin, *Matter, Imagination and Geometry. Ontology, Natural Philosophy and Mathematics in Plotinus, Proclus and Descartes*, Aldershot (GB), Ashgate, 2002, p. 154.

vertical; rien – l'Un excepté –, n'étant absolument autosuffisant, c'est toujours à l'aune de son principe qu'un être se constitue et c'est donc également toujours en fonction de ce principe qu'il faut tâcher de l'expliquer. Aussi, la distinction que j'ai ici suivie pour rendre compte de la génération de l'Intellect doit être correctement interprétée: que l'Un et la matière de l'intelligible soient pris comme principes transcendants, interagissants ou constituants de l'Intellect, il ne s'agit pas de trois moments *réels* de la constitution de l'intelligible, mais seulement de trois manières différentes de rendre compte d'un même phénomène. La temporalisation de ces différentes manières d'appréhender l'Intellect demeure, en soi, un fait discursif et non un fait constitutif de l'Intellect en tant que tel.

CHAPITRE III

L'ÉMERGENCE DU DEVENIR

LES PRINCIPES ET LEUR NOMBRE

L'émergence du devenir suit, chez Plotin, un schéma explicatif apparemment semblable à celui déjà utilisé pour rendre compte de l'émergence de l'être, à savoir la conjonction d'un principe déterminant et d'un principe d'indétermination. La seule présence de ces deux principes suffit, écrit Plotin, à ce que se produise *nécessairement* un vivant, c'est-à-dire un corps animé :

> De même que s'il y a une raison d'un vivant et une matière, celle qui peut recevoir cette raison séminale, il est nécessaire (ἀνάγκη) qu'un vivant soit engendré, de la même manière, s'il y a une nature intellectuelle (φύσεως νοερᾶς) et toute-puissante (πανδυνάμου) et si rien ne lui fait obstacle, alors, puisqu'il n'y a aucun intermédiaire entre elle et ce qui peut la recevoir (τοῦ δέξασθαι δυναμένου), il est nécessaire (ἀνάγκη) que l'un soit ce qui est ordonné (τὸ μὲν κοσμηθῆναι) et l'autre ce qui ordonne (τὸ δὲ κοσμῆσαι), *Enn.* V 9 [5] 9, 8-14.

Dans le cas qui nous occupe, le principe déterminant est l'Ame (*i.e.* la « nature intellectuelle et toute puissante »), tandis que le principe d'indétermination est assumé par la matière du sensible (*i.e.* « ce qui peut recevoir »). Ce n'est que de la conjonction de ces *deux* principes que peut émerger le devenir sensible. La question du nombre des principes, toutefois, ne se laisse pas aussi facilement trancher : elle nécessite que soit préalablement étudiée la nature des principes en question et, surtout, leur origine respective.

Origine et nature de l'Ame

A la différence de l'Un, l'Ame n'est pas un principe inconditionné puisque, étant engendrée par l'Intellect, elle n'est donc pas sans origine. En revanche, on peut dire que la génération de l'Ame se fait selon un mode identique à celui présidant à la génération de l'Intellect par l'Un.

Tout d'abord, de même que l'Intellect, compris comme Vie indéfinie, est « l'acte du Bien (τὴν τἀγαθοῦ ἐνέργειαν), ou plutôt l'acte qui dérive du Bien (ἐκ τἀγαθοῦ ἐνέργειαν) »[1], de même l'Ame, comprise comme le rejeton imparfait de l'Intellect, est non pas l'acte « qui demeure (μένουσαν) »[2] dans l'Intellect et « ne s'écoule pas (οὐκ ἐκρέουσαν) »[3], mais bien « l'acte qui advient à partir de l'Intellect (ἀπὸ νοῦ) »[4] et par là « acquiert une existence distincte (τὴν ἄλλην ὑφισταμένην) »[5].

L'Ame est ainsi l'acte qui *dérive* de l'Intellect, c'est-à-dire un acte qui s'est détaché et est déjà *autre* : « en effet, écrit Plotin, il n'y a aucun intermédiaire entre eux, si ce n'est qu'ils sont autres (ἑτέροις) »[6]. L'altérité, nous l'avons vu, ne renvoie pas, de prime abord, chez Plotin à une distinction par *différence* : il ne s'agit pas en effet, ici, d'affirmer que l'Ame, prise comme acte dérivé de l'Intellect, soit différente de celui-ci parce qu'elle posséderait certaines particularités; tout au contraire, l'Ame, à ce stade, est encore parfaitement indéfinie et elle est donc seulement autre, ou encore, l'autre de l'Intellect.

Étant l'autre de l'Intellect, l'Ame n'a, en guise d'existence et de fonction, que celle de matière ou de réceptacle : « l'Ame est ce qui vient immédiatement après l'Intellect, comme le réceptacle (ὡς τὸ δεχόμενον), tandis que l'Intellect est comme une spécificité (ὡς εἶδος) »[7]. En tant que matière[8], l'Ame est imparfaite et

1. *Enn.* VI 7 [38] 21, 4-5.
2. *Enn.* V 1 [10] 3, 11.
3. *Enn.* V 1 [10] 3, 11.
4. *Enn.* V 1 [10] 3, 15. La distinction entre « acte *de* » et « acte qui *dérive de* » est récurrente chez Plotin. En *Enn.* V. 4 [7] 2, 28-34, il en donne la définition : « Il y a deux sortes d'actes : l'acte de l'essence, et l'acte qui résulte de l'essence; l'acte de l'essence, c'est l'objet lui-même en acte; l'acte qui en résulte, c'est l'acte qui en suit nécessairement, mais qui est différent de l'objet lui-même. Ainsi dans le feu, il y a une chaleur qui constitue son essence, et une autre chaleur qui vient de la première, lorsqu'il exerce l'activité inhérente à son essence, tout en restant en lui-même ». *Cf.* Ch. Rutten, « La doctrine des deux actes dans la philosophie de Plotin », *Revue philosophique de la France et de l'étranger* 146, 1956, p. 100-106; J.M. Rist, *Plotinus. The Road to Reality*, Cambridge, Cambridge University Press, 1967, p. 70 (désormais cité J.M. Rist, *Plotinus. The Road*...); Th. A. Szlezák, *Platon und Aristoteles*..., *op. cit.*, p. 59 et E.K. Emilsson, « Cognition and its object », dans L.P. Gerson (éd.), *The Cambridge Companion*..., *op. cit.*, p. 224.
5. *Enn.* V 1 [10] 3, 12.
6. *Enn.* V 1 [10] 3, 21-22.
7. *Enn.* V 1 [10] 3, 22-23.
8. Selon J.H. Fielder (*cf.* « *Chorismos* and emanation in the philosophy of Plotinus », dans R.B. Harris (éd.), *The Significance*..., *op. cit.*, p. 101-120), Plotin n'aurait *pas* accordé à l'âme d'être engendrée, à l'instar de l'être et du monde sensible, à partir d'un principe matériel (en plus d'un principe formel). Il s'agirait là, selon J.H. Fielder, d'une « anomalie » dans le système plotinien (p. 114-115). L'auteur en veut pour preuve qu'en *Enn.* II 4 [12] 3, Plotin ne parle que de « deux sortes de matière » (p. 114), celle des êtres intelligibles et celle des choses sensibles. Contre cette interprétation restrictive, nous voyons au contraire que Plotin a envisagé à plusieurs reprises dans les *Ennéades* (cf. *Enn.* V 9 [5] 4, 10-15; *Enn.* VI 9 [9] 7, 10-15; *Enn.* III 9 [13] 5 et *Enn.* II 5 [25] 3, 14) la nécessité de poser un principe matériel également à l'origine de l'âme (*cf.* W. Theiler, « Das Unbestimmte, Unbegrenzte bei Plotin », art. cit., p. 295). Que, dans le traité II 4 [12], il ne soit fait état que de deux sortes de matière s'explique du fait que la matière des êtres y est comprise comme matière *de tous* les intelligibles, auxquels appartient également l'âme. Toutefois, du fait que l'âme constitue, en elle-même, une hypostase distincte de l'Intellect, il était normal de rendre compte également de sa génération séparément, ce que fait précisément Plotin dans notre passage.

elle a besoin de l'Intellect, compris comme forme, pour être rendue parfaite. Toutefois, exactement comme la Vie indéfinie, du seul fait qu'elle vient du Bien, est déjà *agathoeides* (*i.e.* de l'espèce du Bien), de même l'Ame indéfinie, parce qu'elle vient de l'Intellect, est déjà *nooeides* (*i.e.* de l'espèce de l'Intellect) : « même la matière de l'Intellect (ἡ νοῦ ὕλη) est belle, étant de l'espèce de l'Intellect (νοοειδής) et simple (ἁπλῆ) »[1].

L'Ame, toutefois, ne peut être pleinement elle-même que si elle est définie par l'Intellect, c'est-à-dire informée et rendue parfaite :

> Les réalités imparfaites (τὰ ἀτελῆ) sont postérieures aux réalités parfaites et sont rendues parfaites (τελειούμενα) par celles qui les ont engendrées, tout comme les pères rendent parfaits ceux qu'ils ont, à l'origine, engendrés imparfaits. Et l'Ame est aussi une matière (ὕλην) par rapport au premier producteur (πρὸς τὸ ποιῆσαν τὸ πρῶτον), et, lorsqu'elle est informée (ἔμμορφον), elle trouve son accomplissement (ἀποτελεῖσθαι), *Enn.* V 9 [5] 4, 8-12, trad. F. Fronterotta, modifiée.

Le résultat de ce processus de détermination est la venue à l'être de l'Ame en tant qu'Ame accomplie, c'est-à-dire en tant qu'Ame rationnelle : « quand l'Intellect a, lui aussi, à son tour défini (ὁρίσῃ) l'Ame, il en a fait une Ame raisonnable (λογικήν), en lui donnant une trace (ἴχνος) de ce qu'il a lui-même reçu »[2].

Ainsi, ce qui fait la spécificité de l'Ame, à savoir le fait qu'elle est « rationnelle », est en même temps cela même que l'Intellect a auparavant reçu de l'Un (et qui l'a rendu parfait), à savoir « la trace de l'Un ». La nature rationnelle de l'Ame n'est en ce sens pas autre chose que la nature intellectuelle de l'Intellect, lequel n'est pas lui-même autre chose que l'Un lui-même ; toutefois, chacun de ces deux niveaux représente un état déployé, moins unifié et, par là, inférieur, de la perfection de l'Un. C'est ce que l'on peut également observer à propos des actes de l'Ame. Si l'Ame peut être dite rationnelle, c'est que ses actes sont des *logoi*, des raisons[3]. Ces *logoi* ne sont pas autre chose que les intelligibles, non pas toutefois saisis « en eux-mêmes », dans l'Intellect, mais « en autre chose », dans l'Ame[4]. Comme l'écrit L. Brisson : « l'Ame recèle les Formes intelligibles sous le mode de *logoi* immatériels qui sont réfléchis au niveau de la partie inférieure de l'âme du monde qui est la nature, laquelle intervient dans la matière pour faire apparaître les corps et maintenir l'ordre qui les unit. En définitive, on pourrait dire que l'Ame hypostase est la somme de tous les *logoi*, et que ces *logoi* sont en fait les Formes

1. *Enn.* V 1 [10] 3, 23. Les traductions d'*agathoeides* et de *nooeides* par « de l'espèce du Bien » et « de l'espèce de l'Intellect » ne veulent pas laisser entendre que l'Un ou l'Intellect constitueraient des genres relativement à ce qui procèdent d'eux (lesquels en seraient des espèces au sens logique du terme), mais seulement indiquer le lien génératif, la filiation existant entre le principe et ce qu'il engendre.

2. *Enn.* VI 7 [38] 17, 37-39, traduction de F. Fronterotta, modifiée.

3. *Enn.* III 3 [48] 1, 4 : ψυχῆς γάρ τινος πάσης ἐνέργεια οἱ λόγοι.

4. Cf. *Enn.* V 8 [13] 3, 7-8.

qui se trouvent sous le mode de la simultanéité dans l'Intellect et sous un mode discursif dans l'Ame hypostase »[1].

L'Ame, parce qu'elle est l'image de l'Intellect (*i.e.* l'Intellect *en autre chose*), est certes inférieure à l'Intellect, mais, en même temps, appartient encore au règne intelligible. Elle est le terme ultime de la procession intelligible au-delà duquel il n'y a plus d'être, seulement le non-être. L'Ame demeure donc de nature intelligible, incorporelle, sans grandeur (ἀμεγέθης), indestructible (ἄφθαρτος) et impassible (ἀπαθής) : son essence, écrit Plotin, « est un nombre (ἀριθμός) ou une raison (λόγος) : comment une affection pourrait-elle survenir en un nombre ou une raison ? »[2]. L'Ame ne possède donc aucune des caractéristiques essentielles des corps, et pourtant, ainsi que nous le verrons, elle en est le principe déterminant.

Origine et nature de la matière

Que la matière n'est pas sans origine

La question de l'origine de la matière du sensible chez Plotin est sans nulle doute l'une de celles qui a provoqué le plus de polémiques parmi les commentateurs plotiniens. On peut situer l'origine de cette polémique dans l'article de D. O'Brien, *Plotinus on evil. A study of matter and the soul in Plotinus' conception of human evil*, publié en 1971, dans lequel l'auteur écrit que, en *Enn.* III 9 [13] 3, « Plotin dit clairement que l'âme produit la matière par la contemplation de soi »[3] et, surtout, dans la réplique faite par H. R. Schwyzer, en 1973, dans son article

1. L. Brisson, « *Logos* et *logoi* chez Plotin. Leur nature et leur rôle », *Les cahiers philosophiques de Strasbourg* 8, 1999, p. 93-94. Voir également A.H. Armstrong, « Beauty and the discovery of divinity in the thought of Plotinus », dans J. Mansfeld et L.M. de Rijk (éd.), *Kephalaion. Studies in Greek Philosophy and its Continuation offered to C. J. de Vogel*, Assen, Van Gorcum, 1975, p. 158 et H.J. Blumenthal, « On soul and intellect », dans L.P. Gerson (éd.), *The Cambridge Companion…*, *op. cit.*, p. 96. Il est à noter, cependant, que la notion de *logos* ne se réduit pas, chez Plotin, à celle de « formule rationnelle » inhérente à l'Ame et par laquelle la nature détermine la matière du sensible. Comme le remarque L. Couloubaritsis, « le logos n'est pas exclu de l'Intelligence, comme d'ailleurs il n'est pas exclu de l'Un, puisqu'il se manifeste dans leurs actes respectifs ». Selon cet auteur, la notion de *logos* s'enracine déjà dans l'Un, ou plutôt dans la relation de l'Un à l'Intellect : « Il existe chez Plotin un *logos* hénologique qui se manifeste, sur le plan supérieur, comme acte de l'Un par lequel il y a manifestation d'un Un-multiple, et, sur le plan inférieur, comme acte de l'Intelligence par lequel il y a également manifestation d'une multiplicité dans son unité ». Les *logoi* de l'Ame, en ce sens, doivent être compris comme une manifestation de ce logos hénologique, une manifestation sous le mode du « Multiple-un », c'est-à-dire d'un multiple « qui n'est que par l'unité de chacune de ses parties ». *Cf.* « Le logos hénologique chez Plotin », dans M.-O. Goulet-Cazé, G. Madec et D. O'Brien (éd.), *Chercheurs de sagesse. Hommage à Jean Pépin*, Paris, Institut d'études augustiniennes, 1992, p. 236 et 242-43 (désormais cité M.-O. Goulet-Cazé *et al.* (éd.), *Chercheurs de sagesse…*).

2. *Enn.* III 6 [26] 1, 31-32.

3. D. O'Brien, « Plotinus on evil. A study of matter and the soul in Plotinus' conception of human evil », dans *Le Néoplatonisme*, *op. cit.*, p. 136 [cet article est une version légèrement corrigée de « Plotinus on Evil », *Downside Review* 87, 1969, p. 68-110]. *Cf.* également W. Theiler, « Das Unbestimmte, Unbegrenzte bei Plotin », art. cit., p. 290-297, où l'auteur, se référant au même passage de *Enn.* III 9 [13] 3, écrit que « l'âme produit l'indéterminé et l'irrationel de la matière (dass die Seele das Unbestimmte Unvernünftige der Materie schafft) » (p. 295).

« Zu Plotins Deutung der Sogenannten Platonischen Materie », où l'auteur affirme que la matière est « non produite (ungeschaffen) »[1]. Par la suite, bien qu'après une période de calme relatif, s'enchaînèrent plusieurs travaux opposant D. O'Brien, cette fois, à deux autres spécialistes de Plotin, à savoir K. Corrigan et J.-M. Narbonne. Il ne me semble pas inutile d'en résumer les positions respectives, ce qui nous permettra en même temps de passer en revue les textes-clefs ayant trait à cette question.

Pour D. O'Brien, qui qualifie lui-même sa thèse d'*émanatisme intégral*[2], « Plotin ne dit nulle part, ni n'implique où que ce soit, que la matière existe indépendamment du monde supérieur. Et, similairement, il n'affirme nulle part directement que la "matière" soit issue d'un principe supérieur. *Mais il l'implique clairement* »[3]. L'analyse des deux textes importants que sont *Enn.* III 9 [13] 3, 7-16 et *Enn.* III 4 [15] 1, permet à D. O'Brien de conclure que la matière est le terme ultime de la procession initiée par l'Un, puisqu'elle est engendrée par la partie la plus basse de l'Ame, à savoir l'âme que Plotin qualifie de « partielle » et qu'il nomme « végétative »[4] :

Dans le premier texte, il est dit que l'âme partielle (ἡ μερική)[5], lorsqu'elle se tourne vers elle-même, produit ce qui vient après elle, c'est-à-dire un simulacre (εἴδωλον) d'elle-même. Ce simulacre est « l'indéfini (τὸ ἀόριστον) »[6], le « totalement obscur (πάντη σκοτεινόν) »[7], bref le « non-être (τὸ μὴ ὄν) »[8]. Puis, par une seconde initiative[9], poursuit Plotin, l'âme partielle « informe ce simulacre (τὸ εἴδωλον ἐμόρφωσε) »[10] et y descend.

Dans le second, il est dit que l'âme végétative[11] « engendre quelque chose de totalement autre par rapport à elle (γεννᾷ πάντη ἕτερον αὑτῆς) »[12], « sans vie (ἄζων) »[13], « totalement indéfini (ἀοριστίαν… παντελῆ) »[14]. Toutefois, ce

1. H.R. Schwyzer, « Zu Plotins Deutung der Sogenannten Platonischen Materie », dans *Zetesis, Album amicorum aangeboden aan Prof. Dr. E. de Stryker*, Anvers-Utrecht, 1973, p. 276.

2. Cf. *Théodicée plotinienne, théodicée gnostique*, Leyden-New York-Köln, Brill, 1993, p. 4 n. 3 et p. 27 n. 24 (désormais cité D. O'Brien, *Théodicée plotinienne…*) : l'expression d'« émanation intégrale » désigne, écrit l'auteur, l'interprétation selon laquelle « non seulement l'Intellect et l'âme mais encore la matière proviendraient en dernier ressort de l'Un (l'âme par l'intermédiaire de l'Intellect, la matière par l'intermédiaire de l'âme) » (p. 4, n. 3).

3. D. O'Brien, « The origin of matter and the origin of evil in Plotinus' criticism of the gnostics », dans *Herméneutique et ontologie, hommage à Pierre Aubenque*, Paris, Presses Universitaires de France, 1990, p. 183.

4. *Cf.* D. O'Brien, *Théodicée plotinienne…*, *op. cit.*, p. 24-27.

5. *Enn.* III 9 [13] 3, 7.

6. *Enn.* III 9 [13] 3, 12.

7. *Enn.* III 9 [13] 3, 13.

8. *Enn.* III 9 [13] 3, 11.

9. *Enn.* III 9 [13] 3, 15 : δευτέρᾳ προσβολῇ.

10. *Enn.* III 9 [13] 3, 15-16.

11. *Enn.* III 4 [15] 1, 4-5 : ἐν φυτοῖς.

12. *Enn.* III 4 [15] 1, 6.

13. *Enn.* III 4 [15] 1, 7.

14. *Enn.* III 4 [15] 1, 11-12.

« réceptacle (ὑποδοχή) » [1], étant comme éduqué par son géniteur, est alors « rendu parfait (τελειούμενον) » [2] et « devient un corps (γίνεται σῶμα) » [3].

Et D. O'Brien, de conclure : « Pour quiconque ayant même seulement une vague connaissance des *Ennéades*, et assurément pour quiconque appartenant au cercle des disciples à qui Plotin a enseigné à Rome durant une bonne décade, le sens des expressions que j'ai citées à partir des *Considérations diverses* et du traité *Sur le démon*, devait être clair : lorsque l'âme engendre le "non-être", elle engendre la matière » [4].

Selon K. Corrigan, il n'y a, dans toutes les *Ennéades*, qu'un seul texte qui soit véritablement concluant (« *conclusive* ») quant à la génération de la matière du sensible. Ce texte, c'est celui que nous venons brièvement de résumer, à savoir *Enn.* III 4 [15] 1. Nous n'avons pas besoin « d'autre preuve plus claire que ce texte », conclut K. Corrigan, « pour réfuter la contestation de Schwyzer » [5]. Toutefois, selon cet auteur, il existe d'autres passages, dans les *Ennéades*, qui tendent à montrer que la matière du sensible ne serait pas seulement engendrée par l'âme végétative, mais également par l'âme « pure » *et* par l'altérité intelligible elle-même. Il y aurait ainsi non pas une seule génération de la matière du sensible, mais *trois*.

Pour démontrer une telle thèse, K. Corrigan fait appel, de manière assez surprenante, au passage du traité *Sur les deux matières* – le II 4 [12] 5, 28-39, où il est dit que la matière *de l'intelligible* (ou altérité), qui est indéfinie, « avant de recevoir <la lumière> (πρὶν δέξασθαι), toujours n'a pas de lumière (φῶς οὐκ ἔχει ἀεί), mais la possède comme quelque chose d'autre, puisque la lumière vient d'autre chose » [6], à savoir du principe déterminant qu'est l'Un. Selon K. Corrigan, l'expression φῶς οὐκ ἔχει ἀεί ne peut s'appliquer proprement à la matière de l'intelligible, mais bien plutôt à la matière du sensible, car, écrit-il, « c'est précisément la caractéristique de la matière inférieure (« *lower matter* ») d'être *un réceptacle éternellement en état d'être avant de recevoir* » [7]. Pour ma part, il me

1. *Enn.* III 4 [15] 1, 15.

2. *Enn.* III 4 [15] 1, 14.

3. *Enn.* III 4 [15] 1, 14-15.

4. D. O'Brien, *Plotinus on the Origin of Matter. An Exercise in the Interpretation of the « Enneads »*, Napoli, Bibliopolis, 1991, p. 18 (désormais cité D. O'Brien, *Plotinus on the Origin of Matter...*).

5. K. Corrigan, « Is there more than one generation of matter in the *Enneads ?* », *Phronesis* 37, 1986, p. 168. Cette position est réaffirmée dans K. Corrigan, *Plotinus' Theory of Matter-Evil and the Question of Substance : Plato, Aristotle, and Alexander*, Leuven, Peeters, 1996, p. 258-59 (désormais cité K. Corrigan, *Plotinus' Theory of Matter-Evil...*) : « Il s'agit, en fait, du seul passage dans l'ensemble des *Ennéades* qui confirme, par lui-même, que la matière est engendrée par l'âme partielle (...). Tous les autres passages relatifs à la génération de la matière, dans les *Ennéades*, sont ambigus ».

6. *Enn.* II 4 [12] 5, 36-37, traduction de J.-M. Narbonne, modifiée.

7. K. Corrigan, « Is there more than one generation of matter in the *Enneads ?* », art. cit., p. 171. Voir également *Plotinus' Theory of Matter-Evil...*, *op. cit.*, p. 278-281 où l'auteur explique que l'« incohérence » de ce passage vient de ce que Plotin entend tracer une analogie entre la matière de l'intelligible et la matière du sensible.

paraît difficile de dégager, dans un tel texte, une référence à la matière du sensible. Plotin, d'ailleurs, prend lui-même soin, quelques lignes plus loin, de préciser qu'il vient de parler de la matière de l'intelligible (ce que K. Corrigan ne conteste pas). Il faudrait donc croire, pour accepter l'interprétation de K. Corrigan, qu'il y a quelque chose d'« incohérent »[1] à affirmer que la matière de l'intelligible, avant de recevoir la lumière de l'Un, « toujours n'a pas de lumière ». K. Corrigan n'explique toutefois pas en quoi consiste cette incohérence. C'est que, manifestement, il n'y en a pas : Plotin se contente ici d'affirmer que la matière de l'intelligible est, par nature, dépourvue de toute détermination (de toute lumière) et cela « depuis toujours » ou « éternellement » ; le terme *aei* a ici seulement pour but de préciser que l'absence de détermination en question n'est pas un état passager mais désigne la nature même de la matière de l'intelligible.

Le second texte sur lequel cet auteur prend appui pour démontrer une troisième forme de génération de la matière du sensible est celui, très controversé, de *Enn.* I 8 [51] 14, 51-54. Je cite ici ce passage ainsi que les deux lignes qui le précèdent et l'éclairent :

> La matière est donc à la fois cause pour l'âme de faiblesse et cause de vice. C'est donc la matière qui est elle-même d'abord mauvaise et le premier mal.
> Car même si c'est l'âme qui, elle-même, a engendré la matière (καὶ γὰρ εἰ αὐτὴ ἡ ψυχὴ τὴν ὕλην ἐγέννησε), par suite d'une affection (παθοῦσα), et si elle est entrée <ensuite> en commerce avec elle et est devenue mauvaise (καὶ εἰ ἐκοίνωσεν αὐτῇ καὶ ἐγένετο κακή), c'est la matière par sa présence qui en est la cause (ἡ ὕλη αἰτία παροῦσα), trad. D. O'Brien[2], légèrement modifiée.

La controverse porte sur le mode, réel ou irréel, de la protase καὶ γὰρ εἰ αὐτὴ ἡ ψυχὴ τὴν ὕλην ἐγέννησε. Pour certains, comme Schwyzer et Armstrong, la conditionnelle est irréelle, au sens où elle exprime quelque chose que Plotin ne reprend pas à son compte. Pour d'autres, comme D. O'Brien et K. Corrigan, la conditionnelle est réelle et signifie que Plotin adhère à l'idée que l'Ame engendre la matière (D. O'Brien montre de façon convaincante que ni les particules introductives καὶ γάρ, ni le sens de la phrase elle-même ne nécessitent de conditionnelle irréelle)[3]. Quoi qu'il en soit, il me semble déplacé d'utiliser ce texte, ainsi que le fait K. Corrigan, pour prouver (1) que l'Ame engendre la matière et (2) qu'il s'agit non pas de l'âme partielle mais de l'âme « pure » (« *pure soul* »). La raison en est que (1) l'ensemble de ce passage a seulement pour but de montrer que même si la matière est engendrée par l'Ame (et il n'est ici d'aucune importance de savoir si tel est ou non l'avis de Plotin), la matière demeure le mal premier car il faut d'abord que la matière soit présente, pour qu'ensuite l'Ame ait l'occasion d'entrer en commerce avec elle. Autrement dit, l'objet de ce passage ne concerne

1. *Ibid.* : « It is true that Plotinus is on the point of incoherence ».
2. D. O'Brien, *Théodicée plotinienne*..., *op. cit.*, p. 28.
3. *Cf.* D. O'Brien, « Plotinus on evil. A study of matter and the soul in Plotinus' conception of human evil », art. cit., p. 136.

nullement la question de la génération de la matière, mais celle de l'identification de la matière comme mal premier. En outre, (2) même si l'on se contente d'admettre que ce passage corrobore l'idée d'une génération de la matière par l'Ame, il ne permet nullement de distinguer entre une âme partielle et ce que K. Corrigan appelle une âme « pure » ou « intelligible ». Si Plotin se contente de parler d'âme, en général, ou des âmes (les âmes individuelles), sans avoir à spécifier plus avant de quel type d'âme (partielle ou pure) il s'agit, c'est que, une fois de plus, son but n'est pas de rendre compte des modalités de production de la matière du sensible, mais seulement des raisons logiques nous permettant d'affirmer que la matière est le mal premier.

La thèse de K. Corrigan selon laquelle il n'y aurait pas une mais trois générations de la matière du sensible me semble donc infondée.

Reste l'interprétation de J.-M. Narbonne, selon laquelle « l'émergence – ou la résurgence – du doute sur la possibilité d'une création de la matière chez Plotin révèle à l'évidence l'obscurité et l'ambiguïté qui règne sur cette partie du système du néoplatonicien ». Le dénominateur commun de toutes les études faites sur cette question, leur « lacune », poursuit l'auteur, est « celle de ne pas avoir suffisamment cherché à donner un sens à *l'ambiguïté elle-même* »[1]. Ainsi, selon J.-M. Narbonne, la question de la génération de la matière ne serait devenue indispensable pour Plotin que lorsqu'il aborda, à la fin de sa vie, le problème de l'origine du mal, ce qui explique pourquoi ce n'est qu'au cinquante-et-unième traité que l'on trouve le seul et unique passage affirmant de manière non équivoque la génération de la matière :

> On peut saisir la nécessité du mal de cette manière également. Puisqu'il n'y a pas seulement le Bien (οὐ μόνον τὸ ἀγαθόν), nécessairement, du fait qu'il y a sortie (τῇ ἐκβάσει τῇ παρ' αὐτό) hors du Bien ou, si on préfère le dire ainsi, descente (ὑποβάσει) et éloignement (ἀποστάσει), il doit y avoir le terme dernier (τὸ ἔσχατον) après lequel plus rien ne peut être engendré (μεθ' ὃ οὐκ ἦν ἔτι γενέσθαι ὁτιοῦν), et qui est le mal. Il est nécessaire qu'il y ait quelque chose après le Premier, de sorte qu'il est nécessaire qu'il y ait un terme dernier : ce terme dernier, c'est la matière (ἡ ὕλη), qui ne possède plus rien du Bien (μηδὲν ἔτι ἔχουσα αὐτοῦ). Telle est la nécessité du mal, *Enn.* I 8 [51] 7, 16-23.

Selon J.-M. Narbonne, si Plotin se décide « enfin », si l'on peut dire, à affirmer explicitement que la matière est engendrée et qu'elle dérive ultimement du Bien, c'est seulement en ce qu'il aurait été poussé, dans ses recherches éthiques, à faire de la matière le mal radical, c'est-à-dire le contradictoire du Bien, et que, dans ces conditions, il devenait impérieux de l'intégrer à la procession émanant du Bien. En effet, laisser la matière être indépendante relativement au Bien et au reste de la réalité, c'est en même temps en faire un principe séparé, ce qui équivaut à

1. J.-M. Narbonne, « Plotin et le problème de la génération de la matière; à propos d'un article récent », *Dionysius*, 11, 1987, p. 4.

transformer la philosophie de Plotin tout entière en un dualisme, celui-là même que Plotin s'efforce pourtant de combattre chez les gnostiques.

En fin de compte, toute l'interprétation de J.-M. Narbonne repose sur le postulat selon lequel on ne trouve pas, dans les *Ennéades*, avant le 51e traité, de texte affirmant la génération de la matière. Cela signifie donc que les deux passages de références (*Enn.* III 9 [13] 3, 7-16 et *Enn.* III 4 [15] 1) auxquels fait appel D. O'Brien pour montrer qu'il y a une génération de la matière dans les *Ennéades* ne sont pas considérés comme valables par J.-M. Narbonne. L'une des raisons invoquées est qu'il n'y est jamais fait mention explicitement du terme « matière »[1]. Pour sec et peu philosophique que soit cet argument, il n'en demeure pas moins réel : nulle part nous ne trouvons le terme « *hulè* », seulement les dénominations de « indéfini », « totalement obscur », « non-être », « totalement autre », « sans vie » et « réceptacle ». Mais n'est-il pas légitime de déceler, à travers toutes ces dénominations, la présence implicite de la matière ? Les termes « non-être » et « réceptacle » ne sont-ils pas régulièrement utilisés par Plotin comme synonymes de matière ?[2] Pour J.-M. Narbonne, manifestement, cela ne suffit pas[3]. Tout au contraire, ces expressions ne renverraient pas à la matière mais au « lieu (τόπος) »[4]. Pour soutenir une telle thèse, J.-M. Narbonne rapproche les deux textes en question d'un troisième :

> Voici la vérité : si le corps n'existait pas, l'âme ne procéderait pas, car il n'y a pas d'autre lieu (τόπος) où l'âme puisse être naturellement. Si elle doit procéder, elle engendre donc pour elle-même un lieu (γεννήσει ἑαυτῇ τόπον) et par conséquent un corps (ὥστε καὶ σῶμα). Or, l'âme est en repos ; et son repos est assuré dans le repos en soi ; une grande lumière brille à partir d'elle et aux confins de ce feu lumineux advient l'obscurité (σκότος ἐγίνετο) ; l'âme, en voyant cette obscurité (ὅπερ ἰδοῦσα ἡ ψυχή), puisqu'elle existait (ἐπείπερ ὑπέστη), l'a informée (ἐμόρφωσε), *Enn.* IV 3 [27] 9, 20-26.

L'auteur insiste sur la « proximité doctrinale » existant entre les deux passages-clefs cités par D. O'Brien et ce dernier texte. Ces trois passages font part, écrit-il, « d'un doublet ou d'une sorte de couple »[5] : à l'indéterminé sans vie de *Enn.* III 4 [15] 1 vient s'associer le corps, à l'obscurité de *Enn.* III 9 [13] 3 et de *Enn.* IV 3 [27] 9 l'âme impose une forme. Dès lors, pour J.-M. Narbonne, il ne fait pas de doute que dans les trois textes, ce que l'âme engendre n'est pas la matière, mais seulement le « lieu », lequel est, en un second temps, informé et donne vie au corps.

1. *Cf.* J.-M. Narbonne, « Plotin et le problème de la génération de la matière ; à propos d'un article récent », art. cit., p. 6 : « à aucun moment n'est évoquée, sous son nom, la matière ».

2. *Cf.* D. O'Brien, *Plotinus on the Origin of Matter*..., *op. cit.*, p. 20.

3. Selon D. O'Brien, au contraire, « ce sont là, à n'en pas douter, les traits propres de la matière ». Cf. *Théodicée plotinienne*..., *op. cit.*, p. 24.

4. J.-M. Narbonne, *Plotin. Les deux matières*, *op. cit.*, p. 166-167.

5. *Ibid.*, p. 167.

Que dans le passage *Enn.* IV 3 [27] 9, 15-26 il soit effectivement question de « lieu », je l'accorde. Que les trois textes cités par J.-M. Narbonne se rejoignent par une « proximité doctrinale », je l'accorde également. Qu'enfin l'on puisse interpréter, dans les passages *Enn.* III 4 [15] 1 et III 9 [13] 3, 7-16, les expressions « indéfini », « totalement obscur », « non-être », « sans vie » et « réceptacle » comme se référant à la notion de « lieu », je suis également prêt à l'accorder. Mais, avant tout, de quoi s'agit-il lorsque Plotin affirme que « l'âme engendre pour elle-même un lieu » ? Que signifie, dans cette phrase, le terme « lieu » ? A quelle réalité faut-il le rapprocher ? J.-M. Narbonne, de son côté, n'en dit mot et se contente, semble-t-il, d'affirmer que ce « lieu » n'est pas la « matière ».

Cherchons alors la réponse par nous-mêmes. Il y a, dans les *Ennéades*, au moins deux sens distincts du terme « *topos* ». Le premier est la définition qu'en donne Aristote, en *Physique* 212a5-6, à savoir que le lieu est « la limite du corps contenant (τὸ πέρας τοῦ περιέχοντος) selon laquelle il est rattaché au contenu ». Cette définition, que Plotin semble tacitement accepter[1], intervient chez Aristote comme la seule valable parmi quatre hypothèses proposées, les trois autres étant « l'*eidos* », « la matière » et « l'espace (διάστημά) qui se trouverait toujours différent de celui de la chose déplacée »[2]. Une telle définition convient-elle à la notion de lieu telle qu'elle apparaît dans le passage IV 3 [27] 9, 15-26 ? Manifestement pas. D'une part, en effet, il y est seulement question d'un lieu susceptible d'accueillir l'âme, or la définition aristotélicienne ne concerne que le corps. D'autre part, et plus fondamentalement encore, comment l'« obscurité (*skotos*) » dont il est fait mention (que nous pouvons sans trop de peine rapprocher du « totalement obscur » de III 9 [13] 3) pourrait-elle être comprise comme « limite (*peras*) », alors qu'elle est bien plutôt l'indéfini (*to aoriston*), donc le sans limite ?

Il est donc clair, ce me semble, que le « lieu » que l'âme engendre pour elle-même n'est pas le lieu d'Aristote et je pense pouvoir affirmer que J.-M. Narbonne, bien qu'il n'en dise mot, serait prêt à l'accorder également dès lors qu'il accepte de voir dans ce « lieu » un lieu antérieur au corps et qui demande à être informé, donc déterminé[3]. Reste alors à envisager le second sens du terme *topos*. Ce second sens, c'est celui que Plotin déduit à partir d'un parallélisme avec la χώρα du *Timée* de Platon :

> Par ailleurs, il y a une troisième espèce, un genre (...), qui est toujours, celui de la "place", qui n'admet pas la destruction (τρίτον δὲ αὖ γένος ὂν τὸ τῆς χώρας ἀεί), qui fournit un emplacement à tout ce qui naît (ἕδραν δὲ παρέχον ὅσα ἔχει γένεσιν πᾶσιν) (...). Dès là que vers lui nous dirigeons notre attention, nous rêvons les yeux ouverts et nous déclarons, je suppose, qu'il faut bien que tout ce qui est *se trouve en un lieu* (ἔν τινι τόπῳ) et *occupe une place* (κατέχον χώραν τινά), et qu'il n'y a rien (οὐδὲν εἶναι) qui ne se trouve ou sur terre, ou quelque part dans le ciel, *Timée* 52 a9-b5, trad. L. Brisson, modifiée.

1. Plotin reprend à deux reprises cette définition en *Enn.* VI 3 [44] 5, 34 et *Enn.* VI 4 [22] 2, 7.
2. Aristote, *Physique* IV, 212a3-4.
3. J.-M. Narbonne, *Plotin. Les deux matières*, *op. cit.*, p. 168.

Dans ce texte, les termes de *khôra* et de *topos* sont similaires : ils désignent non pas le lieu effectivement occupé par un corps, mais le principe qui rend possible un lieu pour les corps ; il s'agit donc d'un lieu antérieur à tout lieu concret et dont la seule fonction est d'accueillir les formes intelligibles, ou en tout cas leurs reflets. Plotin utilise plus d'une fois les deux termes côte à côte, quelquefois accompagnés d'un troisième, ἕδρα (l'emplacement, le siège), également tiré du *Timée*[1], comme on vient de le voir. Ainsi, par exemple, il affirme que l'être intelligible, à la différence du devenir, « n'a pas de place (τινὰ χώραν), de lieu (τόπον), ou d'emplacement (τινὰ ἕδραν) »[2]. Dans un passage très intéressant du traité *Sur la liberté et la volonté de l'Un*, il explique que les difficultés que nous avons à nous représenter la nature de l'Un viennent de ce que « nous posons d'abord une place et un lieu (χώραν καὶ τόπον), telle une sorte de chaos (ὥσπερ τι χάος), et une fois cette place constituée, nous introduisons cette nature [*i.e.* l'Un] dans ce lieu qui surgit ou qui existe dans notre imagination »[3]. Cette identification de la *khôra* et du *topos* à une sorte de chaos n'est pas nouvelle et il est fort possible que Plotin l'ait reprise à Aristote lui-même :

> Il semblerait qu'Hésiode ait eu raison de mettre au commencement le chaos (ποιήσας πρῶτον τὸ χάος). Il dit ceci : "La première de toutes les choses fut le Chaos, mais ensuite la terre au large sein"[4], comme s'il fallait qu'existe d'abord *une région pour les étants* (χώραν τοῖς οὖσι), parce qu'il estimait, comme la plupart, *que tout est quelque part et en un lieu* (πάντα εἶναι που καὶ ἐν τόπῳ). Mais s'il en était ainsi, la puissance du lieu (ἡ τοῦ τόπου δύναμις) serait prodigieuse (θαυμαστή) et antérieure à tout (προτέρα πάντων), car ce sans quoi rien d'autre n'existe (οὗ γὰρ ἄνευ τῶν ἄλλων οὐδέν ἐστιν) et qui existe sans les autres est nécessairement premier (ἀνάγκη πρῶτον εἶναι), *Physique* IV, 208 b29-209 a1, trad. A. Stevens.

Ainsi que le commente L. Couloubaritsis, Aristote ne souscrit pas du tout à cette thèse qui fait du lieu un absolu, en puissance de toutes choses. Au contraire, ainsi que nous l'avons vu plus haut, le lieu, s'il existe, « ne saurait l'être comme un absolu originaire, mais seulement comme lié au corps ». En revanche, il ne fait pas de doute qu'il s'agisse là de la thèse même du *Timée*, où il est dit, avons-nous lu, « qu'il faut bien que tout ce qui est se trouve en un lieu et occupe une place ». Ceci nous amène à voir que l'identification du *topos* à la *khôra* platonicienne, outre qu'elle semble être déjà présente dans le texte même du *Timée*, était une interprétation largement répandue chez les premiers platoniciens, puisque Aristote lui-même s'en fait l'écho. Plotin, manifestement, s'inscrit en droite ligne dans cette filiation. Mais il y a plus : non seulement selon lui le *topos* est similaire à la *khôra*,

1. *Timée* 52b1.
2. *Enn.* VI 5 [23] 2, 14-15.
3. *Enn.* VI 8 [39] 11, 15-17, traduction de G. Leroux, modifiée.
4. Hésiode, *Théogonie* 116-117.

mais, suivant l'interprétation aristotélicienne de la *khôra* du *Timée*[1], il n'est pas autre chose que la matière elle-même :

> *La matière* (ὕλη), à la différence de l'âme, n'est pas capable d'accueillir toutes choses ensemble (πάντα ὁμοῦ... οὐ δύναται εἰσοικίσασθαι) – sans quoi elle appartiendrait au monde intelligible. Elle doit, au contraire, recevoir toutes choses, mais pas les recevoir de manière indivise. Elle doit dès lors, *étant le lieu de toutes choses* (πᾶσι τόπον)[2], elle-même venir à toutes et les rencontrer toutes, et suffire à toute extension (πρὸς πᾶν διάστημα ἀρκέσαι), car elle n'est pas elle-même occupée par quelque extension particulière (ὅτι μὴ κατείληπται διαστήματι αὐτή), mais gît à disposition de tout ce qui est à venir (ἀλλ' ἦν ἐκκειμένη τῷ μέλλοντι), *Enn.* III 6 [26] 18, 35-41.

L'identité entre *topos*, *khôra* et *hulè* est ainsi établie. Aristote avait déjà pressenti l'affinité existant entre les notions de matière et de lieu, mais il s'était refusé à les relier plus avant, argumentant que la matière, à la différence du lieu, « n'est pas séparée de la chose et ne la contient pas »[3]. Or, précisément, le lieu plotinien (comme d'ailleurs le lieu platonicien), doit être compris comme séparé, puisqu'il est antérieur à la constitution des corps : il est « ce sans quoi rien d'autre n'existe et qui existe sans les autres »[4].

Ce second sens de la notion de *topos* est-il, cette fois, adapté au passage de IV 3 [27] 9, 15-26 où il est dit que « l'âme engendre pour elle-même *un lieu* » ? Manifestement, la réponse est oui. Or, ceci n'est pas sans conséquences pour la thèse de J.-M. Narbonne : si nous accordons, comme celui-ci nous engage à le faire, que les trois passages de III 9 [13] 3, 7-16, III 4 [15] 1 et IV 3 [27] 9, 15-26 sont reliés par une « proximité doctrinale » et que les deux premiers doivent être interprétés à l'aune du troisième (lequel affirme explicitement que ce qui est engendré par l'âme, c'est le lieu); si, d'autre part, ainsi que nous venons de le montrer, nous accordons que le lieu dont il est question dans ce passage n'est pas autre chose que la matière elle-même; alors il est clair que Plotin a affirmé à plusieurs reprises, avant le 51e traité, que la matière est engendrée, et, surtout, comme on va le voir, il nous a décrit les modalités de cette génération.

1. « Or, tels sont la matière et l'indéfini, car, lorsqu'on soustrait la limite et les propriétés d'une sphère, il ne reste que la matière. C'est pourquoi aussi Platon dit dans le *Timée* que la matière et la place sont la même chose, car la place et ce qui y participe sont une seule et même chose », *Physique* IV, 209 b9-13, traduction de A. Stevens, modifiée.

2. Dans le même traité, Plotin écrit qu'elle est **τόπον εἰδῶν**, lieu des spécificités ou encore **χώρα πάντων**, place pour toutes choses (*Enn.* III 6 [26] 13, 18.29).

3. *Physique* IV, 212 a1-2.

4. *Physique* IV, 208 b35-209 a1. De son côté, Plotin écrit : « Qu'est-ce à dire ! S'il n'y avait pas de matière, rien n'existerait (**οὐδὲν ὑπέστη ἄν**)? Rien, car même une image ne peut exister sans un miroir ou quelque chose d'analogue », *Enn.* III 6 [26] 14, 1-2.

Qu'elle est engendrée par l'âme partielle

La génération de la matière du sensible par l'âme « partielle » se fait, écrit D. O'Brien, d'une manière « totalement différente »[1] de celle selon laquelle sont engendrés l'Intellect et l'Ame. L'auteur identifie trois différences principales : (1) alors que l'Un et l'Intellect engendrent « en demeurant au repos »[2], l'Ame engendre en se mouvant ; (2) l'Ame engendre la matière « en devenant plus indéfinie (ἀοριστοτέρα γινομένη) »[3] et non pas, comme l'Un ou l'Intellect, par perfection et complétude ; (3) alors que l'Un et l'Intellect engendrent sans avoir besoin de ce qu'ils engendrent, l'Ame engendre la matière pour qu'il y ait un lieu qui puisse la recevoir[4].

Ayant déjà abordé la question de la matière comme lieu, je me contenterai ici d'analyser les deux autres points. Tout d'abord, il faut préciser que Plotin ne dit pas que c'est en se mouvant que l'Ame engendre la matière, seulement que c'est en se mouvant qu'elle engendre « la sensation et la nature qui est dans les plantes (αἴσθησιν καὶ φύσιν τὴν ἐν τοῖς φυτοῖς) »[5]. Ce point me semble avoir été quelque peu négligé par D. O'Brien[6]. Or, même si sensation et nature, d'une part, et matière, d'autre part, sont dites être des simulacres de l'Ame[7], elles ne sont pas pour autant identiques. Au contraire, la sensation et la nature constituent les parties inférieures et dernières de l'Ame alors que la matière est en-dehors de l'Ame et même de l'intelligible, puisqu'elle est le non-être. Il convient donc de chercher si ce que Plotin dit à propos du mode de génération de la « la sensation et la nature qui est dans les plantes » est également valable pour la génération de la matière du sensible proprement dite.

Pour comprendre pourquoi l'Ame engendre « en se mouvant », il faut d'abord se rappeler que, pour Plotin, l'Ame a le statut d'intermédiaire entre l'intelligible et le devenir. Ce statut l'autorise, si l'on peut dire, à se mouvoir vers l'une ou l'autre direction, vers le haut ou vers le bas. Toutefois, il faut bien comprendre qu'un tel mouvement est avant tout intérieur[8] : dire que l'Ame se dirige vers l'intelligible, c'est dire qu'elle se concentre, en elle-même, dans sa partie la plus haute, la partie rationnelle ; affirmer, en revanche, qu'elle se meut vers le devenir, c'est affirmer qu'elle se concentre dans ses parties les plus basses, à savoir celles où siègent la sensation et la *phusis* (comprise comme principe de croissance). Si cette sensation et cette *phusis* sont considérées comme des simulacres de l'Ame, c'est parce

1. D. O'Brien, « Plotinus on matter and evil », dans L.P. Gerson (éd.), *The Cambridge Companion...*, *op. cit.*, p. 182.
2. *Enn.* V 2 [11] 1, 17-18.
3. *Enn.* III 9 [13] 3, 11-12.
4. *Enn.* IV 3 [27] 9, 23.
5. *Enn.* V 2 [11] 1, 21. Cf. *Enn.* III 4 [15] 1, 1-3.
6. En tout cas dans la présentation qu'il nous en donne dans son article « Plotinus on matter and evil ». En revanche, l'auteur est plus précis dans son ouvrage *Théodicée plotinienne, théodicée gnostique* (*op. cit.*, p. 57-58).
7. Pour la sensation et la nature, voir *Enn.* V 2 [11] 1, 21 ; pour la matière, voir *Enn.* III 9 [13] 3, 11.
8. Cf. *Enn.* V 2 [11] 2, 4-10.

qu'elles renvoient à la partie inférieure de l'Ame. Or, ce qui fait que l'Ame est âme au sens propre est non pas ce qui est inférieur, mais bien ce qui, en elle, correspond à l'Intellect, à savoir la partie rationnelle.

La partie végétative de l'Ame[1], en tant qu'elle est la partie dernière, est en même temps la partie dernière de l'intelligible dans son ensemble. Autrement dit, en deçà de la partie végétative de l'Ame, il ne peut plus y avoir de réel intelligible. Est-ce que cette partie dernière de l'Ame peut encore engendrer quelque chose? La réponse est oui: elle engendre, écrit Plotin, « mais ce qu'elle engendre est totalement autre par rapport à elle (γεννᾷ πάντη ἕτερον αὑτῆς), car, après elle, il n'y a plus de vie: ce qu'elle engendre est sans vie (ἄζων) »[2]. Bien que les textes restent muets quant à savoir si l'Ame engendre « ce qui est totalement autre » (*i.e.* la matière) en se mouvant ou d'une autre manière, il me semble toutefois que l'on peut effectivement affirmer que l'âme végétative engendre la matière en se mouvant, car l'acte génératif, dans ce cas, est similaire à celui par lequel l'Ame engendre ses parties inférieures. La seule différence réside dans la nature de ce qui est engendré puisque les parties de l'Ame que sont la sensation et la *phusis* sont de nature psychique et donc intelligible alors que la matière, on le sait, relève du non-être. Cette différence, fondamentale il est vrai, ne doit toutefois pas nous faire perdre de vue une certaine continuité existant entre la partie dernière de l'Ame et la matière: la matière du sensible, parce qu'elle est absolument privée de l'intelligible, étant l'autre de l'être, est par nature « totalement indéfinie (ἀοριστίαν... παντελῆ) »[3]; quant à la dernière partie de l'Ame elle est elle-même dite « plus illimitée », voire « tout à fait illimitée »:

> <Dans l'Intellect>, il n'est absolument pas possible de saisir une unité numérique ou un individu (ὅλως δὲ οὐκ ἔστι τὸ ἓν ἀριθμῷ λαβεῖν καὶ ἄτομον): en effet, ce qui y est saisi, c'est la spécificité, sans la matière (ὅ τι γὰρ ἂν λάβῃς, εἶδος· ἄνευ γὰρ ὕλης) (...). Tant que l'on <divise> et que l'on aboutit à une autre espèce, par exemple à partir d'un genre, <les choses qui sont saisies> ne sont pas encore illimitées (ἕως μὲν γὰρ ἄλλο εἶδος, οἷον ἐκ γένους, οὔπω ἄπειρον), car elles sont limitées par les espèces qu'elles engendrent (περατοῦται γὰρ τοῖς γεννηθεῖσιν εἴδεσι). Mais *l'espèce dernière*, celle qui ne se divise plus en espèces, est plus illimitée (τὸ δ' ἔσχατον εἶδος ὃ μὴ διαιρεῖται εἰς εἴδη, μᾶλλον ἄπειρον) (...). Ainsi, l'Intellect contient l'Ame qui vient après lui, de sorte que l'Ame est dans un nombre (νοῦς μὲν οὖν ἔχει τὸ μεθ' ἑαυτὸν ψυχήν, ὥστε ἐν ἀριθμῷ εἶναι), et contient l'Ame *jusqu'à ce qui, en celle-ci, est dernier* (καὶ ψυχὴν μέχρι τοῦ ἐσχάτου αὐτῆς), mais ce qui est dernier, en l'Ame, est désormais totalement illimité (τὸ δὲ ἔσχατον αὐτῆς ἤδη ἄπειρον παντάπασι), *Enn.* VI 2 [43] 22, 11-23.

1. Sur la *phusis* dans son rapport à l'âme, voir l'analyse de F. Romano, « Natura e anima in Plotino », dans M.-O. Goulet-Cazé *et al.* (éd.), *Chercheurs de sagesse...*, *op. cit.*, p. 282-283, qui s'accompagne de nombreux textes tirés de la seconde *Ennéade*.

2. *Enn.* III 4 [15] 1, 6-7.

3. *Enn.* III 4 [15] 1, 11-12.

Dans ce texte, Plotin nous montre que les intelligibles suivent une procession qui se fait du genre à l'espèce et de l'espèce à la sous-espèce[1]. Le terme de cette procession, terme qui délimite en même temps la frontière de l'intelligible avec la matière, correspond au moment où est engendrée ce que Plotin nomme « l'espèce dernière », *i.e.* l'espèce qui ne se divise plus en espèces inférieures. C'est pour cette raison, écrit-il, qu'il n'est pas possible de saisir des individus (*atoma*) dans le monde intelligible, puisqu'un tel monde ne contient proprement que des genres et des espèces. Ce qui nous importe ici de remarquer, c'est que la nature de ce que Plotin appelle « espèce dernière », et qui correspond manifestement à « ce qui, dans l'Ame, est dernier », est dite « plus illimitée », voire « tout à fait illimitée ». Or, bien qu'illimitée, cette « dernière espèce » appartient encore à l'intelligible, puisque Plotin écrit que l'Intellect contient l'Ame jusqu'à son point le plus bas.

Il y a donc une certaine continuité entre l'Ame, dans sa partie ultime, et la matière du sensible. Il semble, en fait, que les deux ne se distinguent que lorsque ce qui est, dans l'intelligible, « plus illimité » que ce qui le précède, voire « tout à fait illimité », *engendre* : la partie ultime de l'Ame, *parce qu'elle est ultime – i.e.* parce qu'elle représente l'état le plus illimité de l'être –, ne pouvant donc plus engendrer un produit qui soit de nature intelligible, engendre alors ce qui est l'autre de l'être, le non-être. On comprend mieux, à présent, pourquoi Plotin écrit que l'âme végétative engendre la matière du sensible « en devenant plus indéfinie » : il ne faut pas croire, par là, que l'âme devient elle-même la matière, mais seulement qu'elle arrive au point d'indétermination ultime que l'intelligible puisse tolérer. En deçà de ce point, il ne peut plus y avoir que du non-être.

Il est vrai, comme l'écrit D. O'Brien, que cette manière d'engendrer la matière est totalement différente de celle par laquelle l'Un, par exemple, engendre l'Intellect, puisque dans ce cas la génération se fait par perfection. Ainsi que cela a déjà été dit plus haut, l'Ame ne possède son être véritable que dans son principe, l'Intellect : c'est donc seulement lorsqu'elle regarde vers « ce d'où elle vient » qu'elle est « remplie »[2] et « illuminée »[3], donc qu'elle est parfaitement ce qu'elle est. On peut donc affirmer, avec D. O'Brien, que l'âme végétative n'engendre pas par perfection ou complétude. Toutefois, la complétude ne me semble pas pour autant absolument étrangère à la question de la génération de la matière puisque ce n'est que *lorsque l'intelligible est arrivé à son niveau le plus bas*, c'est-à-dire le niveau en deçà duquel il n'y a plus d'intelligible, que la matière est engendrée. Autrement dit, ce qui rend possible l'engendrement de la matière, c'est la *complétude de l'intelligible dans son ensemble* : ce n'est que lorsque l'intelligible est arrivé à son expression la plus déployée que peut advenir la matière du sensible. Ceci permet, à rebours, d'expliquer pourquoi ce n'est pas l'Ame hypostase qui est le principe générateur de la matière, mais seulement l'âme partielle, végétative,

1. Sur cette procession, cf. *infra*, p. 258-263.
2. *Enn.* V 2 [11] 1, 19 : πληροῦται.
3. *Enn.* III 9 [12] 3, 7 : φωτίζεται.

puisque cette dernière renvoie au degré ultime de l'intelligible et en définit par là même la limite inférieure.

Qu'elle ne peut être appréhendée que par un « raisonnement bâtard »

Nous savons désormais que la matière n'est pas sans origine, puisqu'elle est engendrée par l'Ame, plus précisément par l'âme qualifiée de « partielle », ainsi qu'il est spécifié en III 9 [13] 3, 7. Il nous reste à savoir quelle est sa nature et comment l'on peut la connaître.

Tout d'abord, rappelons que nous vivons dans un monde déjà constitué, c'est-à-dire un monde où « la matière n'est jamais dépourvue de forme (ἄνευ μορφῆς) »[1] ou « privée d'ordonnance (ἀκόσμητος) »[2]. Notre monde est ainsi un monde de matière déjà déterminée, donc de corps vivants[3]. Dès lors, si nous voulons chercher à découvrir quelle est la nature (si tant est qu'elle en possède une) de la matière, c'est d'abord à un travail de purification et d'abstraction qu'il faut nous atteler :

> — Comment connaissons-nous ce qui n'a absolument pas part aux spécificités (ὃ δὲ μηδαμῇ εἴδους τετύχηκε, πῶς) ?
> — En retranchant absolument toute spécificité (τὸ παράπαν εἶδος ἀφαιροῦντες) ; et nous appelons matière cela en quoi il n'y a plus de spécificité. Par cette abstraction de toute spécificité, nous avons à saisir, en nous-mêmes (ἐν ἡμῖν), le sans forme (ἀμορφίαν), si nous voulons saisir la matière, *Enn.* I 8 [51] 9, 14-18.

Un tel exercice d'abstraction, toutefois, est absolument contre nature pour la pensée. La pensée ne peut se mouvoir que dans ce qui est déterminé. L'absence de détermination risque à tout instant de la plonger tout entière dans l'obscurité et l'illimité. Aussi, l'âme, comme nous l'avons vu, « souffrant de ce qui est illimité, recouvre la matière de la spécificité des choses (ἐπέβαλε τὸ εἶδος τῶν πραγμάτων), par crainte de se trouver en quelque sorte hors des êtres et ne pouvant supporter longtemps d'être fixée dans le non-être (ἐν τῷ μὴ ὄντι) »[4]. Si l'âme persiste malgré tout dans cet état d'indétermination, étant devenue comme identique à ce qu'elle voit[5], elle découvre alors quelque chose qui est en manque de figure, sans couleur, non illuminé et qui ne possède pas de grandeur, « sinon, c'est qu'elle l'aura déjà spécifiée (εἰδοποιήσει ἤδη) »[6].

Cette forme d'appréhension de la matière, pour le moins douloureuse pour l'âme qui s'y essaie, est identifiée par Plotin au « raisonnement bâtard (νόθῳ

1. *Enn.* II 4 [12] 5, 3.
2. *Enn.* IV 3 [27] 9, 17.
3. Cf. *Enn.* II 4 [12] 5, 3.
4. *Enn.* II 4 [12] 10, 32-35.
5. Cf. *Enn.* II 4 [12] 10, 17 : ταὐτόν πως γινομένη τότε τῷ ὃ οἷον ὁρᾷ.
6. *Enn.* II 4 [12] 10, 20.

λογισμῷ) » du *Timée*[1]. L'interprétation qu'il donne de ce raisonnement dit « bâtard » et « ne s'accompagnant pas de sensation » est que la matière (1) n'est pas perceptible par les sens et (2) n'est saisissable que « par un raisonnement qui ne vient pas de l'Intellect (λογισμῷ οὐκ ἐκ νοῦ), si ce n'est d'une manière vide (ἀλλα κενῶς) »[2].

Le fonctionnement normal, si l'on peut dire, des facultés rationnelle et discursive humaines, consiste à saisir, dans un premier temps, l'*eidos* de ce qui fait l'objet de leur attention, puis, dans un second temps, à rapporter cet *eidos*, par l'intermédiaire des raisons que l'âme possède en elle, à l'idée qui en constitue le modèle intelligible. Il en va de cette manière aussi bien pour les corps[3] que pour les incorporels. Dans le cas de la matière, qui est dépourvue de toute qualification et est donc non corporelle (elle ne possède aucune des caractéristiques propres aux corps, telles que grandeur, figure, forme, résistance, couleur, etc.), le raisonnement ne peut recourir à la sensation pour en saisir l'*eidos*. Seules la raison et la pensée discursive (*dianoia*) sont ainsi mises à contribution. Toutefois, ce que ces facultés retirent de leur perception de la matière – qui est l'analogue de l'*eidos* saisi dans le cas de choses sensibles – ne trouve aucun modèle au niveau intelligible. C'est pourquoi Plotin écrit que le raisonnement par lequel nous saisissons la matière ne vient pas de l'Intellect, « si ce n'est d'une manière vide » : c'est parce que l'âme ne trouve aucun répondant intelligible à ce qui est comme l'*eidos* de la matière qu'elle se voit elle-même plongée dans un profond trouble, devenant indéterminée comme la matière :

> L'âme, en retranchant tout ce qui recouvre les choses sensibles comme une lumière (ἀφελοῦσα ὅσα ἐπι τοῖς αἰσθητοῖς οἷον φῶς), ne pouvant plus définir ce qui reste (τὸ λοιπὸν οὐκέτι ἔχουσα ὁρίσαι), s'assimile à une vue dans l'obscurité (ὁμοιοῦται τῇ ὄψει τῇ ἐν σκότῳ) en devenant alors, d'une certaine manière, identique (ταὐτόν) à ce que, pour ainsi dire, elle voit, *Enn.* II 4 [12] 10, 15-17, trad. J.-M. Narbonne, modifiée.

Si le raisonnement par lequel l'âme tente d'appréhender la matière peut être dit « bâtard », c'est parce que l'âme est incapable de « définir ce qui reste », c'est-à-dire de relier la matière avec un principe intelligible. A vrai dire, il s'agit moins d'une incapacité que d'une impossibilité : si l'âme ne peut relier la matière à l'intelligible, c'est parce qu'il n'existe aucun répondant intelligible à cette matière[4].

1. Cf. *Timée* 52b2. Sur le raisonnement bâtard dans le *Timée*, voir l'analyse de L. Brisson, *Le même et l'autre dans la structure ontologique du* Timée *de Platon*, Sankt Augustin, Academia Verlag, 1998³ [1974], p. 197-208 (désormais cité L. Brisson, *Le même et l'autre...*).

2. *Enn.* II 4 [12] 12, 33, traduction de J.-M. Narbonne.

3. Dans ce cas, la faculté rationnelle de l'âme est accompagnée de sensation : « La sensation est la perception des sensibles par l'âme ou par l'animal, lorsque l'âme saisit les qualités (ποιότητα) qui appartiennent au corps et en retire les spécificités (εἴδη) », *Enn.* IV 4 [28] 23, 1-4.

4. C'est pour cette raison que Plotin qualifie la pensée qui prend la matière pour objet d'Intellect « qui a l'audace de voir ce qui ne lui appartient pas (τολμήσας ἰδεῖν τὰ μὴ αὐτοῦ) », par opposition à

Qu'il est légitime de parler d'une *nature* de la matière du sensible

Pour le comprendre, il faut à présent nous pencher sur la nature même de la matière. Mais d'abord, peut-on réellement parler de *nature*, dans un cas comme celui de la matière? Selon Plotin, la réponse est assurément positive : la matière, écrit-il, est certes sans qualité (*apoios*), mais cela ne signifie pas pour autant qu'elle soit « sans nature aucune (μηδεμίαν φύσιν ἔχειν) »[1]; son caractère propre (*idiotès*), écrit-il également, « est de ne pas être autre chose que ce que précisément elle est (οὐκ ἄλλο τι ἢ ὅπερ ἔστι) (...), et réside dans sa relation avec les autres choses, parce qu'elle est autre qu'elles (ἄλλο αὐτῶν) »[2]; enfin, il arrive même à l'Alexandrin de désigner la matière par l'expression de « spécificité dernière (εἶδός τι ἔσχατον) »[3] ou encore par celle de « ce qui est comme la spécificité du non-être (οἷον εἶδος τι τοῦ μὴ ὄντος) »[4], expressions qui ont semé le trouble chez certains commentateurs[5].

Si Plotin peut affirmer que la matière possède une « nature », un « caractère propre »[6], voire ce qui est comme une « spécificité », et cela en dépit de son indétermination foncière, c'est parce que, ainsi que nous l'avons vu plus haut[7], la matière est *quelque chose* (une hypostase) et non rien. Ce quelque chose, parce qu'il existe, possède dès lors une certaine nature, par quoi on peut le distinguer d'autres choses existantes. Ainsi, ce qui nous permet de déceler la matière, de la distinguer non seulement des déterminations qui la recouvrent comme un vêtement, mais aussi du pur néant (c'est-à-dire de ce qui, *en aucune manière*, n'existe), c'est que la matière est « le restant (*to loipon*) »[8], c'est-à-dire ce qui à la fois est totalement dépourvu de détermination mais qui demeure cependant un quelque chose d'existant. L'indétermination de la matière ne l'empêche donc pas d'avoir une nature : au contraire, parce qu'elle n'est pas indéterminée par accident[9], *i.e.* par participation à l'indétermination (nous reviendrons sur ce point par la suite), l'indétermination de la matière est alors cela même qui en constitue la nature.

Quant à l'expression εἶδός τι ἔσχατον, il faut, pour la comprendre, la replacer dans son contexte :

l'Intellect véritable qui, lui, ne contemple que ce qu'il possède (*Enn.* I 8 [51] 9, 18-19). Sur le raisonnement bâtard chez Plotin, voir également J. Laurent, *Les fondements...*, *op. cit.*, p. 78-87.

1. *Enn.* I 8 [51] 10, 4-5.
2. *Enn.* II 4 [12] 13, 26-28.
3. *Enn.* V 8 [31] 7, 22-23.
4. *Enn.* I 8 [51] 3, 4.
5. Notamment J.-M. Narbonne, *Plotin. Les deux matières*, *op. cit.*, p. 103, qui voit dans εἶδός τι ἔσχατον l'expression d'une contradiction par rapport à la « doctrine habituelle » de Plotin.
6. Sur l'*idiotès* de la matière du sensible, *cf.* Ch. Horn, *Plotin über Sein...*, *op. cit.*, p. 178-184.
7. Cf. *supra*, p. 35.
8. *Enn.* II 4 [12] 10, 16.
9. Cf. *Enn.* II 4 [12] 15, 33 : « Il faut dire que la matière est par elle-même illimitée (ἄπειρον... παρ' αὐτῆς) ».

> Du début jusqu'à la fin, tout ici est occupé par des spécificités (εἴδεσι κατέσχηται) : la matière, d'abord par les spécificités des éléments (τοῖς τῶν στοιχείων εἴδεσιν), et ensuite par d'autres spécificités qui se superposent aux précédentes (εἶτ' ἐπὶ εἴδεσιν εἴδη ἄλλα), puis par d'autres encore ; de cette manière, il est bien difficile de mettre au jour la matière cachée en-dessous de toutes ces spécificités (ὑπὸ πολλοῖς εἴδεσι κρυφθεῖσαν). Puisque la matière est également une sorte de spécificité ultime (ἐπεὶ δὲ καὶ αὕτη εἶδός τι ἔσχατον), alors cet univers est spécificité et est toutes spécificités (πᾶν εἶδος τόδε καὶ πάντα εἴδη), *Enn.* V 8 [31] 7, 18-23.

Pour J.-M. Narbonne, un tel passage signifie que la matière est identifiée à une spécificité intelligible. Ainsi, écrit-il, « préoccupé d'assurer l'unité du cosmos, Plotin ne saura mieux faire – en contradiction avec sa doctrine habituelle, et particulièrement l'exposé de II 5 – pour réserver à la matière sensible une place dans ce système à côté des autres êtres, que d'affirmer qu'elle est comme eux de nature formelle, une sorte de forme dernière »[1]. Je pense au contraire qu'il n'y a pas de contradiction entre l'affirmation de la matière comme εἶδος τι ἔσχατον et la « doctrine habituelle » de Plotin. Je proposerai ainsi une interprétation en deux temps.

D'abord, il paraît clair que Plotin entend insister sur un élément commun permettant de relier, en quelque manière, les idées et la matière. Cet élément, selon moi, est le fait que la matière, à l'instar des idées, est « unique » : de même qu'il n'y a pas deux idées du beau, du juste ou du grand, de même il n'existe pas deux matières dernières. Ce trait commun vient de ce que la matière est matière « par elle-même » et non par participation : elle ne possède donc pas de « double » intelligible. Elle est ce qu'elle est et elle l'est seule. C'est pour cette raison que Plotin peut écrire que la matière est « comme la spécificité du non-être (οἷον εἶδος τι τοῦ μὴ ὄντος) » : elle seule « matérialise », si l'on peut dire, l'*idée* du non-être, une idée qui, au sens propre, n'existe pas puisque le non-être est l'autre de l'être, la négation même de l'idée.

Ensuite, si l'appellation εἶδός τι ἔσχατον a pour but de révéler un trait commun à la matière et aux idées, c'est aussi parce qu'il existe, on l'a vu, une certaine continuité entre les idées et la matière. On se souvient en effet que dans le traité *Sur les genres de l'être II*, Plotin écrit que l'espèce dernière, dans l'intelligible, est « plus illimitée », voire « tout à fait illimitée ». Assurément, les expressions τὸ ἔσχατον εἶδος (*Enn.* VI 2 [43] 22, 16) et εἶδός τι ἔσχατον (*Enn.* V 8 [31] 7, 22-23) ne se réfèrent pas à une même réalité : la première renvoie à la spécificité dernière du monde intelligible, à savoir à l'Ame dans sa partie ultime, la seconde renvoie à la spécificité dernière du réel au sens élargi[2], à savoir à la matière du sensible. Toutefois, dans les deux cas, l'appellation *eskhaton eidos* renvoie à une réalité dont la nature est *illimitée*. Cela nous permet, d'une part, de rappeler qu'il

1. J.-M. Narbonne, *Plotin. Les deux matières*, *op. cit.*, p. 103.

2. Par « réel au sens élargi », j'entends l'ensemble de ce qui existe (ce qui inclut, en plus de l'intelligible, l'Un et la matière dernière).

existe une certaine continuité entre l'extrémité inférieure de l'intelligible et la matière dernière – continuité qui, cela va de soi, n'implique pas pour autant qu'il y ait identité entre les deux termes – et, d'autre part, de voir que l'expression εἶδός τι ἔσχατον, utilisée par Plotin pour désigner la matière, ne signifie nullement que celle-ci soit un *eidos*, mais seulement qu'elle peut être comprise, étant donné la continuité existant entre l'extrémité de l'intelligible et la matière, comme le terme ultime de la procession émanant de l'Un. C'est d'ailleurs en cela, si l'on en croit le traité *Sur l'origine des maux*, que réside toute la nécessité de la matière : dès lors que l'Un-Bien est compris comme le terme premier d'un procès de génération, il est nécessaire qu'il ait un « terme dernier (τὸ ἔσχατον) » à un tel procès, lequel n'est autre que la matière elle-même [1].

Que la matière dernière est le non-être

De même que la matière qui vient de l'Un doit être autre que l'Un, donc non-Un, de même la matière qui vient de l'être (plus spécifiquement, de l'âme végétative), doit être autre que l'être, donc non-être. Toutefois, il faut bien s'entendre sur le sens de ce non-être.

Tout d'abord, il ne peut s'agir du « non-être au sens absolu (τὸ παντελῶς μὴ ὄν) » [2], c'est-à-dire du néant ou du rien [3]. Nous avons eu l'occasion de voir que, pour Plotin, la matière dernière *existe* – même si son existence n'est pas comparable à celle des intelligibles. En effet, être l'autre de l'être, ce n'est pas être rien, mais seulement être absolument dépourvu de l'être tout entier.

Ensuite, si la matière est non-être parce qu'elle est l'autre de l'être, ce n'est pas au sens où, dans le *Sophiste*, il est dit que « le mouvement ou le repos sont autres que l'être » [4] :

> Elle est certes non être, mais non au sens où, par exemple, le mouvement est autre que l'être : car le mouvement est porté par l'être (ἐποχεῖται τῷ ὄντι) comme venant de lui (οἷον ἀπ' αὐτοῦ) et étant en lui (ἐν αὐτῷ οὖσα), tandis que la matière est comme rejetée hors de l'être (οἷον ἐκριφεῖσα) et complètement séparée (πάντη χωρισθεῖσα), *Enn.* II 5 [25] 5, 9-12.

Dans son interprétation des *megista genè* du *Sophiste*, interprétation qu'il fournit dans les § 7-8 du traité *Sur les genres de l'être II*, Plotin montre qu'aucun des cinq grands genres que sont l'être, le mouvement, le repos, le même et l'autre, ne doivent être compris comme inférieurs, ni même supérieurs à l'être : tous contribuent à la complétude de l'être. Aussi, écrit-il, « le mouvement ne doit pas être subordonné à l'être ni placé au-dessus de lui (οὔτε ὑπὸ τὸ ὂν τακτέα οὔτ' ἐπὶ

1. Cf. *Enn.* I 8 [51] 7, 16-23.

2. On trouve, dans les *Ennéades*, trois occurrences de ce « non-être au sens absolu » : *Enn.* VI 9 [9] 11, 36, III 6 [26] 14, 20 et *Enn.* I 8 [51] 3, 6-7. Comme on va le voir par la suite, ce non-être absolu est identique à ce que Platon appelle, dans le *Sophiste*, le « contraire de l'être ».

3. Sur ce point, voir les analyses de M.I. Santa Cruz, *La genèse*..., *op. cit.*, p. 103-105.

4. Outre le passage qui suit, Plotin fait encore deux fois allusion à l'altérité propre au mouvement et au repos : cf. *Enn.* I 8 [51] 3, 7-8 et *Enn.* III 6 [26] 7, 11-12.

τῷ ὄντι) ; il est seulement avec l'être (μετὰ τοῦ ὄντος), et nous l'avons découvert en lui (ἐν αὐτῷ), sans qu'il y soit comme en un substrat (οὐχ ὡς ἐν ὑποκειμένῳ) »[1]. Le mouvement est, avec les autres genres[2], un « complément de l'être (συμπληρωτικὸν οὐσίας) » : par complément, il ne faut pas entendre un élément surajouté à l'être, mais bien plutôt ce sans quoi l'être ne serait pas complet et parfait. Ainsi, le mouvement est l'acte de l'être[3], donc la Vie intelligible elle-même[4]; l'être, étant un acte à part entière, est dès lors inconcevable sans le mouvement[5].

En conséquence, la matière ne peut être entendue comme « autre » que l'être au sens où l'est le mouvement, puisqu'elle est totalement séparée de l'être, qu'elle est hors de lui.

Il y a également une autre raison pour laquelle la matière ne peut être dite autre comme l'est le mouvement, raison qui est plus proche de la réflexion de Platon dans le *Sophiste*. Dans ce dialogue, les trois genres que sont l'autre, le mouvement et le repos participent tous de l'être, mais ils se distinguent en ce que le mouvement et le repos sont autres que l'être *parce qu'ils participent de l'autre*, tandis que l'autre est autre que l'être du seul fait qu'il est autre, donc sans avoir à participer à un genre intermédiaire[6]. De la même manière, pour Plotin, si la matière est autre que l'être, ce n'est pas parce qu'elle participe à l'autre, mais *parce qu'elle est elle-même l'autre*. Si la matière était autre par participation, il faudrait alors comprendre que cette altérité qui est en elle n'est qu'un accident ou une qualité externe de la matière. La matière serait seulement le substrat de l'altérité, et non cette altérité elle-même. Tout au contraire, selon Plotin, de même que la matière n'est pas illimitée par accident (par participation à un illimité en soi qui lui serait extérieur), de même elle n'est pas autre par participation, mais parce qu'elle est elle-même autre. Toutefois, sur ce dernier point, Plotin ajoute une précision qui n'est pas sans importance :

> La matière est-elle donc identique à l'altérité (ἆρ' οὖν καὶ ἑτερότητι ταὐτόν) ? Non, mais elle est identique à la portion de l'"autre" qui est opposée aux êtres existant au sens propre (ἀλλὰ μορίῳ ἑτερότητος ἀντιταττομένῳ πρὸς τὰ ὄντα κυρίως), qui sont des raisons (ἃ δὴ λόγοι). C'est pourquoi tout en n'étant pas (μὴ ὄν), elle est en ce sens quelque chose (οὕτω τι ὄν), et est identique à la privation (στερήσει ταὐτόν), si la privation est opposition aux êtres qui existent selon une raison (ἀντίθεσις πρὸς τὰ ἐν λόγῳ ὄντα), *Enn.* II 4 [12] 16, 1-4, trad. J.-M. Narbonne, modifiée.

1. *Enn.* VI 2 [43] 7, 16-18.
2. Cf. *Enn.* VI 2 [43] 15, 1.
3. *Enn.* VI 2 [43] 7, 18 : ἐνέργεια αὐτοῦ. Le mouvement est donc l'acte *de* l'être et non l'acte qui dérive de l'être.
4. Cf. *Enn.* VI 2 [43] 7, 9.
5. Cf. *Enn.* VI 2 [43] 15, 8-9 : le mouvement est ἐνέργεια ἐνεργείᾳ ὄντος, l'acte d'un être en acte.
6. *Cf.* Platon, *Sophiste* 255c8-e7. Sur ce point, voir l'interprétation de D. O'Brien, « Platon et Plotin sur la doctrine des parties de l'Autre », *Revue philosophique de la France et de l'Etranger* 4, 1991, p. 507 et, du même auteur, « La matière chez Plotin : son origine, sa nature », art. cit., p. 56-60.

Il y a, dans cet extrait, et comme c'est d'ailleurs souvent le cas chez Plotin, une double référence, l'une au *Sophiste* de Platon (1) et l'autre à la *Physique* d'Aristote (2).

(1) Ainsi, l'expression « portion de l'autre qui est opposée aux êtres existant au sens propre », vient *quasi* en droite ligne du *Sophiste* où Platon démontre qu'il y a une nature de l'autre et qu'elle se détaille à tous les êtres en leurs relations mutuelles : le non-être, conclut-il, est cette « portion de l'autre qui s'oppose à l'être de chaque chose (τὸ πρὸς τὸ ὂν ἑκάστου μόριον αὐτῆς ἀντιτιθέμενον) »[1].

Lorsque Plotin affirme que la matière n'est pas identique à l'« autre » mais seulement à une « portion de l'autre », laquelle s'oppose « aux êtres existant au sens propre », il spécifie, de cette manière, un certain type d'altérité, précisément celui qui s'oppose *aux êtres*. Ce faisant, nous voyons non seulement que ce type d'altérité n'est pas identique au pur néant, puisque la « portion de l'"autre" » dont il est ici question a pour caractéristique à la fois de s'opposer à l'être *et* d'y participer en quelque manière[2] ; ensuite, que ce type d'altérité n'est pas celui propre au mouvement et au repos, lesquels sont certes autres que l'être, mais ne s'y opposent pas. Ainsi se voient confirmés les éclaircissements préalables que nous a fournis Plotin sur la nature de l'altérité de la matière.

Mais il y a plus. En reprenant à son compte l'expression du *Sophiste*, Plotin fait également le choix entre deux formes de relations possibles entre matière et être, à savoir celle d'opposition et celle de contrariété. Selon D. O'Brien, ce qui fait la spécificité de l'opposition (ἀντίθεσις) par rapport à la contrariété (ἐναντιότης), c'est qu'elle maintient quoi qu'il arrive une participation à l'être : puisque « toutes les parties de l'autre participent de l'être, aucune partie de l'autre ne saurait donc en constituer le contraire »[3]. Effectivement, le non-grand, par exemple, bien qu'il soit lui-même un non-être puisqu'il participe de la partie de l'autre qui s'oppose au grand, n'en demeure pas moins un être. De même en va-t-il pour le non-beau, le non-juste[4] et, bien sûr, le non-être lui-même (lequel se distingue des précédents en ce qu'il ne participe pas à la partie de l'autre qui s'oppose à l'être, mais est cette partie même). Si, en revanche, toutes ces négations devaient être comprises non comme des formes d'altérité mais de contrariété, elles seraient « non-être » sans avoir part à l'être. Sur ce non-être, toutefois, que pourrions-nous en dire puisqu'il est inconnaissable ? C'est pourquoi, affirme l'Etranger du *Sophiste*, « pour nous, à

1. *Sophiste* 258e2-3. Je ne suis pas ici la lecture de J. Burnet (qui est celle de Simplicius : τὸ πρὸς τὸ ὂν ἕκαστον), mais bien celle de tous les manuscrits de la tradition directe.

2. Cette partie de l'« autre » qui s'oppose à l'être, commente D. O'Brien, « ne peut pas ne pas participer de l'être, car toutes les parties de l'autre, comme tout autre objet d'ailleurs, à part l'être même, participent de l'être » (*cf.* « Platon et Plotin sur la doctrine des parties de l'Autre », art. cit., p. 506).

3. D. O'Brien, « Platon et Plotin sur la doctrine des parties de l'Autre », art. cit., p. 503.

4. *Sophiste* 257e9-258a9.

je ne sais quel contraire de l'être, il y a beau temps que nous avons dit adieu, n'ayant cure de savoir s'il est ou non, s'il est rationnel ou totalement irrationnel »[1].

Selon cette explication, mise en avant par D. O'Brien, si Plotin choisit de définir la matière du sensible conformément à la définition du non-être dans le *Sophiste*, c'est parce qu'elle lui permet de montrer que la matière n'est pas un pur néant (lequel serait le contraire de l'être), mais qu'elle existe en quelque manière. Si cette explication est juste, elle me paraît toutefois encore insuffisante. En effet, si Plotin préfère, conformément au *Sophiste*, parler du non-être de la matière en termes d'opposition plutôt qu'en termes de contrariété, c'est parce que l'opposition lui permet de rendre compte de la matière *sans en réifier la nature*, c'est-à-dire sans en faire un être *déterminé*. A la différence de la « contrariété » qui désigne un rapport entre deux termes *déterminés*, l'« opposition » renvoie au rapport d'un <terme> indéterminé à un terme déterminé. Ainsi, grand et petit, bien et mal, beau et laid, forment trois couples de contraires; en revanche, si l'on veut seulement désigner ce qui est *non* grand, *non* bien et *non* beau, il n'existe aucune expression déterminée (*i.e.* positive) permettant de spécifier ce que recouvre une telle négation. Platon l'avait très bien compris[2], et il ne fait pas de doute que Plotin le suive pleinement dans cette voie :

> Quand nous énonçons le non-être, ce n'est point là, ce semble, énoncer quelque chose de contraire à l'être (οὐκ ἐναντίον τι λέγομεν τοῦ ὄντος), mais seulement quelque chose d'autre (ἀλλ' ἕτερον μόνον). — Comment ça? — Quand, par exemple, nous parlons de quelque "non-grand", te semblons-nous alors désigner, par cette expression, plutôt le petit que l'égal ? — Quelle raison aurions-nous? — Quand donc l'on prétendra que négation (ἀπόφασις) veut dire contrariété (ἐναντίον), nous ne l'admettrons point, et nous nous en tiendrons à ceci : quelque chose d'autre (τῶν ἄλλων τὶ), voilà ce que signifie le "non" ou le "ne pas" qu'on met en préfixe aux noms qui suivent la négation, ou plutôt aux choses désignées par ces noms, *Sophiste* 257b3-c3, trad. A. Diès.

A la différence de la contrariété, l'opposition rend seulement compte du fait d'être autre, et cette altérité, parce qu'elle est négation, ne se réfère pas à un quelque chose de déterminé[3]. Pour Plotin, cette caractéristique propre à l'opposition est capitale, et cela à au moins deux titres : d'une part, parce que la matière, n'étant jamais rendue parfaite (*i.e.* définie) par l'âme qui l'a produite (nous reviendrons sur ce point par la suite), demeure par nature éternellement indéfinie; d'autre part, parce que la matière, étant la « portion de l'autre qui s'oppose aux

1. *Sophiste* 258e7-259a1. Sur ce passage, voir également D. O'Brien, « Le non-être dans la philosophie grecque : Parménide, Platon, Plotin », dans P. Aubenque (éd.), *Études sur le* Sophiste *de Platon*, Napoli, Bibliopolis, 1991, p. 336-337 (désormais cité P. Aubenque (éd.), *Études sur le* Sophiste...).

2. Sur le texte qui suit, voir l'analyse de D. O'Brien, « Le non-être dans la philosophie grecque : Parménide, Platon, Plotin », art. cit., p. 332-335.

3. Aristote, de son côté, dira que « le non-homme (τὸ οὐκ ἄνθρωπος) n'est pas un nom (...), seulement un nom indéfini (ὄνομα ἀόριστον) », *De l'interprétation*, 16a29-32.

êtres existant au sens propre », est de ce fait même indéfinie, puisqu'elle est *privée* de toute détermination intelligible.

Sur ce dernier point, il est une précision supplémentaire à apporter. Ainsi que D. O'Brien[1] l'a montré, il est fort vraisemblable que Plotin, lorsqu'il écrit que la matière est « identique à la portion de l'"autre" qui est opposée *aux êtres* existant au sens propre (ἀλλὰ μορίῳ ἑτερότητος ἀντιταττομένῳ πρὸς τὰ ὄντα κυρίως) », se réfère à une édition autre que celles qui nous sont parvenues par la tradition directe, édition dont Simplicius s'est par la suite fait l'écho et selon laquelle il faut lire que « le non-être est la portion de l'"autre" qui s'oppose *à chaque être* (πρὸς τὸ ὂν ἕκαστον) » et non, comme tous les manuscrits conservés l'écrivent, « qui s'oppose à *l'être de chaque chose* (πρὸς τὸ ὂν ἑκάστου) ». Certes, on ne saura jamais si c'est délibérément ou non que Plotin a choisi l'édition qui met le *hekaston* à l'accusatif. Quoi qu'il en soit, il est vrai que cette lecture sied mieux à ses propres exigences philosophiques puisqu'elle fait de l'être l'objet direct de l'opposition. Toutefois, on aura remarqué que Plotin va plus loin encore, puisqu'il ajoute le terme κυρίως. Ce faisant, il intègre définitivement la phrase du *Sophiste* à son propre système métaphysique, en nous signifiant que lorsque Platon écrit que « le non-être est la portion de l'"autre" qui s'oppose *à chaque être* (πρὸς τὸ ὂν ἕκαστον) », il faut entendre par là que l'opposition porte sur chaque être « existant au sens propre », donc sur *chaque être intelligible*. Ce point est bien entendu capital, puisqu'il fait basculer la matière dernière, identifiée au non-être du *Sophiste*, hors de la sphère intelligible : certes, de même que le non-être du *Sophiste* existe en quelque manière, de même en va-t-il également ainsi pour la matière dernière, mais cette forme d'existence n'est en rien comparable à celles des spécificités intelligibles, puisqu'elle leur est opposée, donc inférieure. Ainsi se voit restaurée la hiérarchie processive entre l'intelligible et la matière qui en découle.

(2) Passons, à présent, à la seconde référence, à savoir à celle qui, par l'intermédiaire d'une remise en cause d'un point essentiel de la *Physique* d'Aristote, identifie la matière dernière à la privation (στέρησις). Tout d'abord, remarquons que cette référence est beaucoup moins explicite que la précédente, puisqu'elle s'énonce selon un parallélisme presque parfait avec l'expression du *Sophiste* que nous venons de commenter. Ainsi, écrit Plotin, la matière du sensible, « tout en n'étant pas (μὴ ὄν), est en ce sens quelque chose (οὕτω τι ὄν), et est identique à la privation (στερήσει ταὐτόν), si la *privation* est opposition aux êtres qui existent selon une raison (ἀντίθεσις πρὸς τὰ ἐν λόγῳ ὄντα) »[2]. On voit, de cette manière, que la matière n'est pas seulement identifiée à la portion de l'autre qui « s'oppose aux êtres existant au sens propre », mais également à la privation, et cela, semble-t-il, pour des raisons similaires, puisque Plotin écrit que la privation est « opposition aux êtres qui existent selon une raison ». Toutefois, en faisant

1. D. O'Brien, « Platon et Plotin sur la doctrine des parties de l'Autre », art. cit., p. 510-512.
2. *Enn.* II 4 [12] 16, 3-4.

intervenir la notion de privation, l'Alexandrin pense plus à Aristote qu'à Platon [1]. Dans le dernier chapitre du premier livre de sa *Physique*, après avoir démontré qu'il y a trois principes au devenir, à savoir le substrat (ou matière), l'*eidos* et la privation, le Stagirite entame la critique de « ceux » qui n'ont pas distingué entre matière et privation (la majorité des commentateurs s'accorde à reconnaître qu'il s'agit des platoniciens) :

> Mais cela est très différent, car nous disons que matière et privation sont différentes, et que l'une d'entre elles, la matière, est non-être par accident (τὸ μὲν οὐκ ὂν εἶναι κατὰ συμβεβηκός), tandis que la privation est non-être par soi (καθ' αὑτήν), et que l'une, la matière, est proche et est d'une certaine manière une substance (ἐγγὺς καὶ οὐσίαν πως), tandis que la privation pas du tout (οὐδαμῶς), *Physique* 192a3-a6, trad. A. Stevens, modifiée.

Si, selon Aristote, il faut distinguer entre matière et privation, c'est que ces deux concepts ne désignent pas une même forme de non-être : la première est non-être par accident, la seconde par soi [2]. Que la matière soit non-être par accident, cela se comprend du fait qu'elle n'est pas substance à part entière : dès lors qu'elle est intégrée à un processus de génération, elle n'est plus qu'une οὐσία πως, c'est-à-dire une substance dont l'*eidos* reste à venir et dont elle est encore *privée*. Quant à la privation, si elle est considérée par Aristote comme non-être par soi, c'est que, ainsi que le commente L. Couloubaritsis, elle est « l'autre d'une "forme", non plus en tant qu'une autre "forme", mais en tant qu'absence de "forme" » [3]. Il est intéressant de voir à quel point la notion de privation, chez le Stagirite, s'accorde avec celle de matière chez Plotin : chez ce dernier, en effet, la matière est privation au sens de ce qui s'oppose « aux êtres qui existent selon une raison (πρὸς τὰ ἐν λόγῳ ὄντα) », c'est-à-dire aux spécificités intelligibles. Rien d'étonnant, dès lors, que Plotin ait pu se sentir directement touché par la critique qu'Aristote avait adressée aux premiers platoniciens (les accusant d'identifier matière et privation), puisque ce que ce dernier appelle privation n'est pas autre chose, chez l'Alexandrin, que la

1. L'ensemble du contexte fait en effet référence aux derniers chapitres du premier livre de la *Physique*, où Aristote se met à la recherche du nombre des principes du devenir (deux ou trois). Qui plus est, l'exemple de la femelle, ensemencée par le mâle, qui intervient quelques lignes plus loin (*Enn.* II 4 [12] 16, 12-16), se réfère probablement à *Physique* 192 a22-25 (*cf.* D. O'Brien, « Plotinus on matter and evil », art. cit., p. 179). Voir également, sur la critique plotinienne de la privation aristotélicienne, la très fine analyse de J. Moreau, « Plotin et la théorie platonicienne de la matière », dans *Réalisme et idéalisme chez Platon*, Paris, Presses Universitaires de France, 1951, p. 119-135 (principalement les § 54 et 57) et l'article de K. Corrigan, « Berkeley and Plotinus on the non-existence of matter », *Hermathena* 157, 1994, p. 67-85 (principalement p. 78-81), dans lequel l'auteur entend montrer comment « la théorie plotinienne de la matière-mal, apparemment platonicienne, constitue à chaque point crucial un développement interprétatif d'Aristote » (p. 81).

2. La matière est donc bien, selon Aristote, distincte de la privation, contrairement à ce qu'écrit J. Laurent, *Les fondements…*, *op. cit.*, qui considère, tout au contraire, que « la *Physique* ne pense ultimement <la matière> que comme pure et simple privation » (p. 73).

3. L. Couloubaritsis, *La* Physique *d'Aristote*, deuxième édition modifiée et augmentée de *L'avènement de la science physique*, Bruxelles, Ousia, 1997, p. 210 (désormais cité L. Couloubaritsis, *La* Physique…).

matière elle-même. Ainsi, après qu'Aristote ait distingué la matière et la privation comme deux principes distincts, Plotin va s'employer à les identifier à nouveau.

L'identification de la matière et de la privation met en jeu deux mouvements contraires: d'une part, la privation, dès lors qu'elle s'incorpore à la matière, disparaît en tant que principe séparé; d'autre part, le non-être «par accident» qu'est la matière aristotélicienne fait place au non-être «par soi» de la privation. Chez Plotin, de même que la privation n'est pas seulement un attribut de la matière, mais sa nature même, de même la matière est illimitée «par soi» (donc non-être de la même manière) et non par accident:

> Par conséquent, il faut dire que la matière est illimitée par elle-même (ἄπειρον... παρ' αὐτῆς), de par son opposition à la raison (ἀντιτάξει τῇ πρὸς τὸν λόγον). Et en effet, de même que la raison est raison sans être autre chose, de même aussi, faut-il dire que la matière, qui est opposée à la raison (ἀντιτεταγμένην τῷ λόγῳ), en vertu de son illimitation, est illimitée sans être autre chose (οὐκ ἄλλο τι οὖσαν... ἄπειρον), *Enn.* II 4 [12] 15, 33-37, trad. J.-M. Narbonne, modifiée.

La matière est illimitée «sans être autre chose» au sens où elle n'est pas un substrat qui serait illimité par accident. Il ne faut donc pas distinguer, dans la matière, entre un substrat et un attribut, lequel serait l'illimitation, la privation ou le non-être. Au contraire, de même que la «raison» (et il faut ici entendre le terme *logos* au sens général de détermination intelligible) est limité *par nature* et non par participation à une limite, de même la matière est illimitée par elle-même, donc «non-être en acte (ἐνεργείᾳ μὴ εἶναι)» [1].

*

En conclusion, nous pouvons à présent affirmer que la matière dernière, chez Plotin, possède une nature, que cette nature est celle du non-être, et que ce non-être est lui-même défini, d'une part, en référence au *Sophiste*, comme «cette portion de l'autre qui s'oppose aux êtres existant au sens propre» et, d'autre part, par l'intermédiaire d'une remise en question fondamentale des postulats de la *Physique*, comme la privation elle-même, c'est-à-dire comme l'absence de forme.

Le détour par la *Physique* nous permet, enfin, de répondre à la seconde question, à savoir celle du nombre des principes. Pour Aristote, on l'a dit, il ne peut y en avoir que trois: la matière, l'*eidos* et la privation. Sans la privation, en effet, nul devenir n'est possible. De son côté, Plotin ne renonce nullement à la privation, mais il l'intègre au sein de la matière, de sorte que celle-ci n'est plus non-être par accident mais bien non-être par soi. Par là, le nombre des principes passe de trois à deux: la matière et l'Ame.

1. *Enn.* II 5 [25] 5, 27-28.

LA VENUE À L'ÊTRE DU DEVENIR

Pour rendre compte de la génération du devenir, *i.e.* du monde sensible, Plotin use, comme il l'a fait pour la génération de l'être, du schème de la détermination. C'est que les corps animés, qui constituent le devenir proprement dit, sont, tout comme les êtres intelligibles, des êtres déterminés. Ainsi que nous l'avons vu plus haut, « déterminé » signifie non seulement qu'une chose est particulière, un *tode ti*, mais également qu'une chose possède une *ipséité*. On peut dire que l'être corporel est déterminé en ces deux sens, mais, toutefois, avec une différence cruciale par rapport à la détermination intelligible, puisque sa détermination est en perpétuel *écoulement* :

> En effet, les êtres doivent être au repos et les intelligibles doivent demeurer identiques, et chacun doit être numériquement un : car c'est ainsi qu'est le ceci (οὕτω γὰρ τὸ τόδε). Pour certaines choses, à cause de leur nature corporelle, *le caractère particulier s'écoule* (τοῦ καθέκαστον ῥέοντος) du fait que la spécificité y est entrée de l'extérieur (ἅτε ἐπακτοῦ τοῦ εἴδους ὄντος) et leur être n'existe qu'en tant qu'il est toujours conforme à cette spécificité (τὸ εἶναι κατ' εἶδος ἀεὶ ὑπάρχει), par imitation des êtres <intelligibles> (μιμήσει τῶν ὄντων). Pour d'autres, au contraire, n'étant pas issues d'une composition (οὐκ ἐκ συνθέσεως), l'être de chacune est dans celle en laquelle elle est, numériquement une, et n'est pas devenue ce qu'elle n'était pas ni ne cessera d'être ce qu'elle sera, *Enn.* IV 3 [27] 8, 22-30.

C'est parce qu'ils tiennent leurs déterminations d'ailleurs que d'eux-mêmes [1] que les corps animés et, avec eux, le monde sensible dans son ensemble, ne possèdent qu'une détermination « en écoulement ». A la différence des êtres intelligibles qui sont par eux-mêmes et en eux-mêmes des êtres déterminés, les êtres sensibles ne sont déterminés que par participation aux intelligibles. Mais cette participation « par flux » est tout autant tributaire de la nature de la matière qui doit recevoir les déterminations intelligibles : alors que la matière de l'intelligible, parce qu'elle est « toutes choses ensemble (ἅμα πάντα) » [2], n'a rien en quoi elle puisse se changer, et est donc parfaitement au repos, la matière du sensible, de son côté, « est toutes choses une par une et une seule à chaque fois (παρὰ μέρος πάντα καὶ ἓν ἑκάστοτε) et c'est pourquoi rien n'y demeure (οὐδὲν ἐμμένει), une chose en chassant une autre; aussi n'est-elle jamais identique (οὐ ταὐτὸν ἀεί) » [3].

Si vraiment, dans le monde sensible, rien ne demeure, si vraiment rien n'y est jamais identique, peut-on encore soutenir qu'un tel monde, et ce qu'il englobe,

1. *Cf.* W. Helleman-Elgersma, *Soul-Sisters…*, *op. cit.*, p. 434-436.

2. *Enn.* II 4 [12] 3, 13.

3. *Enn.* II 4 [12] 3, 11-13, traduction de J.-M. Narbonne, modifiée. Si la matière du sensible ne peut accueillir toutes les formes en même temps, c'est en raison de sa nature profonde : à la différence de la matière de l'intelligible qui est, on l'a vu, puissance totale (δύναμις πᾶσα), la matière du sensible n'est qu'« en puissance toutes choses ».

possède une *ipséité*, comme c'est le cas des êtres intelligibles? Oui, mais seulement si l'on admet que cette ipséité n'est présente que par participation et que son lieu véritable demeure le monde intelligible. C'est pour cette raison qu'il est dit, dans l'extrait précédent, que l'être des choses sensibles « n'existe qu'en tant qu'il est toujours conforme à la spécificité (τὸ εἶναι κατ' εἶδος ἀεὶ ὑπάρχει), par imitation des êtres intelligibles (μιμήσει τῶν ὄντων) ». C'est également en ce sens qu'il faut comprendre que les êtres sensibles peuvent être considérés comme des *tode ti*, des choses déterminées. Chez Aristote, la « substance première » est un *tode ti*. Pour le Stagirite, toutefois, cette substance renvoie à un être sensible, corporel et individuel[1]. De son côté, Plotin ne semble pas dire autre chose lorsqu'il affirme que « l'essence doit être un certain ceci (τόδε γάρ τι δεῖ τὴν οὐσίαν εἶναι) »[2]. L'Alexandrin, cependant, n'entend pas ici « essence » au sens aristotélicien d'une substance sensible, mais bien plutôt au sens d'une *ousia* intelligible et incorporelle. Telle est, selon lui, l'essence véritable et il faut considérer que « la nature des corps n'est appelée essence que par homonymie ou, même, qu'elle n'est pas essence du tout, étant adaptée à la notion d'écoulement (διὰ τὸ ἐφαρμόττειν τὴν ἔννοιαν ῥεόντων) », de sorte qu'il est plus juste de l'appeler « devenir (γένεσιν) »[3].

Le schème de la détermination suppose, on le sait désormais, la mise en présence d'un principe déterminant et d'un principe d'indétermination. Dans le cas du monde sensible, ces principes sont, respectivement, l'Ame (ou, plus spécifiquement, l'âme végétative) et la matière. Comme c'est le cas pour la génération de l'être, ces principes doivent être à la fois transcendants *et* immanents puisque, d'une part, ils sont cela même *qui rend possible* la venue à l'être d'un monde sensible et, d'autre part, ils composent un tel monde, une fois celui-ci engendré. Comme je l'ai déjà fait pour l'investigation de la génération du monde intelligible, j'envisagerai donc la génération du monde sensible à travers trois moments : (a) celui où l'Ame et la matière sont comprises comme conditions de possibilité du monde sensible, (b) celui où l'Ame détermine la matière et (c) celui, enfin, où tous deux sont pris, en tant que couple de forme et de matière, comme composants du monde sensible. De cette manière, il nous sera plus aisé de voir les affinités, mais aussi les différences essentielles, existant entre la génération du monde sensible et celle du monde intelligible.

L'Ame et la matière comme principes : transcendance et inaltérabilité

L'Ame et la matière sont dites transcendantes au corps dès lors qu'on les envisage comme principes, c'est-à-dire comme conditions de possibilité du

1. « Il semble bien que toute essence signifie un ceci. Pour les essences premières (τῶν πρώτων οὐσιῶν), il est incontestablement vrai qu'elles signifient un ceci (τόδε τι); en effet, ce qu'elles désignent est individuel et numériquement un (ἄτομον γὰρ καὶ ἓν ἀριθμῷ) », *Catégories* 5 3b10-13, traduction de F. Ildefonse et J. Lallot. *Cf.* également *Métaphysique* K 1060 b19-23.

2. *Enn.* V 5 [32] 6, 5-6.

3. *Enn.* VI 3 [44] 2, 2-4.

devenir et des déterminations corporelles. En effet, prises en ce sens, toutes deux doivent être posées comme *antérieures* au corps[1]. Pour cette raison, elles sont dites non corporelles[2]. Cette antériorité en manifeste simultanément la transcendance : ni l'âme ni la matière ne sont des éléments immanents au corps, comme le sont, par exemple, l'air, le feu, etc. Dans le cas contraire, l'âme et la matière ne seraient plus *ce à partir de quoi* le corps est engendré (ou principes), mais seulement *ce de quoi* le corps est fait (ou constituants). Cette transcendance a ainsi pour conséquence nécessaire l'inaltérabilité : ni l'âme ni la matière ne sont altérées par le processus génératif qu'elles rendent possible.

Nous avons déjà vu, avec D. O'Brien, que l'Ame engendre « en se mouvant »[3]. Il s'agit là d'une particularité propre à l'Ame et qui la distingue de l'Un et de l'Intellect, lesquels engendrent en « demeurant au repos (μένοντος) »[4]. Par ailleurs, nous avons vu ce point remarquable que l'Un n'engendre la matière de l'intelligible « [qu']en demeurant dans le même caractère », c'est-à-dire en demeurant identique à soi. Doit-on, dès lors, considérer que lorsque Plotin écrit que l'Ame engendre « en se mouvant », il entend affirmer que l'Ame ne peut engendrer que si elle devient *autre* qu'elle-même, étant altérée dans son être même ? Une telle assertion – qui ruinerait le statut de principe transcendant et inaltérable propre à l'Ame – ne peut survenir que si l'on considère comme synonymes les expressions « demeurer au repos » et « demeurer dans le même caractère ». Mais est-ce vraiment le cas ? Au premier abord, la réponse semble affirmative, ainsi qu'on le voit dans cet extrait que nous avons déjà eu l'occasion d'étudier[5] :

> Il est évident que si quelque chose est venu à l'existence après l'Un, c'est en tant qu'il [sc. l'Un] demeurait dans le même caractère que cela est venu à l'existence (μένοντος ἐκείνου ἐν τῷ αὐτῷ ἤθει ὑπέστη). Il faut donc, pour que quelque chose d'autre vienne à l'existence (ἵνα τι ἄλλο ὑποστῇ), que ce principe soit en tout point tranquille en lui-même (ἡσυχίαν ἄγειν ἐφ' ἑαυτοῦ πανταχοῦ ἐκεῖνο), *Enn.* V 3 [49] 12, 33-36, trad. B. Ham.

On ne peut, semble-t-il, être plus clair : « demeurer dans le même caractère » ne signifie pas autre chose que demeurer « en tout point tranquille en soi-même », donc en repos.

Faut-il alors se résoudre à voir se détruire le caractère principiel de l'âme ? Non, car ce qui est ici dit de l'Un ne peut s'appliquer tel quel à l'âme sans d'abord prendre en compte la spécificité de celle-ci. En effet, à la différence de l'Un, qui est parfaitement simple, l'âme est plurielle : elle est divisée selon deux (voire trois) parties, la partie supérieure (rationnelle) et la partie inférieure (irrationnelle, siège de la sensation et de la *phusis*).

1. Cf. *Enn.* III 6 [26] 7, 4.
2. Pour l'âme, cf. *Enn.* III 6 [26] 1, 25-34 ; pour la matière, cf. *Enn.* III 6 [26] 6, 3.
3. *Enn.* V 2 [11] 1, 18-19 : ἡ δὲ οὐ μένουσα ποιεῖ, ἀλλὰ κινηθεῖσα ἐγέννα εἴδωλον.
4. Cf. *Enn.* V 2 [11] 1, 17-18.
5. Cf. *supra*, p. 62-65.

Cette division intérieure (qui reflète la position intermédiaire de l'âme relativement au monde intelligible et au monde sensible[1]) pose le problème de l'ipséité de l'âme : l'âme véritable doit-elle être confinée à la seule partie supérieure ou aux deux ? Pour solutionner cette difficulté, Plotin opère une distinction entre l'âme et « nous » (ἡμεῖς) : *nous* sommes *là* où nous nous trouvons dans l'âme, à savoir soit dans la partie supérieure qui appartient pleinement à l'intelligible, soit dans la partie inférieure, celle qui fait commerce avec le corps. Assurément, pour Plotin, *nous* serons *plus* nous-mêmes si nous demeurons dans la partie la plus haute de l'âme[2], mais dans le cas où nous aurions élu résidence dans la partie inférieure, nous serions certes *éloignés* de notre « soi » véritable, sans pour autant en être absolument séparés[3].

Cette thèse, qui fait du soi un « nous » mobile, nous permet dès lors de comprendre que si, pour Plotin, l'âme ne peut engendrer « qu'en se mouvant », c'est seulement en ce sens qu'elle a à *se mouvoir au plus bas d'elle-même*, jusqu'à cette extrémité au-delà de laquelle il n'y a plus ni âme ni intelligible. Certes, ce faisant, l'âme n'est plus pleinement elle-même, puisqu'elle s'éloigne de sa partie rationnelle, mais, pour autant, elle n'est pas devenue autre qu'elle-même, puisqu'elle ne sort pas hors d'elle-même[4].

En conclusion, même si l'Ame n'engendre qu'« en se mouvant », elle n'est cependant pas elle-même altérée par la génération qu'elle met en branle. A vrai dire, il ne peut en être autrement, s'il est vrai que l'âme est un principe du corps. En effet, si l'âme est un principe, c'est qu'elle possède, par sa nature même, les caractéristiques nécessaires (mais non suffisantes, puisque l'âme a besoin de la matière) pour engendrer le corps : l'âme, nous dit Plotin, est « nombre » ou « raison »[5] (nous reviendrons sur ce point au chapitre V). Que l'âme vienne à devenir autre qu'elle-même, et ces caractéristiques essentielles disparaîtront, de sorte que l'âme ne sera plus ni nombre ni raison et que, simultanément, elle ne pourra plus assumer sa fonction de principe.

Qu'en est-il de la matière ? S'il est vrai que l'on est plus facilement enclin à accepter de voir en l'âme un principe transcendant et inaltérable, puisqu'elle est d'une nature intelligible, il semble au contraire beaucoup plus difficile d'attribuer ces caractères à la matière. La matière du sensible n'est-elle pas vouée à prendre la forme de tous les corps qui s'y formeront ? Certes. Mais il faut distinguer entre la matière informée (même au stade le plus élémentaire qui soit) et la matière prise

1. Cf. *Enn.* IV 8 [6] 7, 1-9.

2. *Enn.* V 3 [49] 3, 35-36 : « Ne faut-il pas dire que nous sommes nous-mêmes ceux qui raisonnent et que nous pensons nous-mêmes les pensées dans la *dianoia ?* Cela, en effet, c'est "nous" (τοῦτο γὰρ ἡμεῖς) ».

3. Sur la doctrine plotinienne du « nous » ou ἡμεῖς, cf. *Enn.* I 1 [53] et le commentaire de G. Aubry dans *Plotin. Traité 53 (I, 1)*, Paris, Cerf, 2004.

4. L'Un, en revanche, ne peut tolérer aucun mouvement, fût-ce interne, sans quoi il deviendrait multiple. C'est pour cette raison que Plotin, lorsqu'il traite de l'Un, fait coïncider l'expression « demeurer dans le même caractère » et celle de demeurer « au repos ».

5. Cf. *Enn.* III 6 [26] 1, 31 : « Son essence est, comme nous le disons, nombre ou raison ».

en elle-même. En effet, si la matière est principe des corps, c'est au sens où elle est « le lieu de toutes choses (πᾶσι τόπον) » [1] : elle est ce lieu originaire capable d'être informé par les intelligibles et de donner naissance aux formes de *tous* les corps. C'est cette universalité qui fait de la matière un principe et qui la rend en même temps non corporelle et inaltérable, comme on l'a vu au chapitre premier :

> Ainsi, son être en puissance (τὸ δυνάμει) consiste à être non pas en puissance quelque chose (τι), mais en puissance toutes choses (πάντα). Or, n'étant rien en elle-même hormis ce qu'elle est en étant matière, elle n'est pas non plus en acte (οὐδ' ἐνεργείᾳ ἐστίν). Car si elle devait être quelque chose (τι) en acte, elle serait cela qui est en acte et non pas la matière; donc elle ne serait pas complètement matière (πάντη ὕλη), mais matière comme l'est l'airain, *Enn.* II 5 [25] 5, 5-8, trad. J.-M. Narbonne.

La matière, du fait qu'elle a à être matière de toutes choses et non seulement de quelque chose, doit être, par conséquent, absolument privée de toute forme corporelle et antérieure à toute qualification [2]. C'est pour cette raison, nous dit Plotin, que la matière ne peut être matière véritable que si elle est « en puissance toutes choses » et rien « en acte » : étant ce champ des possibles en lequel tous les corps à venir trouveront à s'actualiser, la matière ne peut elle-même être en acte quoi que ce soit, sans quoi elle serait matière au sens de l'airain : l'airain est certes matière, mais, étant déjà qualifié et donc particularisé (comme une certaine *ousia*, celle de l'airain), il ne peut être matière que de certaines choses, une statue par exemple.

Parce qu'elle doit être principe de tous les corps, la matière doit demeurer matière totale, donc être en soi inaltérable : « S'il *doit* y avoir une matière (εἰ δεῖ ὕλην εἶναι), elle *doit* toujours rester la même (ἀεὶ δεῖ αὐτὴν εἶναι τὴν αὐτήν) que ce qu'elle est depuis l'origine (ἐξ ἀρχῆς) » [3]. On le voit, la nécessité qu'il y ait une matière commande la nécessité de l'inaltérabilité de la matière et, de ce fait, produit l'ipséité même de la matière : la matière n'est matière que si elle reste identique à ce qu'elle était à l'origine, à savoir une matière non qualifiée, antérieure à toute détermination corporelle. Pour la matière, se conserver sans périr, c'est demeurer « en puissance tous les êtres », donc ne jamais passer à l'acte. Il faut bien ici comprendre que ce « non passage à l'acte » concerne uniquement la nature de la matière et qu'il est commandé par son statut principiel. C'est en effet à cette seule condition que la matière sera réceptacle des intelligibles, puis matière des corps. Il en va comme de la matière de l'intelligible : ce n'est ni la limite, ni le limité qui est susceptible de recevoir l'action déterminante de la limite, mais seulement l'illimité. De la même manière, la matière du sensible ne peut être matière que si elle demeure parfaitement illimitée, donc seulement « en puissance

1. *Enn.* III 6 [26] 18, 38.
2. Cf. *Enn.* II 4 [12] 7, 11 : ἀποίῳ οὔσῃ.
3. *Enn.* III 6 [26] 10, 11-12. *Cf.* J. Laurent, *Les fondements…*, *op. cit.*, p. 92 : « si la matière prenant forme se "concrétisait", comme on a pu dire, elle cesserait par là d'avoir (à défaut d'être) la fonction qui lui incombe ».

toutes choses». C'est ce que Plotin explique à la fin du traité *Sur ce qui est en puissance et en acte*:

> Si donc la matière doit exister, elle doit ne pas exister en acte de sorte que, étant sortie hors de l'être véritable, elle a son être dans le non-être (εἴπερ ἄρα δεῖ αὐτὸ εἶναι, δεῖ αὐτὸ ἐνεργείᾳ μὴ εἶναι, ἵνα ἐκβεβηκὸς τοῦ ἀληθῶς εἶναι ἐν τῷ μὴ εἶναι ἔχῃ τὸ εἶναι); car lorsqu'il s'agit d'êtres qui existent faussement, si vous leur retirez leur fausseté, c'est leur essence même que vous leur ôtez, et si vous portez à l'acte des choses qui ont leur être et leur essence dans le fait d'être en puissance (καὶ τοῖς δυνάμει τὸ εἶναι καὶ τὴν οὐσίαν ἔχουσιν εἰσαγαγὼν τὴν ἐνέργειαν), alors vous détruisez la cause de leur existence (ἀπολώλεκας αὐτῶν τῆς ὑποστάσεως τὴν αἰτίαν), puisque leur être réside dans le fait d'être en puissance (ὅτι τὸ εἶναι αὐτοῖς ἐν δυνάμει ἦν), *Enn.* II 5 [25] 5, 27-33.

L'indétermination de la matière (son être «en puissance») est ainsi la condition de sa *déterminabilité*. Nous allons à présent voir qu'une telle indétermination n'est pas sans incidence sur la manière dont se produit la détermination de la matière et sur la nature de cette détermination.

La détermination de la matière par l'Ame

L'impuissance de la matière

L'*ipse* de la matière est défini par Plotin comme l'état d'être «en puissance toutes choses». Or, «en puissance» est une expression technique à laquelle Plotin entend donner un sens bien précis. D'une manière générale, écrit-il, «en puissance» ne peut se prendre absolument: on ne peut être en puissance de rien. Ce qui est en puissance est donc en puissance quelque chose d'autre que lui-même, un quelque chose qui doit venir à l'existence après lui. Or, soit ce qui est «en puissance» continue à exister après avoir produit un être différent de lui; soit il se détruit lui-même en se donnant à l'être qu'il est en puissance. Le premier cas de figure est celui de l'airain qui, étant travaillé par le sculpteur, donne naissance à une statue; le second est celui de l'eau qui est en puissance la neige et qui est détruite lorsque advient la neige [1]. La matière, en tant que principe transcendant et inaltérable des corps, doit appartenir nécessairement au premier cas.

Mais il y a plus : ce qui est en puissance quelque chose, écrit Plotin, ne peut en aucun cas être puissance productrice (δύναμις κατὰ τὸ ποιεῖν) de ce dont il est en puissance [2]. La matière ne peut donc être considérée comme la puissance productrice des corps. Il s'agit là d'une différence fondamentale par rapport à la matière de l'intelligible laquelle, avons-nous vu, est dite «puissance totale»: alors que la matière de l'intelligible est une puissance productrice de la totalité de

1. Sur toutes ces explications, voir *Enn.* II 5 [25] 1.

2. *Enn.* II 5 [25] 1, 21-26. C'est cette distinction entre «puissance» et «en puissance» que ne semble pas comprendre G.J. Seidel, dans son article «Chaos in Plotinus», *Revue de philosophie ancienne* 10, 1992, p. 211-220, lorsqu'il tente un rapprochement abusif entre la matière du sensible et l'Un, affirmant que la puissance s'attribue similairement des deux (p. 217).

l'intelligible, la matière du sensible est impuissante à produire la totalité des corps. En poursuivant le parallélisme entre les deux matières, on peut également voir que si la matière de l'intelligible est « puissance totale », c'est au sens où elle a l'initiative du mouvement par lequel elle se voit déterminée par l'Un (c'est *elle-même* qui se retourne vers l'Un et est, de ce fait, déterminée comme Intellect) [1] ; en revanche, la matière du sensible, étant seulement « en puissance toutes choses », est parfaitement impuissante à se retourner vers l'âme et à être déterminée par celle-ci. Comment, dans ce cas, pourra se produire la détermination de la matière du sensible si celle-ci est incapable de toute *epistrophè ?* La réponse de Plotin va consister à transférer à l'âme l'initiative de la détermination. Comment et sous quelle justification, c'est ce que nous allons à présent analyser.

L'initiative de la détermination

Que la matière du sensible soit incapable de se retourner vers l'âme partielle qui l'a engendrée ressort clairement du début du traité III 4 [15] où il est dit que, à la différence des réalités engendrées avant la matière (à savoir l'Intellect[2] et l'Ame) qui reçoivent leurs formes et comme leurs nourritures « du fait qu'elles se retournent vers leur générateur (τῷ ἐπιστρέφεσθαι πρὸς τὸ γεννῆσαν) »[3], la matière, en revanche, étant hors de l'Ame, « ne vit plus et est dans une complète illimitation (– οὐ γὰρ ἔτι ζῇ – ἀλλ' ἀοριστίαν εἶναι παντελῆ) »[4]. Quant à l'assertion, formulée quelques lignes plus loin, selon laquelle la matière « trouve également sa perfection (τελειούμενον) » et devient un corps[5], il ne s'agit là en aucune manière d'une dénégation de ce que la matière est sans *epistrophè* : il s'agit seulement, pour Plotin, d'affirmer qu'en dépit de son impuissance à se retourner vers l'âme partielle, la matière trouve malgré tout à se réaliser et à donner naissance au corps. Comment ? L'explication nous est fournie en III 9 [13] 3 :

> Regardant à nouveau <le simulacre qu'elle a engendré> (πάλιν δὲ ἰδοῦσα), l'âme, comme par une seconde initiative (οἷον δευτέρᾳ προσβολῇ), informe ce simulacre (τὸ εἴδωλον ἐμόρφωσε), et, contente, y descend (καὶ ἡσθεῖσα ἔρχεται εἰς αὐτό), *Enn.* III 9 [13] 3, 15-16.

1. Sur ce point, voir les explications de D. O'Brien, « La matière chez Plotin : son origine, sa nature », art. cit., p. 46-50.

2. Cf. *Enn.* II 4 [12] 5, 33-34.

3. *Enn.* III 4 [15] 1, 9-10.

4. *Enn.* III 4 [15] 1, 11-12.

5. *Enn.* III 4 [15] 1, 14-15. Selon J.-M. Narbonne, *Plotin. Les deux matières*, *op. cit.*, p. 150, le seul fait que Plotin affirme que ce qui est engendré par l'âme végétative « trouve sa perfection » en devenant un corps suffit à montrer qu'il ne peut s'agir de la matière du sensible, laquelle, selon cet auteur, ne peut en aucune manière être déterminée. Contre cette interprétation, on rappellera que la matière doit être *indéterminée* (nature) afin d'être *déterminable* (fonction), c'est-à-dire afin de pouvoir recevoir les formes intelligibles, étant entendu, comme nous l'avons vu plus haut, que *seul ce qui est indéterminé est susceptible d'être déterminé*, donc de recevoir l'action déterminante d'une limite (cf. *Enn.* II 4 [12] 15, 3-8 et, pour la matière de l'intelligible, *Enn.* VI 6 [34] 3, 9-15).

La détermination de la matière (son information) est le fait de l'âme partielle : elle apparaît comme un « second regard » porté par l'âme partielle sur la matière, c'est-à-dire comme une seconde initiative venant *après* la génération proprement dite de la matière [1].

Comment expliquer et surtout justifier cette seconde inclination de l'âme ? La réponse de Plotin est apparemment fort simple : c'est à la *présence* de la matière qu'il faut imputer une telle inclination et c'est pour cette raison que l'on peut dire de la matière qu'elle est principe du devenir [2]; la matière, écrit-il, « offre à <l'illumination provenant de l'âme> l'opportunité d'advenir et à la raison de descendre en elle (τὴν γένεσιν αὐτὴ παρασχοῦσα καὶ τὴν αἰτίαν τοῦ εἰς αὐτὴν ἐλθεῖν); car elle ne serait pas descendue en la matière si celle-ci n'eût été présente (οὐ γὰρ ἂν ἦλθε τῷ μὴ παρόντι) » [3]. Cette explication, bien que parfaitement logique, semble toutefois encore un peu courte. Certes, pour qu'il y ait détermination de la matière, il faut qu'existe et soit présente, préalablement, une matière. Mais ne pourrait-on pas suggérer que l'âme fasse fi de cette présence et demeure au repos, d'autant que la matière est identifiée, chez Plotin, au premier mal, ce qui constitue sans aucun doute une raison de taille, pour l'âme, de garder ses distances ? Mais précisément, l'âme ne peut faire abstraction de la présence de la matière car il est de la nature et de la puissance de l'âme d'être partout et de ne rien laisser en dehors de son action ordonnatrice : la puissance de l'âme, écrit Plotin, « ne peut rien laisser sans part d'elle-même (οὐδὲν περιιδεῖν ἄμοιρον αὑτῆς δυναμένης) » [4]. Or, si la matière était laissée, pour ainsi dire, à son sort, si elle ne devait pas être recouverte et déterminée par les intelligibles, alors il faudrait dire que ces principes intelligibles (donc l'âme également) « ne seraient pas partout (οὐ πανταχοῦ), mais seulement dans un certain lieu défini (ἀλλ' ἔν τινι τόπῳ ἀφωρισμένῳ) et comme séparés de la matière par un mur (οἷον ἀποτετειχισμένα) » [5]. Pour Plotin, une telle hypothèse est impensable car elle induit, ce qui ne se peut, une impuissance de l'âme [6].

Ce point ayant été mis au jour, l'affirmation selon laquelle la seule présence de la matière suffit à expliquer l'inclination de l'âme devient parfaitement claire : si l'âme doit être partout, dès lors qu'un nouveau champ du réel s'ouvre, même si (ou, *a fortiori* si) ce champ n'est autre que le non-être lui-même, l'âme se doit de

1. C'est à D. O'Brien que l'on doit d'avoir clairement identifié et interprété ce passage : voir « Plotinus on Evil », art. cit., p. 137-138 et *Théodicée plotinienne, théodicée gnostique*, *op. cit.*, p. 25-26.

2. Cf. *Enn.* I 8 [51] 4, 20-22 : « Le principe <du devenir> est la nature de la matière (ἀρχὴ ἡ ὕλης φύσις), laquelle est tellement mauvaise qu'elle infecte de son propre mal ce qui n'est pas en elle mais dirige seulement son regard sur elle (μόνον βλέψαν εἰς αὐτήν) ».

3. *Enn.* I 8 [51] 14, 40-43.

4. *Enn.* IV 8 [6] 6, 15-6.

5. *Enn.* II 9 [33] 3, 19-21.

6. Sur ce point, *cf.* D. O'Brien, *Théodicée plotinienne, théodicée gnostique*, *op. cit.*, p. 36-41 et « Plotinus and the Gnostics on the generation of matter », dans H.J. Blumenthal *et al.* (éd.), *Neoplatonism and Early Christian Thought*, *op. cit.*, p. 116-117.

lui appliquer son action ordonnatrice. Ceci nous permet également de voir qu'il y a bien *deux* principes qui concourent à la production des corps puisque, sans la matière, l'âme n'aurait rien à illuminer et, sans l'âme, non seulement la matière ne serait pas engendrée, mais elle resterait à jamais dans l'indétermination qui est naturellement la sienne.

La détermination comme « participation sans participation »

Comment faut-il entendre la détermination de la matière? Comment cette matière, dont Plotin a démontré la nature impassible, qui n'est que « en puissance toutes choses » sans jamais pouvoir être quoi que ce soit en acte, qui est antérieure à toute détermination et qualification sensible, peut-elle être ordonnée et informée par l'âme?

Selon Plotin, il faut entendre la détermination produite par l'âme comme une certaine forme de *présence* dans la matière. Or, il y a trois manières différentes d'envisager la présence d'une chose en une autre :

– soit une telle présence provoque amélioration ou détérioration, de sorte que ce qui la reçoit se trouve changé (c'est le cas des phénomènes corporels);

– soit elle provoque amélioration ou détérioration sans que ce qui la réceptionne en soit pour autant affecté (c'est le cas des phénomènes psychiques, l'âme étant par nature incorporelle);

– soit enfin, elle ne provoque ni amélioration ni détérioration, donc, *a fortiori*, aucune affection.

Ce dernier cas est celui de la détermination de la matière. Plotin l'illustre par une analogie avec la cire : « lorsque l'on imprime une figure dans de la cire (ὅταν τις σχῆμα κηρῷ προσαγάγῃ), il n'y a là aucune affection (ἔνθα οὔτε τι πάθος) qui fasse que la cire devienne autre chose lorsque la figure lui est présente, et aucun manque n'est produit en elle lorsque cette figure s'en est allée »[1].

Barrie Fleet, dans la traduction et le commentaire qu'il donne de l'ensemble de ce passage[2], distingue seulement entre deux formes de présence possibles, la première étant celle qui est accompagnée d'une altération dans le sujet, la seconde, celle qui ne l'est pas. Cette distinction est, me semble-t-il, trompeuse, car elle place l'âme et la matière dans une même catégorie, celle des sujets inaltérables. Certes, en soi, cela est juste : l'âme et la matière sont impassibles. Mais il apparaît que si Plotin s'est attaché à distinguer entre *trois* cas de figures[3], c'est parce qu'il entend manifester une distinction entre l'âme et la matière, à savoir que, dans le premier cas, il y a amélioration (βέλτιον) ou détérioration (χεῖρον), selon que c'est la vertu ou le vice qui est présent, tandis que dans le second, il n'y a *ni l'un ni l'autre*. En effet, la matière, en elle-même, ne gagne *rien* lorsqu'elle reçoit l'action déterminante des intelligibles, et elle ne perd *rien* lorsque ceux-ci la

1. *Enn.* III 6 [26] 9, 7-9.

2. B. Fleet, *Plotinus.* Ennead *III. 6, On the Impassivity of the Bodiless*, Oxford, Clarendon Press, 1995, p. 27 et 185-187.

3. *Cf.* τὸ μέν, l. 3; τὸ δ', l. 5; τὸ δ', l. 7.

désertent[1]. Elle est, à leur égard, parfaitement *indifférente*. C'est d'ailleurs ce que manifeste l'analogie de la cire : qu'elle soit figurée ou non, la cire demeure ce qu'elle est et ne gagne ni ne perd quoi que ce soit. Souvenons-nous également que Platon, dans le *Timée*[2], avait lui-même déjà choisi l'exemple de la cire pour rendre compte de ce que la *khôra* demeure toujours identique en dépit de ses multiples informations[3].

L'analogie avec la cire nous permet de mieux appréhender l'apparent paradoxe selon lequel la matière est à la fois absolument réceptive et absolument réfractaire aux déterminations. Ce paradoxe, Plotin le formule en disant que la matière « participe <à l'intelligible> sans y participer » :

> Puisqu'il est impossible, pour quoi que ce soit qui est, mais qui est hors de l'être, de ne pas du tout participer à l'être (τοῦ ὄντος πάντη μὴ μετέχειν) – car c'est de la nature de l'être que de produire les êtres – et puisque, d'un autre côté, ce qui est totalement non-être est non mélangé à l'être (τὸ δὲ πάντη μὴ ὂν ἄμικτον τῷ ὄντι), une chose étonnante se produit (θαῦμα τὸ χρῆμα γίγνεται), à savoir comment la matière participe sans participer (πῶς μὴ μετέχον μετέχει) et comment elle tire quelque chose de son voisinage avec lui, bien que par sa nature elle ne puisse lui être comme agglutinée[4] (τῇ αὐτοῦ φύσει μὲν οἷον κολλᾶσθαι ἀδυνατοῦν), *Enn.* III 6 [26] 14, 18-23.

La matière apparaît ainsi comme un terme intermédiaire entre « ce qui est, mais est hors de l'être » (les corps) et « ce qui est totalement non-être », (le non-être absolu, ce qui est absolument sans part à l'être) : avec le second, elle a en commun la nature de non-être, nature qui ne l'autorise pas d'être mêlée à l'être et, avec la première, d'être l'image, l'autre de l'être, donc d'être *en quelque manière*. Ce caractère d'intermédiaire se retrouve dès lors dans la forme toute particulière de participation qui est la sienne.

Pour comprendre ce point, rappelons que, selon les termes mêmes de Plotin, la matière est « en puissance toutes choses ». Que se passe-t-il, dès lors, lorsque l'âme fait passer la matière à l'acte ? Faut-il dire que la matière devient elle-même toutes choses, c'est-à-dire qu'elle se change en corps ? Non. La matière *donne naissance* à toutes choses (à la totalité des corps), mais elle-même demeure ce qu'elle est. Car pour la matière, être « en puissance », ce n'est pas être dans un certain état, état susceptible d'être modifié par un éventuel passage à l'acte,

1. Cf. *Enn.* III 6 [26] 15, 9-11 : « La raison pour laquelle la matière demeure ce qu'elle est, c'est que ni ce qui vient en elle ne tire profit (ἀπολαύει) d'elle, ni elle-même ne tire profit de ce qui vient en elle ».

2. Cf. *Timée* 50c1 : « Par nature, en effet, elle se présente comme un porte-empreinte de toutes choses (ἐκμαγεῖον γὰρ φύσει παντὶ κεῖται) », traduction de L. Brisson.

3. Cf. *Timée* 50b6-8 : « Il faut toujours lui donner le même nom (ταὐτὸν αὐτὴν ἀεὶ προσρητέον) ; car elle ne perd absolument aucune des propriétés qui sont les siennes (ἐκ γὰρ τῆς ἑαυτῆς τὸ παράπαν οὐκ ἐξίσταται δυνάμεως) », traduction de L. Brisson.

4. Le verbe κολλάω peut également avoir le sens, plus neutre, de « joindre », « mettre ensemble », etc., mais le οἷον qui le précède, dans le texte de Plotin, paraît indiquer qu'il faut le traduire en son sens premier de « coller ».

comme l'homme qui d'ignorant devient savant. Au contraire, cet état est la nature même de la matière et c'est pour cette raison, avons-nous vu, que la matière est identifiée par Plotin à la privation. Aussi, étant privation (c'est-à-dire *à la fois* « substrat » *et* « privation », alors que pour Aristote, la privation constitue un principe séparé à côté du substrat et de l'*eidos*), la matière ne peut être altérée par la détermination produite par l'âme : en effet, puisque la privation n'est pas un accident de la matière, mais la matière elle-même, elle ne peut, comme chez Aristote, céder sa place à l'*eidos* (comme l'homme qui, d'ignorant, devient savant). Loin de la faire disparaître (ce qui équivaudrait à faire disparaître la matière en tant que telle), la détermination *préserve*[1] la privation dans son être même[2] :

> Ce que la matière est par nature, <la limite> le porte à l'acte et à la perfection (εἰς ἐνέργειαν καὶ τελείωσιν ἄγει), comme le non ensemencé lorsqu'il est ensemencé ; de même, lorsque la femelle <désire> le mâle (τὸ θῆλυ τοῦ ἄρρενος <ἐφίεται>[3]), elle ne perd pas sa nature de femelle, mais est rendue encore plus femelle ; cela qu'elle est, elle le devient davantage (τοῦτο δέ ἐστιν· ὅ ἐστι μᾶλλον γίγνεται) *Enn.* II 4 [12] 16, 12-16.

Si la détermination mène effectivement à la préservation de la matière, puisque la nature illimitée de celle-ci n'est pas détruite par l'imposition sur elle d'une limite, on notera toutefois que ce qui résulte de la détermination est *plus*[4] qu'une préservation. En effet, elle n'est pas un simple *statu quo*. Comment comprendre ce point ? Demandons-nous ce qui est obtenu par le processus de détermination. On répondra : le corps. Si effectivement la matière, dans son être même, est préservée, l'apparition du corps manifeste, pour elle, une forme d'achèvement, puisque la matière est précisément matière *des corps*. De même que l'expression « en puissance », comme nous l'avons vu, ne se prend pas absolument (comme si l'on pouvait être en puissance de rien), de même la matière n'est pas matière absolument, mais seulement matière des corps. Une fois ceux-ci engendrés, la matière trouve alors son plein accomplissement.

Le corps, composé de matière et de forme

La détermination de la matière a pour effet la génération d'un quelque chose qui n'est ni de nature psychique, ni de nature matérielle : le corps. En effet, le corps relève de ce qui est ordonné et qualifié, c'est-à-dire de ce qui possède l'ordre

1. Cf. *Enn.* II 4 [12] 16, 12 : σῴζει αὐτὸ ἐν τῷ εἶναι.

2. *Enn.* II 4 [12] 16, 12-16. Sur l'interprétation de ce passage, *cf.* D. O'Brien, « Plotinus on matter and evil », art. cit., p. 179-81 et « La matière : son origine, sa nature », art. cit., p. 63-64.

3. Avec D. O'Brien je comble la lacune des manuscrits par ἐφίεται, l'exemple de la femelle donné par Plotin se référant manifestement à celui exposé par Aristote, en *Physique* I, 9, 192a22-25, où il est précisément question de la femelle en tant qu'elle « désire (ἐφίεσθαι) » le mâle. *Cf.* « Matière et privation dans les Ennéades de Plotin », dans A. Motte et J. Denooz (éd.), *Aristotelica Secunda. Mélanges offerts à Christian Rutten*, Liège, 1995, p. 215.

4. *Cf.* l. 16 : μᾶλλον.

et est pourvu de qualités. Par là, il se distingue des déterminations intelligibles mises en œuvre par l'âme, lesquelles sont d'elles-mêmes (sans participation) ordre et raison et sont ce qui produit l'ordre et la raison en autre chose[1]. Par ailleurs, il se distingue également de la matière, laquelle est certes déterminable, mais n'est déterminable que parce qu'elle est indéterminée (elle est dépourvue d'ordre et de raison). Qui plus est, il ne faudrait pas croire que le corps soit comme de la matière déroulée: la matière n'est pas un espace, aussi petit fût-il, que la détermination consisterait à déployer[2]. Au contraire, toutes les déterminations corporelles et, parmi elles, le fait d'être grand[3], viennent à l'être avec le corps et ne lui préexistent pas.

Pourtant, le corps – ce quelque chose produit par l'âme partielle et la matière et qui est cependant différent de chacune d'elles – est défini par Plotin comme un composé « de matière et de forme »[4]. Est-ce à dire que le corps est identique à la simple juxtaposition de ces principes? Suffit-il de mettre les spécificités intelligibles et la matière côte à côte pour qu'advienne un corps? Non, car il faut distinguer la matière et la forme qui *composent le corps* de la matière et de la spécificité (ou détermination intelligible projetée par l'âme par l'intermédiaire de ses *logoi*) *qui en sont les principes*. A la différence des secondes, qui sont transcendantes, les premières sont *immanentes* au corps : elles en sont les constituants internes. Étant eux-mêmes le résultat d'un processus de détermination, ces constituants ne peuvent être identifiés aux principes des corps.

Pour ce qui concerne la matière, nous en avons déjà analysé les raisons: la matière qui « compose » le corps est une matière qui a été déterminée et, de ce fait, portée à sa perfection. Nous savons que cette détermination n'a pas transformé la matière dans son être même, puisque la matière demeure l'illimité, l'autre, la privation, bref le non-être. Mais nous avons vu également que la matière n'est plus seulement matière, mais bien matière *d'*un corps: en ce sens, elle est « plus » et « mieux » que ce qu'elle était originellement puisqu'en devenant matière des corps, elle accomplit sa fonction propre : de déterminable, elle devient déterminée et parfaite.

Pour ce qui est de la forme composant le corps, on remarquera tout d'abord que Plotin utilise le terme de *morphè*[5] et non celui d'*eidos*. Or, la *morphè* n'est pas synonyme d'*eidos*: elle ne désigne pas une idée, mais le résultat de la *présence* d'une idée en autre chose qu'elle-même, c'est-à-dire à l'*effet* produit lorsque l'âme partielle vient à déterminer la matière. Prise en ce sens, la *morphè* désigne non pas simplement la figure extérieure des corps, mais leur structure ou

1. Cf. *Enn.* II 4 [12] 9, 10-12 : « Ce qui produit une chose d'une certaine grandeur n'est pas d'une certaine grandeur, mais ce qui fait d'elle quelque chose pourvu de grandeur, c'est la grandeur eidétique, à savoir la raison », traduction de J.-M. Narbonne.

2. Cf. *Enn.* II 4 [12] 9, 13-25.

3. Le « fait d'être grand » signifie la *possession* de la grandeur (par participation), laquelle se distingue de la grandeur elle-même (qui est une raison ou une idée).

4. Cf. *Enn.* IV 7 [2] 1, 16-17.

5. Cf. *Enn.* IV 7 [2] 1, 16 : μορφὴν καὶ ὕλην.

ordonnancement interne. C'est en ce sens également qu'Aristote la concevait, lui pour qui la *morphè*, selon l'expression de L. Couloubaritsis, est la « manifestation phénoménale de l'*eidos* »[1]. Toutefois, une différence fondamentale sépare ici Plotin d'Aristote : pour l'Alexandrin, la *morphè* est manifestation phénoménale d'un *eidos* séparé, à savoir d'une idée transcendante, alors que le Stagirite considère l'*eidos* comme immanent. La *morphè* qui compose le corps n'est donc pas elle-même une détermination intelligible, une idée, mais seulement l'image d'une idée.

Pour rendre compte des relations existant entre spécificités intelligibles ou raisons (*eidè* ou *logoi*), matière (*hulè*) et formes des corps (*morphai*), Plotin a recours à une nouvelle analogie, celle du miroir[2]. Cette analogie lui permet de distinguer adéquatement entre les trois termes en question et, par là, d'en révéler la vraie nature.

En ce qui concerne les rapports entre *eidos* et *morphè*, l'analogie du miroir permet d'expliquer pourquoi il est possible de les confondre et, par conséquent, nous fournit un schème permettant de les distinguer. Ainsi, de la même manière que « quelque chose, qui existe réellement quelque part, est réfléchi dans un miroir comme étant autre part »[3], de même, la considération des seules *morphai* sensibles peut nous faire accroire que celles-ci constituent la vraie réalité, sans voir qu'elles ne sont en vérité que les reflets de modèles extérieurs. C'est pour cette raison qu'il est important de clairement distinguer entre « ce qui est réfléchi » (τὸ ἐμφανταζομένον), à savoir le modèle intelligible, et « ce qui est vu » (τὸ ἐνορωμένον), à savoir le phénomène tel qu'il apparaît à la surface du miroir et qui correspond à la *morphè*[4]. Que le modèle intelligible vienne à disparaître et les *morphai* disparaîtront également[5]. Que le miroir vienne à disparaître et les *morphai* n'auront plus de support pour les rendre visibles. De cette manière, on le voit, les *morphai* sont absolument dépendantes, tant de leur modèle intelligible que de leur support matériel.

Quant à la distinction entre matière et *morphè*, elle est également rendue nécessaire du fait qu'il est possible de les confondre, et cela en raison de notre incapacité de penser la matière en tant que matière (*i.e.* dans son indétermination même), incapacité qui nous pousse à la déterminer et à la recouvrir de formes. Il en va ainsi, écrit Plotin, du miroir, qui « apparaît (δοκεῖ) comme rempli (πιμπλάμενον), mais ne contient rien (ἔχον οὐδέν) alors qu'il semble être toutes choses (δοκοῦν τὰ πάντα) »[6]. C'est ce qui explique pourquoi la matière est le plus souvent pensée comme une masse et comme possédant une certaine

1. L. Couloubaritsis, *Aristote : Sur la Nature…*, *op. cit.*, p. 151.

2. Sur la métaphore du miroir dans les *Ennéades*, *cf.* A.H. Armstrong, « Platonic mirrors », *Eranos-Jahrbuch* 45, 1986, p. 147-181 et J. Pépin, « Plotin et le miroir de Dionysos (*ENN.* IV, 3 [27], 12, 1-2) », art. cit., p. 312-320.

3. *Enn.* III 6 [26] 7, 25-26.

4. Cf. *Enn.* III 6 [26] 7, 36-37.

5. Cf. *Enn.* III 6 [26] 13, 36-38.

6. *Enn.* III 6 [26] 7, 26-27.

grandeur. En réalité, elle n'est que « le simulacre et l'apparence d'une masse (εἴδωλον καὶ φάντασμα ὄγκου) »[1] et la grandeur, en tant que qualification corporelle, lui est postérieure. Comme l'explique Luc Brisson dans l'article qu'il a consacré à l'ὄγκος chez Plotin[2], ce terme d'ὄγκος (ou masse) renvoie, chez l'Alexandrin, à un état intermédiaire entre la matière, comprise comme matière indéterminée, et le corps. Selon le point de vue adopté, on dira que l'ὄγκος « représente le corps dans sa plus simple expression, c'est-à-dire le corps dépourvu de toute qualité, et présentant seulement une quantité mal définie »[3], ou bien qu'il est « la première aptitude que présente la matière, c'est-à-dire la première chose qu'elle a la capacité de devenir. On pourrait donc dire que l'ὄγκος, c'est la matière pourvue de grandeur, mais privée de qualité »[4]. Ceci nous permet de comprendre pourquoi Plotin affirme que la matière a « l'apparence de la masse (φάντασμα ὄγκου) » : puisqu'elle a pour aptitude première d'être une masse, explique L. Brisson, « elle doit présenter, dans l'imagination, l'apparence d'une masse, mais d'une masse vide »[5]. Autrement dit, si nous nous représentons la matière comme une masse, c'est parce que, ne pouvant la penser en tant que matière (*i.e.* dans son indétermination totale), nous lui attribuons naturellement la quantité, une quantité qui correspond précisément à la première détermination que peut recevoir la matière de par son aptitude à devenir une masse.

Enfin, l'analogie avec le miroir permet de cerner définitivement la nature de la détermination de la matière et des effets (les *morphai*) qui en résultent. De même que le modèle qui se réfléchit dans le miroir et produit, par là, son reflet, demeure extérieur au miroir, de même l'âme et, avec elle, les raisons et idées, demeure extérieure à la matière lors de la détermination de celle-ci. Quant aux reflets eux-mêmes, étant seulement des images des formes intelligibles, ils ne peuvent nullement être de véritables affections de la matière, tout comme « les miroirs et les choses transparentes ne sont en aucune façon affectés par les simulacres qui sont vus en eux (ὑπὸ τῶν ἐνορωμένων εἰδώλων μηδὲν πάσχειν) »[6]. Les *morphai* doivent ainsi être comprises comme de fausses affections[7] : elles *apparaissent* comme des affections de la matière, mais elles sont en réalité incapables, de par leur propre nature, d'occasionner de telles affections, car elles ne sont pas elles-mêmes les déterminations intelligibles, seulement des simulacres sans ressemblance[8] avec leurs modèles. Et Plotin de conclure : « s'il n'y a rien dans le miroir si ce n'est l'apparaître (φαίνεται), dans le cas de la matière également il faut dire qu'il n'y a qu'apparaître et il faut reconnaître la cause de cet

1. *Enn.* III 6 [26] 7, 13.
2. L. Brisson, « Entre physique et métaphysique. Le terme ὄγκος chez Plotin, dans ses rapports avec la matière (ὕλη) et le corps (σῶμα) », dans M. Fattal (éd.), *Études sur Plotin*, *op. cit.*, p. 87-111.
3. *Ibid.*, p. 91.
4. *Ibid.*, p. 99.
5. *Ibid.*, p. 98.
6. *Enn.* III 6 [26] 9, 16-17.
7. Cf. *Enn.* III 6 [26] 7, 38 : τὸ τῆς πείσεως ψεῦδος.
8. Cf. *Enn.* III 6 [26] 7, 39 : οὐδαμῇ ἔχοντος ὁμοιότητα πρὸς τὸ ποιῆσαι.

apparaître (αἰτιωμένους τῆς φαντάσεως) dans l'existence des êtres intelligibles (τὴν τῶν ὄντων ὑπόστασιν) »[1].

L'analogie avec le miroir nous permet ainsi de mieux comprendre ce qu'il en est de la nature du corps comprise comme composé de matière et de forme. Ce composé, finalement, se résume à une double image : d'une part, en effet, la *morphè* n'est que l'image d'un principe intelligible transcendant, et d'autre part, la matière achevée est également l'image de son générateur intelligible, à savoir l'âme végétative. En ce sens, écrit Plotin, ce qui apparaît dans la matière ne sont que des « simulacres entrant dans un simulacre dépourvu de forme (εἴδωλα εἰς εἴδωλον ἄμορφον) »[2].

1. *Enn.* III 6 [26] 13, 50-53.
2. *Enn.* III 6 [26] 7, 28.

DEUXIÈME PARTIE

LA DÉTERMINATION

CHAPITRE IV

LE NOMBRE

Après avoir étudié les processus mis en œuvre dans la production de l'être, qu'il s'agisse de l'être véritable (l'intelligible) ou de ce qui ne porte le nom d'« être » que par homonymie (le devenir); après avoir isolé, comme conditions de la génération de l'être, les principes de détermination (l'Un ou l'âme végétative) et d'indétermination (la matière de l'intelligible ou du sensible), il convient à présent de porter notre attention sur la constitution de l'être en tant que tel, à savoir sur ce qu'il en est, proprement, de sa *détermination* et de son ordonnancement, lesquels, on va le voir, mettent en jeu la notion de nombre. Dans ce chapitre, nous commencerons par aborder cette notion de manière générale, en distinguant, dans un premier temps, entre les deux espèces que sont le nombre essentiel et le nombre quantitatif, puis en analysant le mode d'engendrement de ces deux espèces et les caractéristiques propres au nombre engendré. Ce faisant, nous entreverrons déjà comment Plotin intègre la notion de nombre à l'intelligible et les exigences qu'une telle notion doit satisfaire pour que l'être puisse former une véritable σύνταξις.

FIGURES DU NOMBRE

Au quatrième chapitre du traité VI 6 [34], traité exclusivement consacré à la question du nombre, Plotin s'interroge sur l'origine et l'existence du nombre. L'alternative qu'il envisage est la suivante : soit le nombre n'a pas d'existence autonome par rapport aux idées et, dans ce cas, ou bien il n'est qu'un épiphénomène de l'idée en ce qu'il est engendré après celle-ci[1] ou en ce qu'il n'en est qu'une conséquence nécessaire[2]; soit il possède une existence autonome et, dans ce cas, est antérieur ou postérieur aux idées.

1. Cf. *Enn.* VI 6 [34] 4, 2 : ἐπιγινομένων τοῖς ἄλλοις εἴδεσιν.
2. Cf. *Enn.* VI 6 [34] 4, 3 : παρακολουθούντων ἀεί.

Avant de s'engager dans la mise à l'épreuve de cette alternative, Plotin fait un détour par Platon. A première vue, ce détour peut apparaître déroutant, voire hors de propos, puisqu'il porte non pas sur l'origine et l'existence du nombre, mais sur l'origine de la *pensée du nombre* par les hommes.

> Ainsi lorsque Platon dit[1] que les hommes en vinrent à la notion de nombre (εἰς ἔννοιαν ἀριθμοῦ τοὺς ἀνθρώπους ἐληλυθέναι) grâce à l'alternance des jours et des nuits, admettant que la pensée (τὴν νόησιν) du nombre est née de l'altérité des choses (τῇ τῶν πραγμάτων ἑτερότητι), peut-être veut-il dire que ce sont les choses nombrables (τὰ ἀριθμητά) qui, les premières, produisent un nombre par leur altérité (δι' ἑτερότητος ποιεῖν), et que lui-même [sc. le nombre] ne se constitue que dans le cheminement de l'âme (αὐτὸν συνιστάμενον ἐν μεταβάσει ψυχῆς) lorsqu'elle rencontre une chose et puis une autre et advient alors lorsque l'âme nombre (τότε γίνεσθαι, ὅταν ἀριθμῇ ψυχή). Cela arrive lorsqu'elle parcourt et dit à part elle : ici une chose, là une autre ; tant qu'elle pense elle-même quelque chose d'identique sans passer à une autre chose qui est après, elle dit "un", *Enn.* VI 6 [34] 4, 11-20.

Dans ce texte, sans le dire encore explicitement, Plotin nous livre quelques-unes des caractéristiques fondamentales d'une première espèce de nombre, celle qu'il nomme « nombre quantitatif »[2] ou « nombre nombrant »[3] ou encore « nombre monadique »[4]. Un tel nombre, est-il dit, est le résultat de deux causes et de l'interaction mutuelle de celles-ci : d'une part, le mouvement d'altérité propre aux phénomènes extérieurs, telle l'alternance du jour et de la nuit ou encore, comme l'écrit Platon dans le *Timée*, la vision du « retour régulier des années [et] le spectacle des équinoxes et des solstices »[5] ; d'autre part, l'âme qui, mue par ces mouvements et parcourant successivement une chose après l'autre, en vient à « nombrer », c'est-à-dire à *constituer* un nombre[6]. Cette seconde cause permet de lever le soupçon de non pertinence qui pèse sur cet extrait. En effet, si à la question de l'origine de l'existence du nombre, Plotin répond en passant par une interrogation sur l'origine de la notion du nombre en nous, c'est précisément parce que cette notion épuise l'existence du nombre en tant que tel. Certes, il est dit que ce sont les choses nombrables (*ta arithmèta*) qui « produisent » le nombre par leur altérité. Il faut cependant comprendre que ce que Plotin cherche à manifester, par cette affirmation, c'est la *postériorité* du nombre relativement aux choses nombrées : il faut d'abord que ces choses existent pour que, *ensuite*, advienne en nous la notion de nombre. Mais, en fin de compte, le nombre n'est réellement engendré que par l'activité de l'âme, lorsque celle-ci *nombre*[7]. Le nombre n'a

1. Cf. *Timée* 39b6-c1 et 47a4-6 ; voir également l'*Epinomis* 978c *sq.*, qui traite du nombre dans une perspective similaire. On retrouve cette référence à Platon en *Enn.* III 7 [45] 12, 30-33.
2. Cf. *Enn.* V 5 [32] 4, 18 : ὁ τοῦ ποσοῦ ἀριθμός.
3. Cf. *Enn.* VI 6 [34] 16, 7-8 : ἀριθμούς... ἀριθμοῦντας.
4. Cf. *Enn.* VI 6 [34] 9, 34-35 : ὁ μοναδικὸς ἀριθμός.
5. Platon, *Timée* 47a5-6, traduction de L. Brisson.
6. Cf. *Enn.* VI 6 [34] 4, 15-16 : συνιστάμενον.
7. Cf. *Enn.* VI 6 [34] 4, 17 : τότε γίνεσθαι.

donc proprement d'existence qu'en tant qu'ἔννοια, notion produite par l'activité psychique de nombrer.

Plotin, manifestement insatisfait par cette première exposition du nombre, rappelle ensuite que Platon parle également d'un « nombre véritable », et qu'un tel nombre doit se comprendre tout autrement que celui qu'il vient d'aborder :

> Mais alors lorsque Platon dit “dans le nombre véritable” (“ἐν τῷ ἀληθινῷ ἀριθμῷ”), parlant du nombre qui est dans l'essence (τὸν ἀριθμὸν ἐν οὐσίᾳ), il veut dire à l'inverse que le nombre a par lui-même une certaine existence (πάλιν αὖ ὑπόστασίν τινα ἂν ἀφ' ἑαυτοῦ τοῦ ἀριθμοῦ λέγοι) et qu'il n'existe pas dans l'âme qui nombre (καὶ οὐκ ἐν τῇ ἀριθμούσῃ ὑφίστασθαι ψυχῇ), mais que celle-ci, à partir de la variation entre les choses sensibles, réveille en elle-même[1] la notion de nombre (ἀνακινεῖσθαι ἐν ἑαυτῇ ... τὴν ἔννοιαν τοῦ ἀριθμοῦ[2]), *Enn.* VI 6 [34] 4, 20-24.

L'expression « dans le nombre véritable » nous introduit à une seconde espèce de nombre, celle que Plotin nomme « nombre essentiel » (ὁ οὐσιώδης ἀριθμός)[3]. Elle renvoie, comme le notent J. Bertier *et al.*[4], à un passage de la *République* (529d2-3) où Socrate distingue entre la multiplicité variée et visible des astres qui sont dans le ciel et la multiplicité véritable, celle des mouvements « qui se meuvent mutuellement dans le nombre vrai avec toutes les vraies figures »[5]. De tels mouvements, conclut-il, sont invisibles et concevables par la seule pensée. Dans ce passage, le nombre n'apparaît plus comme postérieur aux choses nombrables, mais bien plutôt comme antérieur à celles-ci. C'est cette antériorité qui fait qu'il peut régler *a priori* les mouvements invisibles des astres. Un tel nombre, commente Plotin, est « dans l'essence ». Cette expression peut être lue de deux manières différentes et non contradictoires. La première est la plus évidente et découle directement du passage de la *République* : le nombre qui est dans l'essence est un nombre invisible et intelligible existant indépendamment des choses sensibles qu'il régit. Quant à la seconde, elle nous demande d'anticiper sur les développements ultérieurs du traité VI 6 [34] où Plotin, après avoir déployé l'intelligible sous la forme de la triade être-intellect-vivant total, situe le premier surgissement du nombre au sommet de cette triade, dans l'être[6].

Que l'on privilégie l'une ou l'autre de ces deux interprétations, il n'en demeure pas moins que le nombre qui est dans l'essence « possède par lui-même une certaine existence » et que cette existence ne se réduit pas à celle que produit

1. Sur cette expression, voir les remarques de J.F. Phillips, « Stoic “Common notions” in Plotinus », *Dionysius* 11, 1987, p. 49.

2. *Cf.* Platon, *République* 524e5.

3. *Enn.* VI 6 [34] 9, 34.

4. *Cf.* J. Bertier, L. Brisson, A. Charles, J. Pépin, H.D. Saffrey et A.-Ph. Segonds, *Plotin. Traité sur les nombres (*Ennéade *VI 6 [34])*, Paris, Vrin, 1980, p. 156 (désormais cité J. Bertier *et al.*, *Plotin. Traité sur les nombres*...).

5. Platon, *République* 529d2-4, traduction de L. Robin.

6. Nous aurons l'occasion d'analyser cette structuration particulière de l'intelligible dans le chapitre suivant.

l'âme en nombrant. En réalité, la notion de nombre à laquelle l'âme accède dès lors qu'elle perçoit la variation des choses sensibles, cette notion n'est pas proprement engendrée par l'âme, mais « réveillée » en elle. On peut voir, derrière cette affirmation, une autre référence à Platon, également relative à un passage de la *République*. Dans ce passage, Socrate explique à Glaucon que l'unité qui se laisse percevoir par les sens offre toujours quelque contradiction : « elle n'apparaît pas plus une que son contraire » [1]. Dès lors, se fait jour, en notre âme, la nécessité de rechercher ce qu'est l'unité en soi (αὐτὸ τὸ ἕν), à savoir une unité qui n'est *que* une et n'apparaît jamais multiple. C'est ainsi, conclut-il, que l'étude qui a l'unité pour objet, en « réveillant en l'âme la notion <d'un> » [2], mène celle-ci à la contemplation de l'être. Que Plotin fasse référence, bien que de manière implicite, à un texte de Platon qui a trait non pas au nombre mais à l'un, n'est pas anodin. En effet, affirmer l'existence d'un nombre « dans l'essence », ce n'est pas vouloir introduire, dans l'intelligible, une nouvelle forme de multiplicité qui serait le principe invisible de la multiplicité sensible. Au contraire, le nombre qui est « dans l'essence » est d'abord un principe d'unification : grâce à lui, les mouvements invisibles des astres sont régis par des rapports harmonieux, rapports qui en manifestent la cohésion et l'unité.

La double référence à la *République* permet donc à Plotin de montrer que l'existence du nombre dans l'âme nombrante n'est pas la seule possible. Le nombre existe également, et même « véritablement », indépendamment des choses nombrables et de l'acte de nombrer. C'est cette seconde espèce de nombre, ontologiquement première, qui va jouer un rôle fondamental dans la détermination de l'intelligible. Pour en comprendre la fonction et la nature, il convient tout d'abord d'étudier la première espèce de nombre, celle du nombre quantitatif, lequel est « le simulacre » (εἴδωλον) [3] du nombre essentiel.

Le nombre quantitatif

Si l'on en croit la chronologie des traités plotiniens telle que nous l'a léguée Porphyre, la première définition du nombre quantitatif nous est donnée en V 5 [32] 4. Elle intervient lorsque Plotin affirme que l'Un, étant isolé et antérieur à toutes choses, ne peut être nombré avec rien, de sorte qu'on ne peut lui attribuer ni le nombre essentiel ni « le nombre postérieur à ce dernier, le nombre de la quantité » [4]. Poursuivant sur sa lancée, Plotin affirme alors qu'à la différence du nombre essentiel qui est « ce qui procure toujours l'être (ὁ τὸ εἶναι ἀεὶ παρέχων) » [5], le nombre de la quantité est celui « qui procure la quantité (ὁ τὸ ποσόν), soit lorsqu'il est avec d'autres <nombres>, soit lorsqu'il n'est pas encore avec d'autres <nombres>, s'il est vrai qu'il est lui-même nombre (εἴπερ ἀριθμὸς

1. *Ibid.*, 524e3.
2. *Ibid.*, 524e5 : κινοῦσα ἐν ἑαυτῇ τὴν ἔννοιαν.
3. *Enn.* VI 6 [34] 9, 35.
4. *Enn.* V 5 [32] 4, 17-18.
5. *Enn.* V 5 [32] 4, 18.

τοῦτο) »[1]. Au premier abord, cette définition peut paraître pléonastique et donc décevante : le nombre de la quantité est ce qui procure la quantité. Même constatation, d'ailleurs, à propos de la définition du nombre essentiel : le nombre essentiel procure toujours l'être, donc, en somme, l'essence, « ce qu'est » une chose. Mais la déception s'amenuise déjà lorsque l'on confronte les deux définitions : *à la différence* du nombre essentiel qui constitue pleinement l'être de ce dont il est le nombre, le nombre quantitatif ne concerne que le *poson*. Or, ce *poson*, on va le voir, demeure pour Plotin à jamais étranger à l'essence.

Dans le traité *Des genres de l'être*, Plotin se fait déjà plus explicite : « Il est sans doute évident que la nature de la quantité (ἡ τοῦ ποσοῦ φύσις) indique un combien déterminé (ὅσον τι), qu'elle mesure le combien de chaque chose (μετρεῖ τὸ ὅσον ἑκάστου) et qu'elle est elle-même un combien (αὐτή τε ὅσον τι) »[2]. La quantité est donc simplement un « combien ». Ce combien, ainsi qu'il est dit, est une *mesure* et cette mesure est ce par quoi l'âme peut déterminer non pas le nombre d'une chose, mais le nombre d'une *pluralité* de choses : « l'âme mesure la pluralité (μετρεῖ τὸ πλῆθος) en se servant du nombre »[3]. Ce point est important, car il nous montre que le nombre n'a de nécessité, pour Plotin, qu'au regard d'une multiplicité. Mais il y a plus. Si le nombre quantitatif est, pour l'âme, une mesure, cette mesure ne peut jamais porter que sur le combien de ce qu'elle mesure et jamais sur son essence : en mesurant, écrit Plotin, « l'âme ne mesure pas l'essence (οὐ τὸ τί ἐστι μετρεῖ) : en effet, elle dit "un" et "deux", peu importe ce que les choses sont et même qu'elles soient contraires ; elle ne mesure pas non plus leur disposition (διάθεσιν), par exemple chaud ou froid, mais seulement leur combien (ὅσα) »[4]. Mesurer, pour le nombre quantitatif, c'est donc seulement *dénombrer*, et cela dans l'indifférence de ce qu'est essentiellement la pluralité sur laquelle ce nombre s'applique[5].

Si le nombre quantitatif demeure extérieur à l'essence de ce qu'il nombre, cela est dû à deux raisons : d'une part, à sa postériorité relativement à ce qu'il nombre ; d'autre part, au fait qu'il est produit par l'âme.

En effet, pour que l'âme puisse dénombrer une pluralité, il faut *d'abord* qu'il y ait une pluralité. Or, cette pluralité, n'ayant pas attendu le nombre pour être, est et existe pleinement avant d'être nombrée : « lorsque quelqu'un pense homme

1. *Enn.* V 5 [32] 4, 18-20.
2. *Enn.* VI 2 [43] 13, 19-21.
3. *Enn.* VI 1 [42] 4, 38-39.
4. *Enn.* VI 1 [42] 4, 39-41.
5. Cette conception du nombre quantitatif – que Ch. Rutten appelle « nominaliste », cf. *Les catégories du monde sensible dans les* Ennéades *de Plotin*, Paris, Les Belles Lettres, 1961, p. 92 (désormais cité Ch. Rutten, *Les catégories*...) – sera critiquée par Jamblique qui, comme le commente D.J. O'Meara « n'accepte pas la suggestion que les nombres, mesurant les choses, ne sont pas dans les choses. Selon lui, les nombres sont dans les choses nombrées tout comme les "autres formes immanentes" (τὰ ἄλλα ἔνυλα εἴδη) ». *Cf.* D.J. O'Meara, « La question de l'être et du non-être des objets mathématiques chez Plotin et Jamblique », art. cit., p. 413. Voir en outre, du même auteur, *Pythagoras Revived. Mathematics and Philosophy in Late Antiquity*, Oxford, Clarendon Press, 1992, p. 213-215.

comme un et beau comme un, il faut sans doute penser le "un" comme postérieur (ὕστερον) dans chacun des deux cas; et ainsi lorsque l'on pense un cheval et un chien, il est encore clair que le deux est pensé postérieurement (ὕστερον) »[1]. De cette manière, il est clair que le nombre produit par l'âme nombrante n'a aucune incidence sur la multiplicité en question. L'unité qu'il véhicule, en rassemblant la pluralité extérieure au sein d'un même nombre, n'a proprement d'existence que dans l'âme de celui qui nombre :

> Que fait-on venir à l'être en nombrant un homme avec un autre (τί γὰρ ἂν γένοιτο εἰς οὐσίαν ἄλλῳ ἀνθρώπῳ μετ' ἄλλου ἀριθμουμένῳ)? Certainement pas une unité particulière (τις ἑνάς) comme dans le cas d'un chœur, mais cette décade d'hommes possède en toi, par le fait de nombrer, l'existence (ἀλλ' ἡ δεκὰς αὕτη τῶν ἀνθρώπων ἐν σοί τῷ ἀριθμοῦντι τὴν ὑπόστασιν ἂν ἔχοι), tandis que dans les dix hommes que tu nombres, on ne peut même pas parler de décade puisqu'ils ne sont pas ordonnancés dans l'unité (μὴ συντεταγμένοις εἰς ἕν), mais <il n'y a que> le dix que tu produis en nombrant et ce dix est une quantité (ἀλλὰ δέκα σὺ ποιεῖς ἀριθμῶν, καὶ ποσὸν τοῦτο τὸ δέκα), *Enn.* VI 6 [34] 16, 30-36.

En nombrant, l'âme n'ajoute (ni ne retranche) rien à ce qu'elle nombre. Elle ne produit pas non plus, dans la chose nombrée, une unité, comme celle que possède un chœur, par exemple. Car dans le cas du chœur, l'unité est constitutive – le chœur n'*est* proprement qu'en tant qu'il est une certaine unité, c'est-à-dire un certain nombre – et fait déjà partie de l'essence. En revanche, la seule unité que produit l'âme nombrante, lorsque par exemple elle affirme qu'il y a *une* décade d'hommes, n'a d'existence (*hupostasis*) qu'en l'âme elle-même.

La seconde raison pour laquelle le nombre quantitatif demeure extérieur à l'essence de ce qu'il nombre est liée au fait qu'un tel nombre est engendré par l'âme nombrante, c'est-à-dire par le seul acte psychique de nombrer. Certes, nous avons vu, conformément à ce que Platon écrit dans le *Timée*, que la notion de nombre est venue en l'homme « à partir de la variation entre les choses sensibles » et que ce sont les choses nombrables qui, les premières, « produisent un nombre par leur altérité ». Mais il faut bien comprendre que cette production correspond à ce que l'on pourrait appeler l'institution du nombre en l'homme la première fois où il a pensé et utilisé la notion de nombre. Une fois cette institution accomplie, la notion de nombre ainsi implantée en l'âme s'autonomise : elle peut désormais se produire au seul gré de l'âme nombrante, sans prendre en considération l'existence réelle d'une multiplicité extérieure. Autrement dit, une fois « libéré » de la multiplicité du réel qui lui a donné naissance[2], le nombre quantitatif devient pur *nombre nombrant*, c'est-à-dire un nombre qui n'a pour cause que l'acte de nombrer. Or, un tel acte, dès lors qu'il n'a plus que le nombre comme objet, peut le démultiplier à l'envi, et produire un nombre infini (ἄπειρος). C'est ce que Plotin

1. *Enn.* VI 6 [34] 9, 15-17.

2. Sur cette autonomisation du nombre relativement au réel extérieur, *cf.* L. Brunschwicg, *Les étapes de la philosophie mathématique*, Paris, Presses Universitaires de France, 1947 (principalement le premier chapitre).

exprime lorsqu'il écrit: « de même que nous démultiplions la ville qui n'existe pourtant pas de cette manière (ὡς τὸ ἄστυ πολλαπλασιοῦμεν οὐχ ὑφεστὸς οὕτως), de la même manière nous produisons des nombres démultipliés (τὸν αὐτὸν τρόπον καὶ τοὺς ἀριθμοὺς πολυπλασίους ποιοῦμεν) »[1]. Toutefois, il faut bien s'entendre ici sur le sens d'un tel nombre : il est infini au sens où il est toujours possible, une fois qu'un nombre est pensé, d'en penser un autre plus grand encore. Il s'agit donc de l'infini potentiel tel que Aristote l'a, le premier, énoncé. D'ailleurs, le dernier extrait que nous venons de citer a manifestement pour toile de fond les développements qu'Aristote a formulés, dans sa *Physique*, sur l'*apeiron* : il est absurde, y lit-on, de se fier à la conception (*noèsis*), car on peut bien en effet « concevoir chacun d'entre nous agrandi plusieurs fois jusqu'à l'infini (πολλαπλάσιον ἑαυτοῦ αὔξων εἰς ἄπειρον), personne à cause de cela ne sera hors de la ville »[2]. Par là, le Stagirite veut montrer que l'*apeiron* produit par la seule pensée n'a d'existence que dans cette pensée même et que celle-ci n'a aucune incidence sur la réalité effective de ce à propos de quoi il y a pensée (ici, un homme) : ce n'est pas parce que je peux démultiplier à l'envi, par la pensée, la grandeur de quelque chose, qu'il peut effectivement exister une chose qui serait telle dans le réel extérieur.

En s'autonomisant, le nombre quantitatif devient un nombre abstrait, un nombre désincarné. Ce caractère abstrait confère simultanément au nombre l'universalité : le nombre quantitatif peut désormais s'appliquer à n'importe quoi. Est-ce à dire, pour autant, qu'il peut chaque fois s'appliquer indifféremment et de la même manière ? Cette question, Plotin la soulève au chapitre 16 du traité *Sur les nombres*, lorsqu'un interlocuteur anonyme demande si « l'un qui est dans les choses sensibles (τὸ ἕν τὸ ἐν τοῖς αἰσθητοῖς) »[3] peut être considéré comme un principe (*arkhè*) de la quantité et, dans l'affirmative, si l'un est alors « apparenté à un même genre ou est quelque chose d'autre (συγγενὲς ἢ ἄλλο τι) »[4]. Pour comprendre cette interrogation, il faut la rapporter aux considérations d'Aristote consignées dans le livre *Iota* de la *Métaphysique*. Dans ce livre, Aristote affirme que l'essence de l'un consiste à être « la mesure première de chaque genre et, tout spécialement, la mesure première de la quantité, car de la quantité, l'un a été étendu aux autres catégories »[5]. Par « mesure », poursuit-il, il faut entendre, au sens propre, « ce par quoi la quantité est connue (ᾧ τὸ πόσον γιγνώσκεται) » et, en un sens dérivé du précédent, « ce par quoi chaque chose est primitivement connue (ᾧ ἕκαστον πρώτῳ γιγνώσκεται) »[6]. Dans tous les cas, cependant, la mesure doit répondre à deux exigences : d'une part, la mesure « est toujours apparentée au genre <de l'objet mesuré> (ἀεὶ δὲ συγγενές) ; les grandeurs se

1. *Enn.* VI 6 [34] 2, 13-15.
2. Aristote, *Physique* Γ 8, 208a16-18, traduction de A. Stevens.
3. *Enn.* VI 6 [34] 16, 9.
4. *Enn.* VI 6 [34] 16, 11-12.
5. Aristote, *Métaphysique* I, 1, 1052b18-19, traduction de J. Tricot.
6. Aristote, *Métaphysique* I, 1, 1052b20 et 25.

mesurent par la grandeur et, en particulier, la longueur se mesure par la longueur, la largeur par la largeur, les sons par le son, et les unités par l'unité »[1]; d'autre part, dans tous ces cas, la mesure (ou principe) est toujours « quelque chose d'un et d'indivisible (ἕν τι καὶ ἀδιαίρετον) »[2]. Ainsi, lorsqu'il est demandé, dans le traité *Sur les nombres*, si l'un qui est dans les choses sensibles peut être pris comme un principe, et si, dans ce cas, il est « apparenté à un même genre ou est quelque chose d'autre », il faut comprendre que cette interrogation concerne directement la question de la mesure : en quel sens le nombre peut-il être dit « mesure » de la quantité d'une chose ? est-ce en demeurant extérieur à cette chose ou est-ce, comme le pense Aristote, en se conformant à elle (en étant une unité prise au sein d'un genre commun) ? Dans sa réponse, Plotin semble suivre la position du Stagirite, moyennant toutefois une modification cruciale :

> Lorsque, saisissant une chose après une autre, tu dis "deux" (par exemple, un chien et un homme ou deux hommes) ou bien que ayant pris plus d'hommes tu dis "dix" et une décade d'hommes, ce nombre n'est pas une essence (ὁ ἀριθμὸς οὗτος οὐκ οὐσία), ni même une essence telle qu'elle est dans les choses sensibles, mais bien purement une quantité (ἀλλὰ καθαρῶς ποσόν). Et en le divisant conformément à l'un (μερίζων καθ' ἕνα) et en faisant des unités <ainsi obtenues> des parties de cette décade (τῆς δεκάδος ταύτης μέρη ποιῶν τὰ ἕνα), tu produis et poses un principe d'une quantité (ἀρχὴν ποιεῖς καὶ τίθεσαι ποσοῦ) : car l'unité de dix unités n'est pas l'un en soi (εἷς γὰρ τῶν δέκα οὐχ ἓν καθ' αὐτό), *Enn.* VI 6 [34] 16, 14-20.

Le principe de la quantité – qui, chez Aristote, est la *mesure interne* d'une pluralité – s'obtient, écrit Plotin, en divisant le nombre quantitatif « conformément à l'un ». Ce procédé permet d'obtenir une multiplicité d'unités *indivisibles*. La seconde exigence énoncée plus haut, celle de l'unité et de l'indivisibilité du principe (ou mesure) est donc respectée. Qu'en est-il de la première ? Cette unité indivisible est-elle adaptée au genre de ce dont elle est le principe ? Dans l'extrait, Plotin prend deux exemples qu'Aristote utilise également : il s'agit du cas où le nombre porte sur une pluralité extérieure sensible, à savoir d'abord « un chien et un homme » puis « dix hommes ». En termes aristotéliciens, l'unité de mesure de ces pluralités, serait, respectivement, le *vivant* et l'*homme*[3]. Plotin, de son côté, se contente de parler d'unité, à savoir de l'unité par laquelle toutes les unités qui composent une quantité sont nombrées et connues. Ainsi, au lieu d'affirmer, comme Aristote, que l'unité de mesure de dix hommes est l'unité « homme »,

1. Aristote, *Métaphysique* I, 1, 1053a24-27, traduction de J. Tricot.
2. Aristote, *Métaphysique* I, 1, 1052b32.
3. *Cf.* Aristote, *Métaphysique* N, 1, 1088a8-11 : « La mesure doit toujours être un attribut commun à toutes les choses à mesurer : si par exemple, le cheval est l'unité de mesure, les êtres mesurés sont des chevaux, et si c'est l'homme, des hommes. Si on a à mesurer *homme*, *cheval* et *dieu*, la mesure sera probablement *vivant*, et le nombre formé par ces êtres sera un nombre de vivants », traduction de J. Tricot.

Plotin se contente de dire qu'elle est « l'unité de dix unités »[1]. Certes, on pourrait peut-être penser que Plotin n'a véritablement en vue ici que le principe de la quantité indépendamment du type de pluralité auquel elle se rapporte, et que c'est pourquoi il dit que ce principe est l'unité, étant entendu qu'une quantité est un nombre composé d'unités. Mais n'avons-nous pas vu que la question initiale portait sur l'un qui est « dans les choses sensibles » ? Qui plus est, si Plotin avait seulement ici en vue le principe de la quantité en tant que quantité, pourquoi introduirait-il des exemples dans lesquels la quantité n'est pas prise en elle-même mais seulement en tant que quantité d'une pluralité extérieure (hommes, chiens, etc.) ? Au contraire, il semble nécessaire de comprendre que l'unité dont nous parle Plotin dans ce passage est l'unité non d'une quantité abstraite (celle du nombre pris en lui-même, lequel, comme l'écrit Aristote, est une « pluralité d'unités »[2]) mais de la quantité en tant qu'elle se rapporte à une multiplicité sensible (en l'occurrence, des hommes). Ce point nous amène alors à la constatation suivante : contre Aristote, Plotin se refuserait à accepter que le principe d'une quantité se soumette au genre de la pluralité auquel se rapporte cette quantité. Autrement dit, de même que la quantité, avons-nous vu, demeure extérieure à l'essence de ce dont elle est quantité, de même en est-il pour le principe de la quantité.

Cette différence de position, apparemment anodine, entre Plotin et Aristote, recouvre un désaccord beaucoup plus profond, désaccord qui touche à la compréhension de la notion de nombre et à celle de mesure.

Pour Aristote, la notion de nombre est d'abord et primitivement abstraite : le nombre, en tant que « nombre nombrant », demeure extérieur à ce qu'il nombre. C'est pour cette raison que, pour être mesure véritable, le nombre doit devenir nombre *de quelque chose*, c'est-à-dire « nombre nombré ». La distinction entre ces deux types de nombre – nombre nombrant et nombre nombré – est faite par Aristote pour clarifier la définition qu'il donne du temps. Le temps, écrit-il, « est le *nombre* du mouvement selon l'antérieur et postérieur »[3] et, par nombre, il faut entendre ici « le <nombre> nombré (τὸ ἀριθμούμενον) et non pas ce par quoi nous nombrons (ᾧ ἀριθμοῦμεν) »[4]. Pour comprendre pourquoi le temps est nombre nombré, il nous faut donc saisir ce que recouvre la distinction aristotélicienne entre, d'une part, « le nombre nombrant » (*i.e.* ce par quoi l'on nombre) et, d'autre part, « le nombre nombré et le nombre nombrable »[5]. Cette différence, Aristote l'illustre par un exemple apparemment banal : si, écrit-il, on a à nombrer deux groupes égaux en quantité (dix), l'un composé de chevaux et l'autre de chiens, dans les deux cas « le nombre est assurément *le même*, car le nombre des animaux ne diffère pas par une différence de nombre, mais la dizaine n'est *pas la*

1. Cf. *Enn.* VI 6 [34] 16, 20 : εἷς … τῶν δέκα.
2. Aristote, *Métaphysique* I, 1, 1053a30 : ὁ δ' ἀριθμὸς πλῆθος μονάδων.
3. Aristote, *Physique* IV, 219b1.
4. Aristote, *Physique* IV, 219b7-8.
5. *Cf.* Aristote, *Physique*, IV, 219b, 5-7 : τὸ ἀριθμούμενον καὶ τὸ ἀριθμητὸν ἀριθμόν.

même car les objets dont on parle sont différents : les uns sont des chiens, les autres des chevaux »[1]. En un sens, donc, le nombre est le même, et en un autre sens, non. Pourquoi ? Si le nombre peut être dit « même », c'est que dans un cas comme dans l'autre c'est toujours un même nombre – dix – qui est énoncé; ce nombre est proprement le nombre nombrant, celui par lequel on nombre une pluralité sans égards pour le type de pluralité dont il est question (chevaux, chiens, longueurs, mouvements, etc.). En revanche, dès lors que l'on rattache ce nombre au type de pluralité auquel il s'applique, ce nombre devient « différent », car c'est une chose différente d'affirmer qu'il y a dix chevaux plutôt que dix chiens. Dans ce dernier cas, le nombre est considéré relativement à ce à quoi il s'applique : c'est le nombre *nombrable*, nombre qui, écrit L. Couloubaritsis, « [est] soumis à ce à quoi il se rapporte [et] qu'il délimite par sa nature de nombre »[2]. Le nombre nombrable est donc celui qui se soumet à la pluralité qu'il doit délimiter et, par là, devient l'unité de mesure *interne* de cette pluralité. Ainsi, par exemple, dans le cas de chevaux, l'unité de mesure sera l'unité-cheval, mais si c'est une longueur qu'il faut nombrer (mesurer), l'unité sera différente, à savoir la coudée. Ce n'est que dans cette confrontation avec la réalité qu'il s'agit de nombrer que le nombre nombrable devient *nombré* et que l'on peut dire, par exemple, « dix chevaux » (et non simplement « dix ») ou encore « longueur de trois coudées » (et non simplement « trois »). De la même manière, c'est en tant que nombre nombré que le temps est nombre du mouvement, et donc *mesure interne* : « le temps mesure le mouvement en délimitant un certain mouvement qui mesurera [comme unité de mesure] la totalité du mouvement, de même que la coudée mesure la longueur en délimitant une certaine grandeur qui sera mesure de la totalité »[3].

Le nombre nombré est donc, pour Aristote, le nombre qui peut le plus proprement revendiquer le titre de mesure, puisqu'il est celui qui s'est soumis à la pluralité qu'il s'agit de mesurer; il est également celui qui manifeste le mieux l'essence du nombre en général, à savoir que « le nombre, quel qu'il soit, est toujours nombre *de certaines choses* »[4]. Ce dernier point est important, car il nous donne à voir que la considération d'un nombre isolé de la pluralité qu'il nombre

1. Aristote, *Physique* IV, 224a, 12-15, traduction de A. Stevens.

2. L. Couloubaritsis, *La* Physique…, *op. cit.*, p. 319.

3. Aristote, *Physique* IV, 221a1-4.

4. Aristote, *Métaphysique* N, 5, 1092b19-20. *Cf.* V. Goldschmidt, *Temps physique et temps tragique chez Aristote*, Paris, Vrin, 1982, p. 143, qui écrit : « Si le nombre ne comporte pas de "différence propre" (à distinguer une dizaine de l'autre), il est cependant de son essence de s'appliquer à des choses (différentes) ». Pour une analyse des objets mathématiques chez Aristote, on se rapportera, entre autres, à D. Moukanos, *Ontologie der 'Mathematika' in der Metaphysik des Aristoteles*, Athènes, 1981, chap. IV (l'auteur soutient que « Aristote donne en M 3 une présentation positive de sa conception des objets mathématiques ; ils existent ἐξ ἀφαιρέσεως » ; autrement dit, les objets mathématiques, pour le Stagirite, n'existeraient qu'en tant que constructions de l'esprit, par l'acte d'abstraction). Selon J. Annas, au contraire, les objets mathématiques existeraient de manière qualifiée, comme attributs des substances sensibles. *Cf.* J. Annas, « Die Gegenstände der Mathematik bei Aristoteles », dans A. Graeser (éd.), *Mathematics and Metaphysics in Aristotle* [Symposium Aristotelicum X], Berne, P. Haupt Verlag, 1987, p. 131-147.

n'a pas de sens pour le Stagirite. C'est ce qui explique pourquoi, dans la catégorie du *poson*, sont rangés non seulement le nombre en tant que tel, mais également différents quantifiables[1], à savoir la ligne, la surface et le corps, ou encore des entités plus abstraites comme le temps et le lieu[2]. C'est qu'il y a, entre le nombre et le quantifiable, un lien essentiel : d'une part, on vient de le rappeler, le nombre en général est « nombre de quelque chose » ; d'autre part, le quantifiable ne se trouve véritablement révélé que lorsqu'il reçoit la structure hénologique du nombre. Cela se voit clairement dans le cas du mouvement : lorsque l'on dit que le mouvement est dans le temps, écrit Aristote, c'est qu'il est « mesuré par le temps, et soi-même et son être (αὐτὴν καὶ τὸ εἶναι), car <le temps> mesure simultanément le mouvement et l'être du mouvement (τὴν κίνησιν καὶ τὸ εἶναι τῇ κινήσει) »[3]. Si le temps mesure le mouvement *et* l'être du mouvement, c'est, rappelons-le, en tant qu'il en est le *nombre*. Le nombre – en tant que nombre nombré – permet donc, selon Aristote, non seulement de dénombrer une pluralité externe, mais également, dans certains cas au moins, de toucher à l'*essence* d'une chose.

Pour Plotin, en revanche, le nombre quantitatif demeure « extérieur à la chose (ἔξωθεν τοῦ πράγματος) »[4]. Il est tout simplement impuissant, par sa nature même, à en atteindre l'essence. Cela s'explique du fait que, pour l'Alexandrin, la quantité au sens propre (τὸ κυρίως ποσόν) – laquelle est identifiée au nombre quantitatif –, c'est « la quantité qui n'est pas rattachée à autre chose (ἡ δὲ ποσότης οὐκ ἐφαπτομένη ἄλλου) »[5]. Cette affirmation constitue, il me semble, une réponse directement dirigée contre la position d'Aristote selon laquelle « le nombre, quel qu'il soit, est toujours nombre *de certaines choses* ». Qui plus est, on observe dans la formulation plotinienne un glissement remarquable du *poson*[6] – qui signifie, littéralement, « qui est d'une certaine quantité » –, à la *posotès*[7] – laquelle signifie proprement « quantité ». Ce glissement équivaut, en clair, à limiter la catégorie aristotélicienne du *poson* à un seul de ses éléments, à savoir la *posotès* (la quantité) et, par là, à en exclure le quantifiable. Cette exclusion est manifeste lorsque Plotin écrit que « le nombre lui-même, qu'il soit considéré en lui-même (καθ' αὑτόν) ou dans les choses qui en participent (ἐν τοῖς μετέχουσι), est quantitatif, mais pas ses participants (οὐ τὰ μετέχοντα). Donc pas la "longueur de trois coudées" (οὐ τὸ τρίπηχυ), mais le "trois" (τὰ τρία) »[8].

1. Sur ce point, voir le commentaire éclairant de F. Ildefonse et J. Lallot, *Aristote. Catégories*, Paris, Seuil, 2002, p. 266-267 : « le *poson* proprement dit, comme son nom l'indique, est la détermination quantitative spécifiant un substrat : une ligne (substrat) *de-deux-coudées* (*poson*), tandis que la ligne elle-même n'est qu'un substrat parmi d'autres compatible avec la catégorie du *poson*, autrement dit un quantifi*able* », p. 266-267. Voir également D. O'Meara, « La question de l'être et du non-être des objets mathématiques chez Plotin et Jamblique », art. cit., p. 407-408.

2. *Cf.* Aristote, *Catégories* 6 4b23-25.

3. Aristote, *Physique* IV, 221a4-7.

4. *Enn.* VI 6 [34] 16, 27.

5. *Enn.* VI 1 [42] 5, 20-21.

6. Cf. *Enn.* VI 1 [42] 5, 21 : τὸ κυρίως ποσόν.

7. Cf. *Enn.* VI 1 [42] 5, 20-21 : ἡ δὲ ποσότης οὐκ ἐφαπτομένη ἄλλου.

8. *Enn.* VI 1 [42] 4, 41-44.

Par conséquent, tous les quantifiables inclus par Aristote dans la catégorie du *poson* – le discours[1], le temps[2] et les grandeurs[3] – s'en trouvent systématiquement exclus par Plotin[4] : « qu'il s'agisse des espèces de la quantité continue ou de celles de la quantité discrète, au dire de Plotin, nulle autre que le nombre n'est véritable quantité. En effet, une grandeur, telle que la ligne ou la surface, ne constitue un quantum qu'à partir du moment où, pour la mesurer, nous la ramenons sous le nombre »[5].

De même, on l'a vu, que c'est à partir d'une conception particulière de la mesure qu'Aristote en vient à considérer le "nombre nombré" comme le nombre manifestant le mieux l'essence du nombre en général, de même faut-il interpréter l'identification plotinienne du nombre à la *posotès* (plutôt qu'au *poson*) à partir de la notion de *mesure* telle que la pense Plotin. Pour ce faire, examinons plus avant la critique que celui-ci oppose à la définition aristotélicienne du temps. Cette critique est formulée dans le traité *Sur l'éternité et le temps*. La thèse de Plotin est que le temps est né avec l'âme, ou, plus exactement, avec l'action de l'âme, lorsque celle-ci produit l'univers sensible : le temps, écrit-il, « est né simultanément (ἅμα) à la production de l'univers »[6]. Les astres, de leurs côtés, ont été engendrés pour « manifester le temps »[7], c'est-à-dire pour *nous* permettre de le mesurer. Et Plotin de rappeler les mots du *Timée* affirmant que l'âme a « produit le jour et la nuit »[8] pour que, par leur altérité, vienne à l'homme la notion de nombre. C'est donc *nous*, souligne-t-il, qui mesurons le temps. On le voit, il y a, chez Plotin, une volonté de ramener le nombre quantitatif à son aspect *nombrant* et, par là, à rappeler que la nature d'un tel nombre demeure toujours extérieure à ce qui est nombré. Est-ce à dire pour autant que l'Alexandrin refuse d'accorder crédit au nombre quantitatif compris comme nombré ? Non. Mais ce qui l'intéresse, alors, c'est de montrer qu'un tel nombre, bien qu'il soit (ou parce qu'il est) interne à ce dont il est nombre, échoue à nous en manifester l'essence : si le temps, comme le pense Aristote, est la mesure du mouvement, ce ne sera jamais *qu'à titre accidentel* (κατὰ συμβεβηκός) et non *à titre essentiel* (κατὰ τὸ τί ἐστιν), car « le temps demeure quelque chose d'autre »[9] et ne se réduit pas essentiellement à cette nature de mesure, tout comme le mouvement demeure autre que ce qu'il apparaît

1. *Enn.* VI 1 [42] 5, 2-4 : « Le discours (λόγος) est une certaine quantité en ce qu'il est mesuré (μετρεῖται), mais en tant que discours (ᾗ δὲ λόγος), il n'est pas une quantité (οὐ ποσόν) : il est ce qui signifie, comme le nom et le verbe ».

2. *Enn.* VI 1 [42] 5, 14 *sq*.

3. « [Les grandeurs] ne sont pas des quantités au sens propre (οὐ τῷ κυρίως ποσῷ) », elles « ne le sont que d'une manière seconde (δευτέρως) », *Enn.* VI 1 [42] 4, 45-46 et 51.

4. Cf. *Enn.* VI 1 [42] 4, 50-51 : « Il n'y aura donc pas un genre unique (ἔσται τοίνυν οὐχ ἕν τι γένος), mais le nombre seul (ἀλλ' ὁ ἀριθμὸς μόνος) et, à titre second, les autres choses (τὰ δὲ δευτέρως) ».

5. Ch. Rutten, *Les catégories*..., *op. cit.*, p. 84.

6. *Enn.* III 7 [45] 12, 22-23.

7. *Enn.* III 7 [45] 12, 27 : πρὸς δήλωσιν.

8. *Enn.* III 7 [45] 12, 31-32.

9. *Enn.* III 7 [45] 12, 42-43.

lorsqu'il est mesuré par le temps, car ce dernier – en tant que nombre quantitatif – est incapable d'en atteindre l'essence[1].

En définitive, on peut dire que, selon Plotin, si le nombre nombré échoue à rendre compte de l'essence, c'est parce qu'il n'est que *faussement* interne : il se présente comme une mesure interne de ce qu'il nombre, alors qu'il n'est jamais, en définitive, qu'un nombre extérieur, produit par une âme extérieure et relatif à une essence sensible existant antérieurement à lui et en laquelle il ne joue aucun rôle constitutif.

Le nombre essentiel

Tout comme celle du nombre quantitatif, la définition du nombre essentiel est donnée, primitivement, dans le traité V 5 [32] 4 : un tel nombre, est-il dit, est « ce qui procure toujours l'être (ὁ τὸ εἶναι ἀεὶ παρέχων) »[2]. Ainsi, à la différence du nombre quantitatif qui demeure extérieur à l'essence de ce dont il est le nombre, le nombre essentiel touche directement à l'*être* de ce dont il est le nombre. C'est qu'il est, nous dit Plotin dans le traité *Sur les nombres*, « *dans* l'essence » :

> Lorsque tu dis que l'homme lui-même en lui-même (αὐτὸν ἐφ' ἑαυτοῦ) est un certain nombre (ἀριθμόν τινα), par exemple une dyade, en tant que vivant et doué de raison (ζῷον καὶ λογικόν), cette manière de le dire n'est plus univoque (οὐχ εἷς ἔτι ὁ τρόπος ἐνταῦθα), car, d'un côté, en tant que tu chemines d'une chose à une autre et nombres, tu produis une quantité particulière (ποσόν τι ποιεῖς), tandis que, d'un autre côté, en tant que les substrats (τὰ ὑποκείμενα) sont "deux" et chacun des deux "un", si chacun des deux complète l'essence (συμπληροῦν τὴν οὐσίαν) et que l'unité (ἡ ἑνότης) est en chacun des deux, c'est un autre nombre que tu dis, un nombre essentiel (οὐσιώδη). Aussi, cette dyade n'est pas postérieure (οὐχ ὕστερον) et elle ne dit pas seulement un combien extérieur à la chose (οὐδὲ ὅσον λέγει μόνον ἔξωθεν τοῦ πράγματος), mais elle est ce qui est dans l'essence (ἀλλὰ τὸ ἐν τῇ οὐσίᾳ) et assure la cohésion de la nature de la chose (συνέχον τὴν τοῦ πράγματος φύσιν), *Enn.* VI 6 [34] 16, 20-28.

Ainsi présenté, le nombre essentiel apparaît comme ce qui révèle l'essence de ce dont il est le nombre : si j'affirme que l'homme est une dyade, c'est que l'être de l'homme est constitué par deux éléments (que Plotin appelle *hupokeimena*) tout aussi essentiels l'un que l'autre, à savoir le fait d'être un vivant animé et celui d'être pourvu de raison. Mais le nombre essentiel n'est pas seulement ce qui rend visible la structure essentielle d'un être ; il est d'abord *ce qui la fait être*, c'est-à-dire ce qui la constitue pleinement. Dans cette constitution, il semble que le rôle du nombre essentiel soit proprement hénologique : à la différence du nombre quantitatif qui n'a aucun pouvoir unifiant sur ce qu'il nombre, le nombre essentiel est ce qui assure la *cohésion interne* (*sunekhon*)[3] de ce dont il est le nombre. Il est

1. *Cf.* Ch. Rutten, *Les catégories…*, *op. cit.*, p. 86-88.
2. *Enn.* V 5 [32] 4, 18.
3. Comme le remarque A. Charles-Saget, *L'architecture du divin…*, *op. cit.*, p. 79-83, Plotin a ici en vue la **συνέχεια** des stoïciens (cf. *SVF* 2.145) plutôt que celle d'Aristote (cf. *Métaphysique* Θ

ce par quoi les différents substrats constitutifs de l'essence deviennent des « compléments de l'essence ». Devenir un complément de l'essence, ainsi que nous l'avons vu plus haut[1], ce n'est pas devenir un simple attribut de l'essence, comme une qualité, mais bien un *acte de l'essence*. C'est qu'une essence n'*est* proprement que si elle est « une et complète (ἓν καὶ συμπληρωτικόν) »[2] : elle doit à la fois posséder une *multiplicité* interne d'actes essentiels (dans notre cas, le *zôon* et le *logikon*) et en même temps *unifier* en son sein ces multiples actes[3]. Cette double exigence (d'unité et de multiplicité), c'est au nombre qu'il incombe de l'assurer, car le nombre est lui-même une structure d'unification, une σύνταξις. Nous aurons l'occasion d'étudier plus en profondeur cette structure dans le prochain chapitre. Mais nous pouvons déjà discerner, à travers le passage qui nous occupe, comment une telle structure procure l'être : d'une part, elle unifie chacun des compléments de sorte que ceux-ci sont à la fois mutuellement irréductibles et nécessaires au tout de l'essence qu'ils complètent; d'autre part, elle « ordonnance » chacun des multiples compléments « dans l'unité »[4], de sorte que la multiplicité des compléments ne soit pas seulement pluralité éparse, mais, au contraire, unité nécessaire.

Nous voilà déjà plus instruits sur la manière dont il faut entendre la définition du nombre essentiel comme ce qui « procure toujours l'être » : procurer l'être, ce n'est pas proprement donner l'être, mais *ordonnancer dans l'unité* et ainsi assurer à l'être sa complétude et sa perfection[5].

Une telle fonction, le nombre essentiel ne peut l'assumer que parce qu'il n'est *pas postérieur*[6] à ce dont il est le nombre. Plotin, toutefois, ne précise pas ici si le nombre essentiel doit être pensé seulement comme simultané à l'être qu'il ordonne ou comme antérieur. Mais il semble bien, d'après ce que nous venons de voir, qu'il faille le penser à fois comme simultané et comme antérieur[7]. En effet, si le nombre essentiel est nombre de l'essence, c'est d'abord parce qu'il est impliqué dans la *génération* de cette essence. Or, si son action porte déjà sur la genèse de l'essence, c'est qu'il doit, en quelque manière, préexister :

1050b26 et *Catégories* 6 4b20). Autrement dit, le nombre essentiel assure la « cohésion » de la nature de ce dont il est le nombre et non la « continuité » de celle-ci. La raison en est que le nombre n'a de nécessité que relativement à une multiplicité et que cette multiplicité doit demeurer, jusqu'à un certain point, une multiplicité *discrète*, au risque, sinon, de se résorber entièrement dans l'unité. Le nombre essentiel a, dès lors, la fonction d'assurer à la multiplicité dont il est le nombre de demeurer multiple tout en la rassemblant dans une unité qui lui assure sa cohésion.

1. Cf. *supra*, p. 103.

2. *Enn.* VI 7 [38] 3, 26).

3. Sur le nombre essentiel comme dyade de « vivant » et de « rationnel », *cf.* W. Theiler, « Einheit und unbegrenzte Zweiheit von Platon bis Plotin », art. cit., p. 482.

4. Cf. *Enn.* VI 6 [34] 16, 34 : συντεταγμένοις εἰς ἕν.

5. *Cf.* H.J. Krämer, *Der Ursprung*..., *op. cit.*, p. 301 : « Die Zahl ist nicht nur insofern seinsstifend, ... sondern auch als Gliederung- und Ordnungsprinzip des Ideenkosmos ».

6. Cf. *Enn.* VI 6 [34] 16, 26 : οὐχ ὕστερον.

7. *Cf.* H.J. Krämer, *Der Ursprung*..., *op. cit.*, p. 301-302.

Si les êtres étaient engendrés avant le nombre (εἰ δὲ τὰ ὄντα μὲν ἐγίνετο πρὸ ἀριθμοῦ), et si le nombre n'était que ce qui est observé à leur sujet (ἐπ' αὐτοῖς ἐπεθεωρεῖτο) lorsque la nature qui nombre [*i.e.* l'âme] se meut autant de fois qu'il y a d'êtres nombrables (ὅσα τὰ ἀριθμητά), c'est en fonction du hasard (κατὰ συντυχίαν) et non en fonction d'un dessein (κατὰ πρόθεσιν) que les êtres seraient autant qu'ils sont. Si donc ce n'est pas par hasard (μὴ εἰκῇ) qu'il y a tant d'êtres, c'est que le nombre préexiste et est la cause de leur "tant" (ὁ ἀριθμὸς αἴτιος προὼν τοῦ τοσαῦτα), *Enn.* VI 6 [34] 10, 9-13.

Ce n'est que parce que le nombre préexiste à ce qu'il nombre qu'il peut assurer, à travers la génération qu'il ordonne, une *nécessité* à ce qu'il nombre. Ce n'est pas, en effet, une fois engendrée, qu'une chose reçoit un nombre essentiel : si l'idée d'homme est une dyade, ce n'est pas une fois cette idée engendrée (il s'agit bien entendu d'une génération logique et non temporelle) que la dyade vient s'y appliquer; au contraire, pour que « vivant » et « pourvu de raison » ne soient pas simplement deux attributs secondaires et accidentels de l'homme en soi, il faut que la dyade *préexiste*. En ce sens, la préexistence du nombre essentiel eu égard à ce dont il est le nombre a pour fonction d'assurer une nécessité à ce qui est engendré, en étant *l'unité de mesure* à l'aune de laquelle la future essence sera engendrée.

Le nombre essentiel doit donc être pensé comme *antérieur* à l'essence de ce dont il est le nombre s'il doit être nombre de cette essence. Ainsi, il est *à la fois* antérieur et simultané à ce qu'il nombre. Cette distinction se matérialise, dans l'intelligible, sous la forme d'une double manifestation du nombre, d'une part, comme nombre qui est *dans l'être*, d'autre part, comme nombre *des êtres* : « Le nombre essentiel est d'une part le nombre observé dans les spécificités (ὁ μὲν ἐπιθεωρούμενος τοῖς εἴδεσι) et ce qui contribue à leur génération (συγγεννῶν αὐτά), et d'autre part primitivement ce qui est dans l'être (πρώτως δὲ ὁ ἐν τῷ ὄντι), avec l'être (μετὰ τοῦ ὄντος) et avant les êtres (πρὸ τῶν ὄντων) »[1]. Il est important de noter, d'emblée, que l'appellation de « nombre essentiel » est conférée tant au nombre dans l'être qu'aux nombres des êtres[2]. Pour comprendre ce qui distingue ces deux manifestations du nombre essentiel, il faut se reporter quelques lignes plus haut, là où Plotin écrit que le nombre essentiel, compris comme antérieur aux êtres, est « *dans* l'être sans être nombre *de* l'être (ἐν τῷ ὄντι, οὐκ ἀριθμὸς ὢν τοῦ ὄντος) »[3]. Il faut donc distinguer entre (1) le nombre essentiel en tant qu'il est *en* quelque chose *sans* être nombre *de* cette chose et (2) le nombre essentiel en tant qu'il est *en* quelque chose *et* qui, en plus, est nombre *de* cette chose. Dans le premier cas, le nombre est seulement présent, existe, sans pour autant porter sur (nombrer) ce en quoi il existe; c'est le nombre essentiel pris *en lui-même*. Dans le second cas, le nombre est directement lié à un quelque chose

1. *Enn.* VI 6 [34] 9, 35-37.

2. Nous verrons, par la suite, que le nombre essentiel se manifeste encore sous d'autres formes, à savoir comme nombre *de* l'Intellect et nombre *du* Vivant.

3. *Enn.* VI 6 [34] 9, 24-25.

(un intelligible particulier) dont il est le nombre essentiel. Pour reprendre l'exemple, vu plus haut, de l'homme en soi et de la dyade, on peut dire, d'une part, que la dyade, en tant qu'elle est dans l'idée d'homme, est dyade *de* l'idée d'homme, d'autre part, qu'en tant qu'elle doit nécessairement préexister à l'idée d'homme (pour les raisons vues plus haut), est dyade *dans* l'être, sans être dyade de l'être.

Cette explication laisse encore ouvertes deux questions importantes: pourquoi Plotin fait-il une distinction entre l'être et les êtres (ou les idées) et pourquoi situe-t-il le nombre essentiel considéré en lui-même dans l'être?

La distinction entre l'être et les êtres résulte de la nécessité de penser les nombres essentiels *en eux-mêmes*, c'est-à-dire antérieurement et indépendamment de ce dont ils sont dits nombres. Cette antériorité mène ainsi Plotin à distinguer l'être en deux temps: un temps primitif où l'être serait encore *un*[1] (l'être) et un temps postérieur où l'être est *multiple* (les êtres). De cette manière, il entend montrer que le nombre n'a en soi de nécessité que relativement au multiple. *Seul*, en effet, *le multiple nécessite un ordonnancement*, a besoin d'un principe qui en assure la cohésion. Il n'y a donc de nombre que du multiple. Dès lors que l'on veut envisager le nombre en lui-même, on est obligé de le poser *antérieurement* à la multiplicité qu'il ordonnance, donc en un quelque chose qui n'est encore qu'un. Ce quelque chose, pour Plotin, c'est l'être. Par ailleurs, on constate que le nombre essentiel subit une distinction analogue à celle posée entre *l'*être, primitif et indifférencié, et *les* êtres, seconds et multiples: « Assurément, ce n'est pas lorsqu'ils ont été engendrés que les êtres ont été nombrés: mais il est manifeste qu'ils ont été engendrés autant qu'il en fallait. Le nombre total (πᾶς... ὁ ἀριθμός) était donc avant (πρό) les êtres eux-mêmes »[2]. Autrement dit, en isolant les nombres essentiels de la multiplicité des idées qu'ils nombrent, on remonte simultanément à un temps où le nombre essentiel est lui-même encore un et indifférencié. Un tel nombre est appelé « nombre total », comme on vient de le voir, ou encore « nombre unifié (ἀριθμὸς ἡνωμένος) »[3], pour le distinguer *des* nombres essentiels[4] qui, parce qu'ils sont nombres *des* êtres, sont compris comme « nombre déroulé (ἐξεληλιγμένος ἀριθμός) »[5]. Ainsi voit le jour un strict parallèle entre, d'une part, l'être et le nombre essentiel (total, unifié) et, d'autre part, les êtres et les nombres essentiels (ou nombre déroulé).

Reste à répondre à la seconde question. Pourquoi situer la première manifestation du nombre essentiel dans l'être? Certes, on comprend bien à présent que c'est parce que l'être représente un temps antérieur à la multiplication intelligible. Mais si c'est seulement en raison de son unité que l'être peut être le

1. Cf. *Enn.* VI 6 [34] 9, 24-26: « Mais si le nombre était avant les êtres, il n'était pas les êtres. Ou plutôt il était dans l'être, sans être nombre de l'être – *car l'être était encore un* (ἓν γὰρ ἦν ἔτι τὸ ὄν) ».

2. *Enn.* VI 6 [34] 9, 22-24. *Cf.* J.-M. Narbonne, *Hénologie, Ontologie, Ereignis (Plotin-Proclus-Heidegger)*, Paris, Les Belles Lettres, 2001, p. 75.

3. *Enn.* VI 6 [34] 9, 29.

4. Le pluriel est clairement signifié en *Enn.* VI 6 [34] 11, 28-29.

5. *Enn.* VI 6 [34] 9, 30.

siège en lequel réside originellement le nombre essentiel, pourquoi ne pas alors avoir plutôt choisi l'Un lui-même, dont l'unité dépasse toute unité ? Pourquoi Plotin n'a-t-il pas écrit : « le nombre essentiel est dans l'Un sans être nombre de l'Un » ? Qu'y aurait-il là de choquant ? Certes, nous savons que Plotin écrit que l'Un se refuse à être nombré avec autre chose et qu'à lui ne peut s'attribuer ni le nombre quantitatif, ni le nombre essentiel. Mais ce ne peut être suffisant pour répondre à notre interrogation, car, rappelons-le, l'hypothèse, ici, est que le nombre puisse être dans l'Un *sans être nombre de l'Un*. Sans doute, le refus de Plotin de faire remonter l'émergence du nombre au-delà de l'être s'explique-t-il du fait que *le nombre essentiel est toujours, par nature, relatif à une multiplicité, même lorsqu'il est pensé antérieurement à cette multiplicité*. Rappelons-le : qu'il s'agisse du nombre unifié ou du nombre déroulé, c'est toujours d'un même nombre qu'il s'agit, le nombre essentiel. En effet, en remontant des êtres à l'être, nous découvrons toujours un même nombre, car le nombre essentiel « unifié », celui qui est dans l'être, n'a de nécessité qu'en ce qu'il nous permet de comprendre en quoi les nombres des êtres (ou « nombre déroulé ») sont essentiels aux idées dont ils sont les nombres. Il faut donc résister, ici, à la tentation d'hypostasier le nombre essentiel qui est dans l'être en en faisant un nombre ontologiquement différent du nombre essentiel déroulé. C'est pour cette raison que Plotin s'est refusé à situer un tel nombre dans l'Un. S'il l'avait fait, le nombre se serait vu simultanément et radicalement séparé de toute multiplicité : il serait devenu, conformément à l'Un, absolument solitaire (ἔρημον), « sans besoin de ce qui procède de lui »[1].

A côté de la fonction d'ordonnancement et d'unification, Plotin confère au nombre essentiel une autre fonction, de prime abord troublante, celle d'être une *puissance* d'altérité et de multiplicité :

> <Le nombre total> était dans l'être, sans être nombre de l'être (ἤ ἦν ἐν τῷ ὄντι, οὐκ ἀριθμὸς ὢν τοῦ ὄντος) – car l'être était encore un (ἓν γὰρ ἦν ἔτι τὸ ὄν) – mais la puissance du nombre (ἡ τοῦ ἀριθμοῦ δύναμις), en existant (ὑποστᾶσα), a partitionné l'être (ἐμέρισε τὸ ὄν) et l'a fait comme enfanter la multiplicité (καὶ οἷον ὠδίνειν ἐποίησεν αὐτὸν τὸ πλῆθος), *Enn.* VI 6 [34] 9, 24-27.

Si cette seconde fonction peut paraître troublante, c'est parce qu'elle semble contradictoire avec la première. Comment le nombre essentiel pourrait-il être une puissance de multiplication, s'il est vrai qu'il est ce qui assure la cohésion et l'unité de ce dont il est nombre ? En vérité, nous allons le voir, cette fonction d'altérité et de génération du multiple n'est contradictoire que si on l'envisage séparément de la première. Essayons d'abord de retracer le cheminement qui a mené Plotin à une telle affirmation : si les nombres essentiels sont nombres des idées, nous dit-il, il faut que le nombre essentiel préexiste aux idées, afin que leurs générations soient ordonnancées et nécessaires ; de cette manière, nous sommes obligés de remonter le cours de la procession des intelligibles, en passant du

1. *Enn.* VI 7 [38] 40, 29 : τῶν ἐξ αὐτοῦ οὐδέν.

multiple à l'un ; ce passage, on l'a vu, correspond tant à celui des êtres à l'être qu'à celui des nombres essentiels au nombre total; ce n'est qu'une fois remonté au niveau de l'être que surgit alors l'affirmation que le nombre total est une puissance de multiplication. Tout ce cheminement laisse à penser que les raisons qui poussent Plotin à affirmer que le nombre total est une puissance de multiplicité sont les mêmes que celles qui l'ont poussé à affirmer du nombre essentiel qu'il est ce par quoi une multiplicité peut être ordonnancée et unifiée. Et, en effet, nous avons vu que le nombre essentiel, même lorsqu'il est envisagé comme nombre « unifié » ou « total », est toujours relatif à une multiplicité : *s'il y a nombre, c'est qu'il y a multiplicité*. La multiplicité est donc un attribut essentiel du nombre. Cette multiplicité est parfaitement visible dans le cas *des* nombres essentiels, puisque ceux-ci, on le sait, sont observés dans les spécificités [1]. En revanche, il est beaucoup plus facile de la croire inexistante lorsqu'on l'envisage à partir du nombre total, du nombre qui est dans l'être sans être nombre de l'être. Mais, à nouveau, elle ne sera déclarée inexistante que si l'on hypostasie un tel nombre, c'est-à-dire si l'on sépare le nombre « dans l'être » du nombre « observé dans les spécificités ». Or, nous l'avons vu, tous deux ne sont, en somme, que deux manifestations différentes d'un *même* nombre : le nombre essentiel. De cette manière, il est nécessaire que le nombre qui est dans l'être soit *aussi* une puissance de multiplicité, puisque, par nature, un tel nombre implique la multiplicité. Et c'est parce qu'au « moment » où surgit primitivement le nombre essentiel il n'y a pas encore de multiplicité (« l'être était encore un », écrit Plotin), que cette puissance de multiplicité doit être comprise comme une puissance *d'engendrement*.

A présent, nous sommes en mesure de résumer tout ce que recouvre la définition initiale du nombre essentiel. Si un tel nombre est « ce qui procure toujours l'être », c'est au sens où il assume la double fonction de multiplication et d'unification. Jamais, pourtant, le nombre ne produit l'être en tant que tel. C'est pourquoi il est dit *dans* l'être. La génération des êtres se fait plutôt par l'être, mais conformément au nombre [2]. Le fait que le nombre soit, dès l'origine, dans l'être, permet une génération non arbitraire des êtres, c'est-à-dire une génération qui soit conforme à la nature même de l'être. Cela est manifeste, dans l'extrait suivant, où la conformité au nombre et la conformité à la nature de l'être sont posées comme équivalentes :

> L'être (τὸ δὲ ὄν), devenu nombre (γενόμενον ἀριθμός), rattache à soi les êtres (συνάπτει τὰ ὄντα πρὸς αὑτό) : en effet, il se scinde, mais pas en tant qu'un (σχίζεται γὰρ οὐ καθὸ ἕν), car son un demeure ; en se scindant conformément à sa nature (σχιζόμενον δὲ κατὰ τὴν αὑτοῦ φύσιν) en autant d'êtres qu'il a voulu (εἰς ὅσα ἠθέλησεν), il a vu combien d'êtres il a engendrés en lui conformément au nombre (εἶδεν εἰς ὅσα κατὰ τὸν ἀριθμὸν ἐγέννησεν ἐν αὑτῷ ἄρα ὄντα) ; car c'est par les puissances du nombre (ταῖς γὰρ δυνάμεσι τοῦ ἀριθμοῦ) qu'il a été

1. Cf. *Enn.* VI 6 [34] 9, 36-37 : ὁ μὲν ἐπιθεωρούμενος τοῖς εἴδεσι.

2. Cf. *Enn.* VI 6 [34] 15, 24-25 : « C'est avec le nombre que l'être engendre les êtres en se mouvant conformément au nombre (κατ' ἀριθμόν) ».

scindé et a engendré autant que le nombre était (ἐσχίσθη καὶ τοσαῦτα ἐγέννησεν, ὅσα ἦν ὁ ἀριθμός), *Enn.* VI 6 [34] 15, 29-34.

L'intériorité du nombre essentiel à l'être permet de tirer une double conséquence.

D'une part, elle permet d'expliquer pourquoi la génération des êtres n'est pas un phénomène extérieur à l'être, mais correspond à une division interne de l'être. Par là, il est également manifeste que la distinction entre l'être et les êtres ne renvoie pas à une distinction ontologique, mais seulement hénologique : tout comme c'est le cas pour le nombre essentiel dont le nombre « unifié » et le nombre « déroulé » ne sont que deux manifestations possibles, de même il ne faut voir dans la distinction entre être et êtres qu'une distinction entre deux manifestations hénologiques différentes de l'être – lequel est le même dans les deux cas – qui ne se distinguent que par leur degré d'unité.

D'autre part, cette intériorité permet de rendre compte de la *quasi réversibilité* entre nombre et être, dans l'intelligible. Affirmer que l'être se scinde « conformément au nombre qui est en lui » est équivalent, on l'a vu, à affirmer qu'il se scinde « conformément à sa propre nature ». De la même manière, on peut lire, d'une part, que l'être « a été scindé et a engendré autant que le nombre était (ὅσα ἦν ὁ ἀριθμός) »[1] et, d'autre part, que « dans l'intelligible, il en va du nombre comme des êtres, le nombre étant limité à autant d'êtres qu'il y a (ὁ ἀριθμὸς ὡρισμένος ὅσος τὰ ὄντα) »[2]. S'il y a réversibilité, c'est parce que le nombre n'est pas une mesure externe à l'être. Au contraire, il est d'emblée propre et approprié à l'être, de sorte que la multiplicité des êtres engendrés est parfaitement conforme tant à l'être qu'au nombre. Toutefois, et ce point me paraît capital, la réversibilité entre nombre et être n'est pas totale. En effet, nous savons que pour que les êtres soient nombrés, il faut que le nombre essentiel, en quelque manière, leur préexiste. C'est pourquoi celui-ci est dit « dans l'être, sans être nombre de l'être ». Autrement dit, même si le nombre est une mesure *interne* à l'être, il n'en demeure pas moins une mesure *antérieure* aux êtres. Et c'est parce qu'il est antérieur aux êtres qu'il pourra être nombre des êtres. Cette antériorité est cruciale, car elle manifeste la spécificité *hénologique*[3] du nombre relativement à l'être, spécificité qui lui confère d'être la mesure véritable *des* êtres, donc de l'intelligible dans son ensemble. Les êtres, en revanche, ne pourront jamais être mesure du nombre, et il ne faut pas se méprendre sur le sens de l'affirmation selon laquelle le nombre « est limité à autant d'êtres qu'il y a » : il s'agit seulement, dans ce cas, d'affirmer que le nombre essentiel « se déroule » aussi loin que la multiplicité des êtres; en revanche, un tel nombre « se réunit », en lui-même, au-delà de cette multiplicité et antérieurement à elle, dans l'être.

1. *Enn.* VI 6 [34] 15, 33-34. *Cf.* également *Enn.* VI 6 [34] 9, 22-23, où il est dit que les êtres « ont été engendrés autant qu'il en fallait », entendez, autant que le nombre l'exigeait.

2. *Enn.* VI 6 [34] 2, 9-10.

3. Cf. *Enn.* VI 6 [34] 10, 50-51 : « Quant à nous, nous disons que l'un est antérieur, et aussi le nombre ».

MESURE ET STRUCTURE DU NOMBRE

Depuis son apparition chez les Grecs, le nombre a toujours été compris comme une *pluralité d'unités*. Jamblique nous rapporte que Thalès, suivant une tradition initiée par les Egyptiens, définit déjà le nombre comme un μονάδων σύστημα, un système d'unités[1]. Eudoxe, à son tour, définira le nombre comme πλῆθος ὡρισμένον, pluralité définie[2]. Aristote, enfin, écrit dans sa *Métaphysique* que le nombre est une pluralité d'unités, πλῆθος μονάδων[3], ou, dit autrement, une pluralité d'indivisibles, πλῆθος ἀδιαιρέτων[4]. Dans tous ces cas, le nombre implique, d'une part, une multiplicité et, d'autre part, une multiplicité d'unités indivisibles, c'est-à-dire en somme une *multiplicité définie*.

Qu'en est-il pour Plotin ? Dans le traité *Sur les nombres*, le nombre quantitatif est désigné par Plotin, afin d'être distingué du nombre essentiel, comme « le nombre qui est appelé monadique (ὁ μοναδικὸς λεγόμενος) »[5]. Plotin fait ici manifestement référence à Aristote qui, en *Métaphysique* M 8, écrit que la théorie des Pythagoriciens, selon laquelle chaque corps est composé d'un nombre, est impossible si le nombre en question est compris comme un « nombre arithmétique », car le nombre arithmétique est *monadikos*, c'est-à-dire composé d'une pluralité d'unités[6].

Il y a deux manières d'interpréter cette référence de Plotin à Aristote.

On peut comprendre l'allusion au nombre monadique d'Aristote comme une réappropriation : Plotin ne ferait ici que reprendre à son compte la définition du nombre arithmétique comme nombre monadique en l'appliquant au nombre quantitatif. De cette manière, puisque le nombre quantitatif est autre que le nombre essentiel, ce dernier ne pourra lui-même être monadique. La définition du nombre comme « pluralité d'unités » ne renverrait ainsi, chez Plotin, qu'au nombre quantitatif.

Mais il est possible d'interpréter différemment la référence de Plotin au nombre monadique de la *Métaphysique*. En effet, il se peut que Plotin ne se réfère, en fait, qu'à ce qui est compris par Aristote sous l'appellation de « monadique », à savoir au nombre arithmétique. Ainsi, en affirmant que le nombre quantitatif est « le nombre qui est *appelé* (λεγόμενος) monadique », Plotin entendrait identifier le nombre quantitatif au *nombre arithmétique*, à savoir au nombre qui est susceptible d'addition, de soustraction, de multiplication et de division (tout ce dont, précisément, est incapable le nombre essentiel).

Dans les *Ennéades*, on trouve plusieurs textes dans lesquels la structure monadique du nombre est clairement utilisée et appliquée *dans le domaine intelli-*

1. Jamblique, *Commentaire à l'*Introduction arithmétique *de Nicomaque* p. 10 (Pistelli).

2. *Ibid.* On notera qu'Aristote définit également le nombre comme une pluralité définie (*cf.* Aristote, *Métaphysique* Δ 1020a13 : πλῆθος πεπερασμένον).

3. Aristote, *Métaphysique* I 1053a30.

4. Aristote, *Métaphysique* M 1085b22.

5. *Enn.* VI 6 [34] 9, 34-35.

6. *Cf.* Aristote, *Métaphysique* M 1083b8-19.

gible en tant que tel. Ainsi, par exemple, en *Enn.* VI 6 [34] 11, la multiplicité des êtres intelligibles est envisagée comme une multiplicité d'unités. Pour qu'il y ait nombre, explique Plotin, il faut que les unités en question existent toutes au même titre, de sorte qu'elles soient *semblables*. Si tel ne devait pas être le cas, « le nombre serait fait d'unités dissemblables (ἐξ ἀνομοίων μονάδων), unités différant entre elles en tant qu'unités (καθόσον μονάδες) »[1]. On le voit, c'est donc bien à une structure monadique du nombre que Plotin a recours pour rendre compte de l'unité des êtres intelligibles. Ce texte n'est pas isolé et nous allons voir que cette structure est à nouveau utilisée dans un passage capital, tiré du traité V 5 [32], où Plotin distingue entre l'unité qui compose le nombre et l'unité qui en est le principe et la mesure (laquelle n'est autre que l'Un).

La prise en considération de ces textes est une raison suffisante pour remettre en question l'hypothèse, énoncée plus haut, selon laquelle seul le nombre quantitatif serait monadique. Ces textes nous montrent au contraire que, chez Plotin, la structure monadique n'est pas limitée au nombre quantitatif, mais renvoie plutôt au nombre en général, quelle que soit la figure qu'il prend. Toutefois, affirmer que le nombre essentiel est également monadique ne signifie évidemment pas qu'il soit purement et simplement un nombre arithmétique, c'est-à-dire un nombre susceptible d'être affecté par les différentes opérations de l'arithmétique telles que l'addition, la soustraction, etc. Comme l'écrit A. Charles-Saget, Plotin « n'a cure de rendre ses "unités" additionnables », puisque « le nombre n'est pas pour lui le résultat d'une opération, et que l'addition est parfaitement étrangère aux modes de composition des essences »[2]. En revanche, la structure monadique du nombre et la commensurabilité qu'elle exige entre ses unités rejoignent directement, on va le voir, les préoccupations propres à l'intelligible.

Si la structure monadique peut s'appliquer tant au nombre quantitatif qu'au nombre essentiel, c'est que tous deux impliquent, par nature, une multiplicité : dès lors qu'il y a une multiplicité, il y a nombre, que cette multiplicité soit préexistante comme dans le cas du nombre quantitatif, ou qu'elle soit postérieure comme dans celui du nombre essentiel. Or, si le nombre est multiple, s'il est en lui-même une pluralité d'unités, alors il implique, pour sa venue à l'être, une unité antérieure qui en soit la *mesure*. Dans le cas du nombre essentiel, cette mesure n'est autre que l'Un. L'Un est en effet ce à partir de quoi peut advenir le nombre, sans pour autant faire partie du nombre :

> Il faut alors ici faire un bond jusqu'à l'Un et ne rien lui ajouter en plus (μηδὲν αὐτῷ ἔτι προσθεῖναι), mais se tenir totalement à l'arrêt, dans la crainte de s'éloigner de lui (στῆναι παντελῶς δεδιότα αὐτοῦ ἀποστατῆσαι) et ne pas bouger, si peu que ce soit, ni s'avancer en direction du deux (εἰς δύο προελθεῖν).

1. *Enn.* VI 6 [34] 11, 15-17.
2. A. Charles-Saget, *L'architecture du divin…*, *op. cit.*, p. 133-134.

> Sinon, c'est "deux" que tu tiens, et l'Un n'est pas dans les <deux unités[1]> de ce "deux", mais ces deux <unités> sont postérieures (εἰ δὲ μή, ἔσχες δύο, οὐκ ἐν οἷς τὸ ἕν, ἀλλὰ ἄμφω ὕστερα), *Enn.* V 5 [32] 4, 8-11.

Dans cette description extrêmement vivante de l'Un et du nombre, la génération du nombre apparaît comme le résultat d'un éloignement, d'une apostase relativement à l'Un[2]. Au lieu de rester auprès de lui, nous nous mouvons en sens contraire, « vers le deux ». Ce mouvement d'apostase, par lequel est engendré le premier nombre, est le résultat d'une forme d'addition : au lieu de contempler l'Un en lui-même, nous lui ajoutons quelque chose en plus. Il est important de bien comprendre le sens d'une telle addition. Le nombre « deux » n'est pas né parce que l'Un, se prêtant au jeu de l'arithmétique, s'est fait unité, monade à laquelle on peut ajouter une autre monade et ainsi constituer le nombre deux. S'il en était ainsi, l'Un ne pourrait être principe des êtres et du nombre puisqu'il ferait lui-même partie des êtres et serait lui-même compris dans un nombre. Au contraire, il faut bien comprendre que les deux unités qui composent le « deux » sont postérieures : elles ressortissent, ainsi que nous allons le voir, à l'ordre du mesuré, donc du commensurable, alors que l'Un est lui seulement mesure. Si l'Un n'est pas lui-même une unité du « deux », comment alors expliquer la génération du nombre? Comment se fait-il que de l'Un puissent advenir deux unités? Bien que Plotin n'en dise ici mot, il semble que cette génération puisse s'expliquer en des termes similaires à ceux utilisés par l'Alexandrin pour rendre compte de la génération de l'Intellect : si le « deux » peut advenir, c'est parce que nous sommes *incapables* de demeurer là où demeure l'Un[3]. Au lieu de contempler l'Un en lui-même, nous le pensons comme une unité, celle-là même dont se compose le nombre. Or, on le sait, pour qu'il y ait nombre, il faut qu'il y ait une pluralité d'unités, donc au moins deux unités[4]. De

1. Le pronom relatif « οἷς » (dans le segment « οὐκ ἐν οἷς τὸ ἕν ») désigne les deux unités qui composent le nombre deux. Cela est confirmé, d'une part, par le ἄμφω (l. 10), lequel désigne nécessairement un ensemble de deux éléments et, d'autre part, par la ligne 12 où il est dit que l'Un ne veut pas être nombré « avec un autre un ».

2. Cf. *Enn.* V 5 [32] 4, 10 : ἀποστατῆσαι.

3. Cf. *Enn.* V 5 [32] 4, 27 : μένουσα οὐ μένει.

4. Que l'unité, entendez la monade, ne puisse jamais être seule mais implique l'existence d'au moins une autre unité, est un principe reconnu très tôt dans l'arithmétique grecque. Voir, par exemple, la proposition 15 du livre VII des *Eléments* d'Euclide et le commentaire qu'en donne P. Pritchard, dans son *Plato's Philosophy of Mathematics*, Sankt Augustin, Academia Verlag, 1995, p. 12-13. Dans le cas du nombre quantitatif, comme on va le voir dans l'extrait suivant (*Enn.* V 5 [32] 4, 20-27), la monade est utilisée également dans un sens qui peut sembler déroger à cette règle, puisqu'elle désigne l'analogue de l'Un relativement au nombre quantitatif. L'Alexandrin fait alors un usage très singulier de la notion de monade puisque, dans ce cas, elle ne désigne plus une unité parmi d'autres au sein d'un même nombre, mais une unité isolée et unique. Toutefois, on va voir que cette « monade » (désormais uniquement appelée, dans la suite du texte, « monade première », afin de la démarquer des monades postérieures qui, elles, composent le nombre) n'est en rien réductible à un nombre (au nombre « un » en l'occurrence), mais qu'elle est bien plutôt la mesure du nombre. En ce sens, Plotin reste en accord avec le principe euclidien qui interdit d'identifier la monade à un nombre.

cette manière, le seul fait de penser l'Un *comme* une unité suffit à produire le premier nombre, le nombre « deux ».

L'Un, par nature, se refuse à « faire nombre », et c'est seulement de cette manière qu'il peut être mesure du nombre :

> Car l'Un ne veut pas être nombré avec autre chose (οὐ... συναριθμεῖσθαι), ni avec un autre un (μετ' ἄλλου οὔτε ἑνός), ni avec un nombre de quelque grandeur que ce soit (οὔτε ὁποσουοῦν) et, d'une façon générale, il ne veut pas être nombré du tout (οὐδ' ὅλως ἀριθμεῖσθαι) : en effet, il est une mesure et non pas quelque chose de mesuré (μέτρον γὰρ αὐτὸ καὶ οὐ μετρούμενον), et par suite il n'est pas <rendu> égal aux autres <unités> (τοῖς ἄλλοις δὲ οὐκ ἴσον) pour être <nombré> avec elles (ἵνα σὺν αὐτοῖς). Sinon, il y aura quelque chose de commun (κοινόν τι) au-dessus de lui et des choses qui sont nombrées avec lui (ἐπ' αὐτοῦ καὶ τῶν συναριθμουμένων) et ce quelque chose sera avant lui (πρὸ αὐτοῦ) : mais rien ne doit être avant lui, *Enn.* V 5 [32] 4, 12-18.

Si toutes les unités qui composent un nombre sont « unes », c'est au sens où elles ont toutes part, en quelque manière, à une unité qui les transcende. Cette unité primitive, c'est l'Un. L'Un, par sa transcendance – laquelle se manifeste par son antériorité –, est la mesure des unités qui composent le nombre : grâce à lui, chacune de ces unités est rendue égale aux autres, de sorte qu'elles deviennent toutes *commensurables*. Puisque toutes les unités sont soumises à une même unité de mesure, elles peuvent alors former, toutes ensemble, un même nombre.

Ce qui est ici dit du nombre essentiel relativement à l'Un vaut également, poursuit Plotin, pour le nombre quantitatif :

> La nature (φύσις) qui est dans les nombres quantitatifs (ἐν τοῖς τοῦ ποσοῦ ἀριθμοῦ [1]), dans son rapport à l'un principiel (πρὸς τὸ ἓν τὴν ἀρχὴν αὐτῶν), imite celle qui est dans les nombres premiers (ἀπομιμουμένη τὴν ἐν τοῖς προτέροις ἀριθμοῖς) dans son rapport à l'Un véritable (πρὸς τὸ ὄντως ἕν), en ce qu'elle possède l'existence (τὴν ὑπόστασιν ἔχει) sans détruire l'un ni le morceler (οὐκ ἀναλίσκουσα τὸ ἓν οὐδὲ κερματίζουσα) : lorsqu'une dyade est engendrée (δυάδος γενομένης), l'unité qui est antérieure à la dyade (μονὰς ἡ πρὸ τῆς δυάδος) continue à exister, et cette unité n'est pas chacune des unités qui sont dans la dyade, ni l'une d'entre elles (καὶ οὐχ ἡ ἐν τῇ δυάδι μονὰς ἑκατέρα οὐδ' ἑτέρα ἐκείνη). En effet, pourquoi serait-elle l'une plutôt que l'autre ? Si donc elle n'est aucune d'entre elles, c'est qu'elle est autre (ἄλλη) et qu'elle demeure là où elle demeure (μένουσα οὗ μένει), *Enn.* V 5 [32] 4, 20-27.

La génération du nombre quantitatif suppose, comme dans le cas des nombres essentiels (ici appelés « nombres premiers »), la préexistence d'une unité qui en règle le déploiement. Cette unité, Plotin la désigne par l'expression « τὸ ἓν τὴν ἀρχήν », puis, dans l'exemple de la production de la dyade, par celle de « μονὰς ἡ πρὸ τῆς δυάδος ». Elle assume, relativement au nombre quantitatif, un rôle

1. Comme l'écrivent H.-S.[2], l'expression « τὰ τοῦ ποσοῦ ἀριθμοῦ » est équivalente à « οἱ τοῦ ποσοῦ ἀριθμοί », plus usitée par Plotin.

analogue à celui de l'Un relativement au nombre essentiel. En ce sens, elle doit elle-même être comprise comme une mesure et ne pas être confondue avec le nombre qu'elle contribue à produire. C'est pour cette raison qu'elle demeure antérieure au nombre et autre que lui : elle « n'est pas chacune des unités qui sont dans la dyade, ni l'une d'entre elles ».

L'altérité et l'antériorité de la monade première relativement au nombre et aux unités qui composent ce nombre constituent la condition *sine qua non* de la génération du nombre. Si cette monade devait être ravalée au rang de ce qu'elle mesure, elle serait dès lors elle-même mesurée. Aussi, il faut comprendre que la génération du nombre ne consiste pas en une fragmentation de la monade première. La dyade n'est pas née de ce que la monade qui est avant elle s'est fragmentée en deux unités. Si tel était le cas, d'une part, les deux unités qui composent la dyade seraient non mesurées, inégales, donc incommensurables et, d'autre part, la dyade en tant que telle ne serait pas une, mais multiple. C'est pour cette raison qu'il est nécessaire de concevoir la monade première comme « demeurant là où elle demeure », inaffectée par la génération qu'elle rend possible. Le mode de génération est, ici, identique à ce que nous avons déjà vu plus haut[1], concernant le rôle joué par l'Un dans la production de l'Intellect : l'Un engendre, parce qu'il « demeure dans le même caractère »[2], c'est-à-dire « en lui-même »[3]. Il en va de même dans le cas de la production du nombre quantitatif (mais c'est aussi le cas pour le nombre essentiel) : si un tel nombre suppose nécessairement une unité principielle antérieure, il faut que cette unité demeure cela même qu'elle est, c'est-à-dire demeure autre que le nombre ; et c'est *parce qu'*elle demeure ce qu'elle est que le nombre peut être engendré.

Nous avons vu, dans la section précédente, que si Plotin en vient à situer le premier surgissement du nombre essentiel dans l'être et avant les êtres, c'est parce qu'il s'agit là de la seule manière par laquelle le nombre essentiel pourra être la mesure interne des êtres. *L'antériorité est condition de l'intériorité.* Il en va de même dans le cas qui nous occupe à présent : s'il faut poser une unité antérieurement au nombre, c'est pour assurer au nombre une unité essentielle, interne. Cette unité porte sur deux niveaux : l'unité des monades qui composent le nombre et l'unité du nombre en tant que tel :

> — Comment donc ces unités [sc. celles qui composent la dyade] sont-elles autres (ἕτεραι) <que la monade première> ? Et comment la dyade est-elle une (ἕν) ? Est-elle le même un (ταὐτὸ ἕν) que celui qui est dans chacune des deux unités qu'elle contient ? — Il faut dire, d'une part, que les unités participent de l'unité première (μετέχειν τῆς πρώτης) mais qu'elles sont autres que celle de laquelle elles participent (ἄλλας δὲ ἧς μετέχουσι) et, d'autre part, que la dyade, en tant qu'elle est une (καθὸ ἕν), en participe aussi, mais pas de la même manière (οὐχ ὡσαύτως) : car une armée et une maison ne sont pas unes de la même manière

1. Cf. *supra*, p. 62-65.
2. Cf. *Enn.* V 3 [49] 12, 33-36.
3. Cf. *Enn.* III 2 [47] 1, 38-45. Voir aussi *Enn.* VI 5 [5] 8, 20-22.

(ὁμοίως ... ἕν). Celle-ci [sc. la maison] est une sous le rapport de sa cohésion[1] (πρὸς τὸ συνεχές), mais pas selon son essence (κατὰ τὸ ὡς εἶναι ἕν) ni selon la quantité (κατὰ τὸ ποσὸν ἕν), *Enn.* V 5 [32] 4, 27-33.

La monade première est mesure *en tant qu'unité* : c'est elle qui procure l'unité aux unités qui composent la dyade et à la dyade elle-même. Cette unité, elles la reçoivent par *participation*. La participation est donc ce qui en même temps relie les unités et la dyade à la monade première et ce qui les rend autres par rapport à elle : en effet, si elles ont à participer de la monade première, c'est que, d'elles-mêmes, elles ne sont pas unes ; or, si elles ne sont pas unes, c'est qu'elles sont autres que la monade première. Cela ne signifie pas pour autant qu'en participant de la monade première elles lui deviennent par là même identiques : la participation ne supprime pas l'altérité entre la monade première et ses participants ; elle procure seulement une unité *appropriée* au participant. Ainsi, les unités qui constituent la dyade et la dyade elle-même ne participent pas de la même manière à la monade première, tout comme, écrit Plotin, une armée et une maison ne sont pas unes de la même manière.

L'intrusion de cette comparaison avec l'armée et la maison ne doit pas nous surprendre, car ces deux exemples sont récurrents dans les *Ennéades* et sont le plus souvent introduits par Plotin pour distinguer entre différents niveaux d'unité au sein du monde sensible. La question est plutôt, ici, de déterminer jusqu'à quel point Plotin entend soutenir la comparaison qu'il fait entre, d'une part, les unités qui composent la dyade et la dyade elle-même et, d'autre part, l'armée et la maison. Deux possibilités s'offrent à nous : soit on considère que l'exemple de l'armée et de la maison est seulement donné à titre indicatif, pour montrer que, de même qu'une maison n'a pas la même unité qu'une armée, de même en est-il de la dyade relativement aux unités qui la composent ; soit on considère que, par cet exemple de l'armée et de la maison, Plotin rend compte *proprement* des types d'unités à l'œuvre dans le nombre lui-même. Je tenterai, ici, de soutenir cette dernière hypothèse.

Tout d'abord, il nous faut savoir à quel type d'unité renvoient l'armée et la maison et lequel des deux est jugé supérieur par Plotin. La hiérarchie[2] la plus détaillée des degrés d'unité – en laquelle se retrouve l'exemple de l'armée et de la maison – nous est donnée en VI 9 [9] 1, 4-14. La voici présentée par ordre décroissant :

1. Il semble ici préférable de traduire τὸ συνεχές par « cohésion » plutôt que par continuité. Plotin conserve le sens de « continu » lorsqu'il parle de grandeurs (cf. *Enn.* VI 6 [34] 14, 39-40), mais la maison est ici comprise comme ce qui « se tient ensemble », à savoir ce qui unifie les différentes parties qui la composent au sein d'une même cohésion. Il est probable que Plotin reprenne ce sens particulier de « cohésion » aux stoïciens (voir, par exemple, *SVF* 2.145). *Cf.* A. Charles-Saget, *L'architecture du divin...*, *op. cit.*, p. 79.

2. Sur l'interprétation de cette hiérarchie des degrés d'unité, se rapporter au commentaire de P. Hadot, *Plotin. Traité 9*, *op. cit.*, p. 122-127.

1. l'unité des corps des plantes et des animaux (τὰ τῶν φυτῶν καὶ ζῴων σώματα);
2. l'unité des grandeurs continues (τὰ συνεχῆ μεγέθη);
3. l'unité propre à une maison ou un navire (οἰκία ἢ ναῦς);
4. l'unité propre à une armée (στρατός), un chœur (χορός), un troupeau (ἀγέλη).

Dans cette hiérarchie, l'exemple de l'armée et celui de la maison se trouvent aux deux derniers échelons, l'armée marquant, avec le chœur et le troupeau, le niveau d'unité le plus bas, tandis que la maison se trouve au niveau immédiatement supérieur. Ailleurs, on peut lire également: « une chose n'est pas une en proportion de son être, mais elle peut ne pas avoir moins d'être <qu'une autre> tout en étant moins une : en effet, une armée ou un chœur n'ont pas moins d'être qu'une maison, mais ils sont cependant moins uns »[1]. La maison possède donc une unité supérieure à celle de l'armée.

On s'accorde à reconnaître aujourd'hui que Plotin formule cette hiérarchie des degrés d'unité sensible en s'inspirant de la division des différents types de corps telle qu'elle avait été établie par les stoïciens[2]. Cette division est triple et se présente comme suit[3] :

a. Il y a d'abord les corps unifiés (τὰ ἡνωμένα)[4], faits « de <parties> unifiées (ἐξ ἡνωμένων) et comme maintenues ensemble par une cohésion unique (ἅπερ ὑπὸ μιᾶς ἕξεως συνέχεται) »[5]. Par « cohésion », il faut entendre « un souffle unifiant un corps (πνεῦμα σώματος συνεκτικόν) »[6]. C'est le cas des organismes vivants, comme les plantes et les animaux.

b. Il y a ensuite les corps composés, qui sont faits « de <parties> jointes ensemble (ἐκ συναπτομένων) »[7] ou « juxtaposées (ἐκ παρακειμένων) »[8]. C'est le cas de la maison et du bateau.

1. *Enn.* VI 2 [43] 11, 14-16.

2. *Cf.* P. Hadot, *Plotin. Traité 9*, *op. cit.*, p. 122-123, A. Graeser, *Plotinus and the Stoics. A Preliminary Study*, Leyden, Brill, 1972, p. 72-75 (désormais cité A. Graeser, *Plotinus and the Stoics...*) et P.A. Meijer, *Plotinus On the Good or the One (Enneads VI, 9). An Analytical Commentary*, Amsterdam, J.C. Gieben, 1992, p. 68-79 et 84-93.

3. Ainsi que le rappelle Graeser (cf. *Plotinus and the Stoics...*, *op. cit.*, p. 74), il ne faut pas perdre de vue que, chez les stoïciens, cette division ne porte pas sur différentes formes d'unités, mais a pour but de distinguer entre ce qui est unifié de ce qui ne l'est pas. Dans cette division, seuls les corps naturels comme les plantes ou les animaux constituent proprement des formes unifiées.

4. Cf. *SVF* 2.366.

5. *Cf.* Sextus Empiricus, *Adversus Mathematicos* VII 102. Bien que le texte de Sextus Empiricus se présente comme référant aux doctrines des pythagoriciens, il est établi aujourd'hui que les distinctions qui y sont faites sont d'origine stoïcienne et qu'elles ont du être formulées par Chrysippe ou Posidonius (*cf.* A. Graeser, *Plotinus and the Stoics...*, *op. cit.*, p. 72-75). En outre, l'expression « ὑπὸ μιᾶς ἕξεως συνέχεται » est assurément de facture stoïcienne, comme le confirme un passage du *De Mixtione* d'Alexandre d'Aphrodise (*SVF* 2.474, 3-4) où l'on retrouve mot pour mot la même expression, laquelle étant considérée par Alexandre comme propre aux stoïciens (*cf.* « ὥς φασιν »). Voir également Sextus Empiricus, *Adversus Mathematicos* IX 78.

6. Cf. *SVF* 2.368.

7. *Cf.* Sextus Empiricus, *Adversus Mathematicos* VII 102. Voir également *SVF* 2.366.

8. *Cf.* Sextus Empiricus, *Adversus Mathematicos* IX 78.

c. Enfin, viennent les corps qui sont absolument non unifiés, ceux qui sont faits « de <parties> séparées (ἐκ διεστώτων) »[1]. Il s'agit alors soit de « ce qui est fait de corps définis et appréhendables par le nombre (ἐξ ὡρισμένων σωμάτων καὶ ἀριθμῷ ληπτῶν) », comme le chœur, soit de « ce qui est fait de corps indéfinis (ἐξ ἀορίστων) », comme une foule[2]. Dans cette catégorie figure également l'exemple de l'armée[3].

Si l'on rapproche, à présent, cette triple division de la hiérarchie des unités du traité VI 9 [9], on obtient le tableau suivant :

Plotin	Stoïciens
1. l'unité des corps des plantes et des animaux	a. corps unifiés (plantes et animaux)
2. l'unité des grandeurs continues	?
3. l'unité propre à une maison ou un navire	b. corps composés (maison, bateau)
4. l'unité propre à une armée, un chœur, un troupeau.	c. corps faits de parties séparées (chœur, armée, foule)

A la stricte symétrie observée aux niveaux 1, 3 et 4, seul le niveau 2 semble se dérober. En effet, rien dans la division stoïcienne ne semble correspondre aux grandeurs continues.

Ce n'est toutefois pas l'avis de P. Hadot[4], qui intègre ce que Plotin appelle « grandeurs continues » dans la catégorie des corps unifiés (*cf.* a). Pour ce faire, il rappelle, à juste titre, que les corps unifiés des stoïciens renvoient non pas à deux, mais à trois espèces, auxquelles correspond à chaque fois une manifestation particulière du *pneuma* : les animaux (dont le *pneuma* est l'âme), les plantes (la *phusis*) *et* les corps qui ne sont unifiés que par une simple cohésion (*hexis*), comme par exemple des pierres. De là vient alors l'identification par P. Hadot entre les grandeurs continues et cette troisième manifestation du *pneuma*, à savoir les corps pourvus d'une cohésion[5].

Le parallélisme entre grandeur continue et corps unifiés est certes plausible. Cependant, il laisse non élucidé un point important : Plotin ne parle pas de « corps » continus, mais de *grandeurs* continues. Or, ces grandeurs ne relèveraient plutôt, selon mon interprétation, d'une division non pas stoïcienne mais aristotélicienne. On sait en effet qu'Aristote divise la catégorie du *poson* en deux espèces : la quantité discrète (διωρισμένον) et la quantité continue (συνεχές)[6]. A la quantité discrète correspond le nombre (lequel est une « pluralité d'unités »),

1. *Cf.* Sextus Empiricus, *Adversus Mathematicos* VII 102. Voir également *SVF* 2.366 et 368.
2. Cf. *SVF* 2.368.
3. Cf. *SVF* 2.366.
4. *Cf.* P. Hadot, *Plotin. Traité 9*, *op. cit.*, p. 122-123.
5. Une autre interprétation, celle de P.A. Meijer, « Stoicism in Plotinus' *Enneads* VI, 9, 1 », *Quaderni urbinati di cultura classica* 59, 1988, p. 61-76, soutient que les « grandeurs continues » sont à ranger dans le niveau intermédiaire des ἐκ συναπτομένων (*cf.* b). Il s'agirait même, selon cet auteur, de la caractéristique générale propre à cette deuxième classe (p. 63).
6. Aristote, *Catégories* 6 4b20.

tandis qu'à la quantité continue correspondent les grandeurs (ligne et surface), les corps, le temps et le lieu [1].

Je fais donc ici l'hypothèse que la hiérarchie plotinienne des degrés d'unités telle qu'exposée en *Enn.* VI 9 [9] 1 renvoie à un double arrière-fond : d'une part, à la triple division stoïcienne des corps et, d'autre part, à la catégorie aristotélicienne du *poson*. Cette double référence ne doit pas être interprétée comme antagoniste mais, au contraire, comme complémentaire. On peut même dire, comme je vais à présent tenter de le démontrer, que les deux sources sont mutuellement intégrées par Plotin.

En mettant en parallèle la hiérarchie plotinienne et les divisions stoïcienne et aristotélicienne, on obtient ce nouveau tableau :

Plotin	Stoïciens	Aristote
1. plantes et animaux	corps unifiés	
2. grandeurs continues		quantité continue
3. maison, navire	corps composés	<quantité discrète>
4. armée, chœur, troupeau	corps faits de parties séparées	<quantité discrète>

En reliant les « grandeurs continues » de Plotin à la quantité continue d'Aristote, nous comblons le vide laissé par la division stoïcienne des corps. En même temps, nous ouvrons semble-t-il une nouvelle brèche : à quoi peuvent en effet référer, chez Aristote, les niveaux 3 et 4 ? Si l'on suit la logique qui relie le niveau 2 à la quantité continue du Stagirite, il faut répondre que les niveaux des corps composés (niv. 3) et des corps faits de parties séparées (niv. 4) correspondent tous deux, chez Aristote, à la quantité discrète, c'est-à-dire au nombre.

Dans l'absolu, il pourrait paraître étonnant de vouloir diviser le nombre selon deux niveaux (3 et 4). Mais nous savons que Plotin, d'une part, affirme que le nombre implique deux types d'unités, celui du nombre en tant que tel et celui des unités monadiques qui le composent, et, d'autre part, qu'il cherche à manifester ces deux types d'unités précisément au moyen d'une comparaison prenant pour exemple la différence d'unité existant entre la maison et l'armée, lesquels correspondent respectivement aux niveaux 3 et 4.

Si mon interprétation est fondée, il faut alors conclure que le rapprochement entre (1) l'unité du nombre ainsi que celle des monades qui le composent et (2) l'unité d'une maison et d'une armée n'est pas fortuit, mais qu'au contraire la maison et l'armée symbolisent chacun un type d'unité *propre* au nombre.

Tentons, à présent, de relier les différents termes de cette comparaison.

Les monades, si on les envisage isolément du nombre qui les rassemble (soit les deux monades indépendamment de la dyade), ressortissent effectivement à l'ordre de ce qui est séparé (διεστηκός), tout comme l'armée : chaque monade, tout en étant égale aux autres, en est séparée et n'est une qu'en tant qu'elle

1. *Ibid.*, 6 4b23-24.

participe de la monade première. On ne doit toutefois pas oublier que le vocable « διεστηκός » est emprunté par Plotin aux stoïciens et qu'il désigne, chez ces derniers, l'opposé de ce qui est « ἡνωμένον », unifié. Pour les stoïciens, en effet, tous les corps ne sont pas uns et des corps comme une armée, un chœur ou un troupeau ne peuvent en aucun cas être considérés comme uns[1]. Chez Plotin, au contraire, tout *ce qui est*, est *un*, mais pas de la même manière. Ainsi, écrit-il, « par "armée", on pense de multiples hommes armés et ordonnancés en une unité (εἰς ἓν συντεταγμένους), et bien qu'elle soit multiplicité (πλῆθος), on ne la laisse pas être simplement multiplicité (οὐκ ἐᾷ πλῆθος εἶναι) »[2]. Autrement dit, une armée ne peut se réduire à une simple multiplicité de soldats séparés les uns des autres, car tous sont « ordonnancés en une unité » et soumis à une unité supérieure. De la même manière pour les monades : bien qu'elles soient mutuellement séparées, elles forment *toutes ensemble* une certaine unité. C'est pourquoi elles sont monades *d*'un nombre et n'ont de sens et d'unité véritable qu'en tant qu'elles composent, toutes ensemble, un même nombre.

De son côté, l'unité du nombre s'apparente effectivement à celle de la maison : de la même manière qu'une maison joint ensemble les pierres dont elle est faite, de même le nombre joint ensemble les monades qui le composent. L'unité du nombre ne doit pas être ici confondue avec celle du nombre quantitatif compris comme ce qui nombre un ensemble de choses sensibles : nous avons vu qu'un tel nombre se réduisait finalement à *dénombrer*, à compter une chose, puis une autre, etc., et qu'il ne pouvait en rien influer sur la pluralité qu'il prenait pour objet. Dans le cas présent, il s'agit de saisir l'unité du nombre quantitatif *en lui-même*, indépendamment de toute réalité extérieure. Or, cette unité n'est pas, relativement aux monades, comme l'est celle du nombre nombrant relativement aux choses nombrées, car les monades sont *internes* au nombre[3]. C'est pourquoi le nombre peut avoir une action unificatrice à l'égard des monades qui le composent : ainsi, écrit Plotin, nous disons « dix » lorsque « nous rassemblons ensemble des choses qui sont séparées (συνάγοντες καὶ τὰ διεστῶτα δέκα λέγομεν). C'est de cette manière que nous disons "dix", lorsque d'une multiplicité advient une unité (ἐκ πολλῶν γίνηται ἕν), une décade »[4]. Le nombre est donc ce qui rassemble en son sein une multiplicité de monades qui, sans lui, resteraient séparées.

On peut ainsi voir que le nombre quantitatif met en jeu deux formes d'unités de degrés différents :

– la première est celle propre au nombre pris en lui-même : elle manifeste le pouvoir unifiant du nombre (la décade, par exemple) relativement à la multiplicité des unités qu'il englobe (les dix monades) ; l'unité du nombre est ce par quoi les

1. Sur ce point, *cf.* A. Charles-Saget, *L'architecture du divin*..., *op. cit.*, p. 156.

2. *Enn.* VI 6 [34] 13, 18-20.

3. Autrement dit, le nombre n'advient pas en nombrant une pluralité d'unités : un tel processus peut tout au plus engendrer « deux monades », mais certainement pas une « dyade ».

4. *Enn.* VI 6 [32] 5, 14-16.

multiples unités cessent d'être simple pluralité éparse pour devenir unités *d'*un nombre;

– la seconde est celle propre aux unités qui composent le nombre : même si ces unités sont rassemblées dans l'unité par le pouvoir unifiant du nombre, elles n'en demeurent pas moins des unités séparées et cette séparation est le gage de leur multiplicité.

L'unité des monades qui composent le nombre est ainsi *dérivée* de l'unité du nombre. Toutefois, il ne faut pas oublier que les monades et le nombre qu'elles composent ne sont uns qu'en tant qu'ils participent de la 'monade première'. Tous deux sont reliés à un même principe d'unification qui les transcende :

> Comme, dans le cas des nombres, l'*eidos* du premier – de la monade – était en tous primitivement et secondairement (ἐπὶ πᾶσιν εἶδος πρώτως καὶ δευτέρως), et que ce n'est pas d'une manière égale que chaque nombre qui vient après la monade en participe (οὐκ ἐπίσης ἑκάστου μεταλαμβάνοντος τῶν ὕστερον αὐτῆς), de cette manière aussi, ici, chacun des êtres qui vient après le Premier en possède quelque chose comme un *eidos*. Et alors que, dans le cas des nombres, la participation fait exister la quantité des nombres (ἡ μετάληψις τὸ ποσὸν ὑπέστησεν αὐτῶν), dans le cas <de l'intelligible>, la participation fait exister, pour les êtres, l'essence (τὴν οὐσίαν), de sorte que l'être est une trace de l'Un (ὥστ' εἶναι τὸ εἶναι ἴχνος <τοῦ> ἑνος), *Enn.* V 5 [32] 5, 7-14.

Ainsi, l'*eidos* de la monade première est « primitivement et secondairement en tous les nombres » : primitivement, il l'est dans le nombre comme unité supérieure; secondairement, dans les monades qui, parce qu'elles sont multiples, ne peuvent avoir une participation égale à celle du nombre qui les enveloppe.

D'autre part, nous dit Plotin, « ce n'est pas d'une manière égale que chaque nombre qui vient après la monade [*i.e.* la monade première] en participe ». C'est qu'il y a plusieurs nombres (la dyade, la triade, etc.) et que chacun se distingue en ce qu'il unifie une plus ou moins grande multiplicité de monades. Les nombres sont donc mutuellement différents selon leur participation à la monade première, ou, plus exactement, selon leur *degré de participation*, car « c'est la participation qui fait exister la quantité des nombres » : au plus un nombre est multiple (*i.e.* composé d'un plus grand nombre d'unités), au plus il est éloigné de la monade première, de sorte que son unité varie en fonction de son éloignement.

De là, il ressort que la participation se développe selon deux directions différentes que l'on peut représenter par le schéma suivant :

un principiel
↓
dyade → 2 monades
↓
triade → 3 monades
↓
etc.

↓ désigne le mode d'être de la monade première dans les nombres comme *prôtôs*

→ désigne le mode d'être de la monade première dans les nombres comme *deuterôs*

Après avoir déterminé le type d'unité propre au nombre quantitatif, Plotin revient au point qui avait suscité son développement, à savoir le fait que l'engendrement de tout nombre, qu'il soit essentiel ou simplement quantitatif, suppose une unité première, unité qui lui préexiste et qui n'est pas affecté par l'engendrement lui-même. La question est, à présent, de comprendre le rôle joué par cette unité primitive dans la *production* des deux types de nombres :

> Mais il nous faut revenir à ce point où nous avons dit que le premier demeure le même (μένει τὸ πρῶτον τὸ αὐτό), même lorsque de lui sont engendrées d'autres choses (κἂν ἐξ αὐτοῦ γίνηται ἕτερα). Dans le cas des nombres, donc, l'un demeure (μένοντος μὲν τοῦ ἕν), tandis que c'est autre chose qui produit (ποιοῦντος δὲ ἄλλου), et le nombre est engendré conformément à l'un [sc. l'un qui demeure] (ὁ ἀριθμὸς γίνεται κατ' αὐτό). Dans le cas de l'essence, l'Un demeure bien plus encore antérieur aux êtres : il demeure et ce n'est pas autre chose qui produit (μένοντος δὲ αὐτοῦ οὐκ ἄλλο ποιεῖ), si les êtres sont conformes à lui (εἰ κατ' αὐτὸ τὰ ὄντα), mais il suffit à engendrer les êtres (ἀλλ' ἀρκεῖ αὐτὸ γεννῆσαι τὰ ὄντα), *Enn.* V 5 [32] 5, 1-7.

Aussi bien l'Un que la monade première « demeurent » lorsque d'eux sont engendrés d'autres choses, à savoir les nombres (respectivement, essentiels et quantitatifs). Toutefois, leur rôle dans la production du nombre diffère. Ainsi, dans le cas de l'engendrement des nombres quantitatifs, l'un demeure et le nombre est engendré conformément à lui. Pourtant, nous dit Plotin, *ce qui produit le nombre est autre que l'un*. En revanche, dans le cas de l'essence (*i.e.* le nombre essentiel), l'Un demeure et *ce n'est pas autre chose que lui qui produit* : « il suffit à engendrer les êtres ». Qu'est-ce donc que cette chose qui produit les nombres quantitatifs tout en étant autre que la monade première? Bien que Plotin ne réponde pas lui-même à cette question, il semble que la réponse la plus plausible soit : l'âme[1]. Sans l'âme, en effet, il ne peut y avoir de nombre quantitatif, car seule l'âme nombre. Le nombre essentiel, au contraire, est absolument indépendant de l'âme, puisqu'il est ce qui procure l'être, ce qui fait qu'une chose est essentiellement ce qu'elle est. Or, l'âme, avons-nous vu, ne peut jamais prétendre à un tel pouvoir démiurgique : tout au plus, peut-elle nombrer, c'est-à-dire produire un nombre quantitatif, ou encore dénombrer, lorsqu'elle porte sur une multiplicité de choses sensibles.

S'il est vrai que la plupart des développements, dans les chapitres 4 et 5 du traité V 5 [32], concernent plutôt la structure monadique du nombre quantitatif, il n'en demeure pas moins vrai également que c'est à cette même structure que Plotin a recours pour rendre compte de l'apparition de la multiplicité intelligible et du nombre essentiel. C'est cette communauté de structure qui autorise Plotin à développer aussi minutieusement l'analogie entre la formation et la constitution des deux sortes de nombre. Bien entendu, il est clair que le fait de partager une même structure n'entame en rien la spécificité de chacun des nombres et c'est

1. Sur ce point, cf. *infra*, p. 181-184.

pour cette raison que Plotin affirme, comme nous venons de le voir, que la seule préexistence d'une unité, à titre de principe, est insuffisante pour produire un nombre quantitatif et qu'il faut, en plus, quelque chose d'autre, à savoir, vraissemblablement, l'âme nombrante. Ce point est évidemment fondamental puisqu'il scelle, pour ainsi dire, la démarcation entre les deux sortes de nombre. Toutefois, nous aurons l'occasion de revenir sur le rôle joué par l'âme dans la production du nombre quantitatif. Nous verrons alors que l'âme doit également être comprise comme un intermédiaire entre le nombre essentiel et le nombre quantitatif, étant elle-même, de par sa nature intelligible, un nombre essentiel.

CHAPITRE V

LE NOMBRE ET L'ORDONNANCEMENT DE L'ÊTRE

A présent que nous avons mis au jour, avec Plotin, les deux figures principales du nombre, à savoir le nombre essentiel et le nombre quantitatif, et que nous avons examiné les deux types d'unités propres au nombre en général, il nous faut analyser le rôle que Plotin confère au nombre à l'intérieur du système de l'être. Concrètement, il s'agit d'étudier l'effet systémique (« suntaxique », dirait Plotin) du nombre sur l'intelligible.

Dans le traité VI 6 [34], Plotin dégage un ordonnancement de l'être tout à fait original, ordonnancement triadique dont les moments et/ou niveaux sont l'être, l'Intellect et le vivant. A ma connaissance, une telle ordonnance ne se retrouve nulle part ailleurs dans le *corpus* ennéadique [1]. Ce point laisse à penser qu'il a été élaboré par Plotin spécifiquement pour les besoins de la question du nombre.

1. Il existe bien entendu la triade être-vie-pensée mise au jour par P. Hadot dans son célèbre article « être, vie, pensée chez Plotin et avant Plotin », art. cit., et par laquelle « l'être est conçu comme un acte d'autoposition en trois moments : simple position de soi, puis sortie de soi, enfin retour à soi » (p. 107). On trouve de nombreuses traces de cette triade dans l'ensemble du *corpus* ennéadique (pour les références, se rapporter à l'article de P. Hadot). En revanche, commente encore l'auteur, « le traité *Sur les nombres* nous met en présence d'une autre tradition et d'une autre conception des rapports entre l'être, la vie et la pensée. Sans doute, la plénitude de la réalité implique toujours, pour Plotin, ces trois formes. Mais, sous l'influence de l'exégèse de *Timée* 39e, elles se hiérarchisent dans un ordre différent de tout ce que nous avons vu précédemment » (p. 117). Selon, J. Pépin, la raison du changement de perspective par rapport à la triade être-vie-pensée pourrait « s'expliquer par le souci de se distinguer des gnostiques qui, interprétant eux aussi le *Timée* 39e8-10, en dégageaient une hiérarchie du monde intelligible culminant dans un principe qui contient en soi tous les êtres, c'est-à-dire dans le vivant total de Platon ». Plus probablement, conclut l'auteur, « le philosophe cédait-il aux exigences de sa théorie du nombre ». *Cf.* « Platonisme et antiplatonisme dans le traité de Plotin *Sur les nombres* (VI. 6 [34]) », art. cit., p. 201. De son côté, A. Charles-Saget, *L'architecture du divin...*, *op. cit.*, écrit : « Sans préjuger de la portée de cette modification [*i.e.* dans l'ordre des termes], nous pouvons dire que le schéma directeur, en son sens, est respecté : l'être (premier moment), par son mouvement (second moment), se constitue en déterminations, lesquelles (troisième moment) tissent ensemble l'unité et l'harmonie du tout » (p. 119). Quant à Ch. Horn, *Plotin über Sein...*, *op. cit.*, p. 231, il voit deux sources à l'élaboration de la triade ὄν-νοῦς-ζῷον : d'une part, la référence au

LE SYSTÈME TRIADIQUE DE L'ÊTRE

En affirmant que le nombre essentiel peut être pensé « sans » les idées auxquelles il est associé[1] – puisque pour pouvoir être nombre *des* êtres il doit d'abord être nombre *dans* l'être – Plotin met au jour, simultanément, le fait que les idées peuvent elles-mêmes être pensées, réflexivement, indépendamment du nombre. De cette manière, il apparaît que les idées peuvent être étudiées sous deux perspectives essentielles différentes : d'une part, celle de leur essence, d'autre part, celle de leur nombre. Bien entendu, ces deux perspectives ne sont en réalité jamais séparées : une idée ne pourrait pas être sans son nombre et le nombre lui-même n'a de sens que relativement à l'être de l'idée. C'est donc à une recherche analytique que Plotin s'adonne, dans le traité *Sur les Nombres*, en abordant la question des idées d'abord (a) quant à leur nature et leur constitution (chapitres 6-7), ensuite (b) quant à leur nombre (chapitres 8-9).

Nature et constitution des idées

Etre

Pour comprendre ce que *sont* les êtres intelligibles, explique Plotin, il faut les envisager d'une manière génétique[2]. Une telle démarche implique que ce qui constitue les êtres ne soit pas simplement posé d'une manière statique et purement descriptive, mais que les différents éléments constitutifs de leur essence soient intégrés dans un même mouvement génétique. Il faut toutefois bien comprendre, poursuit Plotin, qu'une telle genèse « se fait par le *logos* »[3]. Autrement dit, il est crucial de toujours garder à l'esprit que les séparations qu'impose une appréhen-

Sophiste de Platon dont la triade être-vie-pensée apparaît alors dans un nouvel ordre ; d'autre part, la volonté d'effectuer « une hiérarchisation très pertinente de l'intelligible ». Dans cette hiérarchisation, « la priorité du νοητόν... est juste accentuée d'une autre manière, sans contredire la conception habituelle de Plotin ». Enfin, on notera que la divergence entre les deux séries (être-vie-pensée et être-Intellect-vivant total) a été remarquée très tôt puisqu'il en est fait mention à deux reprises par Proclus (*Commentaire du Timée de Platon* t. I, p. 427, 6-15 (Diehl), et *Théologie platonicienne* I 11, p. 50, 15-19 (Saffrey-Westerink)). Sur ce point, voir J. Pépin, « Le traité de Plotin *Sur les Nombres* (VI 6 [34]) : traces de son influence à la fin de l'Antiquité », dans J. Danek (dir.), *Vérité et éthos, Recueil commémoratif dédié à A.-M. Parent*, Québec, Les Presses de l'Université Laval, 1982, p. 87-91.

1. Cf. *Enn.* VI 6 [34] 6, 1 : ἄνευ τῶν πραγμάτων.

2. Cf. *Enn.* VI 6 [34] 6, 5 : τὴν γένεσιν.

3. *Enn.* VI 6 [34] 6, 4-5. S'il y a une genèse des idées, c'est donc parce que *nous* sommes obligés de poser une telle genèse, parce que *nous* avons à « analyser » l'idée, à la déployer discursivement afin de mettre en évidence les éléments qui la constituent essentiellement, à savoir l'être, la pensée et la vie. C'est ce même processus d'analyse et de remontée au principe que Plotin illustre, en *Enn.* IV 3 [27], à propos de l'âme de l'univers : « à aucun moment, cet univers n'a été sans âme ; à aucun moment, son corps n'a existé en l'absence de l'âme, et il n'y a jamais eu réellement de matière privée d'ordre ; mais il est possible de concevoir (ἐπινοῆσαι) ces notions en les séparant (χωρίζόντας) les unes des autres par le *logos* ; il est permis d'analyser (ἀναλύειν) par le *logos* et par la pensée discursive (διανοίᾳ) les éléments de tout composé », *Enn.* IV 3 [27] 9, 15-20, traduction de E. Bréhier, modifiée.

sion génétique sont seulement réflexives et donc non constitutives. Elles n'ont de valeur et de sens que pour *nous* et demandent que nous sachions correctement les interpréter.

La première question qui s'impose, pour qui cherche à connaître la nature [1] des « choses intelligibles » [2] que sont les idées, concerne « l'essence des idées en général (τὴν οὐσίαν καθόλου τῶν εἰδῶν) ». Autrement dit, il s'agit de saisir cela même qui fait que chaque idée est une idée, indépendamment du contenu particulier qu'elle recouvre (idée de la justice, du mouvement, etc.). Or, ce qui fait qu'une idée est une idée, c'est tout simplement qu'elle *est*, qu'elle *existe*, indépendamment de la pensée qui pourrait la prendre pour objet : « les spécificités existent sans que celui qui pense, ayant pensé chacune d'elles, leur donne alors l'existence (τὴν ὑπόστασιν) par cette pensée » [3].

Avant de poursuivre plus avant, une question doit être éclaircie : de quelle pensée s'agit-il ici ? Selon J. Trouillard, « l'intellect ainsi subordonné est plutôt la raison (ὁ μερίζων νοῦς), la pensée qui divise, pour qui l'intelligible est en quelque manière transcendant » [4]. De même, pour A. Charles-Saget [5], il s'agirait de *notre* pensée, à savoir une pensée incertaine qui n'est que visée et désir de l'idée sans la contenir pleinement en elle. Pour ma part, il me semble que Plotin a d'abord en vue *la pensée en général*, c'est-à-dire aussi bien notre pensée que la pensée propre à l'Intellect divin [6], même si comme on va le voir par la suite, son analyse va finir par se recentrer sur la pensée comprise comme Νοῦς.

Pour accréditer cette interprétation, je rappellerai d'abord que la thèse d'une pensée démiurgique, pensée capable d'engendrer son objet du seul fait de le penser, est également présentée et combattue par Plotin dans le traité *Sur l'Intellect, les idées et l'être*. Or, dans ce traité, c'est bien à l'Intellect divin que Plotin fait référence et non à notre pensée :

> L'Intellect, lui, se tient à l'arrêt en lui-même, "étant toutes choses ensemble" [7] et il ne pense pas chaque chose pour les faire exister (ἀλλ' ἕστηκεν ἐν αὑτῷ ὁμοῦ πάντα ὤν, οὐ νοήσας, ἵν' ὑποστήσῃ ἕκαστα). Ce n'est pas lorsqu'il a pensé à Dieu, que Dieu est né, ni lorsqu'il a pensé au mouvement, que le mouvement est né (οὐ γάρ, ὅτ' ἐνόησε θεόν, θεὸς ἐγένετο, οὐδέ, ὅτε ἐνόησε κίνησιν, κίνησις ἐγένετο), *Enn.* V 9 [5] 7, 11-14.

1. Cf. *Enn.* VI 6 [34] 6, 4 : ἡ φύσις.
2. Cf. *Enn.* VI 6 [34] 6, 2 : τὰ πράγματα τὰ νοητά.
3. *Enn.* VI 6 [34] 6, 6-8.
4. J. Trouillard, *La purification plotinienne*, Paris, Presses Universitaires de France, 1955, p. 82 (désormais cité J. Trouillard, *La purification*...).
5. A. Charles-Saget, *L'architecture du divin*..., *op. cit.*, p. 119.
6. C'est également l'interprétation de J. Moreau, « L'Un et les êtres selon Plotin », art. cit., p. 205, qui écrit : « Les intelligibles ne sauraient être regardés comme des productions de l'Intellect ; c'est sur eux, au contraire, que se règle l'intellection, l'activité de l'Intellect, qui ne saurait s'exercer de façon arbitraire ».
7. *Cf.* Anaxagore DK B1.

Si l'on interprète le passage du traité VI 6 [34] à l'aune de ce que Plotin nous dit dans le texte qui vient d'être cité, il faut alors comprendre que l'Alexandrin entend démontrer que les idées existent sans que cette existence soit due au fait que l'Intellect les pense effectivement. Or, cette affirmation est particulièrement choquante. Plotin ne dit-il pas régulièrement que, dans l'intelligible, être et pensée sont identiques? Qui plus est, comment croire qu'une idée qui, par définition, implique le fait d'être pensée, pourrait exister sans l'Intellect? Ces interrogations sont légitimes, mais elles témoignent d'une mécompréhension de ce que Plotin s'attache en réalité à démontrer. En effet, il n'entend pas dire que les idées peuvent exister indépendamment de l'Intellect (ce qui serait en effet en totale contradiction avec le reste de sa philosophie), mais seulement que, *d'un point de vue génétique*[1], il est impossible de faire de l'Intellect (ou de quelque pensée que ce soit) le générateur des idées[2].

Comme l'a très bien démontré C. D'Ancona Costa, l'hypothèse d'une pensée démiurgique est le pendant d'une thèse qui aboutit à faire des idées des *irréalités*. Une telle thèse, qui est, dans son fond, aristotélicienne, consiste à affirmer que « la pensée saisit la nature, l'essence ou la définition des réalités vers lesquelles elle est dirigée mais, en même temps (...), que cette nature, essence ou définition ne possède pas d'existence indépendante de notre acte de pensée »[3]. Or, pour les raisons qui vont être données dans le passage suivant, une telle thèse aboutit nécessairement « à assumer que la nature essentielle d'une chose est seulement un état d'esprit, et qu'elle ne correspond à rien de réel »[4] :

> Ce n'est pas en effet parce que l'on a pensé un jour ce qu'est la justice, que la justice est née (ἐγένετο), ni parce que l'on a pensé ce qu'est le mouvement, que le mouvement a existé (ὑπέστη). Car si cela avait dû arriver de cette manière, la pensée devrait être postérieure (ὕστερον) à la chose[5] elle-même qui est pensée (τοῦ πράγματος αὐτοῦ τοῦ νοηθέντος) – la pensée de la justice postérieure à la justice en soi – et inversement la pensée devrait être antérieure (προτέρα) à ce qui

1. Cette précision est bien entendu capitale, car, dans l'absolu, l'être n'est pas plus antérieur à l'Intellect que l'Intellect à l'être : l'être n'existe qu'en tant qu'il est pensé et l'Intellect n'est proprement Intellect que lorsqu'il pense l'être. Sur ce point, voir les réflexions de I. Crystal, « Plotinus on the structure of self-intellection », *Phronesis* 43, 1998, p. 273-274.

2. Comme l'écrit très justement H.J. Krämer, *Der Ursprung*..., *op. cit.*, p. 300-301, cette manière de séparer la deuxième hypostase en un pôle subjectif (νοῦς) et un pôle objectif (ὄν, ὄντα), permet d'en « radiographier en détail la structure arithmétique ».

3. C. D'Ancona Costa, « Separation and the forms : a Plotinian approach », *American Catholic Philosophical Quarterly* 71, 1997, p. 381.

4. *Ibid.*

5. Dans ce texte, comme cela semble d'ailleurs être le cas chaque fois que ce terme est utilisé au niveau de l'intelligible, le mot « *pragma* » désigne l'« idée », l'« être ». Ce point me paraît ici non équivoque puisque Plotin illustre le « *pragma* » dont il parle par l'exemple de la « justice en soi », donc de l'idée de justice. Sur le sens de *pragma*, *cf.* P. Hadot, « Sur divers sens du mot PRAGMA dans la tradition philosophique grecque », dans P. Aubenque (dir.), *Concepts et catégories dans la pensée antique*, Paris, Vrin, 1980, p. 309-319.

existe du fait de la pensée, si c'est bien pour avoir été pensé que cela existe, *Enn.* VI 6 [34] 6, 8-14, trad. J. Bertier *et al.*, modifiée.

Autrement dit, si l'on fait de la pensée, quelle qu'elle soit, le principe génératif des idées, on tombe dans une contradiction logique selon laquelle l'idée doit à la fois, d'une part, ne pas préexister à la pensée, puisque c'est celle-ci qui, en (la) pensant, lui donne l'existence et, d'autre part, préexister en quelque manière à la pensée si celle-ci doit avoir quelque objet à penser (une pensée sans objet serait équivalente à une pensée qui ne pense pas)[1].

Cette aporie, qui survient, dans le monde intelligible, lorsque l'on sépare l'Intellect de l'être et fait de l'Intellect le principe génératif de l'être, nous révèle un point de démarcation crucial entre l'Intellect et l'être. Nous avons vu que[2], pour *être* (entendez, pour être un Intellect plein et entier), l'Intellect suppose non seulement la préexistence de son objet, mais également que cet objet soit *en lui*. Ce n'est qu'à cette condition qu'il devient pensée véritable, c'est-à-dire pensée *de soi*. Il faut toujours se rappeler que la pensée, quelle qu'elle soit, implique une altérité, donc une dualité, entre l'objet sur lequel elle se porte et elle-même. S'il se fait qu'une pensée est également pensée de soi, comme c'est le cas de l'Intellect, c'est uniquement parce que l'objet sur lequel elle se porte est en elle, de sorte qu'en le pensant elle se pense elle-même : l'Intellect « ne pense qu'en se dédoublant ; ou plutôt, il est deux parce qu'il pense et il est un parce qu'il se pense lui-même »[3], explique Plotin. Ainsi, l'Intellect implique, dans son être même, une dualité, donc une multiplicité, entre un sujet pensant et un objet pensé. Or, il en va tout autrement pour l'être : l'être *est* d'emblée et ne suppose pas, pour être, de principe antérieur. En ce sens, on peut dire de l'être qu'il se suffit à lui-même : « ce monde-ci tout entier veut, afin d'*être* (ἵνα ᾖ), vivre et penser (ζῆν καὶ φρονεῖν), et toute âme et tout Intellect veut *être* ce qu'il *est* (ὅ ἐστιν εἶναι) ; l'être, lui, se suffit à lui-même (τὸ δὲ εἶναι αὔταρκες ἑαυτῷ) »[4]. Cette autosuffisance de l'être n'a de sens que si l'on prend l'être lui-même comme critère[5] : à la différence de l'Intellect ou de tout autre réalité postérieure, l'être ne suppose pas autre chose que lui-même pour être. Il est donc *plus simple* que l'Intellect et c'est pourquoi il est posé comme antérieur[6].

1. *Cf.* B. Collette, *Dialectique et hénologie…*, *op. cit.*, p. 99-102.
2. Cf. *supra*, p. 70.
3. *Enn.* V 6 [24] 1, 23-24.
4. *Enn.* VI 6 [34] 18, 50-53.
5. Le choix de l'être comme critère de démarcation génétique et hiérarchique entre les trois termes de la triade s'explique par la question initiale qui suscite ici la recherche, à savoir, comme nous l'avons vu : « quelle est la *nature* (*i.e.* l'être) des idées ? ».
6. Il faut ici garder à l'esprit que cette séparation de l'être relativement à la pensée n'a de sens que parce que tous deux sont envisagés *d'un point de vue génétique*. D'un point de vue constitutif, Intellect et être sont identiques et aucun des deux n'est antérieur à l'autre (tous deux forment *un acte unique*, celui de la pensée ; *cf.* E.K. Emilsson, « Cognition and its object », art. cit., p. 228 et 234). Aussi, comme l'écrit justement L.P. Gerson, *Plotinus*, *op. cit.*, p. 46, l'antériorité de l'intelligible sur l'Intellect doit être ici comprise comme une « fiction logique » nécessaire.

La simplicité de l'être n'en empêche toutefois pas la nécessaire multiplicité. On peut même dire qu'elle est la condition de ce mouvement de pluralisation qui va de l'être à la pensée de l'être. Mais cette pensée (*i.e.* l'Intellect), au lieu de préexister, est engendrée par l'être *comme une implication nécessaire* :

> Si l'on dit que "dans les choses sans matière, la science est identique à la chose (ὡς ἐπὶ τῶν ἄνευ ὕλης τὸ αὐτό ἐστιν ἡ ἐπιστήμη τῷ πράγματι)"[1], il faut comprendre ainsi cette assertion comme disant non pas que la chose est la science (ὡς οὐ τὴν ἐπιστήμην τὸ πρᾶγμα), ni que le *logos* contemplant la chose est la chose elle-même (οὐδὲ τὸν λόγον τὸν θεωροῦντα τὸ πρᾶγμα αὐτὸ τὸ πρᾶγμα), mais que, tout à l'inverse, la chose elle-même, étant sans matière, est objet de pensée et pensée (ἀλλὰ ἀνάπαλιν τὸ πρᾶγμα αὐτὸ ἄνευ ὕλης ὂν νοητόν τε καὶ νόησιν εἶναι), *Enn.* VI 6 [34] 6, 19-24.

Même si l'Intellect ne peut être compris comme générateur de l'être et s'il doit être posé comme postérieur à l'être, il ne faudrait pas pour autant le croire séparé de l'être. Sa postériorité ne l'empêche nullement d'être intimement lié à l'être car celui-ci, ainsi que l'explique Plotin, est *à la fois* objet de pensée (*noèton*) et pensée (*noèsis*). Et il en va ainsi pour chaque *pragma* intelligible (*i.e.* chaque idée). Plus loin, l'Alexandrin donne l'exemple du mouvement en soi : « ce n'est pas la pensée du mouvement qui a produit le mouvement en soi (ἡ νόησις τοίνυν τῆς κινήσεως οὐ πεποίηκεν αὐτοκίνησιν), mais c'est le mouvement en soi qui a produit la pensée (ἀλλ' ἡ αὐτοκίνησις πεποίηκε τὴν νόησιν), de sorte qu'il s'est lui-même produit comme mouvement et comme pensée <du mouvement> (ὥστε αὐτὴ ἑαυτὴν κίνησιν καὶ νόησιν) »[2]. Il n'y a donc pas moyen, pour l'être, d'advenir sans la pensée : si l'on dit que l'être, à l'instar du mouvement en soi, engendre la pensée, c'est parce qu'il est impossible de poser l'être sans la pensée. L'être n'est en effet pas un objet séparé de la pensée, un objet *à propos duquel* il y aurait tantôt une pensée, tantôt non. Car la nature de l'être est d'être pensé (en se pensant), de sorte que dès lors que l'être est posé, advient, *à titre d'implication nécessaire*, une pensée de l'être. La présentation génétique par laquelle nous sommes contraints de poser d'abord l'être, puis l'Intellect, ne doit donc pas nous faire perdre de vue le dynamisme propre à l'intelligible : l'Intellect, donc le multiple, se déploie aussitôt que l'être se voit posé. Ce dynamisme, on le verra par la suite, se poursuit également entre l'Intellect et le Vivant total.

1. Expression qui signifie que, dans le domaine purement intelligible, la connaissance est connaissance en acte d'un objet qui lui est propre et intérieur, le *pragma* (*i.e.* l'idée). Ainsi que le notent J. Bertier *et al.*, *Plotin. Traité sur les nombres*..., *op. cit.*, p. 163, n. 6, 19-20, cette citation d'Aristote est issue d'une conflation de textes tirés du *De Anima* (III 4, 430a3-4 ; III 7, 431a1-2).

2. *Enn.* VI 6 [34] 6, 32-33, traduction de J. Bertier *et al.*

Penser

L'Intellect est défini par Plotin comme « l'acte de l'essence (ἐνέργεια... τῆς οὐσίας) »[1]. Or, cet acte n'est ni un simple attribut secondaire et comme un épiphénomène de l'essence (ou être), ni une hypostase séparée :

> Si <une essence> peut être pensée sans son acte (νοεῖσθαι ἄνευ τῆς ἐνεργείας αὐτοῦ), cet acte n'est en même temps en rien inférieur à elle (οὐδὲν ἧττον ἐκείνῳ), et c'est pour nous (παρ' ἡμῶν) qu'il est rangé comme postérieur (ὕστερον), par la conception (τῇ ἐπινοίᾳ) que l'on s'en fait, *Enn.* VI 6 [34] 10, 45-48.

En affirmant que l'être ou l'idée engendre la pensée, Plotin n'entend donc pas séparer ontologiquement l'être et l'Intellect. Il se contente en réalité d'isoler, par la pensée (*cf.* τῇ ἐπινοίᾳ), *l'acte* de l'essence, c'est-à-dire de séparer, en deux temps, l'être et l'être en acte. Or, l'acte est bien entendu essentiel : dans l'intelligible, l'être n'est jamais en puissance, mais bien toujours en acte. Retrancher l'acte de l'essence, ce serait donc rendre cette essence incomplète et inessentielle.

Qu'est-ce que cet acte à proprement parler ? D'après ce que nous venons de voir dans la section précédente, l'acte de l'essence est ce par quoi l'idée (l'être) *se* pense elle-même. En ce sens, l'acte n'est pas autre chose qu'un *mouvement* de l'idée en elle-même. C'est d'ailleurs en termes de mouvement que Plotin définira, par la suite, le nombre propre à l'Intellect. Il s'agit, écrit-il, du « nombre *mû* en soi-même »[2]. L'Intellect, compris comme acte de l'essence, est donc un mouvement, non pas un mouvement de sortie, mais bien plutôt un mouvement d'intériorisation, par lequel la multiplicité inhérente à l'être (ou à l'idée) se voit unifiée et comme circonscrite :

> D'une manière générale, il faut que les choses intelligibles soient pensées dans une nature unique (ὅλως γὰρ δεῖ νοῆσαι τὰ πράγματα ἐν μιᾷ <φύσει>), nature unique possédant toutes choses et comme les enveloppant (πάντα ἔχουσαν καὶ οἷον περιλαβοῦσαν), non comme dans les choses sensibles où chacune est séparée (le soleil quelque part, une chose ici, une autre ailleurs), mais bien en tant que toutes sont ensemble dans l'unité (ὁμοῦ ἐν ἑνὶ πάντα) : car telle est la nature de l'Intellect (αὕτη γὰρ νοῦ φύσις), *Enn.* VI 6 [34] 7, 1-4.

Le thème de l'enveloppement est récurrent dans les *Ennéades*[3] et est régulièrement attribué à l'Intellect pour des raisons similaires à celle qui est donnée ici, à savoir la nécessité d'intérioriser la multiplicité des intelligibles au sein d'une nature unique, nature qui en assure l'unité. Toutefois, dans le cas du traité *Sur les Nombres*, l'enveloppement n'apparaît plus comme une action propre à l'Intellect, puisqu'il est également dit, comme nous le verrons par la suite, que « le Vivant total est fait de tous les vivants, ou plutôt enveloppe en lui-même tous

1. *Enn.* VI 6 [34] 8, 19-20.
2. *Enn.* VI 6 [34] 9, 30-31 : ἀριθμὸς ἐν ἑαυτῷ κινούμενος.
3. Cf. *Enn.* V 9 [5] 6, 9-10 et 14, 1-2 ; *Enn.* VI 2 [43] 21, 28-32.

les vivants (ἐν αὐτῷ τὰ πάντα ζῷα περιέχον) »[1]. Qui plus est, au chapitre 9 de ce même traité, l'enveloppement devient pour ainsi dire la marque distinctive du Vivant total dont le nombre est défini comme « nombre enveloppant (ἀριθμὸς περιέχων) »[2], tandis que celui de l'Intellect est défini, on l'a vu, comme « nombre mû en soi-même ».

Comment interpréter ce subtil glissement par lequel l'enveloppement se voit attribué au seul Vivant total, tandis que de l'enveloppement propre à l'Intellect n'est plus conservée que la notion de mouvement? Qui plus est, si c'est pour arriver à une telle distinction, pourquoi Plotin nous présente-t-il initialement l'Intellect comme enveloppant, au risque de le voir être confondu, quelques lignes plus loin, avec le Vivant total?

Si une confusion est possible entre ces deux sortes d'enveloppements, on remarquera toutefois que Plotin prend soin de distinguer chacune par un verbe différent : dans le cas de l'Intellect, le terme utilisé est περιλαμβάνω, tandis que pour le Vivant total, il s'agit de περιέχω. Cette remarque serait évidemment sans pertinence si on ne trouvait, dans le traité *Sur les Nombres*, un usage constant et identique de ces deux verbes. Or, on constate que lorsqu'il s'agit du Vivant total, Plotin emploie toujours περιέχω[3]. Quant à l'enveloppement de l'Intellect, il n'en est question qu'une seule fois dans tout le traité et c'est le verbe περιλαμβάνω qui est alors utilisé. Toutefois, là n'est pas la seule occurrence de περιλαμβάνω puisqu'on le retrouve, en plus, à trois reprises, chaque fois avec un sens indubitablement identique :

> – L'Univers est grand et beau. Il ne lui est pas permis de s'enfuir vers l'illimité car il est enveloppé par l'un (περιελήφθη ἑνί), *Enn.* VI 6 [34] 1, 23-24.
> – L'illimité fuit l'idée de limite mais est rattrapé, ayant été enveloppé de l'extérieur (περιληφθὲν ἔξωθεν), *Enn.* VI 6 [34] 3, 15-16.
> – Que le nombre soit également illimité là-bas, c'est parce qu'il n'est pas mesuré : par quoi pourrait-il l'être en effet? Ce qu'il est, il l'est tout entier, étant un et tout ensemble et donc un tout qui n'est pas enveloppé par une quelconque limite (οὐ περιειλημμένος πέρατί τινι), mais il est à lui-même ce qu'il est, *Enn.* VI 6 [34] 18, 5-8.

Dans les trois cas, περιλαμβάνω désigne un mouvement de limitation de l'illimité, c'est-à-dire de détermination. Envelopper, c'est donc, pris en ce sens, apporter une limite à ce qui en est dépourvu et qui, pour cette raison, fuit l'idée de limite.

Peut-on affirmer que l'usage fait par Plotin de περιλαμβάνω à propos de l'Intellect est identique à celui qu'il en fait dans les trois occurrences qui viennent d'être citées? Si l'on ne peut répondre avec certitude à cette question, on peut toutefois penser que la cohérence d'usage observée tant pour περιέχω que pour

1. *Enn.* VI 6 [34] 7, 15-17.
2. *Enn.* VI 6 [34] 9, 31.
3. Cf. *Enn.* VI 6 [34] 7, 17.19; 8, 19; 9, 31.

περιλαμβάνω n'est pas due au hasard et qu'elle manifeste une volonté de discerner entre deux sortes d'enveloppement. Qui plus est, on constate que le sens de περιλαμβάνω que nous venons de dégager s'adapte particulièrement bien au passage dans lequel il est dit que les « choses » intelligibles[1] *doivent* être pensées dans une nature unique, nature unique qui « les contient toutes et comme les enveloppe (ἔχουσαν καὶ οἷον περιλαβοῦσαν) »[2]. Une telle nécessité[3] s'explique par le fait que ce que l'Intellect (soit, la nature unique) reçoit initialement de l'être, c'est une *multiplicité d'êtres*. Or, une telle multiplicité, si elle n'est *que* multiple, est *apeiron* ou en tout cas tendance à l'*apeiron* : est multiple, écrit Plotin, « ce qui, incapable d'incliner vers soi-même (ἀδυνατοῦν εἰς αὐτὸ νεύειν), s'écoule et s'étend en s'éparpillant (χέηται καὶ ἐκτείνηται σκιδνάμενον) »[4]. Or, qu'est-ce que ne pas s'incliner vers soi-même si ce n'est être dépourvu de la pensée de soi? N'avons-nous pas vu d'ailleurs que l'Intellect, comme acte de l'essence, est un mouvement par lequel l'être se pense lui-même (c'est-à-dire engendre la pensée comme pensée de soi)? Dans ces conditions, *l'enveloppement de la multiplicité des êtres par l'Intellect doit être interprété comme une forme de limitation de l'illimité, limitation par laquelle la multiplicité des idées se voit retournée vers elle-même et, ce faisant, acquiert unité et pensée de soi*. Cette unité et cette pensée de soi constituent deux manifestations différentes d'un même phénomène : d'une part, l'Intellect, en tant que nature unique, ne peut penser ce qui n'est que multiple (*i.e.* l'*apeiron*, ce qui est dépourvu de toute unité), de sorte qu'il doit nécessairement penser le multiple comme un, en donnant à la multiplicité l'unité qu'elle ne possédait pas; d'autre part, la pensée de soi est ce qui advient lorsque le mouvement de multiplication de l'être se voit non pas arrêté, mais infléchi, de sorte qu'il devient mouvement de l'être vers lui-même.

Le résultat de cette limitation ou de cet infléchissement est la production d'une *unité multiple*. La multiplicité des êtres, une fois limitée par l'Intellect, n'est en effet pas pour autant détruite. Au contraire, elle demeure, et, avec elle, le mouvement vers l'*apeiron*. Mais ce mouvement est constamment infléchi par l'Intellect, de sorte que la multiplicité des êtres ne sombre jamais dans la dispersion et l'éparpillement.

Vivre

Dans le traité *Sur les Nombres*, la première mention du Vivant total survient lorsque Plotin s'attache à convaincre de la « grandeur et de la beauté »[5] de la nature unique dont il vient d'être question, à savoir l'Intellect. De cette grandeur et de cette beauté témoignent, écrit-il, l'amour de l'âme pour une telle nature et l'amour des autres choses (entendez, les choses sensibles) pour l'âme. Aussi,

1. Cf. *Enn.* VI 6 [34] 7, 1 : τὰ πράγματα.
2. *Enn.* VI 6 [34] 7, 2.
3. Cf. *Enn.* VI 6 [34] 7,1 : δεῖ.
4. *Enn.* VI 6 [34] 1, 4-5.
5. *Enn.* VI 6 [34] 7, 11-12 : τὸ δὲ μέγεθος αὐτοῦ καὶ τὸ κάλλος.

conclut-il, il serait « absurde qu'il existât un quelconque beau vivant sans qu'il n'y ait un vivant en soi d'une admirable et indescriptible[1] beauté »[2]. Ce vivant en soi, c'est le Vivant total.

Ainsi présentée, on note d'emblée que l'apparition de la notion de Vivant total est directement liée à un questionnement sur l'Intellect. Plus exactement, une telle notion surgit pour manifester un aspect essentiel de l'Intellect, à savoir *sa grandeur et sa beauté*. Dans le dernier chapitre du traité, Plotin réaffirmera clairement le lien existant entre Vivant total et Beauté intelligible, en écrivant que le Vivant « est beau et possède la vie la meilleure »[3].

Cette beauté, le Vivant la manifeste du fait qu'il « enveloppe déjà, semble-t-il, tous les vivants (τοῦτο γὰρ ἤδη πάντα δοκεῖ περιέχειν) »[4]. L'enveloppement ainsi défini, qui est spécifique au Vivant total, est un rappel explicite d'un passage du *Timée* (30d-31b) dans lequel Platon affirme que le Démiurge forme le monde sensible à la ressemblance de son modèle intelligible, lequel, écrit-il, « est celui qui enveloppe tout ce qu'il y a de vivants intelligibles (τὸ γὰρ περιέχον πάντα ὁπόσα νοητὰ ζῷα) »[5]. C'est à ce même passage que fait de nouveau référence Plotin lorsque, à la fin du chapitre 7 du traité *Sur les Nombres*, il définit la notion de Vivant total :

> Le "vivant total" (τὸ δὴ παντελὲς ζῷον) <est celui qui> est fait de tous les vivants (ἐκ πάντων ζῴων ὄν), ou plutôt qui enveloppe en lui-même tous les vivants (μᾶλλον δὲ ἐν αὑτῷ τὰ πάντα ζῷα περιέχον), étant un et autant qu'il y a de vivants (ἓν ὂν τοσοῦτον, ὅσα τὰ πάντα), de même que cet univers (ὥσπερ καὶ τόδε τὸ πᾶν), étant un et tout le visible (ἓν ὂν καὶ πᾶν τὸ ὁρατόν), enveloppe toutes les choses qui sont dans le visible (περιέχον πάντα τὰ ἐν τῷ ὁρατῷ), *Enn.* VI 6 [34] 7, 15-19.

L'enveloppement, dans ce passage, est directement associé à la notion de *totalité* et de *complétude* : pour que le Vivant intelligible *soit* – donc, soit total – il faut qu'il soit *autant*[6] qu'il y a de vivants, donc qu'il enveloppe la *totalité*[7] des vivants intelligibles. Cette interprétation est, il me semble, fidèle à l'esprit du *Timée*, dans lequel Platon souligne également les mêmes notions de totalité et de complétude – même si c'est relativement au sensible – lorsqu'il écrit que parce que « le monde ne comprenait pas encore *tous* les vivants (μήπω τὰ πάντα ζῷα) qui devaient naître en lui (...), le dieu s'employa donc à réaliser cette partie qui restait à faire (τὸ κατάλοιπον) en reproduisant la nature du modèle »[8], à savoir celle du Vivant total.

1. *Hapax legomenon* : ἀφαύστου.
2. *Enn.* VI 6 [34] 7, 14-15.
3. *Enn.* VI 6 [34] 18, 12-13.
4. *Enn.* VI 6 [34] 8, 18-19.
5. Platon, *Timée* 31a, traduction de L. Brisson
6. Cf. *Enn.* VI 6 [34] 7, 17 : τοσοῦτον.
7. Cf. *Enn.* VI 6 [34] 7, 17 et 18 : τὰ πάντα.
8. Platon, *Timée* 39e4-7, traduction de L. Brisson, modifiée

L'enveloppement dont il est désormais question n'est donc plus du même ordre que celui à l'origine duquel est l'Intellect. Il ne s'agit plus en effet de limiter un *apeiron* et de faire s'incliner la multiplicité des êtres en soi-même, mais bien plutôt d'assurer à l'intelligible sa complétude, de sorte qu'il forme une totalité unifiée. Cette totalité, on la retrouve dans le nombre propre au Vivant total. Un tel nombre est appelé, au chapitre 15, « nombre total (ἀριθμόν… σύμπαντα) » :

> Il faut donc que le vivant parfait soit le nombre total (σύμπαντα) : en effet, s'il n'était pas le nombre parfait (μὴ τέλεος εἴη), il serait en manque de quelque nombre (ἐλλείποι ἂν ἀριθμῷ τινι) ; et s'il n'avait pas en lui le nombre total des vivants (εἰ μὴ πᾶς ἀριθμὸς ζῴων ἐν αὐτῷ εἴη), il ne serait pas le Vivant total (παντελὲς ζῷον[1] οὐκ ἂν εἴη), *Enn.* VI 6 [34] 15, 6-9, trad. J. Bertier *et al.*, modifiée.

Complétude et totalité sont les marques de la *perfection* de l'intelligible. Elles manifestent le fait que la génération de l'intelligible a trouvé son plein achèvement. Il suffirait d'un vivant manquant pour que la belle totalité s'effondre, mais cette hypothèse est en elle-même contradictoire puisque le nombre du Vivant total est le nombre total et assure, de ce fait même, la complétude et la perfection du Vivant.

La différence existant entre l'enveloppement propre au Vivant total et celui propre à l'Intellect explique pourquoi, d'après Plotin, il est nécessaire de séparer, par la pensée, le Vivant de l'Intellect. Toutefois, en tant que chacun des deux représente un moment particulier du processus génératif de l'intelligible, il faut qu'ils soient en quelque manière reliés l'un à l'autre.

Quel est ce lien ?

Si le Vivant total est pensé comme postérieur à l'Intellect, c'est que celui-ci doit être considéré comme son générateur. Dans le traité *Sur les Nombres*, Plotin est fort peu explicite sur le lien génératif existant entre ces deux termes. Une notable exception est cet extrait du chapitre 17 dans lequel un interlocuteur anonyme contraint Plotin à se prononcer sur l'exégèse du passage célèbre de *Timée* 39e, passage en lequel Platon s'exprime ainsi : « conformément à la nature et au nombre des espèces dont l'Intellect discerne la présence dans ce qui est le Vivant (ᾗπερ οὖν νοῦς ἐνούσας ἰδέας τῷ ὅ ἔστιν ζῷον… καθορᾷ), le dieu considéra que ce monde aussi devait avoir les mêmes en nature et en nombre »[2].

1. *Cf.* Platon, *Timée* 31b1.

2. Platon, *Timée* 39e, traduction de L. Brisson, modifiée. Dans les *Ennéades*, Plotin fait plus d'une fois référence à ce passage dont l'interprétation posait manifestement problème (cf. *Enn.* V 9 [5] 9 ; *Enn.* III 9 [13] 1 ; *Enn.* II 9 [33] 6 ; *Enn.* VI 2 [43] 21-22). Il semble bien que lui-même ne se soit jamais tenu à une seule et même interprétation, préférant adapter son exégèse au problème philosophique qui la fait survenir, comme c'est le cas dans l'extrait de *Enn.* VI 6 [34] 17, 38-41 commenté ci-dessus. Cette multiplicité d'interprétations n'empêche toutefois pas une unité de vue quant aux principes exégétiques eux-mêmes, à savoir que l'interprétation de ce passage du *Timée* doit toujours faire prévaloir *l'unité* existant entre les différents termes en présence (Intellect, Vivant et

Selon l'interlocuteur anonyme, un tel passage interdirait de faire du Vivant total quelque chose de postérieur à l'Intellect. Bien plutôt, il manifesterait la nécessité de poser l'Intellect comme postérieur :

> — Pourtant, tout ce que l'Intellect voit, dit <Platon>, il le voit dans le Vivant total (ἀλλὰ νοῦς φησιν ὅσα ὁρᾷ ἐν τῷ παντελεῖ ζῴῳ) : si donc "il voit", c'est qu'il est postérieur (εἰ οὖν ὁρᾷ, ὕστερος).
> — Mais il est possible que le "il voit" (τὸ "ὁρᾷ") ait été dit au sens où c'est *dans la vision elle-même* que l'existence du Vivant est advenue (ἐν τῇ ὁράσει τῆς ὑποστάσεως γινομένης), *Enn.* VI 6 [34] 17, 38-41, trad. J. Bertier *et al.*, modifiée.

La réponse de Plotin à l'objection qui lui est faite est éclairante quant au lien génératif qui unit le Vivant total à l'Intellect : c'est *dans* le mouvement de vision lui-même, c'est-à-dire dans la vue en acte, que le Vivant advient à l'existence. Or, qu'est-ce que voir pour l'Intellect, si ce n'est penser, et qu'est-ce que la vision, si ce n'est l'intellection ? En ces conditions, il faut comprendre que le Vivant total n'est pas autre chose que l'*acte* de l'Intellect. Si donc nous séparons le Vivant de l'Intellect, c'est seulement parce que, par la pensée, nous séparons l'acte de l'Intellect et le rendons ainsi postérieur. Mais, en réalité, un tel acte n'est jamais séparé : a-t-on jamais vu de vision existant séparément de celui qui voit ?

La relation ainsi mise au jour entre le Vivant total et l'Intellect est donc analogue à celle qui unit ce dernier à l'être et nous pouvons désormais lire la triade comme suit : chaque niveau postérieur (sc. Intellect et Vivant), n'est postérieur que pour nous, c'est-à-dire relativement à la relation génétique dans laquelle nous l'insérons ; en réalité, *chacun n'est jamais que l'acte de ce qui le précède* et il suffit que ce qui le précède existe pour que lui-même advienne à l'existence.

Nombre des idées

A la question que *sont* les idées ?, quelle en est la *nature ?*, Plotin a répondu non par une simple définition mais par un mouvement processif. C'est dans et par ce mouvement qu'apparaissent les trois constituants essentiels de chaque idée, à savoir l'*être*, la *pensée* et la *vie* : rien, écrit Plotin, « n'est plus vivant (οὔτε ζωτικώτερον) ni plus intelligent (οὔτε νοερώτερον) ni plus essentiel (οὔτε οὐσιωδέστερον) » [1] que l'essence véritable, entendez l'idée.

La présentation génétique de ces trois constituants nous a montré que, dès qu'il est question de l'être, apparaissent, à titre d'implications nécessaires, d'abord la pensée, puis la vie. Dans cette présentation, où situer le nombre essentiel ?

Démiurge). Aussi est-ce parce qu'ils réifient ces trois termes sous la forme de trois Intellects distincts que les Gnostiques se voient si sévèrement critiqués dans le traité II 9 [13] (chapitre 6).

1. *Enn.* VI 6 [34] 8, 12-13.

Si l'être est premier (εἰ δὴ τὸ ὂν πρῶτον), il faut saisir l'être en premier (δεῖ λαβεῖν πρῶτον ὄν), puis encore l'Intellect, puis encore le Vivant – car celui-ci enveloppe déjà, semble-t-il, toutes choses (τοῦτο γὰρ ἤδη πάντα δοκεῖ περιέχειν) – l'Intellect en second (ὁ δὲ νοῦς δεύτερον) – car il est l'acte de l'essence (ἐνέργεια… τῆς οὐσίας) –, alors le nombre ne pourra pas être selon le Vivant (οὔτ' ἂν κατὰ τὸ ζῷον ὁ ἀριθμὸς εἴη) – car il y avait déjà du un et du deux avant le Vivant –, ni être selon l'Intellect (οὔτε κατὰ τὸν νοῦν) – car, avant l'Intellect, il y a l'essence qui est une et multiple, *Enn.* VI 6 [34] 8, 17-22.

La conclusion selon laquelle le nombre essentiel doit être situé avant l'Intellect, donc *dans* l'être, résulte de la prise en compte de deux critères discriminants : d'une part, celui de la place occupée par le constituant dans le mouvement processif global et, d'autre part, celui de l'unité et/ou de la multiplicité inhérentes à chacun de ces constituants.

Nous avons vu, dans le chapitre précédent, que la notion de nombre, quelle qu'elle soit, est irrémédiablement liée à la multiplicité : il n'y a de nombre que du multiple. Mais nous avons vu également que c'est ce lien avec la multiplicité qui nous oblige à poser le nombre essentiel comme *antérieur* : pour être nombre *des* êtres, le nombre doit être posé *avant* les êtres [1]. Il est donc normal, si l'on cherche à situer le nombre essentiel *dans son premier surgissement*[2], de prendre en compte l'existence de la multiplicité au sein de chaque constituant. Or, il s'avère que chacun de ceux-ci est multiple : le Vivant, parce qu'il enveloppe *tous* les vivants intelligibles ; l'Intellect, parce qu'il est l'acte de l'essence et qu'il implique donc au moins une *dualité* (l'être et lui-même) ; l'être, enfin, qui est *un* en tant qu'être et *multiple* en tant qu'il est d'emblée une multiplicité d'êtres.

Si l'on ne peut trancher entre les trois constituants, envisagés séparément et seulement au regard de la multiplicité qui les constitue, il faut alors rechercher le lieu où *émerge* proprement la multiplicité. Or, ce lieu ne peut être, dans la triade, que l'*être*, puisque l'être est *premier* et que de lui procèdent les autres termes.

Le nombre est donc, d'une part, « dans l'être, avec l'être et avant les êtres » [3] et, d'autre part, nombre *des* êtres. Là, toutefois, n'est pas tout. *Si l'être est d'emblée une multiplicité d'êtres*[4] (à savoir, les cinq genres premiers[5] que sont l'être, le mouvement, le repos, le même et l'autre), *c'est parce que le nombre essentiel est primitivement en lui*. En effet, ce n'est pas la multiplicité qui engendre le nombre[6], mais bien la puissance du nombre qui, pour les raisons expliquées plus haut[7], *en existant*, « partitionne l'être et le fait comme enfanter la multiplicité (ἐμέρισε τὸ

1. Cf. *Enn.* VI 6 [34] 9, 37 : πρὸ τῶν ὄντων.

2. *Cf.* A. Charles-Saget, *L'architecture du divin…*, *op. cit.*, p. 120.

3. *Enn.* VI 6 [34] 9, 37.

4. Sur ce point, cf. *infra*, p. 205-214.

5. Cf. *Enn.* VI 6 [34] 9, 3-4.

6. Cf. *Enn.* VI 6 [34] 9, 22-23 : « Ce n'est pas lorsqu'ils ont été engendrés que les êtres ont été nombrés : mais il est manifeste qu'ils ont été engendrés autant qu'il en fallait ».

7. Cf. *infra*, p. 143-144.

ὂν καὶ οἷον ὠδίνειν ἐποίησεν αὐτὸν τὸ πλῆθος) »[1]. Ce point est bien entendu crucial, car il nous révèle que le rôle du nombre ne s'arrête pas seulement à l'être, mais se poursuit aussi nécessairement dans l'Intellect et dans le Vivant. En effet, s'il est vrai que c'est par le nombre que de l'être advient une multiplicité d'êtres et s'il est vrai que cette multiplicité, du seul fait d'exister, entraîne en cascade l'existence de l'Intellect – qui la détermine –, puis du Vivant – qui la totalise –, alors il est clair que le nombre devient lui-même la condition de possibilité des trois constituants essentiels de l'intelligible. C'est ce que Plotin manifeste en associant à chaque constituant une certaine figure du nombre essentiel[2] :

– à l'être correspond le « nombre unifié (ἀριθμὸς ἡνωμένος) », c'est-à-dire le nombre comme condition de possibilité de la multiplication interne de l'être, tandis que le nombre qui apparaît, une fois l'être partitionné, est le « nombre déroulé (ἐξεληλιγμένος ἀριθμός) », qui correspond alors à la multiplicité des êtres ;

– à l'Intellect correspond le « nombre mû en soi-même (ἐν ἑαυτῷ κινούμενος) », nombre grâce auquel advient, pour les êtres, la pensée de soi : il produit l'infléchissement du mouvement de dispersion et d'éparpillement des êtres (causé par la puissance du nombre) ou, dit autrement, la limitation de l'*apeiron* en quoi consiste la multiplicité des êtres dès lors qu'elle est laissée à elle-même ;

– enfin, au Vivant total correspond le « nombre enveloppant (ἀριθμὸς περιέχων) », nombre par lequel la multiplicité, désormais déterminée comme unité multiple par le « nombre mû en soi-même », devient une totalité ; un tel nombre, qui marque l'achèvement et la perfection de l'intelligible, manifeste la *complétude* qui, seule, fait de l'intelligible l'archétype à la ressemblance duquel est engendré le monde sensible.

Nombre et procession intelligible

On l'a vu, l'intelligible *est* et *est nombre* sans que les deux puissent être séparés autrement que par la raison. Aussi, après avoir montré, dans un premier temps, que l'intelligible est multiple puisqu'il est, pense et vit, puis, dans un second temps, que le nombre apparaît également sous de multiples figures (unifié,

1. *Enn.* VI 6 [34] 9, 26-27. Selon J. Pépin, « Platonisme et antiplatonisme dans le traité de Plotin *Sur les nombres* (VI. 6 [34]) », art. cit., p. 199-200, l'affirmation de Plotin selon laquelle c'est le nombre qui partitionne l'être et engendre les êtres est de nature antiplatonicienne puisqu'elle contredit l'hypothèse « selon laquelle les cinq genres <de l'être> auraient engendré le nombre, <hypothèse qui> n'est autre que celle de Platon » (p. 200). L'auteur renvoie à *Parménide* 144b4-e7, mais il semble que la véritable référence soit le passage immédiatement antérieur (143a-144a), qui concerne précisément la génération du nombre.

2. Cf. *Enn.* VI 6 [34] 9, 29-31. Selon H.J. Krämer, *Der Ursprung*…, *op. cit.*, p. 303, « la première et la deuxième <figure> s'appuieraient sur le *Parménide*, la quatrième sur *Timée* 30c *sq.*, tandis que la troisième a peut-être en vue *Sophiste* 248e, mais est de toutes la plus indépendante ». Sur ces différentes figures du nombre essentiel, voir également Ch. Horn, *Plotin über Sein*…, *op. cit.*, p. 235-236.

déployé, mû en soi-même et enveloppant), Plotin s'engage-t-il à montrer, à travers l'explication de la génération de l'intelligible, que ces deux dimensions essentielles de l'intelligible ne sont pas séparées, ni simplement successives (au sens où, par exemple, l'intelligible *est* d'abord, puis seulement est un nombre), mais qu'elles ne forment en vérité qu'une seule et même réalité.

Si l'on considère le nombre essentiel dans sa première manifestation, à savoir le nombre qui est *dans* l'être, il ne faut pas se figurer que ce nombre soit comme une pièce rapportée ajoutée à l'être. Au contraire, il faut comprendre que sans le nombre, l'être ne pourrait être pleinement. En effet, l'être n'est pas simplement un, mais également multiple. C'est pourquoi, écrit Plotin, il faut comprendre que *l'être est toujours déjà nombre*, aussi bien « lorsqu'il s'éveille multiple (ὅτε πολὺ μὲν ἠγείρετο) que lorsqu'il n'était qu'une sorte de préparation relativement aux êtres (παρασκευὴ δὲ οἷον ἦν πρὸς τὰ ὄντα), une préfiguration (προτύπωσις) et comme des unités retenant un lieu aux êtres qui se fonderont sur elles (οἷον ἑνάδες τόπον ἔχουσαι τοῖς ἐπ' αὐτὰς ἱδρυθησομένοις) »[1]. Autrement dit, même avant que ne soit engendré proprement la multiplicité des êtres, l'être est déjà nombre, donc, déjà multiple.

La distinction entre *nombre qui éveille* l'être à la multiplicité et *nombre qui prépare* l'être à la venue de la multiplicité des êtres manifeste les deux fonctions du nombre essentiel analysées plus haut[2]. En effet, si le nombre éveille l'être à la multiplicité des êtres, c'est du fait qu'il est une puissance de multiplication et de différenciation. Mais il est également possible, en isolant le nombre de la multiplicité des êtres qu'il engendre (donc, d'un point de vue génétique, en pensant le nombre *avant* les êtres), d'envisager cette multiplicité à l'état de préparation (*paraskeuè*). C'est que le nombre, par lui-même, est une certaine structure hénologique, à savoir l'unité d'une multiplicité de monades[3]. Or, parce que ce nombre est posé *antérieurement* à la multiplicité des êtres, il constitue, de lui-même, une forme de préfiguration (*protupôsis*) aux êtres : *non seulement il annonce le multiple mais en plus il en anticipe la formation et la structuration.*

Cette double fonction du nombre – de différenciation et de multiplication, d'une part, et de structuration et d'ordonnancement, d'autre part –, on la retrouve dans le mouvement processif par lequel l'intelligible se voit engendré :

> Si la nature engendre comme consécutivement (εἰ δ' ἐφεξῆς οἷον γεννῴη ἡ φύσις), ou mieux, ayant engendré, qu'elle ne se soit pas arrêtée à chacune <des unités> qu'elle a engendrées (οὐ στᾶσα καθ' ἓν ὧν ἐγέννα), qu'elle fasse un comme continûment (οἷον συνεχῆ ἕνα ποιοῦσα), alors, circonscrivant et s'arrêtant plus vite dans sa procession (περιγράψασα μὲν καὶ στᾶσα θᾶττον ἐν τῇ προόδῳ), elle engendre le nombre inférieur (τοὺς ἐλάττους ἀριθμοὺς ἀπογεννῆσαι), puis se mouvant plus avant, non pas vers d'autres choses, mais en ses mouvements mêmes (εἰς πλέον δὲ κινηθεῖσα οὐκ ἐπ' ἄλλοις, ἀλλ' ἐν

1. *Enn.* VI 6 [34] 10, 1-4.
2. Cf. *infra*, p. 139-145.
3. Cf. *infra*, p. 146-158.

αὐταῖς ταῖς κινήσεσι), elle fait exister les nombres plus grands (τοὺς μείζους ἀριθμοὺς ὑποστῆσαι), *Enn.* VI 6 [34] 11, 24-29.

Dans ce texte[1], la génération *des* nombres[2] (qui est aussi, on le verra, la génération des êtres) est donnée comme impliquant deux phases distinctes : celle, d'abord, du *mouvement* génératif lui-même[3] ; celle, ensuite, de l'*arrêt* ou, tout au moins, de la suspension de ce mouvement[4].

La première phase, celle du mouvement, met en avant la puissance différenciante et partitionnante du nombre essentiel. En effet, en tant que phase de génération, elle implique la production d'une *altérité*, donc d'une multiplicité. Toutefois, cette multiplicité demeure encore *indéterminée*. C'est que, s'il s'agit ici de « faire un (ἕνα ποιοῦσα) », donc de produire des unités, il faut bien comprendre toutefois que ces unités ne sont pas encore des unités *discrètes* (*i.e.* des monades[5]). Pour que de telles unités puissent advenir, il faut, ainsi que nous l'avons vu, que les unités soient comprises en un même nombre. C'est par cette appartenance qu'elles sont alors mesurées et deviennent proprement des unités commensurables, des monades.

La deuxième phase est celle de l'arrêt du mouvement initial. Cet arrêt, ainsi qu'il est dit ailleurs, est une forme d'*epokhè*[6] : il suspend le mouvement d'altérité et de multiplicité, le temps, si l'on peut dire, qu'un nombre soit déterminé. Par cette *epokhè*, le mouvement génératif se voit circonscrit, *limité*. Autrement dit, la multiplicité indéterminée devient une multiplicité *une*, à savoir une multiplicité de monades mutuellement séparées (discrètes), mais formant pourtant toutes ensemble une unité. Ces monades, désormais, portent légitimement leur nom puisque, par l'acte d'unification en quoi consiste la circonscription, elles se voient soumises à une seule et même mesure (à une unité qui les transcende) et deviennent ainsi mutuellement *commensurables*.

De même que la distinction de l'intelligible entre « intelligible qui *est* » et « intelligible qui *est nombre* » est une distinction de raison, de même en va-t-il pour la distinction entre mouvement et repos. Ces deux principes n'apparaissent ici séparés et successifs que par la démarche génétique par laquelle nous tentons de comprendre la formation des nombres. En réalité, ces deux principes sont toujours unis et agissent de concert, et c'est pour cette raison que Plotin écrit que « le nombre consiste tout entier en un mélange de mouvement et de repos (ὅλως ὁ

1. Pour un texte parallèle, cf. *Enn.* VI 2 [43] 13, 21-26.

2. La génération dont il est ici question ne concerne pas *le* nombre essentiel qui est dans l'être (lequel, en vérité, est engendré par l'Un et la Dyade indéfinie; sur ce point, voir *Enn.* V 1 [10] 5, 13-16), mais seulement *les* nombres essentiels en tant que « nombre déroulé ».

3. Cf. *Enn.* VI 6 [34] 11, 27 : κινηθεῖσα.

4. Cf. *Enn.* VI 6 [34] 11, 26 : στᾶσα.

5. Le terme de « monade » est utilisé juste avant ce passage (ligne 23) où Plotin affirme que « de multiples monades (πολλαὶ μονάδες) », bien que séparées, forment une « multiplicité une (πολλὰ ἕν) ». Il y a donc tout lieu de penser que les unités sous-entendues dans notre passage ne sont pas autre chose que lesdites monades.

6. Cf. *Enn.* VI 2 [43] 1, 26 : τῆς δὲ στάσεως ἐν τῇ ἐποχῇ τοῦ προϊόντος μονάδα ποιούσης.

μὲν ἀριθμὸς ἐν μίξει κινήσεως καὶ στάσεως) »[1]. La distinction entre mouvement et repos n'a toutefois pas comme seul avantage de manifester les principes œuvrant à la constitution du nombre. Elle permet également de rendre compte de *la multiplicité des nombres*, donc de leur distinction. En effet, s'il est vrai qu'un nombre est fait d'une multiplicité de monades mutuellement commensurables, il est tout aussi vrai qu'il n'existe pas seulement un nombre, mais une pluralité, et que chacun de ces nombres doit être également soumis à une même unité de mesure.

Si la détermination d'un nombre essentiel est le fait de l'arrêt ou de la suspension du mouvement processif, la distinction entre nombres essentiels s'explique dès lors par le "moment" où se produit ce repos : si le mouvement s'arrête « plus vite »[2], c'est un petit nombre qui est engendré ; si, au contraire, il se meut « plus avant »[3], c'est alors un plus grand nombre qui se voit engendré. La distinction entre les nombres est donc fonction de la plus ou moins grande part de multiplicité indéterminée (*i.e.* d'*apeiron*) qu'ils possèdent, multiplicité qui, une fois circonscrite, donne naissance à une multiplicité définie d'unités. Donc, plus l'*apeiron* initial est grand, plus il y aura de monades engendrées et plus le nombre qui englobe ces monades sera grand.

La distinction entre nombres suppose également, on l'a dit, une commensurabilité : chaque nombre étant une certaine unité (une *unité multiple*), chacune de ces unités ne peut advenir que si elle est engendrée *conformément à une même unité de mesure*. Cette conformité, dans notre texte, est rendue par le fait que, quel que soit le nombre engendré (quel que soit le moment où la multiplicité indéterminée se voit circonscrite), tous les nombres sont engendrés à travers un seul et même mouvement. La circonscription ne clôture jamais définitivement le mouvement initial : elle ne fait que le suspendre. Après cette pause, le même mouvement reprend. Dans l'hypothèse de mouvements successifs, en revanche, seule la commensurabilité des monades composant chaque nombre serait assurée (et seulement entre monades d'un même nombre), mais pas celle des nombres entre eux : en effet, rien ne permettrait plus d'affirmer d'un nombre qu'il est plus grand ou plus petit qu'un autre si, après chaque arrêt, c'est un nouveau mouvement qui s'initiait et si le mouvement repartait, pour ainsi dire, à zéro.

Les nombres ainsi engendrés, chaque être se voit alors rapporté à chacun des nombres :

> De cette façon, à chacun des nombres elle [sc. la nature intelligible] adapte (ἐφαρμόσαι) chacune des multiplicités et chacun des êtres, sachant que, si chacun n'était pas adapté à chaque nombre, ou bien il ne serait même pas (ἢ οὐδ' ἂν εἴη), ou bien il dévierait et serait autre chose (ἢ ἄλλο τι ἂν παρεκβὰν εἴη), devenant sans nombre et sans *logos* (ἀνάριθμον καὶ ἄλογον γεγενημένον), *Enn.* VI 6 [34] 11, 29-33.

1. *Enn.* VI 2 [43] 13, 23-24.
2. Cf. *Enn.* VI 6 [34] 11, 26 : θᾶττον.
3. Cf. *Enn.* VI 6 [34] 11, 26 : εἰς πλέον.

Qu'on ne se méprenne pas ici sur le sens de ce passage. S'il est dit que la nature intelligible adapte chaque être à chacun des nombres, ce n'est pas parce que les êtres et les nombres formeraient chacun une procession séparée et comme parallèle. Si les êtres ne peuvent exister sans le nombre et le nombre sans les êtres, alors il faut poser que tous deux relèvent d'un même mouvement processif. Dans cette procession unique, cependant, le nombre *préside* à la constitution des êtres : il est ce à quoi chaque être doit se conformer pour advenir. C'est que l'être, écrit Plotin, ne se pluralise « qu'en se mouvant conformément au nombre <qui est en lui> (κινούμενον κατ' ἀριθμόν), faisant présider les nombres à l'existence des êtres (προστησάμενον τοὺς ἀριθμοὺς τῆς ὑποστάσεως αὐτῶν) »[1]. C'est pour cette raison qu'il est dit, dans notre passage, que la nature intelligible « adapte (ἐφαρμόσαι) » chacun des êtres à chacun des nombres : chaque être ne devient ce qu'il est qu'en s'*harmonisant* au nombre de son essence, car c'est ce nombre qui le détermine en lui conférant sa structure propre. L'hypothèse qu'un être puisse exister sans un nombre est d'ailleurs proprement impossible car, dans ce cas, puisque le nombre essentiel est « ce qui procure toujours l'être »[2], un tel être sera soit dépourvu d'être, donc ne sera pas, soit existera seulement mais en étant *sans nombre* et *sans logos*, c'est-à-dire dénué de toute déterminité (c'est le cas de la matière). D'une manière générale, la fonction du nombre est, relativement aux êtres, *analogue* à celle de l'Un relativement à l'être : le nombre essentiel est le fondement, la source, la racine et le principe des êtres[3], comme l'est l'Un pour l'être. En tant que fondement, il est ce sur quoi repose la multiplicité des êtres qui, sans lui, n'adviendrait pas ou adviendrait par hasard, sans nécessité[4].

Une interrogation demeure toutefois encore non éclaircie : si, d'une part, chaque être intelligible repose sur un nombre en s'y conformant et si, d'autre part, les nombres se distinguent entre eux par la multiplicité des monades qu'ils englobent, alors il faut nécessairement penser que les êtres se distingueront également entre eux par le degré de multiplicité qui les caractérise. C'est cette conclusion, me semble-t-il, qui explique pourquoi Plotin, notamment au chapitre 15 du traité *Sur les nombres*, donne une description de la triade être-Intellect-Vivant non plus dynamique, comme celle que nous avons analysée, mais *quasi* stratigraphique. Chacun des constituants de la triade, au lieu d'être compris comme un moment particulier de la procession intelligible, est posé comme un *niveau* manifestant un certain degré de multiplicité, donc d'unité.

Cette nouvelle approche de l'intelligible a pour conséquence immédiate de faire de chaque niveau une *totalité*. Ce point peut passer inaperçu dans le cas de l'être et du Vivant, puisque, dans la présentation dynamique qui en a été donnée

1. Cf. *Enn.* VI 6 [34] 15, 25-26.

2. Cf. *supra*, p. 139-145.

3. Cf. *Enn.* VI 6 [34] 9, 38-39 : βάσιν δὲ ἔχει τὰ ὄντα ἐν αὐτῷ καὶ πηγὴν καὶ ῥίζαν καὶ ἀρχήν. Selon H.J. Krämer, *Der Ursprung…*, *op. cit.*, p. 301, n. 420, la terminologie ici utilisée (πηγή, ῥίζα) serait de type pythagoricien.

4. Cf. *Enn.* VI 6 [34] 10, 9-12.

jusque-là, ceux-ci sont déjà présentés comme des formes d'unités multiples : l'être, d'une part, est ce qui, par le nombre qui est en lui, devient une unité comprenant en elle-même la totalité des êtres [1] et le Vivant, d'autre part, est ce qui enveloppe en lui-même la totalité des vivants intelligibles [2]. Plus étonnant, en revanche, est le cas de l'Intellect :

> Dans l'Intellect, en tant qu'il est Intellect, il y a, comme parties (ὡς μὲν μέρη), tous les intellects particuliers (οἱ νοῖ πάντες καθ' ἕκαστον) : il y a donc aussi un nombre de ces intellects (ἀριθμὸς δὲ καὶ τούτων). Ainsi donc, ce n'est pas dans l'Intellect que le nombre est primitivement : mais en tant qu'il est dans l'Intellect (ὡς δὲ ἐν νῷ), il est autant qu'il y a d'actes de l'Intellect (ὅσα νοῦ ἐνέργειαι) ; et comme actes de l'Intellect, il y a la justice (δικαιοσύνη), la tempérance (σωφροσύνη) et les autres vertus ainsi que la science (ἐπιστήμη) et tout ce que l'Intellect doit posséder pour être véritablement (ὅσα νοῦς ἔχων νοῦς ἐστιν ὄντως), *Enn.* VI 6 [34] 15, 13-18.

Dans ce texte, l'Intellect n'est plus présenté comme un mouvement, mais comme une forme de totalité. Il est un *tout* comprenant une multiplicité de *parties*. Ces parties, qui sont les actes de l'Intellect, manifestent la présence du nombre essentiel dans l'Intellect. Tout comme c'est le cas, par exemple, pour le Vivant, c'est la présence du nombre qui impose à l'Intellect l'exigence de *complétude* : l'Intellect ne peut être un tout (*i.e.* la totalité des actes de l'Intellect) que s'il contient « tout ce qu'il doit posséder pour être véritablement ».

Nous voilà désormais en présence, semble-t-il, de trois niveaux, représentant trois formes de totalité apparemment séparées et autonomes. Toutefois, quelques lignes plus loin, cette autonomie apparaît déjà plus perméable. En effet, il est dit que tous les actes de l'Intellect sont, d'une part, « primitivement (πρώτως) » dans l'Intellect et, d'autre part, « à titre de prédicat (συμβεβηκός) » dans l'âme : les vertus (comme la justice et la tempérance), explique Plotin, sont seulement en puissance dans l'âme et ne sont en acte que lorsque l'âme se tourne vers l'Intellect et s'unit à lui [3]. Les actes de l'Intellect, bien qu'existant primitivement et proprement dans l'Intellect, sont donc également susceptibles d'être participés par un niveau inférieur, celui de l'âme. Or, l'âme, c'est le chapitre 17 du traité *Sur les nombres* qui nous l'enseigne, appartient au Vivant total [4]. Il y a donc bien une certaine perméabilité entre les niveaux de la triade puisque les actes de l'Intellect n'existent pas seulement en eux-mêmes (dans l'Intellect) mais également, par participation, dans le Vivant.

Ces quelques développements nous permettent, par généralisation, de faire l'hypothèse suivante : tout se passe comme si chaque niveau inférieur de la triade (*i.e.* l'Intellect et le Vivant) ne pouvait être pleinement ce qu'il est sans participer au niveau supérieur ; de là résulte une dépendance, dans son être même, de chaque

1. Cf. *Enn.* VI 6 [34] 15, 24-34.
2. Cf. *Enn.* VI 6 [34] 15, 6-13.
3. Cf. *Enn.* VI 6 [34] 15, 21-23.
4. Cf. *Enn.* VI 6 [34] 17, 38.

niveau inférieur relativement au niveau immédiatement supérieur; toutefois, la différence entre les niveaux n'est pas seulement tributaire de cette dépendance, mais également de la multiplicité inhérente à chaque niveau. Ce dernier point ouvre la porte, toutefois, à une interprétation difficilement soutenable : si l'on dit que le Vivant manifeste une plus grande multiplicité que l'Intellect parce qu'il possède non seulement des réalités qui lui sont propres (par exemple, les âmes) mais *en plus*, par participation, les actes de l'Intellect, ne s'ensuit-il pas que c'est l'Intellect et non le Vivant qui apparaît inférieur puisque, ne possédant pas l'intelligible dans sa totalité (qui implique la prise en compte des âmes), il apparaît incomplet ?

Les deux derniers chapitres du traité *Sur les nombres* vont nous permettre de dissoudre cette aporie en corrigeant l'hypothèse qui lui a donné le jour.

Au chapitre 17, Plotin tente de rendre compte de la présence des figures (surface, volume, sphère, pyramide, etc.) dans l'intelligible. Or, il apparaît que les figures (τὰ σχήματα) sont présentes *à chaque niveau de la triade*. Primitivement, on les trouve déjà dans l'être. Toutefois, à ce niveau, elles sont encore non distinguées : « Toujours donc, la figure, dans l'être, était une (πάντοτε οὖν σχῆμα ἓν τῷ ὄντι), et elle ne fut distinguée que dans le Vivant ou avant le Vivant (διεκρίθη δὲ ἤτοι ἐν τῷ ζῴῳ ἢ πρὸ τοῦ ζῴου) » [1]. Cette distinction, poursuit Plotin, signifie que la figure qui, dans l'être, était encore une, a été partagée de sorte que toutes ses parties correspondent à chacun des intelligibles, et cela conformément à la manière dont le Vivant est lui-même partagé. Un tel partage, toutefois, ne doit pas être compris comme la brisure d'une figure une en une multiplicité de figures, mais comme le *déroulement* de la figure primitive (laquelle demeure une), déroulement qui, par le prisme de l'Intellect, puis par celui du Vivant, manifeste les multiples figures pré-contenues dans l'être. Ce déroulement peut être présenté schématiquement comme suit :

Figure une	(être)
figures distinctes	(Intellect)
figures distinctes participées	(Vivant total)

Les trois niveaux de la triade représentent trois manières différentes d'envisager *la* figure intelligible :

– dans l'être, la figure est une et comme « non figurée » [2];

– dans l'Intellect, elle se distingue, apparaît sous de multiples formes; les figures y sont dites « pures » [3], car elles se manifestent *en elles-mêmes*;

– enfin, les multiples figures apparaissent *en autre chose*, dans le Vivant, et deviennent figures « du vivant » [1].

1. *Enn.* VI 6 [34] 17, 28-29.

2. Cf. *Enn.* VI 6 [34] 17, 25 : ἀσχημάτιστα.

3. Ainsi en va-t-il de la figure sphérique qui, dans l'Intellect, est dite « sphère pure » (cf. *Enn.* VI 6 [34] 17, 42 : ψιλόν... σφαῖραν).

Il en va ainsi, par exemple, de la figure pyramidale[2] : elle préexiste déjà dans l'être, mais à un état non distinct des autres figures; dans l'Intellect, elle se distingue et apparaît comme pyramide pure; dans le Vivant, elle devient pyramide d'un corps intelligible, le feu.

Ces quelques développements concernant la figure intelligible nous permettent ainsi de voir que les trois niveaux triadiques ne constituent pas des totalités autonomes et fermées sur elles-mêmes. Chaque niveau représente seulement un état plus déployé que le précédent. Aussi, s'il est vrai que, de cette manière, le Vivant total manifeste une unité plus multiple que celle de l'Intellect et l'Intellect, une unité plus multiple que celle de l'être, ce n'est pas pour autant parce que chacun posséderait *plus* que l'autre. En effet, il est faux de croire, par exemple, que le Vivant total enveloppe *plus* de réalités que ne le fait l'Intellect sous prétexte qu'il participe à l'Intellect (il serait vie *et* pensée, alors que l'Intellect ne serait que pensée). Au contraire, *tout ce qui se trouve dans le Vivant se trouve déjà dans l'Intellect et dans l'être, mais à un état plus unifié, moins ou non déployé*[3].

Au cas où un doute subsisterait encore sur ce point, reportons-nous au dernier chapitre du traité *Sur les nombres* dans lequel Plotin opère une ultime synthèse des développements qu'il a menés jusque-là sur la structure triadique de l'intelligible. Dans cette synthèse, chaque niveau est, dans un premier temps, ramené à sa caractéristique propre : le Vivant est beau et « possède la vie la meilleure »[4]; l'Intellect est la « pensée universelle »[5]; l'être, enfin, est ce qui « tient son être de soi-même »[6]. Dans un second temps, il montre comment le Vivant participe des niveaux qui lui sont antérieurs et comment cette participation lui assure sa perfection : de lui-même, le Vivant est certes beau, mais la présence de l'Intellect, en lui, « rend sa beauté plus vénérable »[7] encore; en outre, en « mêlant sa vie de pensée »[8], l'Intellect fait de la vie du Vivant une « vie de pensée »[9]; quant à

1. Ainsi en va-t-il de la figure sphérique qui, dans le Vivant, est dite « sphère du vivant » (cf. *Enn.* VI 6 [34] 17, 43 : ζῴου σφαῖραν).

2. Cf. *Enn.* VI 6 [34] 17, 31-32. Sur la figure pyramidale, voir H.J. Krämer, *Der Ursprung...*, *op. cit.*, p. 302-303.

3. *Cf.* C. D'Ancona Costa, « AMORPHON KAI ANEIDEON. Causalité des formes et causalité de l'Un chez Plotin », art. cit., p. 110 : « Dans la hiérarchie des principes, celui qui est supérieur, c'est-à-dire plus universel, comprend les principes subordonnés, sans pour autant les posséder avec toutes leurs déterminations et distinctions ». *Cf.* J. Trouillard, « Procession neoplatonicienne et création judéo-chrétienne », dans *Néoplatonisme. Mélanges offerts à J. Trouillard*, Fontenay-aux-Roses, Les Cahiers de Fontenay, 1981, p. 16-17 : « La procession avance de totalités moins déployées en totalités plus déployées ».

4. *Enn.* VI 6 [34] 18, 12-13 : ἀρίστην τὴν ζωὴν ἔχον.

5. *Enn.* VI 6 [34] 18, 20-21 : ἡ... πάντων φρόνησις.

6. *Enn.* VI 6 [34] 18, 43-45 : μόνῳ γὰρ τούτῳ παρ' αὑτοῦ ἐστιν εἶναι.

7. *Enn.* VI 6 [34] 18, 21.

8. *Enn.* VI 6 [34] 18, 21 : συγκερασάμενος φρόνησιν.

9. *Enn.* VI 6 [34] 18, 23 : φρόνιμος ζωή.

l'Essence (*i.e.* l'être), elle fournit à cette vie de pensée « l'immobilité dans le changement »[1].

Schématiquement, nous avons alors ceci :

permanence	(être)
pensée et permanence	(Intellect)
vie, pensée et permanence	(Vivant total)

Le Vivant, pour *être* (donc pour être Vivant *total*), suppose nécessairement une participation à l'Intellect (qui en fait une vie de *pensée*) et à l'Essence (qui en fait une vie de pensée *permanente*). Le Vivant total implique ainsi trois propriétés essentielles (la vie, la pensée et la permanence), lesquelles manifestent une multiplicité plus grande que celle de l'Intellect (qui n'implique que la pensée et la permanence) et que l'Essence (qui se suffit à elle-même). Toutefois, cette plus grande multiplicité n'implique pas que le Vivant soit défini comme possédant *plus* que les niveaux qui le précèdent. Une telle interprétation aurait en effet une conséquence désastreuse : l'Intellect se verrait dépourvu de vie et l'Essence serait quant à elle dépourvue de pensée et de vie. Or, il est manifeste que Plotin rejette cette interprétation lorsqu'il écrit que « *auprès de l'Essence* (παρά... ταύτης), demeure la vie (μένει μὲν ζωή), demeure l'Intellect (μένει νοῦς) et reposent, dans l'éternité, les êtres (ἕστηκε δὲ ἐν αἰῶνι τὰ ὄντα) »[2]. Autrement dit, la vie, l'Intellect et les êtres ne sont jamais réellement séparés de l'Essence : ils reposent ou demeurent auprès d'elle. Si, dans la représentation triadique qui en est donnée, ils nous sont présentés comme séparés, c'est seulement en ce que chaque niveau met en avant un état déployé du niveau précédent. Par ce déploiement, apparaissent des propriétés intelligibles jusque-là invisibles car encore indistinctes. Pour autant, ces propriétés sont toujours déjà présentes : l'Essence est vie, Intellect et êtres, mais son unité[3] nous empêche de le percevoir distinctement ; l'Intellect est également tous ces termes, même si nous ne les distinguons pas encore dans leur totalité ; seul le Vivant manifeste la multiplicité intelligible dans toute sa complétude et, ce faisant, nous révèle ce qui est déjà présent aux niveaux antérieurs, mais qui, de par l'unité qui y règne, nous demeurait insaisissable.

En conclusion, on peut dire que quelle que soit la présentation qui en est donnée (à savoir indépendamment du nombre ou structurée par le nombre), la triade intelligible suppose toujours une même grille de lecture : dans son ensemble, elle doit être comprise comme manifestant le déploiement de l'intelligible (génétique ou hénologique) ; dans ses parties, chacun de ses termes (entendus comme *moment* ou comme *niveau*) ne doit jamais être pensé comme réellement séparé des autres, mais comme les supposant ou les impliquant nécessairement.

1. *Enn.* VI 6 [34] 18, 32 : ἀκίνητον εἰς μεταβολήν.

2. *Enn.* VI 6 [34] 18, 35-36.

3. Rappelons que Plotin n'a de cesse, dans le traité *Sur les nombres*, d'insister sur l'unité de l'Essence. Au dernier chapitre, il écrit : « En disant que l'être est un, Parménide a raison » (*Enn.* VI 6 [34] 18, 42-43).

LE NOMBRE DE L'ÂME

Si la procession intelligible va de l'être au Vivant total, ses effets ne se limitent pour autant pas à la seule sphère intelligible et se répercutent jusque dans le sensible. Le plus bel exemple de cette transitivité est celui de l'âme.

L'Ame occupe, écrit Plotin, « un rang intermédiaire (μέσην τάξιν) »[1] : elle est en effet la dernière des réalités intelligibles et la première des réalités sensibles[2]. Par sa nature divine, elle demeure une essence intelligible pleine et entière[3] et est donc, en elle-même, à l'instar des autres essences intelligibles, un *nombre*[4]. Mais parce qu'elle est principe de vie[5], qu'elle a en charge de produire le corps, de le conserver et de l'ordonner[6], elle est également ce par quoi le nombre essentiel intègre et structure le monde sensible.

Le caractère intermédiaire de l'Ame se retrouve donc également dans le nombre qui lui est attaché. C'est ce que l'on peut constater, dans le traité *Sur les nombres*, où le nombre de l'Ame apparaît à la fois, d'une part, comme ce conformément à quoi est produit le nombre quantitatif et, d'autre part, comme ce grâce à quoi nous pouvons reconnaître, dans le sensible, la présence du nombre essentiel.

Règle de production du nombre quantitatif

On l'a vu, produire un nombre quantitatif, c'est nombrer, et nombrer est l'acte de l'âme qui nombre. Mais qu'est-ce que cet acte ? S'agit-il d'une forme de reconnaissance ? En nombrant, ne faisons-nous finalement que décrypter le nombre qui s'attache aux choses que nous nombrons ? Le nombre ne serait-il qu'une qualité qui se laisserait observer de même qu'une couleur ? D'après Plotin, il n'en est rien. D'où vient alors ce nombre que nous produisons lorsque nous nombrons ?

> — Lorsque l'on dit que les choses sont maintenant devenues dix mille, si celui qui les dénombre dit "dix mille", il ne le dit pas parce que les choses lui auraient montré qu'elles se disent "dix mille" comme elles le feraient de leurs couleurs, mais parce que la pensée discursive affirme qu'elles sont tant (ἀλλὰ τῆς διανοίας λεγούσης τοσαῦτα); car si elle ne l'affirmait pas, il ne saurait pas combien est leur multiplicité. — Comment donc peut-il le dire ? — Parce qu'il sait nombrer (ἢ ἐπιστάμενος ἀριθμεῖν); et il sait nombrer s'il connaît le nombre (τοῦτο δέ, εἰ ἀριθμὸν εἰδείη); et il ne peut le connaître que s'il y avait <déjà> un nombre (εἰδείη δ' ἄν, εἰ εἴη ἀριθμός). Qu'il ignore la nature du nombre, le combien de telle multiplicité, cela est absurde, ou mieux impossible, *Enn.* VI 6 [34] 10, 20-27.

L'acte de nombrer, du fait qu'il ne peut être expliqué par la seule considération des choses nombrables, implique un certain savoir, une connaissance tacite de *ce*

1. *Enn.* IV 8 [6] 7, 5.
2. Cf. *Enn.* IV 6 [41] 3, 5-7.
3. Cf. *Enn.* IV 2 [4] 1, 4-6.
4. Cf. *Enn.* III 6 [26] 1, 31-32 ; *Enn.* V 1 [10] 5, 9 ; *Enn.* VI 5 [23] 9, 13-14.
5. Cf. *Enn.* IV 7 [2] 3.
6. Cf. *Enn.* IV 7 [2] 9, 5.

qu'est le nombre. Ce savoir, auquel nous avons accès par notre faculté de connaître supérieure qu'est la *dianoia*, suppose à son tour la préexistence du nombre à l'acte de nombrer. Ce nombre, c'est le nombre essentiel.

Le nombre quantitatif suppose donc, dans sa production même, la préexistence du nombre essentiel. En ce sens, il faut admettre qu'il existe une filiation entre ces deux figures du nombre. C'est ce que Plotin entend montrer lorsqu'il décrit les nombres *en eux-mêmes* (entendez les nombres essentiels) comme « nombrés » ou « nombrables » (ἀριθμητοί) et les nombres qui sont *en autre chose* comme d'une part, ἀριθμητοί et, d'autre part, ἀριθμοῦντες ou nombrants[1]. C'est parce que nous participons aux nombres essentiels et que nous les possédons en nous, que nous sommes capables de produire des nombres quantitatifs (ou nombres nombrants), lesquels, écrit Plotin, « mesurent les autres choses et nombrent les nombres et les choses nombrables » en tant qu'ils sont *conformes* (*kata*) aux nombres essentiels : « car à partir de quoi pourraient-ils dire "dix" sinon à partir des nombres qui sont en eux (τοῖς παρ' αὑτοῖς ἀριθμοῖς) ? »[2].

Nonobstant le fait que Plotin utilise ici le pluriel (*cf.* τοῖς... ἀριθμοῖς), il ne faut pas se figurer ces « nombres qui sont en nous » comme un ensemble de nombres discrets pré-contenus dans notre âme. D'ailleurs, plus loin dans son explication, Plotin se reprend et ne parle alors plus que « *du* nombre qui est en nous »[3] :

> — Qu'en est-il de ce nombre qui repose en nous d'une manière autre ? — C'est le nombre de notre essence (ὁ τῆς οὐσίας ἡμῶν). Elle participe, dit-on, au nombre et à l'harmonie (μετέχουσά φησιν ἀριθμοῦ καὶ ἁρμονίας), et elle est, elle-même, nombre et harmonie ; car elle n'est, a-t-on dit, ni un corps ni une grandeur ; donc, l'âme est un nombre (ἀριθμὸς ἄρα ἡ ψυχή), si précisément elle est une essence (εἴπερ οὐσία), *Enn.* VI 6 [34] 16, 43-45, trad. J. Bertier *et al.*, modifiée.

Le nombre qui est en nous doit ainsi être entendu comme *le nombre de notre essence*[4]. Au sens définitionnel du terme, il s'agit donc, comme nous l'avons vu, d'un nombre qui « assure la cohésion de la nature de la chose sur laquelle il porte »[5]. Cette cohésion est nécessaire en ce que l'âme n'est ni simplement une (comme l'Un au delà de l'être) ni simplement multiple (comme le corps, lorsqu'il est envisagé en lui-même, indépendamment de l'âme qui lui assure son unité), mais une unité multiple. Ainsi que Plotin le rappelle dans le traité VI 2 [43], l'âme « n'est pas une unité composée de choses multiples (οὐ σύνθετον ἓν ἐκ πολλῶν), mais une nature unique qui est multiple (μία φύσις πολλά) »[6], c'est-à-dire une

1. Sur cette désignation, au premier abord troublante, des nombres essentiels comme ἀριθμητοί, voir E. Amado, « A propos des nombres nombrés et des nombres nombrants chez Plotin », *Revue philosophique de la France et de l'étranger* 78, 1953, p. 423-425 et Ch. Horn, *Plotin über Sein...*, *op. cit.*, p. 261-271.

2. *Enn.* VI 6 [34] 15, 39-42.

3. *Enn.* VI 6 [34] 16, 42 : ὁ ἐν ἡμῖν.

4. *Cf.* D. O'Meara, « La question de l'être et du non-être des objets mathématiques chez Plotin et Jamblique », art. cit., p. 409 et M. Andolfo, *L'ipostasi della psyche...*, *op. cit.*, p. 167.

5. *Enn.* VI 6 [34] 16, 28.

6. *Enn.* VI 2 [43] 4, 31-32.

unité qui renferme, *en elle-même*, une multiplicité essentielle. Le caractère essentiel de cette multiplicité est lié aussi bien à la complétude[1] des substrats[2] qui la composent, qu'à l'ordonnance qui les relie entre eux : or, cette complétude et cet ordre, l'âme ne les possède que « parce qu'elle participe, dit-on, au nombre et à l'harmonie ». Plotin fait ici manifestement référence au passage que Platon consacre, dans le *Timée*[3], à l'engendrement de l'âme du monde par le Démiurge : l'âme, constituée du mélange formé par l'*ousia*, le même et l'autre, se voit structurée et informée par les nombres et les intervalles harmoniques qui en découlent[4]. Par nombre et harmonie, il faut dès lors entendre un système autonome et *a priori* par lequel les différentes parties de l'âme sont coordonnées et reliées essentiellement entre elles de sorte qu'elles constituent finalement une âme unique et complète.

La *participation* au « nombre et à l'harmonie » renvoie ainsi à la constitution de l'âme elle-même (constitution qui est ontologiquement antérieure à celle du corps). Mais Plotin va plus loin, puisqu'il ajoute que l'âme est « elle-même nombre et harmonie » : elle l'est en ce sens que, ayant participé au nombre et à l'harmonie, elle manifeste, par sa constitution même, le nombre et l'harmonie. Mais il y a plus : il ne faut pas perdre de vue que la référence au *Timée* a d'abord été introduite pour rendre compte du processus par lequel le nombre quantitatif est produit par l'âme nombrante, et c'est en ce sens que l'affirmation selon laquelle l'âme est « elle-même nombre et harmonie » doit être comprise.

En quoi, toutefois, le fait que l'âme soit nombre et harmonie permet-il d'expliquer l'acte par lequel nous nombrons ?

Dans les *Ennéades*, on trouve un texte susceptible, me semble-t-il, de nous éclairer. Dans ce passage, Plotin cherche à expliquer, par une analogie avec l'harmonie, que la « partie affective de l'âme »[5], bien qu'étant engagée dans la matière, n'est pas elle-même corporelle et n'est pas affectée par les affections du corps. Au contraire, en tant qu'*eidos*, elle est un *acte* et elle produit elle-même les affections par sa seule présence, comme si, ajoute Plotin, « l'harmonie mettait

1. Chacun des substrats, tous égaux en dignité, *complète l'essence* de l'âme et aucun ne peut être omis, sous peine de voir l'essence incomplète et, de ce fait, détruite.

2. Sur l'utilisation du terme *hupokeimenon* pour désigner les multiples éléments internes à l'âme, voir *Enn.* VI 2 [43] 6, 9-11 et *Enn.* VI 6 [34] 16, 24.

3. La référence est toutefois imparfaite puisque Platon écrit que l'âme « participe au raisonnement et à l'harmonie (λογισμοῦ δὲ μετέχουσα καὶ ἁρμονίας ψυχή) » et non, comme l'affirme Plotin, « au nombre et à l'harmonie ». Cette variation semble pouvoir s'expliquer du fait que, pour Plotin, le *logismos* ne peut jamais être un attribut divin mais seulement une propriété humaine (celle de l'âme incorporée), tandis que le nombre, entendu comme nombre essentiel, a son siège dans l'intelligible.

4. Ces nombres constituent, chacun, une part de l'âme et, tous ensemble, la totalité de l'âme. Platon les énonce selon un ordre précis : 1, 2, 3, 4, 9, 8, 27. Pour comprendre cet ordre (où le 9 précède le 8), on se rapportera au schéma numérique de Nicomaque de Gérase, reconstitué par J. Bertier, *Nicomaque de Gérase. L'Introduction arithmétique*, Paris, Vrin, 1978, p. 41. Voir également, outre le commentaire de J. Bertier, celui de L. Brisson dans *Le même et l'autre*..., *op. cit.*, p. 314-332.

5. *Enn.* III 6 [26] 4, 30-31 : τὸ τῆς ψυχῆς μέρος, τὸ παθητικόν.

d'elle-même les cordes en mouvement ». L'âme doit donc être comprise comme la cause de l'affection et, en tant que telle, n'est pas elle-même affectée par l'affection qu'elle produit : « elle-même demeure <ce qu'elle est> à la manière d'une harmonie (αὐτὸ δὲ μένον ἐν ἁρμονίας εἴδει) »[1]. Cette analogie avec l'harmonie s'explique du fait que lorsqu'un musicien joue de son instrument, par exemple une lyre, « ce n'est pas l'harmonie qui est affectée (οὐχ ἡ ἁρμονία πέπονθεν), mais la corde (ἀλλ' ἡ χορδή) – et la corde ne saurait être mue <harmonieusement>, le musicien le voulût-il, sans que l'harmonie ne l'approuve »[2].

Il en va similairement à propos de la production du nombre quantitatif à partir du « nombre qui est en nous » compris comme nombre-harmonie. Le nombre de notre essence est la véritable cause du nombre quantitatif, une cause qui n'est pas elle-même affectée par ce qu'elle produit, c'est-à-dire nombrée et mesurée, étant elle-même la mesure conformément à laquelle l'âme peut nombrer : il est cette unité principielle antérieure au nombre dont nous parle le traité V 5 [32], une unité qui « demeure là où elle demeure » et qui n'est ni morcelée ni détruite par la production du nombre. Si le « nombre de notre essence » est harmonie, l'âme nombrante est alors analogue au musicien : de même que celui-ci ne peut faire vibrer harmonieusement les cordes de son instrument selon son bon vouloir, mais seulement en tant que l'harmonie l'approuve, de même l'âme nombrante ne peut engendrer le nombre quantitatif que si elle *se conforme* au nombre « qui repose en elle ».

Révélateur de la présence du nombre essentiel

Nous avons vu que la réalité du nombre ne se réduisait pas à la seule nature du nombre quantitatif, puisqu'elle peut également avoir une fonction *constitutive*, celle de « procurer l'être ». Ainsi en est-il du nombre de l'âme. Mais il en va de même pour l'être au sens large : tout ce qui *est*, participe de l'un et du nombre[3], mais pas de la même manière.

> De même donc que quelque chose est grand par la présence de la grandeur (μεγέθους παρουσίᾳ), de cette manière aussi quelque chose est un par la présence de l'un, deux par celle de la dyade, et ainsi de suite. Mais rechercher comment ces choses participent est commun à la recherche concernant la participation à toutes les spécificités (πρὸς πάντων τῶν εἰδῶν). Il faut dire que la décade est observée autrement dans les choses séparées (ἐν μὲν τοῖς διῃρημένοις ἄλλως θεωρεῖσθαι), autrement dans celles qui se tiennent ensemble (ἐν τοῖς συνεχέσιν ἄλλως), et autrement encore dans les multiples puissances qui, ayant ce nombre-là, se rassemblent dans l'unité (ἐν δὲ ταῖς πολλαῖς εἰς ἓν τοσαύταις δυνάμεσιν ἄλλως), *Enn.* VI 6 [34] 14, 40-47.

1. *Enn.* III 6 [26] 4, 42-43.
2. *Enn.* III 6 [26] 4, 49-52.
3. Cf. *Enn.* VI 9 [9] 1, 1-2 et *Enn.* VI 6 [34] 3, 2.

Si le nombre essentiel est différemment observé, c'est parce que toutes choses n'y participent pas au même degré. La fin de l'extrait nous en donne trois exemples : les « choses séparées » [1], telles les soldats qui composent une armée; celles qui « se tiennent ensemble », comme les pierres d'une maison jointes ensemble; les « multiples puissances qui se rassemblent dans l'unité », telles celles propres à l'âme. En chaque cas, le nombre se manifeste différemment du fait de l'unité plus ou moins grande qu'il a à procurer. Quant à savoir comment chaque chose participe au nombre essentiel, Plotin nous laisse entendre qu'une telle participation est similaire à celle portant sur l'intelligible en général. C'est que chaque intelligible particulier, parce qu'il est également un nombre, agit dès lors aussi comme un pouvoir d'unification. Ainsi en est-il, par exemple, de l'idée du beau. La participation à une telle idée a bien entendu pour résultat de rendre beau le participant. Mais parce que l'idée est toujours déjà un nombre, sa participation entraîne nécessairement une forme d'unification : lorsqu'elle s'approche d'un corps, écrit Plotin, « elle compose à partir de plusieurs parties ce qui va être en un ordonnancement unique, l'amène à une unité parfaite et le rend un par cet accord (εἰς μίαν συντέλειαν ἤγαγε καὶ ἓν τῇ ὁμολογίᾳ πεποίηκεν) » [2]. L'unification est ainsi la conséquence nécessaire de la participation à toute idée. Toutefois, la participation au nombre essentiel a ceci de spécifique qu'elle engage l'*être* même du participant : qu'une chose cesse d'avoir part au Beau en soi, et elle cessera d'être belle; qu'elle cesse de participer au nombre essentiel et c'est son être tout entier qui s'en verra directement affecté [3].

Ainsi, l'ensemble de ce qui est possède un nombre, non pas assurément celui produit par l'âme nombrante, mais un nombre qui préexiste à la chose elle-même et qui lui donne son être, c'est-à-dire son unité : c'est lui qui rassemble les différents substrats qui composent une chose et assure l'être à la totalité ainsi formée.

Si le nombre est présent, par participation, dans le sensible, et s'il constitue l'essence de l'être, la question est alors de savoir si *nous* pouvons y avoir accès, c'est-à-dire si l'âme, par l'une de ses puissances, peut le révéler. Nous avons déjà introduit cette question dans le chapitre précédent [4] au sujet du nombre quantitatif. Nous avons vu qu'un tel nombre, parce qu'il n'a d'existence que dans l'acte de

1. Les choses qui sont διῃρημένα ne désignent pas les choses « discontinues » (comme le traduisent J. Bertier *et al.*) : la distinction ne porte pas sur ce qui est discontinu et ce qui ne l'est pas, mais entre l'unité des choses qui sont séparées et l'unité de celles qui sont jointes ensemble. Plotin ne dit pas ici autre chose qu'en *Enn.* VI 9 [9] 1, 32-34 : « Ce qui est séparé (τὸ μὲν διεστηκός), par exemple, le chœur, est ce qu'il y a de plus éloigné de l'un; ce qui se tient ensemble (τὸ δὲ συνεχὲς), au contraire, en est plus proche; l'âme en est encore plus proche, mais elle aussi ne fait qu'y participer ».

2. *Enn.* I 6 [1] 2, 18-21.

3. Cf. *Enn.* VI 6 [34] 15, 35-37 : « C'est pourquoi ici aussi la genèse (ἡ γένεσις) de chaque chose se fait avec les nombres (μετὰ ἀριθμῶν), et lorsque quelque chose saisit un autre nombre, ou bien il engendre autre chose, ou bien il ne se produit rien ». Sur ce passage difficile, voir le commentaire Ch. Horn, *Plotin über Sein…*, *op. cit.*, p. 261.

4. Cf. *supra*, p. 130-139.

nombrer, ne pouvait en aucun cas prétendre, ni à constituer l'essence d'une chose, ni à la manifester. Nous savons à présent, toutefois, que le nombre quantitatif n'épuise pas la nature de tout nombre possible et qu'il y a un nombre qui non seulement préexiste à l'acte de nombrer (le nombre « qui repose en nous »), mais qui préexiste à la chose elle-même. Ce nombre, c'est le nombre essentiel. Cette double préexistence, parce qu'elle relie, dans leur essence même, l'âme et le réel, est dès lors ce qui rend possible la manifestation du nombre essentiel par l'âme. Le processus qui sous-tend une telle manifestation n'est malheureusement qu'effleuré par Plotin et les indications qu'il nous livre sont, sur ce point, fort réduites. Toutefois, ainsi qu'il a été dit plus haut, la recherche concernant la participation à l'un et au nombre est commune à celle qui a pour objet la participation aux idées. Il est dès lors possible de reconstituer le processus interne par lequel l'âme met au jour le nombre essentiel d'une chose sensible en nous servant des données que nous procurent les *Ennéades* au sujet des idées (en particulier la beauté et l'harmonie intelligibles) et de leur appréhension par l'âme humaine.

Rassembler, unifier

La production du nombre quantitatif se fonde dans une attitude d'indifférence à l'égard de ce qui fait l'essence de son objet, et c'est pour cette raison qu'un tel nombre n'en mesure que la manifestation la plus basse et la plus superficielle, à savoir le « combien ». En revanche, le nombre essentiel d'une chose ne peut être mis au jour que lorsque l'âme porte précisément son attention sur l'unité de son objet, unité qui se manifeste à travers l'ordre (τάξις) interne de celui-ci :

> Lorsque l'on dit "multiplicité", on dit "plus d'un"; et par "armée" on pense de multiples hommes armés et ordonnancés en une unité (εἰς ἓν συντεταγμένους), et bien qu'elle soit multiplicité (πλῆθος), on ne la laisse pas être simplement multiplicité (οὐκ ἐᾷ πλῆθος εἶναι); c'est bien ce que la pensée discursive (ἡ διάνοια) rend en quelque manière évident en donnant l'un à la multiplicité qui ne le possède pas (διδοῦσα τὸ ἕν, ὃ μὴ ἔχει τὸ πλῆθος), ou encore, en ayant discerné, avec acuité, *l'un à partir de l'ordre* (ἣ ὀξέως τὸ ἓν τὸ ἐκ τῆς τάξεως ἰδοῦσα), elle a rassemblé dans l'un la nature du multiple (τὴν τοῦ πολλοῦ φύσιν συνήγαγεν εἰς ἕν), *Enn.* VI 6 [34] 13, 17-23.

Dans ce passage, Plotin entend manifester le rôle actif de la pensée relativement à l'unité de son objet. Il semble distinguer deux cas de figures différents, celui où la *dianoia* (donc l'âme) *donne* l'un à la multiplicité qui ne le possède pas et celui où, à partir de l'ordre, la *dianoia* discerne l'unité présupposée par la multiplicité et, ce faisant, « rassemble dans l'un la nature du multiple ».

Le premier cas de figure pourrait être celui du nombre nombrant : comme nous l'avons vu, un tel nombre n'affecte nullement l'essence de ce qu'il nombre et c'est pourquoi, selon Plotin, il n'a d'existence qu'en pensée. En ce sens, il faudrait alors interpréter l'acte consistant à « donner l'un à la multiplicité qui ne le possède pas » non pas comme l'acte de conférer par la pensée une unité constitutive à un objet qui, jusque là, en serait dépourvu (hypothèse d'une pensée démiurgique que

Plotin, on le sait, condamne), mais bien comme l'acte de conférer « en pensée » une certaine unité à un objet qui, constitutivement n'en a pas. Ainsi en va-t-il, par exemple, lorsque, dans une foule, je compte, au hasard, dix personnes : ce « dix » constitue, en lui-même, une certaine unité, unité qui me permet à moi (c'est-à-dire au sujet pensant) de percevoir ces diverses personnes non pas comme une pluralité éparse, mais comme une certaine unité.

Dans le deuxième cas de figure, la *dianoia* semble plutôt découvrir l'unité de son objet. Toutefois, il ne faut pas croire, par là, qu'elle se contenterait de percevoir l'unité comme on perçoit une qualité. Au contraire, cette perception est médiatisée : l'un se laisse discerner « à partir de l'ordre ». Plotin, dans l'extrait, ne précise pas si cet ordre se trouve dans l'objet pensé ou dans le sujet pensant, mais, à partir de ce qui est dit quelques lignes auparavant, on peut légitimement penser que cet ordre se trouve des deux côtés. En effet, au lignes 14-16, il écrit : « ce qui parle (τὸ λέγον), avant de dire "un" à propos d'autre chose, est un (ἐστὶν ἕν), et ce à propos de quoi il le dit (περοῦ λέγει), avant de dire ou de penser quelque chose à son sujet (πρὶν εἰπεῖν ἢ νοῆσαί τινα περὶ αὐτοῦ), est un (ἐστὶν ἕν) ». Si l'un préexiste tant dans le sujet pensant que dans l'objet pensé, alors il en va nécessairement de même pour l'ordre puisque l'ordre n'est jamais qu'une manifestation de la présence de l'un. On peut donc supposer que l'activité de l'âme, dans le cas de figure qui nous occupe, consiste à percevoir, par l'intermédiaire de l'ordre qui est en elle (et qui correspond au nombre essentiel qui la constitue), l'ordre qui est dans l'objet pensé et, ce faisant, à remonter à l'unité constitutive de cet objet.

Etre ému et mû

L'âme, toutefois, ne peut, par sa seule action, révéler le nombre essentiel, car sa disposition à découvrir un tel nombre suppose en contrepartie une capacité à être *affectée*, à ressentir la présence de ce nombre à travers l'ordre qu'elle perçoit dans une chose sensible :

> Est-il un musicien, connaissant l'harmonie dans l'intelligible (τὴν ἐν νοητῷ ἁρμονίαν ἰδών), qui ne soit transporté par l'harmonie qu'il entend dans les sons sensibles (οὐ κινήσεται τῆς ἐν φθόγγοις αἰσθητοῖς ἀκούων) ? Est-il quelqu'un, expérimenté en géométrie et dans la connaissance des nombres (γεωμετρίας καὶ ἀριθμῶν ἔμπειρος), qui n'éprouve de jouissance lorsqu'il voit le commensurable, la proportion et l'ordonné avec ses yeux (τὸ σύμμετρον καὶ ἀνάλογον καὶ τεταγμένον ἰδὼν δι' ὀμμάτων οὐχ ἡσθήσεται) ?, *Enn.* II 9 [33] 16, 39-43.

Cette capacité qu'a l'âme d'être affectée par le nombre essentiel repose sur la communauté de nature existant entre le nombre et elle : d'une part, l'âme est nombre et harmonie, ainsi que nous l'avons vu ; d'autre part, l'âme ne peut jamais véritablement connaître que ce qui est de même nature qu'elle, à savoir d'une nature intelligible, ce qui est le cas du nombre essentiel. C'est cette parenté qui permet à l'âme de reconnaître la présence du nombre essentiel dans une chose sensible à partir de l'ordre qu'elle y observe.

Si l'âme peut être affectée, c'est qu'il existe une cause agissante qui suscite en elle une telle affection. Au premier abord, il semble que cette cause soit seulement la manifestation sensible de l'intelligible (*summetria* ou ordre) et non l'intelligible lui-même (le beau en soi ou le nombre essentiel). En effet, ainsi qu'il est dit dans le passage précédent, c'est à la vue « du commensurable, de la proportion et de l'ordonné » que l'âme du géomètre éprouve du plaisir, tout comme c'est « par l'harmonie qu'elle entend dans les sons sensibles » que l'âme du musicien est transportée de joie. Toutefois, l'ordre et l'harmonie sensibles, en tant que manifestations externes d'un principe intelligible antérieur et transcendant, ne peuvent en eux-mêmes constituer la cause primitive de l'affection de l'âme. En revanche, ils rendent possible un mouvement anagogique de l'âme grâce auquel celle-ci peut retrouver ce qui, originellement, l'avait « excitée » :

> Le musicien doit être instruit de séparer <les sons, rythmes et figures sensibles> de la matière (χωρίζοντα τὴν ὕλην) en laquelle se réalisent leurs proportions (αἱ ἀναλογίαι) et leurs rapports (οἱ λόγοι) et être conduit vers la beauté qui est en ceux-ci *comme ce à propos de quoi il avait été excité* (ὡς περὶ ἐπτόητο ἐκεῖνα ἦν), à savoir l'harmonie intelligible et la beauté qui est en elle (ἡ νοητὴ ἁρμονία καὶ τὸ ἐν ταύτῃ καλόν), la beauté totale (ὅλως τὸ καλόν) et non pas seulement telle beauté particulière (οὐ τό τι καλὸν μόνον), *Enn.* I 3 [20] 1, 29-33.

Par un travail de purification consistant à séparer (χωρίζω) les « proportions » et les « rapports » de la matière en laquelle ils se réalisent, l'âme peut remonter à l'harmonie intelligible et à la beauté qui est en elle, la beauté totale. Or, c'est bien cette beauté intelligible, écrit Plotin, qui avait primitivement « excité » l'âme du musicien. N'est-il pas étonnant, toutefois, d'affirmer qu'une essence intelligible puisse *affecter* l'âme ? Car, *a priori*, la notion d'affection a plutôt trait au corps qu'à l'âme. Il semble que la réponse à cette question doive se trouver dans l'usage particulier que fait Plotin de l'épistémologie stoïcienne. On sait, aujourd'hui, combien Plotin a été influencé par le stoïcisme, tout en en critiquant de nombreuses thèses, en particulier celle qui considère l'âme comme corporelle. Pour les stoïciens, en effet, seul le corps peut agir et pâtir; l'âme doit être corporelle pour pouvoir agir sur le corps et, en retour, être affectée par lui [1]. De là est née une théorie de la connaissance basée, écrit J.-J. Duhot, sur la même structure : « l'âme, en tant que pneuma, est corps. L'objet présent (ὑπάρχον) agit sur l'âme en provoquant une représentation (φαντασία) dont la matérialité est une impression (τύπωσις) comme celles qui se gravent sur une tablette de cire » [2]. C'est très vraisemblablement de cette théorie que Plotin s'inspire lorsqu'il dit que ce par quoi l'âme a été « excitée (ἐπτόητο) » est le beau en soi, et le terme πτοία, excitation, est d'ailleurs également utilisé par les stoïciens pour désigner l'affection de l'âme résultant de la perception d'un corps externe [3]. Mais cette théorie prend un sens nouveau chez Plotin puisque, précisément, la cause de

1. Selon Cléanthe, « aucun incorporel ne peut transmettre ce qu'il éprouve [συμπάσχει] à un corps, ni un corps à un incorporel, mais bien un corps à un autre corps » (LS 45C).

2. J.-J. Duhot, *La conception stoïcienne…*, *op. cit.*, p. 101.

3. Cf. *SVF* 1.51 et 3.127.

l'affection est intelligible et donc non corporelle. Il s'agit donc, pour Plotin, de montrer que ce qui « frappe », à titre premier, l'âme, ce n'est pas le sensible (lequel, en vérité, n'atteint jamais que les organes sensitifs du corps), mais l'intelligible[1] :

> Mais si on dit que l'un et la monade ne possèdent pas l'existence – en effet, il n'est pas d'un qui ne soit quelque chose d'un – et qu'ils ne sont qu'une "affection de l'âme" relative à chacun des êtres, qu'est-ce qui tout d'abord empêche, lorsqu'on dit "être", de dire que l'être aussi est une affection de l'âme et qu'il n'est rien de ce qui est ? Et si l'on répond qu'il [*i.e.* l'être] stimule (νύττει), frappe (πλήττει) et produit (ποιεῖ) une représentation (φαντασίαν) relative à l'être, nous, nous voyons aussi que l'âme est stimulée et reçoit une représentation relative à l'un (περὶ τὸ ἕν), *Enn.* VI 6 [34] 12, 1-7, trad. J. Bertier *et al.*, modifiée.

Certes, l'intelligible ne peut nous frapper comme le ferait une pierre, et Plotin n'entend pas transférer à l'intelligible des propriétés sensibles. En reprenant à son compte la théorie stoïcienne du *tupos* et de la *phantasia* et en adoptant jusqu'au vocabulaire que les stoïciens utilisent pour désigner la manière dont l'âme est affectée, son intention est d'abord de montrer que l'intelligible, bien qu'il soit dépourvu de la dureté rassurante du roc (celle que l'on peut directement toucher), possède une *existence* à part entière, non seulement dans le sensible (par participation), mais également en lui-même, indépendamment de tout support matériel. Lorsque la *dianoia* dit « un », écrit Plotin, « ce n'est pas à propos de rien (ἐπὶ μηδενί) », mais en voyant « quelque chose (τι) »[2], non pas « quelque chose d'un (τὶ ἕν) »[3] comme le croient les stoïciens (quelque chose de sensible sans lequel l'un ou toute autre idée ne pourrait exister), mais un quelque chose qui est l'un lui-même.

Reconnaître (ἐπιγιγνώσκω) et ajuster (ἐφαρμόττειν)

Nous arrivons à présent à la dernière étape de la révélation du nombre essentiel. Nous avons vu qu'un tel nombre supposait une double causalité : d'une part, celle de l'âme qui, en se tournant dans la perspective de l'un et du tout, se disposait en même temps à accueillir le nombre de ce qu'elle prend pour objet de recherche ; d'autre part, celle du nombre lui-même qui, à l'instar du beau en soi ou de l'un, affecte l'âme disposée à le recevoir. C'est de cette double causalité que résulte proprement la mise au jour du nombre essentiel puisque, comme on va le voir, elle se produit par « ajustement harmonieux » de l'âme et du nombre.

Si l'âme, lorsqu'elle entre en contact avec l'essence intelligible (présente dans l'être sensible qu'elle prend pour objet), est émue, c'est, assurément, parce que cette essence est « apparentée » à l'âme, au sens où elle partage avec elle

1. *Cf.* A. Charles-Saget, *L'architecture du divin…*, *op. cit.*, p. 138.
2. *Enn.* VI 6 [34] 13, 8-9.
3. *Enn.* VI 6 [34] 12, 11.

une même nature, mais c'est d'abord parce que l'âme la *reconnaît* comme apparentée :

> Nous disons que la nature <de l'âme>, étant ce que précisément elle est (ὅπερ ἐστί) et étant en relation avec la meilleure essence parmi les êtres (πρὸς τῆς κρείττονος ἐν τοῖς οὖσιν οὐσίας), lorsqu'elle voit quelque chose d'apparenté à elle (ὅ τι ἂν ἴδῃ συγγενές) ou une trace de cette chose apparentée (ἴχνος τοῦ συγγενοῦς), se réjouit (χαίρει), s'excite (διεπτόηται), revient sur elle-même (ἀναφέρει πρὸς ἑαυτήν), se ressouvient d'elle-même et de ce qui lui appartient (ἀναμιμνήσκεται ἑαυτῆς καὶ τῶν ἑαυτῆς), *Enn.* I 6 [1] 2, 7-11.

Le processus par lequel l'âme entre en contact avec le nombre ou, en général, avec l'intelligible, plus qu'une connaissance, est une reconnaissance : si le musicien, ainsi qu'il était dit plus haut, est transporté par l'harmonie qu'il entend dans les sons, c'est parce qu'il connaît *déjà* l'harmonie intelligible, tout comme n'éprouve du plaisir « à la vue du commensurable, de la proportion et de l'ordonné » que celui qui est lui-même *déjà* « expérimenté en géométrie et dans la connaissance des nombres ». De la même manière, si l'âme peut être affectée par l'un et le nombre qui président à l'être d'une chose sensible, c'est parce qu'elle est elle-même constituée par le nombre, constitution qui lui permet de saisir, au-delà du phénomène sensible visible, la présence agissante d'un principe invisible : « à partir d'une chose <qu'elle voit> », écrit Plotin, « elle en pense une autre qu'elle ne voit pas : *elle savait donc d'avance* (προῄδει ἄρα) »[1].

L'âme fait se rejoindre l'idée qui l'affecte avec sa proprc nature psychique. C'est pourquoi la reconnaissance implique nécessairement une forme de conversion interne : l'âme « revient sur elle-même (ἀναφέρει πρὸς ἑαυτήν), se ressouvient d'elle-même et de ce qui lui appartient (ἀναμιμνήσκεται ἑαυτῆς καὶ τῶν ἑαυτῆς) ». Par cette conversion, l'âme prend conscience de sa propre intériorité et de sa nature essentielle. Dès lors, elle peut « ajuster » celle-ci à l'essence qui l'avait primitivement affectée :

> Si tu nombres "vivant" et "beau", chacun des deux est un (ἑκάτερον μὲν ἕν), mais c'est toi qui engendres un nombre en toi-même (γεννᾷς ἀριθμὸν ἐν σοί) et actualises une quantité (ἐνεργεῖς ποσόν) et une dyade. Si cependant tu dis que la vertu est quatre (ἀρετὴν τέτταρα) – et elle est effectivement une sorte de tétrade puisque ses parties se rassemblent dans l'unité (τὰ μέρη αὐτῆς εἰς ἕν) – et qu'elle est unité-tétrade (ἑνάδα τετράδα) en tant que substrat (οἷον τὸ ὑποκείμενον), alors tu lui ajustes la tétrade qui est en toi (σὺ τετράδα ἐφαρμόττεις τὴν ἐν σοί), *Enn.* VI 6 [34] 16, 50-54, trad. J. Bertier *et al.*, modifiée.

Lorsque j'affirme que la vertu est « quatre »[2], je produis assurément une certaine quantité, quantité que j'attribue à la vertu. Mais cette quantité n'est

1. *Enn.* VI 6 [34] 13, 40-41

2. Ainsi que le notent J. Bertier *et al.*, *Plotin. Traité sur les nombres...*, *op. cit.*, p. 189, la vertu en question est probablement la justice, assimilée au nombre quatre par les Pythagoriciens, puisqu'elle rassemble et donc unifie quatre parties : la piété, la sagesse, le courage et la tempérance.

toutefois pas obtenue de la même manière que lorsque je dénombre « vivant » et « beau », ou quelque autre pluralité ne possédant, par elle-même et indépendamment de l'acte de nombrer, d'unité. En effet, le « quatre » que j'affirme de la vertu répond à une unité interne à celle-ci, l'unité-tétrade. Aussi, ce « quatre » est-il le résultat d'un *ajustement harmonieux* de l'âme au nombre qui préside à la vertu et qui en constitue l'essence même.

A la différence du nombre quantitatif, nombre *produit* par l'âme nombrante conformément au « nombre qui repose en nous », le nombre essentiel est, de son côté, seulement *mis au jour* en ajustant (ἐφαρμόττειν)[1] le « nombre qui est en nous » au nombre qui préside à l'être de la chose même, et cet ajustement n'est possible que par la communauté de nature existant entre l'âme et le nombre essentiel.

1. Ce terme, ou ses équivalents, revient à plusieurs reprises dans les *Ennéades* pour manifester la saisie, par l'âme, de ce qu'elle reconnaît comme lui étant apparenté : en *Enn.* I 6 [1] 2, 4, l'ajustement de l'âme a pour objet la beauté intelligible qu'elle ressent dans un corps (*cf.* également *Enn.* I 6 [1] 3, 3 et 15); en *Enn.* VI 2 [43] 8, 30-31, il porte sur les cinq genres de l'être; en *Enn.* VI 7 [38] 29, 19, il concerne le Bien; voir encore *Enn.* V 3 [49] 6, 27.

TROISIÈME PARTIE

L'INDÉTERMINATION AU CŒUR DE LA DÉTERMINATION

CHAPITRE VI

L'*APEIRON* DANS L'INTELLIGIBLE

A présent que la σύνταξις de l'intelligible est pleinement constituée, que le nombre s'en est révélé être l'élément proprement formateur et déterminant, il nous reste à envisager la question de la présence de l'*apeiron*, *i.e.* de l'indétermination, au sein même de l'ordonnancement de l'être. Autrement dit, il s'agit de chercher à savoir si la détermination de l'intelligible – dont le nombre est la manifestation la plus authentique – a définitivement évacué tout *apeiron* de l'intelligible, ou si, au contraire, cet *apeiron* demeure malgré tout, en quelque manière, présent. Dans ce dernier cas, quelle forme prend-il désormais et quel lien entretient-il avec l'*apeiron* de l'Un et celui de la matière de l'intelligible ?

L'*APEIRON* COMME ALTÉRITÉ

De l'altérité de l'Intellect relativement à l'Un

L'étude de la constitution de l'intelligible nous a montré que, pour advenir, l'Intellect doit primitivement être *autre que l'Un* : « Si quelque chose vient de l'Un (εἴ τι ἐκ τοῦ ἑνός), il doit être autre que lui (ἄλλο δεῖ παρ' αὐτό) »[1]. Un tel argument, pour évident qu'il soit, ne va pas pour autant sans des conséquences fondamentales quant à la nature de l'Intellect. Comme l'écrit très justement M. Nédoncelle, « le fait que l'être émane de l'Un n'introduit pas seulement dans l'être une infériorité par rapport à l'Un, mais encore un stigmate de cette condition subordonnée : c'est l'altérité même »[2]. Une telle altérité (qui, on l'a vu, est assumée par la matière de l'intelligible) signifie que l'Intellect doit, nécessairement, être *non-Un*[3]. Or, être non-Un, cela signifie être tout sauf l'Un, et puisque

1. *Enn.* V 3 [49] 15, 37-38.
2. M. Nédoncelle, « Altérité, altération et aliénation dans la philosophie de Plotin », art. cit., p. 73.
3. Cf. *Enn.* V 3 [49] 15, 38 : « Puisqu'il est autre, il n'est pas un (ἄλλο δὲ ὂν οὐχ ἕν) ».

l'Un est cela même qui est exempt de toute multiplicité (étant autre que tout ce qui vient après lui [1]), le non-Un devra nécessairement être *multiple* [2].

Il apparaît donc que ce qui est autre que l'Un doit nécessairement être multiple. Mais il faut bien s'entendre, ici, sur le sens d'une telle multiplicité. Il s'agit d'une multiplicité qui, du fait qu'elle est non-Un, est exempte de toute unité. Cette multiplicité sera donc dite *apeiron* au sens où elle renvoie à une *multiplicité qui ne peut jamais être une* :

> Qu'est-ce qui empêche qu'elle [*i.e.* la multiplicité comprise comme non-Un] soit dyade ? Car, dans la dyade, il est impossible que chacune des deux <monades> soit l'Un totalement un (ἢ ἑκάτερον τῶν ἐν τῇ δυάδι οὐχ οἷον τε ἦν ἓν παντελῶς εἶναι), mais, toujours à nouveau, chacune des deux doit être au moins deux (ἀλλὰ πάλιν αὖ δύο τοὐλάχιστον εἶναι) et il en va à nouveau de même pour ces deux-là (καὶ ἐκείνων αὖ ὡσαύτως), *Enn.* VI 7 [38] 8, 22-25, trad. P. Hadot, modifiée.

Il est donc impossible de diviser la multiplicité en question de telle manière qu'on atteigne à une unité monadique : dès lors que l'on semble s'approcher d'une telle unité, celle-ci apparaît multiple. Le fait d'être autre que l'Un renvoie ainsi à une *multiplicité illimitée* [3] dont le mouvement de multiplication va à l'infini.

Que l'Intellect, en tant qu'il est autre que l'Un, doive être une multiplicité illimitée est ainsi démontré. Mais, objectera-t-on, il n'est pas vrai que l'Intellect soit seulement autre que l'Un, puisque, par un mouvement de conversion vers l'Un, il est dit que la Vie indéterminée (*i.e.* l'intellect indéfini) se voit limitée par l'Un. Ce n'est que lorsque ce mouvement est parfaitement accompli qu'advient alors à proprement parler l'Intellect. Ne faut-il pas dès lors en conclure que, par ce mouvement de retour vers l'Un, équivalent à un mouvement de détermination, toute forme d'indétermination se voit désormais expurgée de l'Intellect ?

Cette objection, en vérité, repose sur une confusion entre l'altérité et ce qui est dit autre. En effet, ce qui est déterminé, ce n'est pas le caractère *apeiron* de la multiplicité, puisque c'est précisément ce caractère qui manifeste de l'Intellect qu'il est autre que l'Un. Or, *il est évident que l'Intellect demeure autre que l'Un même lorsque sa génération est parfaitement accomplie.* Autrement dit, ce n'est pas parce que la Vie indéfinie se voit définie par l'Un, et, ce faisant, donne naissance à l'Intellect constitué, que l'Intellect devient identique à l'Un. L'altérité (*i.e.* la multiplicité illimitée) est donc pleinement partie prenante de l'Intellect *constitué* – et c'est pour cette raison, avons-nous vu, que la matière de l'intelligible est un principe à part entière de l'Intellect et non seulement une étape dans la constitution de celle-ci. La détermination résultant du mouvement de conversion vers l'Un ne porte donc pas sur l'altérité en tant que telle, mais

1. Cf. *Enn.* V 4 [7] 1, 5-6 : « Il faut en effet qu'il y ait quelque chose de simple avant toutes choses ; il faut que cette chose soit autre que tout ce qui vient après elle (πάντων ἕτερον τῶν μετ' αὐτό) ».

2. Cf. *Enn.* V 3 [49] 15, 39 : « S'il est non un (μὴ ἕν), il est deux, donc déjà nécessairement une pluralité (ἀνάγκη ἤδη καὶ πλῆθος) ».

3. Sur cette multiplicité indéterminée comprise comme altérité première, voir les réflexions de D. Nikulin, « The one and the many in Plotinus », *Hermes* 126, 1998, p. 331-332.

seulement sur *cela qui est dit autre*, à savoir l'Intellect. En effet, nous avons vu [1] que le rapport d'altérité, à la différence par exemple de celui de contrariété, ne relie pas deux termes déterminés. Par exemple, si je dis que « petit » est *le* contraire de « grand », je pose une relation entre deux termes déterminés ; le petit, dans cet exemple, peut également être dit *autre* que le grand ; pour autant, il n'est pas *l'*autre du grand, car cet autre est par nature indéterminé, pouvant tout aussi bien être le « petit » que l'« égal » [2]. C'est précisément cette sorte d'indétermination (celle portant sur *cela* qui est dit autre) qui est résorbée lorsque l'intellect indéfini devient Intellect pleinement constitué : elle cesse, pour ainsi dire, d'être l'autre indéterminé de l'Un pour devenir *quelque chose* qui est autre.

En conséquence, il nous faut admettre que la multiplicité illimitée – comprise comme ce par quoi ce qui vient de l'Un (*i.e.* l'Intellect) est irréductiblement autre que l'Un – demeure au-delà du processus de détermination par lequel l'Intellect voit le jour. L'*apeiron* persiste donc bien dans l'Intellect et on peut même dire que cette présence est essentielle quant à l'existence de l'Intellect en tant que réalité séparée et identique à soi : en effet, que cet Intellect cesse d'être autre que l'Un et, simultanément, disparaît cela même qui le faisait être ce qu'il est. La multiplicité se révèle ainsi être un élément absolument fondamental de l'être de l'Intellect. C'est ce que l'on peut observer à trois niveaux différents : (1) la multiplicité est ce par quoi l'Intellect est autre que l'Un ; (2) elle est ce par quoi l'Intellect peut penser, étant entendu que la pensée implique une dualité de fonction entre chose pensante et chose pensée ; enfin, (3) elle est ce par quoi l'Intellect peut penser, étant entendu que l'objet de la pensée doit toujours être lui-même multiple. Le premier de ces trois niveaux venant de faire l'objet d'une explicitation, il convient dès lors d'aborder les deux restants, lesquels vont nous plonger cette fois pleinement dans l'immanence de l'Intellect.

De l'altérité entre pensée et objet de pensée

Nous avons déjà eu l'occasion d'aborder la question de l'altérité entre pensée et objet de pensée lorsqu'il s'est agit d'expliquer pourquoi l'Un est compris, dans certains textes, comme l'objet intelligible de l'intellect indéfini [3]. A présent, nous nous concentrerons sur ce qu'il en est proprement de cette altérité au sein de l'Intellect constitué et dans l'économie générale de cet Intellect.

Dans sa première moitié, le traité V 3 [49] a pour objet exclusif la question de savoir si l'on peut ou non accorder la connaissance de soi à l'Intellect. L'alternative est formulée de la manière suivante : « Ce qui se pense soi-même (τὸ νοοῦν ἑαυτό) doit-il être différencié (ποικίλον), pour que, contemplant par une de ses <parties> les autres, on puisse en ce sens affirmer de lui qu'il se pense lui-même, parce que ce qui est totalement simple (ὡς τοῦ ἁπλοῦ παντάπασιν) ne peut se

1. Cf. *supra*, p. 55-60.
2. *Cf.* Platon, *Sophiste* 257b6-8.
3. Cf. *supra*, p. 43-44.

retourner vers soi et vers la compréhension de soi (οὐ δυναμένου εἰς ἑαυτὸ ἐπιστρέφειν καὶ τὴν αὐτοῦ κατανόησιν)? ou bien est-il possible, même sans être composé (μὴ σύνθετον ὄν), d'acquérir la connaissance de soi »[1]. La suite du traité démontrera que seul ce qui est simple peut se penser et se connaître soi-même : « Il faut que la contemplation soit la même chose que le contemplé et que l'Intellect soit la même chose que l'intelligible »[2]. Mais cette conclusion, en apparence tout au moins, parce qu'elle fait de la simplicité la condition *sine qua non* de la pensée véritable, semble être en porte-à-faux avec l'assertion, maintes fois réitérée au long des *Ennéades*, que l'Intellect est une unité « variée »[3]. Ainsi par exemple, au traité VI 7 [38], il est dit que « toute pensée, si elle est pensée, doit être quelque chose de varié (ποικίλον τι). Mais quelque chose de simple et de totalement identique (τὸ δὲ ἁπλοῦν καὶ τὸ αὐτὸ πᾶν), comme un mouvement, s'il y en avait un, qui soit en quelque sorte comme un toucher, n'est nullement intellectuel (οὐδὲν νοερὸν ἔχει) »[4].

L'apparente contradiction qui semble opposer ces deux thèses vient de ce que le terme ποικίλον, « varié », y est utilisé en deux sens différents.

Dans le traité V 3 [49], « *poikilon* » est utilisé dans une thèse qui vise à démontrer l'impossibilité d'une connaissance de soi par « parties ». Dans cette thèse, « *poikilon* » est donné comme synonyme de « composition de parties », composition dans laquelle une partie désigne « ce par quoi l'Intellect connaît » et une autre « ce qui est connu ». Ces deux parties sont entendues comme doublement hétérogènes : d'abord, par l'altérité des *fonctions* qu'elles mettent en œuvre, à savoir celles de connaître (action) et d'être connu (passion); ensuite, par l'altérité des *supports* auxquels sont attribuées ces fonctions, à savoir « *cela* qui connaît » et « *cela* qui est connu »[5]. En outre, ces deux formes d'hétérogénéités ne sont pas juxtaposées mais confondues : « cela qui connaît » représente la fonction

1. *Enn.* V 3 [49] 1, 1-5, traduction de B. Ham, modifiée. Comme plusieurs commentateurs l'ont déjà fait remarquer, l'hypothèse d'une connaissance de soi « par partie » ou « totalement » fait probablement écho à Sextus Empiricus (cf. *Adversus Mathematicos* VII 310-312), lequel déclare impossible ces deux sortes de connaissance de soi. *Cf.* P. Courcelle, « Le "connais-toi toi-même" chez les néo-platoniciens grecs », dans *Le Néoplatonisme*, *op. cit.*, p. 153-166; S. Rappe, « Self-knowledge and subjectivity in the *Enneads* », dans L.P. Gerson (éd.), *The Cambridge Companion*..., *op. cit.*, p. 250-274; I. Crystal, « Plotinus on the Structure of Self-Intellection », art. cit., p. 264-286; W. Kühn, « Comment il ne faut pas expliquer la connaissance de soi-même (*Ennéade* V, 3 [49], 5.1-17) », dans *La connaissance de soi. Études sur le traité 49*, *op. cit.*, p. 229-266.

2. *Enn.* V 3 [49] 5, 21-23. Sur les prémisses historiques de cette solution plotinienne, *cf.* A.H. Armstrong, « The background of the doctrine "that the intelligibles are not outside the Intellect" », dans P. Henry *et al.* (éd.), *Les sources*..., *op. cit.*, p. 393-425 et J. Pépin, « Eléments pour une histoire de la relation entre l'intelligence et l'intelligible chez Platon et dans le néoplatonisme », *Revue philosophique* 146, 1956, p. 39-64.

3. Cf. *Enn.* II 4 [12] 4, 16-17; *Enn.* VI 2 [43] 2, 3; *Enn.* VI 4 [22] 11, 15; *Enn.* VI 7 [38] 15, 25 et *Enn.* VI 9 [9] 2, 44.

4. *Enn.* VI 7 [38] 39, 17-20, traduction de P. Hadot.

5. Cf. *Enn.* V 3 [49] 5, 10-11. Sur cette distinction entre fonction et support, *cf.* W. Kühn, « Comment il ne faut pas expliquer la connaissance de soi-même (*Ennéade* V, 3 [49], 5.1-17) », art. cit., p. 252, n. 1.

de connaître et « cela qui est connu » représente celle d'être connu. Pour Plotin, c'est précisément cette double hétérogénéité et la confusion en laquelle elle s'entremêle qui annihile la possibilité de concevoir une connaissance de soi, puisqu'elle implique une *extériorité*, au sein même de l'Intellect, de « cela qui est connu » relativement à « cela qui connaît ». En effet, même si, comme un interlocuteur anonyme le propose, on postule que les parties, prises comme supports, sont homéomères, « en sorte que la partie qui voit ne diffère en rien de celle qui est vue (ὥστε τὸ ὁρῶν μηδὲν διαφέρειν τοῦ ὁρωμένου) »[1], il n'en demeure pas moins que « dans ce qui est contemplé (ἐν τῷ θεωρουμένῳ), il n'y a pas l'acte de contempler (τὸ θεωρεῖν) »[2] (c'est-à-dire la fonction de connaître), de sorte qu'il est impossible, pour « cela qui connaît », de se connaître soi-même (*i.e.* de connaître l'*acte* de connaître) en prenant pour objet « cela qui est connu » (lequel est identique à l'état passif d'être connu). Aussi, si une partie, celle qui connaît (laquelle fait office de messager[3] à l'égard de l'Intellect total) pense une autre partie, celle qui est connue, alors non seulement elle ne connaîtra pas véritablement cette dernière, puisqu'elle n'en saisira qu'une empreinte (du fait de son extériorité[4]), mais elle demeurera incapable de se connaître elle-même. De cette manière, selon une telle thèse, l'Intellect n'aura jamais qu'une connaissance parcellaire de lui-même.

En revanche, lorsque, dans les *Ennéades*, l'attribut ποικίλον se voit prédiqué positivement de l'Intellect par Plotin, c'est parce qu'il renvoie à la nécessaire multiplicité de celle-ci :

> L'Intellect contient en lui-même, en l'embrassant, cette plaine [*i.e.* la plaine de vérité] tout entière en se créant à lui-même une sorte de lieu afin de s'y mouvoir (εἰς τὸ κινεῖσθαι) et ce lieu est identique à celui dont il est le lieu (ὁ τόπος ὁ αὐτὸς τῷ οὗ τόπος). Et cette plaine est *variée* (ποικίλον), afin que l'Intellect puisse la parcourir (ἵνα καὶ διεξίοι). Et si cette plaine n'était pas, en chacune de ses parties, toujours variée (ἀεὶ ποικίλον), l'Intellect, dans la mesure où il ne serait plus lui-même varié, s'arrêterait (ἕστηκεν). Et s'il s'arrête, il ne pense pas (οὐ νοεῖ) ; en sorte que, s'il s'est arrêté, il n'a pas non plus pensé. Et s'il en est ainsi, il n'est pas (οὐδ' ἔστιν), *Enn.* VI 7 [38] 13, 35-40, trad. P. Hadot, modifiée.

La « variété » de l'intelligible est ici posée comme la condition *sine qua non* de la pensée[5]. Sans cette variété, en effet, il est impossible pour l'Intellect de se mouvoir. Or, ne pas se mouvoir équivaut ici à ne pas penser et donc, pour l'Intellect, à ne pas exister. Mais à quoi se réfère une telle variété ? Assurément,

1. *Enn.* V 3 [49] 5, 4-5.
2. *Enn.* V 3 [49] 5, 11-12.
3. *Cf.* W. Kühn, « Comment il ne faut pas expliquer la connaissance de soi-même (*Ennéade* V, 3 [49], 5.1-17) », art. cit., p. 233-35.
4. L'empreinte est ce qui manifeste, d'une chose, qu'elle est extérieure à celui qui la connaît et donc autre que lui. Or, écrit Plotin, « la vérité ne doit pas être la vérité d'autre chose, mais ce qu'elle dit, il faut aussi qu'elle le soit » (*Enn.* V 3 [49] 5, 25-26).
5. *Cf.* W. Beierwaltes, « Le vrai soi », art. cit., p. 17 et J. Bussanich, « Plotinus on the inner life of the One », art. cit., p. 179-180.

comme nous le verrons dans la prochaine section, à la pluralité des intelligibles, lesquels doivent être chacun non seulement mêmes (identiques à eux-mêmes), mais également *autres* afin que leur multiplicité ne se résorbe pas dans l'unité. Mais avant cette multiplicité, il en est une plus originaire, celle-là même qui est impliquée dans le seul *acte* de l'Intellect, à savoir que penser implique toujours l'altérité d'un objet de pensée : l'Intellect est un, avons-nous vu, parce qu'il se pense lui-même, mais il est *deux* « parce qu'il pense (ὅτι νοεῖ) »[1]. Autrement dit, comme l'écrit W. Beierwaltes, « l'"altérité" ou l'"objectité" de l'objet à penser est une condition absolue de la pensée »[2].

L'altérité de l'objet de pensée à l'égard de la pensée qui le prend pour objet est donc irréductible, et cela quelle que soit la forme prise par la pensée. Dans le cas de l'Intellect, l'identité entre sujet connaissant et objet connu (entre Intellect et plaine de vérité), identité requise pour pouvoir lui accorder la connaissance de soi, n'entame en rien l'altérité existant entre pensée et objet de pensée. C'est que les deux rapports ne se situent pas sur un même plan. La pensée de soi exige seulement que les *supports* soient identiques, non les fonctions :

> L'Intellect et le vivant [*i.e.* l'intelligible] sont chacun autres, non parce qu'ils sont séparés, mais seulement parce qu'ils sont autres (μόνον τῷ ἕτερα). Par ailleurs, rien n'interdit, en s'en tenant à la lettre du texte [sc. le *Timée*, 39e], de dire qu'ils sont tous les deux une seule chose (ἓν), et que leur division est le fait de la pensée (τῇ νοήσει), si bien que c'est un seul être qui est, d'un côté, intelligible (νοητόν), de l'autre, pensant (νοοῦν). *Enn.* III 9 [13] 1, 10-14, trad. J. Laurent et J.-F. Pradeau, modifiée.

En d'autres termes, si l'on dit de l'Intellect qu'il se pense lui-même, alors il y a assurément et nécessairement identité du fait que *cela* qui pense et *cela* qui est pensé (*i.e.* les supports) ne forment en vérité qu'un être unique (en ce sens, Intellect et intelligible sont non séparables); mais parce que la pensée de soi est d'abord et avant tout une *pensée* « tout court », il faut également lui attribuer la dualité de fonction inhérente à toute forme de pensée en acte[3].

Dans le passage d'*Enn.* VI 7 [38] 13, 35-40 vu plus haut, la dualité est présentée comme si elle avait été engendrée par l'Intellect lui-même : l'Intellect « se crée à lui-même une sorte de lieu afin de s'y mouvoir ». En réalité, et c'est le sens profond de tout le passage cité, affirmer que l'Intellect se crée à lui-même un lieu (*i.e.* l'intelligible) suppose que l'Intellect soit déjà en acte : c'est du fait qu'il se meut, donc qu'il pense, qu'apparaît alors l'intelligible. Mais il est plus juste encore de dire que l'*acte de penser* (la *noèsis* en tant que telle) implique, en lui-même, l'existence d'un pôle connaissant et d'un pôle connu, à savoir l'Intellect et

1. Cf. *Enn.* V 6 [24] 1, 23.

2. *Cf.* W. Beierwaltes, « Le vrai soi », art. cit., p. 17, n. 1.

3. La simplicité de l'Intellect est donc un attribut seulement *relatif* puisque cette simplicité ne va jamais sans une dualité. *Cf.* W. Kühn, « Comment il ne faut pas expliquer la connaissance de soi-même (*Ennéade* V, 3 [49], 5.1-17) », art. cit., p. 260 et J. Moreau, « L'Un et les êtres selon Plotin », art. cit., p. 205.

l'intelligible. Il en va comme de la vision, explique Plotin : « Il faut en effet qu'il y ait quelque chose d'autre pour qu'il y ait vision (καὶ γὰρ ὄντος τινὸς ἄλλου ὅρασιν δεῖ εἶναι), et s'il n'y a rien d'autre, la vision est vaine. Il faut donc qu'il y ait plus d'un (πλείω ἑνός) pour qu'il y ait vision et que la vision et le visible surgissent ensemble (συνεκπίπτειν τὴν ὅρασιν τῷ ὁρατῷ) »[1]. Cette dernière expression n'est pas sans rappeler un passage du *Théétète* (156a5-b2) dans lequel Platon écrit que pour les tenants du mobilisme universel « le mouvement revêt deux formes (δύο εἴδη), en nombre infini l'une et l'autre, ayant puissance l'une d'agir, l'autre de pâtir (δύναμιν δὲ τὸ μὲν ποιεῖν ἔχον, τὸ δὲ πάσχειν). De leur approche et friction mutuelles naissent des rejetons infinis en nombre et qui vont par couples jumeaux (δίδυμα) : l'un est le sensible, l'autre la sensation, qui toujours surgit et s'engendre avec le sensible (ἀεὶ συνεκπίπτουσα καὶ γεννωμένη μετὰ τοῦ αἰσθητοῦ) »[2]. De manière analogue, chez Plotin, l'Intellect en acte implique l'existence simultanée d'un agir et d'un pâtir, d'une *noèsis* et d'un *noèton*, et l'on comprend mieux dès lors pourquoi l'Alexandrin insiste si souvent sur la nature *kinétique* de la pensée : « penser est un certain mouvement (τὸ νοεῖν κίνησίς τις) »[3], écrit-il ; ou encore : « ce qui est complètement au repos (πᾶσαν στάσιν) ne pense pas (οὐ νοήσει) »[4]. Ce mouvement n'est pas autre chose que l'*acte* de l'Intellect (ou l'Intellect en acte), le *noein*, lequel ne provoque pas une séparation ontologique, mais seulement une division de fonction entre le pôle du connaissant et le pôle du connu.

De l'altérité entre intelligibles

Que l'Intellect ne peut penser ce qui est sans parties

Si la « variété » intelligible prend sa source dans l'altérité existant entre l'Intellect en tant que pensée et l'intelligible en tant que pensable, elle ne s'y réduit pour autant pas. En effet, à ce compte, il serait possible d'imaginer un cas de figure où l'Intellect aurait un seul objet à penser, où il n'y aurait qu'*un* être. Mais Plotin s'oppose fermement à cette hypothèse puisqu'elle impliquerait, d'une part, un monisme ontologique en contradiction avec le pluralisme du sensible et, d'autre part, rendrait caduque la pensée de l'Intellect en tant que telle. En effet, si l'Intellect n'a qu'un seul objet de pensée, alors après s'être mu dans la pensée de

1. *Enn.* V 3 [49] 10, 12-15, traduction de B. Ham, modifiée. H. Oosthout souligne que l'usage du verbe συνεκπίπτειν a ici toute son importance, puisqu'il manifeste la nécessité de penser simultanément la dualité constituée par la vision (ou Intellect en acte) et le visible (ou intelligible) : « Dans cette phrase, écrit-il, on ne doit pas laisser de côté le -ἐκ- dans la traduction de συνεκπίπτειν. Ce que Plotin veut clairement souligner n'est pas tant que la vision et l'objet de la vision "coïncident" (comme Harder, Bréhier, Cilento et Armstrong le traduisent) – en grec συμπίπτειν – mais plutôt que les deux existent seulement comme compléments de l'autre ». *Cf.* H. Oosthout, *Modes of Knowledge and the Transcendental. An Introduction to Plotinus* Ennead *5.3 [49]*, Amsterdam, Grüner, 1991, p. 133.
2. Trad. A. Diès, modifiée.
3. *Enn.* VI 7 [38] 35, 2-3.
4. *Enn.* V 3 [49] 10, 22-23.

cet objet, il s'arrêtera et ne pensera plus. Pour que l'Intellect pense, il est donc nécessaire non seulement qu'il existe quelque chose à penser, afin qu'un mouvement vers ce quelque chose s'accomplisse, mais également que le mouvement soit lui-même « varié », c'est-à-dire qu'il porte sur une pluralité d'objets. Il ne faut donc en aucune manière se représenter le mouvement de l'Intellect comme ce qui, « tel une ligne (ὥσπερ γραμμή) ou tel quelque autre corps homéomère et sans variété (ὥσπερ ἕτερον σῶμα ὁμοιομερές τι καὶ ἀποίκιλον) »[1], partirait d'un point déterminé et aboutirait, à la fin, à un point déterminé, « comme à son terme ultime (ὡς ἔσχατον) »[2]. Que le mouvement de l'Intellect doive être « varié » signifie donc que l'Intellect, dans son acte, ne peut se réduire à la pensée d'un seul intelligible, car celui-ci mettrait simultanément fin à cet acte. Pour que l'Intellect demeure en acte, il faut nécessairement que son acte porte sur une multiplicité d'intelligibles :

> Dans son mouvement, l'Intellect se meut, il est vrai, toujours de la même manière et dans l'identité (ὡσαύτως καὶ κατὰ ταὐτά) et la similitude, mais pour autant il n'est pas une chose partielle (τι ἐν μέρει) qui serait seulement identique à elle-même et une (ταὐτὸν καὶ ἕν), mais il est toutes les choses (πάντα); d'ailleurs, même la chose partielle n'est pas une (τὸ ἐν μέρει αὖ οὐχ ἕν), mais, elle aussi, elle est illimitée, si on la divise (ἀλλὰ καὶ τοῦτο ἄπειρον διαιρούμενον), *Enn.* VI 7 [38] 13, 4-8, trad. P. Hadot, modifiée.

La multiplicité sur laquelle porte l'acte de l'Intellect est la « totalité » de l'intelligible. Mais cette totalité, dans notre extrait, est présentée sous deux modes distincts que, schématiquement, je nommerai « horizontal » et « vertical ». Le mode horizontal (1) consiste à présenter la totalité intelligible sous la forme d'une multiplicité d'idées discrètes (d'intelligibles partiels : ἐν μέρει[3]) qui sont chacune à la fois identiques à elles-mêmes et autres que les autres. Quant au mode vertical (2), il consiste à présenter la totalité intelligible par la division d'une idée discrète et, ce faisant, à montrer que chaque idée renferme en elle-même la totalité de l'intelligible.

(1) Que l'Intellect soit la pensée non d'un seul être mais d'une multiplicité, implique que chacune des unités composant cette multiplicité soit *distincte*, en quelque manière, des autres. C'est ce que Plotin nous signifie lorsqu'il écrit, faisant sienne une sentence bien connue d'Anaxagore[4], que « là-bas, toutes choses sont ensemble et pourtant distinctes (πάντα δὲ ὁμοῦ ἐκεῖ καὶ οὐδὲν ἧττον διακεκριμένα) »[5]. La *distinction* entre les intelligibles qu'enveloppe l'Intellect est absolument crucial, puisque c'est elle qui leur assure de former une multiplicité, multiplicité sans laquelle il ne peut proprement y avoir d'Intellect en acte.

1. *Enn.* VI 7 [38] 13, 9-10.
2. *Enn.* VI 7 [38] 9.
3. L'expression se retrouve à plusieurs reprises au chapitre 20 du traité VI 2 [43], *Sur les genres de l'être II*. Cf. *infra*, p. 229 *sq.*
4. *Cf.* D.-K., fr. B1 (ou K.-R.-S, 467-468).
5. *Enn.* V 9 [5] 6, 3.

En quel sens les intelligibles sont-ils distincts? Quelle que soit cette séparation, explique Plotin, il est clair qu'elle ne peut être locale, puisque le lieu est postérieur aux intelligibles :

> En effet, les corps empêchent les corps de communiquer entre eux (σώμασι μὲν γὰρ σώματα κωλύεται κοινωνεῖν ἀλλήλοις), mais les incorporels ne sont pas séparés par l'obstacle des corps (τὰ δὲ ἀσώματα σώμασιν οὐ διείργεται). Ce n'est donc pas par le lieu que les incorporels peuvent être éloignés les uns des autres (οὐδ' ἀφέστηκε τοίνυν ἄλλων τόπῳ), mais par l'altérité et la différence (ἑτερότητι δὲ καὶ διαφορᾷ), *Enn.* VI 9 [9] 8, 29-32, trad. P. Hadot.

Une séparation locale aurait comme conséquence l'impossibilité, pour les intelligibles, de communiquer entre eux et, ce faisant, de former tous ensemble une véritable unité (nous reviendrons plus loin sur cette communication entre intelligibles, car elle met en jeu une présentation verticale de la totalité). A la séparation locale, Plotin oppose une séparation « par l'altérité et la différence ». Il faut ici entendre l'altérité comme ce qui accompagne toujours l'identité à soi propre à chaque idée. Plotin sait que, depuis le *Sophiste*, il n'est plus possible de penser l'être sans le non-être, de penser « cela qui est toujours semblablement même » [1] sans l'altérité. La raison en est que toute détermination – et il n'y a rien de plus parfaitement déterminé que l'idée – implique simultanément une distinction : une idée, pour être ce qu'elle est, doit en même temps être autre que ce qu'elle n'est pas, autre que les autres idées [2]. C'est ce que Plotin explique à un interlocuteur anonyme s'inquiétant de savoir comment chaque intellect particulier (lequel est en même temps un intelligible particulier) a pu recevoir sa différence : « Ne faut-il pas répondre que c'est précisément en devenant "un" Intellect (ἢ ἐν τῷ καὶ εἷς ὅλως γενέσθαι), que chacun a reçu cette différence (εἶχε τὴν διαφοράν) ? » [3]. Le seul fait d'être déterminée comme *ousia* [4] (en étant dite « une » [5]) suffit à distinguer l'idée tant de l'Intellect total que de chacune des

1. Cette expression, emblématique de l'οὐσία, est primitivement employée par Platon dans le *Phédon*, où elle désigne la nature toujours même à soi de l'idée (*cf.* 78d6) et de l'âme purifiée (*cf.* 79d5). On la retrouve également dans le *Sophiste* en 248a12.

2. *Cf.* E.D. Perl, « "The power of all things" : the One as pure giving in Plotinus », art. cit., p. 303 : « Bien avant Spinoza et Hegel, Plotin savait que *omnis determinatio est negatio*. Si être c'est être déterminé, alors, nécessairement, être c'est être autre ».

3. *Enn.* VI 7 [38] 17, 30-31, traduction de P. Hadot, modifiée.

4. Les idées sont des *ousiai* du fait « qu'elles sont déjà définies (ὥρισται) et <que> chacune d'elles possède comme une forme (οἷον μορφήν). L'être ne doit pas flotter (αἰωρεῖσθαι), pour ainsi dire, dans l'indéfini (ἐν ἀορίστῳ), mais doit se voir fixé par un terme (ὅρῳ πεπῆχθαι) et trouver le repos (στάσει) ; le repos est, pour les intelligibles, la définition et la forme (ὁρισμὸς καὶ μορφή), grâce auxquelles ils acquièrent aussi l'existence (τὴν ὑπόστασιν λαμβάνει) », *Enn.* V 1 [10] 7, 23-26.

5. Que Plotin choisisse ici de faire valoir l'unité comme manifestation de la détermination de l'idée n'est pas anodin. On sait que Platon, dans le *Sophiste* (237d), démontre que pour être, l'être doit être « quelque chose (τι) », c'est-à-dire être au moins soit « un » (τι), soit « deux » (rendu par le duel τινε), soit « multiple » (τινες). Il n'y a donc rien qui *soit* (qui participe de l'être) sans être déterminé ne fût-ce que par l'unité.

autres idées qui composent celui-ci, car si elle est « une », l'idée possède alors l'identité à soi par laquelle elle se distingue de tout ce qui n'est pas elle. L'identité et l'altérité forment donc deux principes constitutifs de l'être et l'altérité est ce qui rend possible une *pensée de l'être*, étant entendu que la pensée ne peut penser ce qui est absolument simple et sans partie. D'ailleurs, même dans un tel cas de figure, écrit Plotin, ce qui est absolument sans partie, « s'il devait se dire lui-même (εἰπεῖν αὐτόν), *devrait d'abord dire ce qu'il n'est pas* (δεῖ πρότερον λέγειν ἃ μὴ ἔστιν), si bien qu'il serait, là aussi, multiple afin d'être un (ὥστε καὶ οὕτως πολλὰ ἂν εἶναι, ἵνα ἓν εἴη) »[1].

(2) Ce qui est « sans partie », absolument simple, est donc impensable. Ne présentant aucune multiplicité, il ne laisse par là même aucune prise à la pensée. Pour cette raison, dans l'intelligible, rien ne peut être « sans partie ». Il en va ainsi, comme on vient de le voir, de l'intelligible en général, lequel est nécessairement multiple, mais également de *chaque idée particulière*. Chaque idée est en effet « *illimitée* (ἄπειρον) »[2] si on la divise. L'illimitation de l'idée, que nous révèle l'acte de division, est la conséquence directe de ce que l'Intellect, du fait qu'il est autre que l'Un, est non-Un. Où que l'on soit dans l'intelligible et où que nous mène le processus de division, il est impossible d'atteindre à une unité qui soit parfaitement une, une unité qui ne soit pas en même temps multiple. Grâce à cette multiplicité, l'idée fait pour ainsi dire rebondir la pensée qui la prend pour objet en lui présentant, à la place d'une unité qui mettrait un terme à son mouvement, une multiplicité intérieure qui lui ouvre la totalité de l'intelligible[3].

En définitive, on peut dire que c'est parce que l'Intellect doit être « tout », qu'il doit comprendre en lui-même tous les « autres », donc la totalité des multiples idées – lesquelles ne peuvent être multiples que parce qu'elles sont autres, tant mutuellement qu'intérieurement. L'Intellect est donc « tout », explique Plotin, du fait qu'il n'y a rien en lui qui ne contribue à la pleine réalisation de sa totalité : « il n'y a aucune partie de l'Intellect qui ne soit "autre" (οὐδέν ἐστιν αὐτοῦ, ὅ τι μὴ ἄλλο), pour contribuer, aussi en étant "autre", à la pleine réalisation de la totalité (ἵνα ἄλλο ὂν καὶ τοῦτο συντελῇ). Car s'il y avait quelque partie de lui qui ne fût pas "autre", mais qui fût identique aux autres, elle diminuerait l'essence de l'Intellect (ἐλαττώσει αὐτοῦ τὴν οὐσίαν) en refusant d'offrir la propriété de sa nature à la pleine réalisation de la totalité »[4]. Ainsi entendue, l'altérité est ce par quoi l'Intellect peut réaliser le plein accomplissement de lui-même : elle est, d'une part, ce par quoi une multiplicité d'intelligibles peut venir à l'être et, d'autre

1. *Enn.* V 3 [49] 10, 33-35, traduction de P. Hadot.

2. *Enn.* VI 7 [38] 13, 7-8.

3. Nous reviendrons plus avant sur cette théorie qui rend le tout, c'est-à-dire la totalité de l'intelligible, présent totalement dans ses parties : cf. *infra*, p. 217-218.

4. *Enn.* VI 7 [38] 13, 54-57, traduction de P. Hadot, modifiée.

part, ce par quoi cette multiplicité advient elle-même comme *totalité*, en étant divisée, semble-t-il, à l'infini [1].

On peut se représenter ce mouvement de différenciation interne comme celui propre à une « raison » (λόγος). Cette raison, dont l'action consiste à ordonner et à informer la matière du sensible, ne peut accomplir sa tâche que si elle est en elle-même pleinement différenciée. Elle doit être aussi différenciée que ce qu'elle va engendrer, tout en étant, du fait de son statut principiel, plus une. De la même manière, conclut Plotin, « *il y a de l'illimité dans l'Intellect* (τὸ ἄπειρον οὕτως ἐν νῷ), parce que si elle est une, elle est une comme un-multiple (ὡς ἓν πολλά), non pas comme une masse, mais comme une raison multiple en elle-même (ὡς λόγος πολὺς ἐν αὑτῷ) qui contient, dans une figure une (ἐν ἑνὶ σχήματι) [*i.e.* celle de l'Intellect], qui est comme circonscrite (οἷον περιγραφῇ), des circonscriptions intérieures (περιγραφὰς ἐντός), puis encore des configurations intérieures et des puissances et des pensées, <par> une division qui ne va pas en ligne droite (τὴν διαίρεσιν μὴ κατ' εὐθύ), mais qui va toujours en une subdivision intérieure (ἀλλ' εἰς τὸ ἐντὸς ἀεί) » [2].

Que l'être est d'emblée multiple

S'il est vrai, comme nous venons de le voir, que l'Intellect ne peut se mouvoir sans l'altérité et que c'est cette altérité qui lui assure une complétude interne, alors, en vertu de l'identité existant entre l'Intellect et l'être, on peut légitimement poser qu'il en va de manière analogue pour l'être. Toutefois, cette identité ne doit pas nous empêcher d'entreprendre ici une recherche sur l'être en tant que tel, étant entendu que l'être diffère de l'Intellect par la fonction : pour que l'Intellect puisse penser, il faut qu'il y ait un quelque chose de pensable; ce quelque chose, c'est l'être.

Plotin a consacré un grand traité à la question du nombre de l'être, traité que son disciple Porphyre divisa en trois parties séparées (*Enn.* VI 1-3 [42-44]) et qui s'intitule *Sur les genres de l'être*. On ne se penchera ici que sur le traité VI 2 [43] et, à l'intérieur de celui-ci, sur la nécessité d'une multiplicité de l'être.

Exactement comme c'est le cas pour l'Intellect, la multiplicité de l'être est posée comme le résultat d'une exigence, celle de « ne pas être un » [3]. Dans le traité VI 2 [43], une telle nécessité n'est pas à proprement parler démontrée, puisque Plotin prend pour acquise la démonstration donnée par d'autres avant lui, princi-

1. Nous verrons plus loin (cf. *infra*, p. 243-246) que, s'il y a division à l'infini dans l'intelligible, ce n'est pas au sens où chaque idée serait infiniment divisible ou que l'intelligible en général serait divisible en une infinité d'intelligibles particuliers, mais bien au sens où, le mouvement de la pensée devant être incessant et constamment en acte, la pensée d'une idée singulière ouvre simultanément à la pensée de *ta panta*, tous les êtres, et cela indéfiniment.

2. *Enn.* VI 7 [38] 14, 11-15, traduction de P. Hadot, modifiée.

3. Cf. *Enn.* VI 2 [43] 2, 1-2.

palement « par Platon » (dans le *Sophiste*)[1]. La question y est plutôt : quelle forme sera la plus appropriée à rendre compte de ce que l'être n'est et ne peut être un ?

« Puisque donc nous disons qu'il n'est pas un (ἐπεὶ οὖν οὐχ ἕν φαμεν), alors il sera soit un nombre, soit illimité (ἆρα ἀριθμόν τινα ἢ ἄπειρον) », écrit Plotin, au début du deuxième chapitre[2]. « Nombre » et « illimité » doivent ici être compris comme les deux possibilités logiques ouvertes par l'altérité de l'être, c'est-à-dire par le fait que l'être *n'est pas* un : si l'être est autre que « un », alors nécessairement il sera soit « nombre » (une multiplicité déterminée par une unité), soit « illimité » (une multiplicité illimitée). Comme pour l'altérité de l'Intellect relativement à l'Un, l'altérité de l'être ne permet pas de trancher entre ces deux possibilités. Seule la recherche à venir pourra déterminer proprement *ce qu'est* l'être en l'identifiant à l'une des deux possibilités. Toutefois, il apparaît déjà clairement, dès lors que Plotin s'attache à définir ce qu'il faut entendre par « pas un » dans l'expression « l'être n'est pas un », que l'être doit être compris comme une « unité multiple », donc comme un nombre : « nous disons qu'il est à la fois un et multiple (ἓν ἅμα καὶ πολλά) et qu'il est une unité variée contenant, dans l'unité, le multiple (τι ποικίλον ἓν τὰ πολλὰ εἰς ἓν ἔχον) »[3].

Quelle forme doit-on donner à cet un-multiple ? Plotin en propose trois[4] :

1. soit l'être sera « un par le genre (τῷ γένει ἕν) »[5] et les êtres correspondront aux multiples espèces de ce genre unique ; de cette manière, la multiplicité des espèces assurera à l'être, pris comme genre, d'être « un-multiple » ;

2. soit les « genres seront plus d'un (πλείω ἑνὸς γένη) », mais « tous tomberont sous une unité (ὑφ' ἓν δὲ τὰ πάντα) »[6] ;

3. soit « il y aura plus de genres et aucun ne tombera sous un autre (πλείω μὲν γένη, μηδὲν δὲ ἄλλο ὑπ' ἄλλο) – chacun comprenant sous lui tout ce qu'il contient, que ce soit des genres inférieurs ou des espèces avec, sous elles, des individus –, tous concourant à une nature unique (συντελεῖν ἅπαντα εἰς μίαν φύσιν) »[7] ; le monde intelligible, « que nous appelons l'être », sera ainsi constitué « par leur totalité (ἐκ πάντων) »[8].

C'est à la dernière de ces trois hypothèses que Plotin donnera finalement son assentiment, mais il est ici intéressant d'analyser également les deux premières car c'est manifestement du fait de leur incapacité à rendre compte de ce que l'être

1. Cf. *Enn.* VI 2 [43] 1, 13-14 : « Nous disons que l'être n'est pas un (οὐχ ἓν φαμεν τὸ ὄν) ; quant au pourquoi (διότι), il a été donné par Platon et par d'autres (εἴρηται καὶ τῷ Πλάτωνι καὶ ἑτέροις) ».

2. Cf. *Enn.* VI 2 [43] 2, 1.

3. *Enn.* VI 2 [43] 2, 2-3.

4. Sur ces trois formes, voir K. Wurm, *Substanz und Qualität. Ein Beitrag zur Interpretation der Plotinischen Traktate VI 1, 2 und 3*, Berlin-New York, de Gruyter, 1973, p. 221 *sq.* (désormais cité K. Wurm, *Substanz und Qualität*...).

5. *Enn.* VI 2 [43] 2, 4.

6. *Enn.* VI 2 [43] 2, 5.

7. *Enn.* VI 2 [43] 2, 6-9.

8. *Enn.* VI 2 [43] 2, 9-10.

doit être « non un » que Plotin aboutit finalement à élaborer la troisième hypothèse.

La première hypothèse manifeste le caractère un-multiple de l'être sous la forme d'un genre unique dont les espèces assument à elles seules toute la multiplicité. C'est l'hypothèse qui, selon Plotin, est soutenue par les stoïciens, pour qui toutes choses, que ce soit les corps (*i.e.* l'être) ou les incorporels (*i.e.* le non-être), relèvent d'un même genre, le « quelque chose » (τι)[1]. Plotin s'oppose farouchement, on le sait, à une telle doctrine, tant pour des raisons de fond, que nous ne verrons pas ici[2], que pour des raisons de forme. L'impossibilité formelle d'une telle hypothèse, explique Plotin, vient de ce qu'elle ne fait place à aucune *extériorité* : la totalité de l'être se retrouve dans un seul genre qui suffit, semble-t-il, à la contenir. Or, il est impossible qu'un genre unique, par ses seules ressources, puisse engendrer la multiplicité des espèces qui le composent :

> Si toutes les espèces pouvaient être espèces de l'être, avec, à leur suite, les individus, et qu'aucune d'entre elles ne soit extérieure [*i.e.* à l'être], il serait peut-être possible de procéder de cette manière [*i.e.* de poser l'être comme genre unique]. Mais cette hypothèse entraîne sa propre destruction (ἡ τοιαύτη θέσις ἀναίρεσις ἐστιν αὑτῆς), car les espèces ne seront plus espèces (οὐδὲ γὰρ τὰ εἴδη εἴδη ἔσται), il n'y aura plus aucune multiplicité sous l'unité (οὐδ' ὅλως πολλὰ ὑφ' ἕν), mais toutes choses seront unes et il n'y aura pas autre chose ni d'autres êtres extérieurs à cet un (ἀλλὰ πάντα ἕν, μὴ ἑτέρου ἢ ἑτέρων ἔξω ἐκείνου τοῦ ἑνὸς ὄντων). Comment, en effet, l'un pourrait-il se faire multiple, en sorte que des espèces soient engendrées, s'il n'y a pas quelque chose d'autre à côté de lui (εἰ μή τι ἦν παρ' αὐτὸ ἄλλο) ?, *Enn.* VI 2 [43] 2, 34-39.

L'argument est ici similaire à celui employé par Aristote, au livre B de la *Métaphysique*, pour montrer que l'Un et l'être, lesquels sont ce qui se dit le plus universellement, ne peuvent être des genres[3]. La raison en est que le genre ne peut produire la multiplicité de ses espèces qu'en ayant recours à une différence spécifique. Or, cette différence doit être prise en dehors du genre, sans quoi elle n'en est plus, elle-même, qu'une espèce. Ainsi par exemple, s'il s'agit du nombre[4], les différences spécifiques seront le « pair » et l'« impair », lesquels spécifient le genre du nombre en nombres pairs et nombres impairs. Le genre implique donc,

1. Sur la signification du « quelque chose » chez les stoïciens, *cf.* A.A. Long & D.N. Sedley, *The Hellenistic Philosophers*, *op. cit.*, p. 164.

2. Cf. *Enn.* VI 1 [42] 25, 8-10 : « Ce "quelque chose" sera soit de l'être, soit du non-être ; s'il est de l'être, il sera lui-même l'une de ses espèces ; mais s'il est du non-être, alors l'être sera du non-être ». Sur la critique plotinienne, voir K. Wurm, *Substanz und Qualität…*, *op. cit.*, p. 158-166.

3. *Cf.* Aristote, *Métaphysique* B 3, 998b22-999a27 : « Il n'est pas possible que l'Un ou l'être soit un genre des êtres. Il faut nécessairement, en effet, et que les différences de chaque genre *soient* (εἶναι), et que chaque différence *soit une* (μίαν εἶναι). Or, il est impossible que les espèces du genre soient attribuées à leurs différences propres, et il est impossible aussi que le genre, pris à part de ses espèces, soit attribué à ses différences. Par conséquent, si l'Un ou l'être est un genre, aucune différence ne sera ni être, ni une », traduction de J. Tricot, modifiée.

4. *Cf.* Aristote, *Topiques* Δ, 122b18-24.

par nature, une extériorité dans laquelle on peut puiser les différences nécessaires à la constitution de ses espèces[1]. Par « extériorité », il faut entendre « altérité » : la différence spécifique doit être *autre* que le genre qu'elle spécifie. Dans le cas du nombre, cette altérité ne pose aucun problème, puisque le nombre n'est pas un genre qui puisse se dire de toutes choses ; il laisse donc ouverte une extériorité qui n'est pas lui, mais qui est autre que lui. Il en va tout autrement dans le cas de l'être : si l'être couvre la totalité de ce qui est (directement ou par participation), alors, *s'il prend la forme d'un genre unique*, il n'est plus possible de trouver une ou des différences spécifiques qui lui soient autres, puisque toutes ces différences *sont*, *i.e.* toutes peuvent recevoir le prédicat « être ». Faire de l'être un genre unique a ainsi pour résultat paradoxal de le détruire : étant incapable, à lui seul, de produire la multiplicité de ses espèces, le genre se voit dépourvu d'espèces et, par là même, d'existence propre (un genre sans espèces n'est pas un genre).

La première hypothèse, démontrée impossible, entraîne alors la seconde : si l'être ne peut être un genre unique, alors il faut poser qu'il est *d'emblée* une multiplicité de genres. Cette multiplicité (que je nommerai « horizontale » ou « h. »), si elle garantit effectivement la production d'une multiplicité interne à chaque genre (d'une multiplicité « verticale » ou « v. »), pose alors, à rebours, le problème de l'unité de la multiplicité (h.) des genres. En effet, si l'on peut dire de chaque genre, pris singulièrement, qu'il est une forme d'unité-multiple, en revanche, la multiplicité (h.) des genres ne forme, par elle-même, qu'une multiplicité et non une unité-multiple. Pour cette raison, on l'a vu, Plotin complète l'énoncé de la deuxième hypothèse en affirmant que tous les genres « tombent sous l'un (ὑφ' ἓν δὲ τὰ πάντα) ». Bien qu'il n'en dise mot, on peut légitimement supposer que l'un dont il s'agit ici est le même que celui qu'il retiendra, *in fine*, dans la troisième hypothèse. Or, on va voir que le choix de cet un est à nouveau guidé par la volonté de garantir le postulat, énoncé dès le départ, que l'être « n'est pas un ». En effet, comme on le voit dans l'extrait suivant, la préoccupation principale de Plotin est de veiller à ce que l'un sous lequel tombent les genres n'en annihile pas la multiplicité (h.) :

> — Assurément, nous disons qu'il y a plusieurs genres et que cette pluralité n'est pas le fait du hasard (οὐ κατὰ τύχην). — Ils viennent donc d'un "un" (ἀφ' ἑνός) ? — Il faut dire que s'ils viennent d'un "un", cet un n'est pas pour autant attribué à

1. A.C. Lloyd affirme, dans son article « Neoplatonic logic and Aristotelian logic », *Phronesis* 1, 1955-56, p. 58-72 et 146-159, que Plotin refuse de prendre la différence spécifique en dehors du genre car « cela équivaudrait à considérer les différences comme des qualités, et, dès lors, comme des accidents comparables à ceux d'une substance sensible (...). Dans cette perspective, la logique du genre et de l'espèce, <selon l'Alexandrin>, détruit toute distinction entre l'essentiel et l'accidentel, ou plutôt, elle ne laisse aucune place au premier » (p. 68). Le texte d'*Enn.* VI 2 [43] 2, 34-39 montre, tout au contraire, que l'extériorité de la différence relativement au genre est, pour Plotin, une condition nécessaire pour qu'il y ait production d'espèces (*cf.* également *Enn.* II 4 [12] 4, 2-7). Sur ce point, on se rapportera à Ch. Rutten, « Le genre et la différence selon Plotin », dans *Mélanges Léon Graulich*, Faculté de droit, Liège, 1957, p. 639-648 ainsi qu'à K. Wurm, *Substanz und Qualität...*, *op. cit.*, p. 243-247. On retrouve la thèse de A.C. Lloyd chez S.L. Rappe, « Explanation and nature in *Enneads* VI. 7.1-15 », dans M.F. Wagner (éd.), *Neoplatonism and Nature...*, *op. cit.*, p. 83 et 87.

l'être de chacun d'entre eux (οὐ κατηγορουμένου δὲ κατ' αὐτῶν ἐν τῷ εἶναι) et rien n'empêche que chacun ne soit pas génériquement semblable (οὐχ ὁμοειδές) et que chacun soit séparé des autres (ἄλλῳ χωρὶς αὐτὸ εἶναι γένος). — Existe-t-il une telle cause qui soit extérieure aux genres engendrés (ἔξωθεν... τῶν γενομένων γενῶν) sans être attribuée à l'être de ces genres ? — Oui, il existe une cause qui soit extérieure : l'Un qui est au-delà <de l'être>, *Enn.* VI 2 [43] 3, 1-7.

On le voit, le critère choisi par Plotin pour déterminer la cause de l'unité (h.) des genres est celui de l'*extériorité* et cette extériorité signifie que l'unité (h.) des genres ne peut être produite que par un 'un' « qui ne s'attribue pas à l'être de chacun d'entre eux ». Autrement dit, si la multiplicité (h.) des genres doit « tomber sous l'un », cet un ne doit pas lui-même constituer une unité *générique* (laquelle s'attribue à chacune de ses espèces), sans quoi l'on retombe dans l'impossibilité dénoncée plus haut dans l'analyse de la première hypothèse. Existe-t-il un tel « un » qui soit extérieur aux genres tout en étant cause de leur engendrement ? Oui : l'*Un qui est au-delà de l'être*. Cet un est en effet le seul capable d'assurer une nécessité à la multiplicité et, en même temps, de préserver cette multiplicité en tant que telle, puisque n'étant pas lui-même un genre, il ne suppose aucune extériorité pour que soit engendrée la multiplicité (h.) des genres de l'être. Par conséquent, si l'unité (h.) des genres vient de l'Un au-delà de l'être et si cet Un n'est pas un genre, alors chacun des termes de la multiplicité (h.) sera οὐχ ὁμοειδές, le terme *homoeidès* signifiant ici « génériquement semblable »[1], c'est-à-dire qui tombe sous un même genre. En d'autres termes, la transcendance de l'Un assure à chaque genre une identité propre, laquelle l'empêche de se confondre avec les autres genres.

La seconde hypothèse semble ainsi parfaitement rendre compte de l'exigence, énoncée au début du chapitre 2, de ce que l'être « n'est pas un ». Plotin va pourtant la juger insuffisante. Pour quelle raison ? C'est qu'elle ne spécifie pas de quel type de genres il s'agit. En effet, poser que la multiplicité de l'être renvoie à une multiplicité de genres nous permet seulement de savoir que l'être est fait d'une multiplicité de parties (*i.e.* les genres) qui sont, en elles-mêmes, multiples (puisque chaque genre contient une multiplicité d'espèces et d'individus). Mais l'être n'est pas qu'une juxtaposition de parties. Au contraire, il suppose que toutes ces parties (*i.e.* les genres) « concourent à une nature unique (συντελεῖν ἅπαντα εἰς μίαν φύσιν) »[2]. En ce sens, *les genres doivent être également des principes*, puisque c'est de leur concours qu'advient la totalité de l'être[3].

1. Sur ce terme et son usage chez Plotin, cf. *infra*, p. 230-231.
2. *Enn.* VI 2 [43] 2, 8-9.
3. Cf. *Enn.* VI 2 [43] 2, 10-11 : εἰ δὴ τοῦτο, οὐ μόνον γένη ταῦτα εἶναι, ἀλλὰ καὶ ἀρχὰς τοῦ ὄντος ἅμα ὑπάρχειν. Sur ce statut particulier du genre premier chez Plotin, voir K. Wurm, *Substanz und Qualität*..., *op. cit.*, p. 142 et 221-225 et D. Montet, *Archéologie et généalogie. Plotin et la théorie platonicienne des genres*, Grenoble, J. Millon, 1996, p. 95-101 (désormais cité D. Montet, *Archéologie et généalogie*...).

Affirmer, des genres de l'être, qu'ils sont également principes, entraîne simultanément deux nouvelles exigences qui, toutes deux, ont également pour but de préserver la multiplicité des genres de l'être.

Premièrement, si les genres doivent concourir et donc, en quelque manière, mutuellement communiquer, alors il faut que cette communication, que Plotin identifie à un mélange[1], n'altère pas les genres eux-mêmes. Autrement dit, si les genres doivent se mélanger pour produire la totalité de l'être, il faut que chacun soit préservé en tant que genre particulier, sans quoi c'est leur multiplicité qui se verrait abolie : « chaque genre serait en puissance et non en acte et chacun ne serait pas purement lui-même »[2]. Pour cette raison, explique Plotin, les genres, en tant que tels, ne peuvent être mélangés, mais seulement les *choses particulières* (τὰ καθ' ἕκαστα) qu'ils produisent tous ensemble (lesquels sont les espèces et les individus contenus par chaque genre). De cette manière, conclut-il, « les genres seront par eux-mêmes et purs (ἐφ' αὑτῶν καὶ καθαρά) et les choses mélangées (τὰ μιχθέντα) [*i.e.* les choses particulières] ne détruiront pas les genres (οὐκ ἀπολεῖ αὐτά) »[3]. Cette solution, qui préserve la multiplicité (h.) des genres, est en même temps celle qui convient le mieux au processus par lequel le genre produit les « choses particulières » que sont les espèces et les individus. En effet, lorsque le genre produit ses espèces, seules ces dernières sont proprement le résultat d'un mélange, à savoir celui du genre dont elles sont les espèces et de la différence spécifique prise en dehors du genre.

Quant à la seconde exigence, elle porte sur la relation existant entre le genre et ses espèces :

> Il faut veiller à ce que chaque genre ne disparaisse dans ses espèces (μὴ ἀφανίζοιτο ἕκαστον ἐν τοῖς εἴδεσι) et à ce que le genre ne soit pas seulement prédiqué de ses espèces et comme observé en elles (μηδ' αὖ τὸ γένος κατηγορούμενον ᾖ μόνον ὡς ἐν ἐκείνοις θεωρούμενον), mais qu'il soit à la fois en ses espèces et en lui-même (ἀλλ' ᾖ ἐκείνοις ἅμα καὶ ἐν αὑτῷ), qu'il existe comme mélangé et comme pur et non mélangé (μιγνύμενον αὖ καθαρὸν καὶ μὴ μιγνύμενον ὑπάρχῃ) et qu'il ne concoure pas <à la constitution> de l'essence en se détruisant lui-même (μηδ' ἄλλως συντελοῦν εἰς οὐσίαν αὐτὸ ἀπολλύῃ), *Enn.* VI 2 [43] 19, 12-17.

Qu'un genre soit genre *d'*espèces, c'est là une nécessité dont il est impossible de faire l'économie. En ce sens, un genre est toujours, en quelque manière, mélangé à ses espèces, puisqu'il forme un élément essentiel de leur constitution. Toutefois, dans le cas où le genre est en même temps un principe, il est tout aussi essentiel que le genre demeure en lui-même, pur et non mélangé. Il en va comme de l'Un : de même que l'Un ne peut être dit principe des êtres qu'à la condition de ne pas lui-même être un être, de même les genres de l'être doivent demeurer autres

1. Cf. *Enn.* VI 2 [43] 2, 21.22.24, etc.
2. *Enn.* VI 2 [43] 2, 22-23.
3. *Enn.* VI 2 [43] 2, 25-26.

que les espèces dont ils sont les principes, sans quoi ils n'auraient d'existence que dans leurs espèces et ne seraient jamais observés indépendamment de celles-ci. Cette existence indépendante du genre relativement aux espèces est absolument cruciale, pour l'être, puisqu'elle conditionne les deux formes de multiplicité distinguées plus haut : d'une part, elle assure une multiplicité (v.) d'espèces au sein de chaque genre, étant entendu que le genre ne peut être principe de ses espèces que s'il leur est primitivement « non mélangé » ; d'autre part, elle assure une multiplicité (h.) de genres puisque si chacun des genres ne pouvait engendrer ses espèces, les genres disparaîtraient et, avec eux, la multiplicité (h.).

Après avoir évacué la thèse du genre unique et après avoir spécifié le statut du genre comme genre et principe, Plotin arrive tout naturellement à l'énonciation de sa troisième et dernière hypothèse. Dans sa formulation, cette dernière hypothèse définit le statut des genres les uns relativement aux autres : « aucun des genres ne tombera sous un autre (μηδὲν δὲ ἄλλο ὑπ' ἄλλο) ». Cette exigence est bien entendu capitale, pour Plotin, puisqu'elle implique non seulement l'irréductibilité de chaque genre relativement aux autres, mais également, ce faisant, l'irréductibilité de la multiplicité (h.) des genres. Dans la suite du traité VI 2 [43], cette exigence resurgit sous la forme de la notion de « complément de l'essence ». Cette notion, que j'ai déjà eu l'occasion d'aborder plus haut[1], va nous permettre de mieux comprendre comment Plotin réussit à préserver la multiplicité (h.) des genres, tout en les faisant œuvrer, tous ensemble, à la complétude de l'être.

Après avoir montré, suivant en cela la démonstration du *Sophiste*, que le nombre de l'être correspond aux cinq genres premiers que sont l'être, le mouvement, le repos, le même et l'autre[2], Plotin cherche à prouver que ce nombre est parfait, *i.e.* complet. Il passe ainsi en revue d'autres prétendants au titre de genre premier, parmi lesquels on trouve les catégories d'Aristote. C'est à l'occasion de l'analyse de la « qualité » qu'il en vient à préciser le statut des genres premiers relativement à l'être. Dans le cas d'essences composées[3], lesquelles désignent des essences qui se différencient « par le nombre et la qualité »[4], il faut distinguer

1. Cf. *supra*, p. 103 et 140.

2. Cf. *Enn.* VI 2 [43] 7-8. Sur l'analyse de ces deux chapitres, *cf.* L. Brisson, « De quelle façon Plotin interprète-t-il les cinq genres du *Sophiste ?* (*Ennéades* VI 2 [43] 8) », dans P. Aubenque (éd.), *Études sur le* Sophiste..., *op. cit.*, p. 449-473 et M.I. Santa Cruz, « L'exégèse plotinienne des ***ΜΕΓΙΣΤΑ ΓΕΝΗ*** du *Sophiste* de Platon », dans J.J. Clearly (éd.), *The Perennial Tradition of Neoplatonism*, Leuven, Leuven University Press, 1997, p. 105-118 (désormais cité J.J. Clearly (éd.), *The Perennial Tradition*...).

3. Cf. *Enn.* VI 2 [43] 14, 6.

4. Cf. *Enn.* VI 2 [43] 14, 6-7 : ἐν αἷς καὶ ἀριθμοὶ καὶ ποιότητες διαλλαγὴν ἐποίησαν αὐτῶν. Cette phrase appelle deux remarques. En premier lieu, il ne paraît pas nécessaire de corriger le texte en changeant, avec Rieth (suivi, entre autres, par H.-S.² et Armstrong), le ποιότητες des manuscrits en ποσότητες. Il convient seulement de garder à l'esprit que le ποιότητες en question n'a pas le même sens que celui de la ligne 8 : dans le premier cas, il désigne une détermination particulière possible de l'essence (mais il y en a d'autres, comme la quantité ou le nombre), tandis que dans le second, il distingue la qualité, prise comme détermination postérieure et inessentielle, du complément de l'essence. En deuxième lieu, le nombre dont il est ici question doit être compris, conformément à la

entre deux niveaux : un niveau simple, celui de l'essence en tant que telle, et un niveau composé, celui des qualités. Par « qualités », il faut entendre, dans ce passage, « le nombre et la qualité » dont il vient d'être question, à savoir des déterminations extérieures [1] et postérieures à l'essence [2] et qui n'apportent dès lors rien d'essentiel à ce qu'elles déterminent [3]; ces déterminations ne font que qualifier l'essence en faisant d'une essence générale ou universelle une essence particulière. Dans le cas des genres premiers, en revanche, la distinction ne doit pas être faite entre ce qui est simple et ce qui est composé, mais bien « entre ce qui est simple [*i.e.* l'essence] et ce qui complète l'essence » [4]. Or, compléter l'essence, ce n'est pas la qualifier (en faire une essence particulière), mais apporter tout ce qui est nécessaire à la constitution de l'essence, tout ce sans quoi l'essence serait incomplète. De cette manière, il apparaît clairement que la multiplicité des genres est un caractère essentiel de l'être (*i.e.* de l'essence) : si, d'aventure, tel genre devait tomber sous tel autre, alors il ne constituerait plus un genre distinct et, ce faisant, ne pourrait plus assurer sa fonction de complément de l'essence.

Il est donc nécessaire de considérer les genres premiers comme des genres *de même niveau* [5] : tous sont essentiels à l'être et aucun ne peut se réduire à un autre au risque de faire de l'être un être inessentiel. Mais il y a plus. Affirmer que les genres sont tous de même niveau implique également qu'aucun d'entre eux ne soit supérieur. C'est d'ailleurs pour cette raison qu'ils sont tous appelés « premiers » : « il a été dit que l'être est premier, et il est clair que le mouvement ne peut pas être autre chose que premier, ainsi que le repos, l'autre et le même » [6]. En ce sens, il est important, une fois de plus, de distinguer les genres premiers des qualités. L'être n'est pas, par exemple, d'abord « être », puis, au fur et à mesure de sa procession, « en mouvement », puis encore « en repos », etc. Aucun des genres ne qualifie l'être. Au contraire, en tant qu'ils constituent l'être, ils sont ce sans quoi aucune qualification n'est possible. Tous contribuent à donner vie à l'être, c'est-à-dire à en faire un être *en acte*, et, en ce sens, ils peuvent chacun être considérés comme un acte à part entière de l'être :

> Si le mouvement est l'acte de l'essence (εἰ γὰρ ἡ κίνησις ἐνέργειά ἐστιν αὐτῆς) et si l'être et les <genres> premiers en général sont en acte (ἐνεργείᾳ δὲ τὸ ὂν καὶ ὅλως τὰ πρῶτα), alors le mouvement n'est pas un accident (οὐκ ἂν συμβεβηκός). Au contraire, étant l'acte d'un être en acte (ἐνέργεια οὖσα ἐνεργείᾳ ὄντος), on ne devrait même plus dire qu'il est un complément <de l'essence>, mais bien qu'il est lui-même essence (οὐδ' ἂν συμπληρωτικὸν ἔτι λέγοιτο, ἀλλ' αὐτή). Le mouve-

distinction opérée en *Enn.* VI 6 [34] 9, 29-31, comme « nombre déroulé ». Il s'agit du nombre qui apparaît après le mouvement de pluralisation et de distinction des êtres.

1. Cf. *Enn.* VI 2 [43] 14, 16.
2. Cf. *Enn.* VI 2 [43] 14, 18.
3. Cf. *Enn.* VI 2 [43] 14, 18-22.
4. Cf. *Enn.* VI 2 [43] 14, 10-11.
5. *Cf.* D. Montet, *Archéologie et généalogie…*, *op. cit.*, p. 96.
6. *Enn.* VI 2 [43] 15, 2-4.

ment n'entre donc pas dans <un genre> postérieur, ni dans celui de la qualité, mais se range dans le "simultané" (ἀλλ' εἰς τὸ ἅμα τέτακται), *Enn.* VI 2 [43] 15, 6-11.

Chaque genre, à l'instar du mouvement, est un acte de l'être et chacun contribue à ce que l'être soit en acte. « Etre en acte », pour l'être, c'est donc être *simultanément* l'être, le mouvement, le repos, le même et l'autre. C'est cette simultanéité qui est le gage de la multiplicité essentielle de l'être. En effet, l'être n'est pas d'abord un, puis multiple[1], et sa multiplicité n'est pas une simple qualification extérieure, postérieure et sans incidence réelle sur sa nature. Au contraire, « l'être ou l'essence (τὸ ὂν καὶ ἡ οὐσία) ne peut pas ne pas être multiple (οὐ δύναται μὴ πολλὰ εἶναι), mais il doit nécessairement contenir cela, à savoir les genres que nous avons énumérés, et être une unité-multiple »[2].

Au terme de ce parcours qui nous a conduits au cœur de la question des genres premiers, on peut constater à quel point la multiplicité est une préoccupation constante, chez Plotin, dès lors qu'il s'agit de l'être. C'est qu'il sait, grâce au *Sophiste*, que l'être n'est pas seulement le « toujours semblablement même (ἀεὶ κατὰ ταὐτὰ ὡσαύτως) »[3], ou plutôt, que l'être n'est « toujours semblablement même » qu'en tant qu'il est le véritablement pensable, donc en tant qu'il est relié à la pensée[4]. Or, en tant que véritablement pensable, l'être se pluralise, puisqu'il se fait mouvement et vie. Et cette pluralisation, qui va finalement aboutir à la distinction des cinq grands genres, n'est elle-même rendue possible que par l'*altérité* qui est tout autant présente au sein de l'être qu'au cœur du mouvement propre à l'Intellect. On ne saurait trop, dès lors que l'on traite de l'être et de l'Intellect, souligner le rôle crucial de cette altérité. Dans le traité VI 2 [43], comme d'ailleurs dans le *Sophiste*[5], le genre de l'altérité est, avec celui de l'identité, le dernier à être mis au jour. Il n'apparaît que lorsque le dialecticien, revenant sur les divisions qu'il a jusque-là effectuées, prend conscience de ce que ces divisions n'ont été possibles que par l'altérité :

> L'être, le mouvement et le repos, écrit Plotin, « arrivent ensemble et comme confusément (ὁμοῦ μὲν γενομένοις καὶ οἷον συγκεχυμένοις) <au dialecticien>, quand celui-ci les a mélangés sans les distinguer (συμμίξας οὐ διακρίνων) ; mais, lorsque, les ayant un peu séparés, il les retient et, les ayant distingués, il voit l'être, le repos et le mouvement, qui sont trois et chacun un (τρία ταῦτα καὶ ἕκαστον ἕν), ne les dit-il pas alors mutuellement autres (ἆρ' οὐχ ἕτερα ἀλλήλων εἴρηκε) et ne les distingue-t-il pas dans l'altérité (καὶ διέστησεν

1. Cf. *Enn.* VI 2 [43] 15, 13-14 : « L'être n'est pas devenu multiple après coup (μὴ ὕστερον ἐγένετο πολλά) ».

2. *Enn.* VI 2 [43] 17, 23-25.

3. Platon, *Sophiste* 248a12.

4. *Cf.* Platon, *Sophiste* 248e6-249a2 : « Eh quoi, par Zeus ! Nous laisserons-nous si facilement convaincre que le mouvement, la vie, l'Ame, la pensée, n'ont réellement point place au sein de l'être universel, qu'il ne vit ni ne pense, et que, solennel et sacré, vide d'intellect, il reste là, planté, sans pouvoir bouger ? », traduction de A. Diès.

5. *Cf.* Platon, *Sophiste* 254d14-255a2.

ἐν ἑτερότητι) et ne voit-il pas dès lors l'altérité qui est dans l'être (καὶ εἶδε τὴν ἐν τῷ ὄντι ἑτερότητα) lorsqu'il pose qu'ils sont trois et que chacun est un (τρία τιθεὶς καὶ ἓν ἕκαστον)?, *Enn.* VI 2 [43] 8, 31-36.

L'altérité est tout autant celle que la pensée produit au cœur de son objet que celle de l'être qui ne pourrait être pensé s'il n'était, en quelque manière, multiple. L'altérité est donc assurément *posée* par l'Intellect, mais elle est toujours déjà également *supposée* dans l'être. Cette double présence témoigne de l'indéfectible lien existant entre la pensée et l'être : penser, c'est toujours penser quelque chose de déterminé (*i.e.* l'être) et être, c'est être pensé, être pluralisé et distingué de tout ce qui est autre que soi. Toute entreprise de détermination se révèle ainsi être, dans le même mouvement, une entreprise de distinction : le dialecticien n'atteint à la compréhension de *ce qu'est* l'être que lorsqu'il en a déterminé, par le nombre, les articulations essentielles; alors seulement il peut dire que l'être est « trois » (ou « cinq », si l'on inclut l'altérité et l'identité) et que ce « trois » rassemble trois genres qui sont chaque fois uns, chacun étant *à la fois* même que soi-même et autre que les autres.

L'*APEIRON* COMME TOTALITÉ

Nous avons vu[1] que, dans son mouvement de conversion et de totalisation, l'intellect indéfini est identifié par Plotin à une « puissance totale »[2] ou à une « puissance de toutes choses »[3]. Nous avons vu également que cette puissance, l'Intellect la reçoit, pour ainsi dire, de l'Un : l'Un, qui ne contient pas en lui les intelligibles, donne à l'intellect indéfini « la puissance de les engendrer (δύναμιν εἰς τὸ γεννᾶν) »[4]. La puissance de l'intellect indéfini, en tant que don de l'Un, manifeste donc la puissance de l'Un[5], laquelle est également qualifiée par Plotin de « puissance totale » ou de « puissance de toutes choses »[6].

Apeiron *et puissance de l'Un*

Si l'Un peut être dit principe de toutes choses et, en premier lieu, principe des êtres, écrit Plotin, c'est parce qu'il n'est pas une *chose déterminée* (un quelque chose, *ti*)[7]. Mais que signifie être une chose déterminée et en quoi ce critère permet-il, à rebours, de faire de l'Un le principe de toutes choses ? Etre une chose déterminée, c'est d'abord ne pas être « n'importe quelle chose », avoir une

1. Cf. *supra*, p. 76.
2. Cf. *Enn.* VI 7 [38] 17, 32-33 : δύναμις πᾶσα.
3. Cf. *Enn.* VI 7 [38] 17, 33 : δύναμις πάντων.
4. *Enn.* VI 7 [38] 15, 18.
5. *Cf.* également *Enn.* V 3 [49] 7, 7-9 où on peut lire que « si l'Intellect connaît Dieu [*i.e.* l'Un] en découvrant en même temps ses puissances, il se connaîtra aussi lui-même, puisqu'il est venu de là-haut et a emporté avec lui ce dont Dieu est puissance », traduction de B. Ham.
6. Cf. *Enn.* VI 8 [39] 9, 45 : δύναμιν πᾶσαν αὐτῆς ὄντως κυρίαν, et *Enn.* V 4 [7] 1, 36 et 2, 38 : ἡ πάντων δύναμις.
7. Cf. *Enn.* VI 7 [38] 32, 12.

certaine détermination par laquelle on se distingue d'autres choses de même rang. Cette détermination, une chose ne peut proprement en être pourvue que si elle a été « engendrée »[1], car la génération implique nécessairement l'existence d'un principe antérieur par lequel la chose engendrée se voit mesurée et définie comme « quelque chose ». Ainsi, par exemple, pour être comptée parmi les intelligibles, une chose doit être incorporelle, avoir une certaine forme par laquelle elle se distingue des autres intelligibles et être une certaine puissance (celle de faire advenir du beau, s'il s'agit de l'idée du beau, ou du grand si c'est l'idée du grand). L'Un, en revanche, et c'est précisément ce qui le distingue[2] de tout « quelque chose », *n'a été produit par rien* : il ne peut donc être, écrit Plotin, « ni une forme (οὐδέ… μορφή) (…), ni une puissance particulière (οὐδέ τις δύναμις) et il ne peut même pas être toutes les formes et toutes les puissances qui ont été engendrées et qui existent là-haut (πᾶσαι αἱ γεγενημέναι καὶ οὖσαι ἐνταῦθα), mais il faut qu'il soit au-dessus de toutes les puissances et de toutes les formes (ὑπὲρ πάσας εἶναι δυνάμεις καὶ ὑπὲρ πάσας μορφάς) »[3].

Dès lors, puisque l'Un n'est engendré par rien et qu'il n'est *pas*, pour cette raison, *quelque chose*[4], il est nécessairement *apeiron*[5], c'est-à-dire, littéralement, *non limité*[6]. Or, c'est cette nature *apeiron* de l'Un qui lui permet d'être principe *de toutes choses*, en vertu de la règle, analysée plus haut[7] selon laquelle le principe ne possède pas en lui ce dont il est le principe. Or, par principe, il faut entendre non seulement principe logique (au sens où le simple est principe du composé, l'un principe du multiple, etc.), mais également principe ontologique ou constitutif. De cette manière, l'*apeiron* de l'Un devient simultanément la marque distinctive de sa puissance :

> En le contemplant comme *non limité* (ἀόριστον), tu peux énoncer tous les êtres (πάντα) qui sont après lui (μετ' αὐτό) et affirmer qu'il n'est aucun d'entre eux (οὐδὲν ἐκείνων), mais bien pour ainsi dire puissance totale réellement maîtresse d'elle-même (δύναμιν πᾶσαν αὑτῆς ὄντως κυρίαν), *Enn.* VI 8 [39] 9, 43-45, trad. G. Leroux, modifiée.

1. Cf. *Enn.* VI 7 [38] 32, 10-12.
2. Cette distinction ne constitue pas une détermination de l'Un en lui-même. Il ne s'agit, tout au plus, que d'une détermination au regard de notre pensée et par laquelle nous pouvons chercher à penser la nature de l'Un.
3. *Enn.* VI 7 [38] 32, 6-9. Cf. *Enn.* VI 9 [9] 3, 39-41 : « La nature de l'Un, parce qu'elle est génératrice de toutes choses, n'est aucune d'entre elles. Donc, on ne peut dire ni qu'il est quelque chose (τι), ni qu'il est qualifié ou quantifié, ni qu'il est intellect ou âme », traduction de P. Hadot.
4. Que l'Un n'est pas « quelque chose » est régulièrement réaffirmé par Plotin dans les *Ennéades*. J.-M. Narbonne, dans son article « L'*ou ti* de Plotin », art. cit., p. 26, donne les références suivantes : *Enn.* VI 9 [9] 3, 34-44 ; *Enn.* V 5 [32] 6, 22-23 ; *Enn.* VI 6 [34] 12-13 ; *Enn.* VI 7 [38] 41, 31-32 ; *Enn.* V 3 [49] 12, fin.
5. Cf. *Enn.* VI 7 [38] 15. Sur l'indétermination de l'Un, voir également *Enn.* VI 9 [9] 6, 10 ; *Enn.* V 5 [32] 10, 20-22 et 11, 1 ; *Enn.* VI 8 [39] 9, 43.
6. Cf. *Enn.* V 5 [32] 10, 19 : οὐδὲ πεπερασμένος εἶναι [sc. l'Un].
7. Cf. *supra*, p. 62-63.

La puissance totale de l'Un lui vient de sa parfaite autosuffisance (il est « maître de lui-même ») : n'étant engendré par rien, il ne dépend de rien et sa puissance en est par là même rendue « totale ». Par « totale », il faut donc entendre « non définie », « non limitée », « sans borne »[1]. En effet, si l'Un n'est pas engendré, alors la puissance qui lui est propre n'est pas non plus une « certaine puissance », laquelle ne serait capable d'engendrer que « certaines choses ». Au contraire, parce qu'elle est « totale », la puissance de l'Un devient simultanément puissance génératrice de « toutes choses ».

Par « puissance de toutes choses », il faut donc entendre le fait que l'Un est le principe générateur *non pas de certaines choses*, mais *de toutes*. Il en va, à vrai dire, de sa perfection[2] : si l'Un n'était la puissance que de certaines choses, alors il faudrait en conclure qu'au moins une chose n'a pas été engendrée par l'Un (et il faudra alors rechercher quel principe, autre que l'Un, est à l'origine de cette chose). Or, si tel devait être le cas, l'Un ne serait pas non plus *présent* en toutes choses, puisqu'il serait en dehors de celles qu'il n'aurait pas engendrées. L'Un serait donc imparfait, car insuffisant à rendre compte de la totalité du réel (nous serions en effet obligés de poser, à côté ou au-dessus de l'Un, l'existence d'un principe autre que l'Un). Dès lors, si la puissance de l'Un est puissance « de toutes choses », il faut comprendre par là qu'il s'agit d'une puissance qui n'est *jamais en défaut* : elle manifeste le fait que l'Un est parfait puisqu'il est présent en chacun des êtres qui forment la totalité du réel[3], qu'il ne manque à aucun d'entre eux.

Apeiron *et puissance de l'Intellect*

Ainsi que nous allons le voir, s'il est possible d'attribuer à l'Intellect (ou, en général, aux intelligibles) une puissance *illimitée*, c'est d'abord parce que l'Intellect est un *tout*. On peut distinguer trois expressions de ce tout :

– premièrement, l'Intellect est la totalité des intelligibles et aucun ne lui échappe ;

– deuxièmement, l'Intellect est une puissance totale au sens où il se retrouve totalement dans chacun des intelligibles particuliers ;

– troisièmement, l'Intellect est une puissance totale en ce sens qu'il est le principe producteur de la totalité des réalités postérieures (*i.e.* les réalités sensibles).

Tout d'abord, l'*apeiron* est affirmé de la *multiplicité* des intelligibles. Ainsi, dans le traité VI 5 [23], Plotin écrit : « Tout en étant multiples, les intelligibles sont

1. Il s'agit, explique Plotin, d'une puissance qu'on « ne peut concevoir (ἀπεριλήπτῳ) », donc comprendre et penser (étant entendu que penser c'est définir, c'est-à-dire penser son objet comme un « quelque chose », ce que précisément l'Un ou sa puissance ne sont pas), cf. *Enn*. VI 9 [9] 6, 11.

2. Cf. *Enn*. V 4 [7] 1, 34-36.

3. Cf. *Enn*. V 5 [32] 10, 21-23 : « <L'Un> est illimité quant à la puissance (τὸ δ' ἄπειρον ᾗ δύναμις ἔχει) : il ne saurait jamais être autre, ni être en défaut (οὐ γὰρ ἄλλως ποτὲ οὐδ' ἐπιλείψει) [*i.e.* manquer d'engendrer un être et de se rendre présent à lui] puisque les choses qui sont sans défauts existent grâce à lui (ὅπου καὶ τὰ μὴ ἐπιλείποντα δι' αὐτόν) ».

uns (πολλὰ γὰρ ὄντα τὰ νοητὰ ἕν ἐστι), et, tout en étant uns, ils sont multiples *en vertu de leur nature illimitée* (καὶ ἓν ὄντα τῇ ἀπείρῳ φύσει πολλά ἐστι) »[1]. Que la multiplicité intelligible puisse être ainsi rapprochée de, voire identifiée à, une forme d'*apeiron*, n'a pas à nous étonner puisque nous avons vu que cette multiplicité renvoie à un mouvement interne et infini de différenciation par altérité. Dans le cas qui nous occupe, cependant, ce n'est pas de ce type d'*apeiron* qu'il s'agit. Au chapitre 9 du même traité, l'Alexandrin précise un peu mieux sa pensée : « Parce qu'il ne tient pas sa multiplicité de l'extérieur, mais qu'il est multiple par lui-même et en lui-même, cet un [*i.e.* l'Intellect] est réellement un et c'est dans l'unité qu'il est illimité et multiple (ἐν τῷ ἑνὶ ἔχειν τὸ εἶναι ἄπειρόν τε καὶ πλῆθος) »[2]. Dans ce passage, la multiplicité intelligible semble être identifiée à une forme d'*apeiron* du fait qu'elle ne vient pas de l'extérieur. Tout se passe ici comme si le fait que la multiplicité intelligible soit interne à l'Intellect, donc qu'elle soit comprise *totalement* (au sens où rien de cette multiplicité ne vient de l'extérieur), suffisait à en faire une forme d'*apeiron*. Le même argument, développé cette fois plus explicitement, est utilisé par Plotin au sujet de l'âme : « L'Ame unique est d'une nature telle qu'*elle possède en elle-même toutes* les âmes (πάσας) : c'est ainsi que cette nature est illimitée (οὕτως ἐστὶν ἄπειρος ἡ τοιαύτη φύσις) »[3]. Dans ce passage, l'*apeiron* est manifestement accordé à l'Ame du fait que celle-ci possède *en elle* toutes les âmes, exactement comme l'Intellect qui, ainsi qu'il était dit plus haut, est *apeiron* « parce qu'il ne tient pas sa multiplicité de l'extérieur ». En conséquence, on peut dire que si la multiplicité des intelligibles interne à l'Intellect est dite *apeiron*, c'est au sens où elle englobe la totalité des intelligibles (*i.e.* où *aucun* intelligible ne subsiste en dehors de l'Intellect) et où rien ne vient limiter cette totalité (il n'y aucune extériorité à l'Intellect en laquelle se retrouveraient un ou plusieurs intelligibles).

Si l'Intellect est total, il est nécessaire que sa puissance le soit également. En effet, si l'Intellect, dans son acte même, engendre la totalité des intelligibles, alors il importe que cette totalité ne constitue pas une forme de fragmentation de l'Intellect. Pour cette raison, chaque intelligible particulier doit être compris, à l'instar de l'Intellect total, comme un tout rassemblant en son sein une multiplicité (Plotin refuse[4] de faire de chaque intelligible une unité monadique, *i.e.* une unité qui ne rassemblerait en elle aucune multiplicité). Chaque tout – qu'il s'agisse de l'Intellect ou de chacun des intelligibles particuliers –, est donc par lui-même une puissance « totale » :

1. *Enn.* VI 5 [23] 6, 1-2, traduction de R. Dufour.
2. *Enn.* VI 5 [23] 9, 34-37, traduction de R. Dufour.
3. *Enn.* VI 4 [22] 4, 45-46, traduction de R. Dufour. Le même argument se retrouve en *Enn.* VI 4 [22] 14, 5-7 : « Comment dira-t-on que cette âme est illimitée (πῶς γὰρ ἂν καὶ ἄπειρον ἢ οὕτω λέγοιτο), sinon au sens où elle contient toutes choses ensemble, toute vie, toute âme et tout intellect (ὅτι ὁμοῦ πάντα ἔχει, πᾶσαν ζωὴν καὶ πᾶσαν ψυχὴν καὶ νοῦν ἅπαντα) ? », traduction de R. Dufour.
4. Cf. *supra*, p. 201-205.

> Chaque tout divin n'est pas une puissance fragmentée (δύναμις κερματισθεῖσα) et d'une quantité égale à la somme de ses fragments mesurables. Le tout (τὸ πᾶν) est une puissance totale (δύναμις πᾶσα) qui va à l'infini et qui est puissant à l'infini (εἰς ἄπειρον μὲν ἰοῦσα, εἰς ἄπειρον δὲ δυναμένη). Ainsi, ce dieu [*i.e.* l'Intellect] est à ce point immense que ses parties elles-mêmes sont illimitées (τὰ μέρη αὐτοῦ ἄπειρα γεγονέναι) *Enn.* V 8 [31] 9, 23-26, trad. P. Mathias, modifiée.

La puissance de l'Intellect n'est pas fragmentable, et c'est pour cette raison qu'elle est « totale » ou « *apeiron* » : le tout intelligible n'est pas la somme des parties qui le composent et chaque partie n'est pas simplement une portion de la puissance du tout. Au contraire, si l'intelligible peut se prêter à la relation hénologique du tout et des parties, ce n'est pas au sens physique où les différentes parties seraient comme des fragments arrachés au tout, mais bien au sens où le tout est capable d'être présent *tout entier* en chacune de ses parties (*i.e.* en chaque intelligible particulier). De cette manière, non seulement le tout de l'intelligible est multiple (puisqu'il rassemble la totalité des intelligibles particuliers), mais c'est également le cas de chaque partie de ce tout (*i.e.* chaque intelligible particulier), puisque le tout y est chaque fois présent *totalement.* La présence totale du tout dans chacune de ses parties a ainsi pour conséquence le fait que chaque partie devient, en quelque manière, un tout. En tant que tout, explique Plotin dans le traité III 7 [45], *Sur l'éternité et le temps*, chaque intelligible particulier doit être lui-même compris comme une « puissance illimitée »[1]. Cette puissance est illimitée au sens où elle est « sans manque (μή... ἐπιλείπειν) » car « rien <en l'intelligible> ne vient jamais à périr (μηδέν... ἀναλίσκει) »[2]. L'illimitation est ici la marque de l'*éternité*, laquelle manifeste le caractère *apeiron* de la vie intelligible tout entière, une vie « totale (πᾶσαν), dont rien ne périt (μηδὲν ἀνλίσκειν αὐτῆς), puisqu'elle n'a ni passé ni avenir, sans quoi elle ne serait pas totale (ἤδη γὰρ οὐκ ἂν εἴη πᾶσα) »[3].

Quant à la troisième manifestation de l'*apeiron*, elle n'est pas différente de la précédente si ce n'est qu'elle a pour objet, cette fois, de rendre compte de la présence tout entière de l'intelligible dans le sensible tout entier. Tout comme pour l'Un relativement à la totalité des êtres qui viennent après lui, la présence de l'intelligible dans le sensible tout entier est une condition nécessaire de sa perfection :

> Si nous disons que cette nature [*i.e.* l'Intellect] est illimitée (ἄπειρον) – car elle n'est évidemment pas limitée (οὐ γὰρ δὴ πεπερασμένην) –, quelle autre raison y a-t-il à cela que le fait qu'elle ne fera pas défaut (ἢ ὅτι οὐκ ἐπιλείψει) ? Et si elle ne fait pas défaut, n'est-ce pas parce qu'elle est présente à chaque chose (ὅτι πάρεστιν ἑκάστῳ) ? Car si elle ne peut être présente, elle fera défaut et il y aura un

1. *Enn.* III 7 [45] 5, 23.
2. *Enn.* III 7 [45] 5, 24-25.
3. *Enn.* III 7 [45] 5, 26-28, traduction de E. Bréhier, modifiée.

endroit où elle ne se trouve pas (ἐπιλείψει τε καὶ ἔσται ὅπου οὔ), *Enn.* VI 5 [23] 4, 13-17.

L'intelligible doit être « partout », c'est-à-dire en *tout* ce qui vient après lui, sans quoi il faudrait poser qu'il y a au moins « un endroit » qui échappe à sa puissance. Or, si un tel « endroit » devait exister, l'intelligible serait convaincu d'imperfection, puisque, à lui seul, il ne suffirait pas à expliquer la totalité de la réalité sensible. Il *faut* donc que l'intelligible soit partout présent. Cette exigence ne va toutefois pas sans mal, car c'est une chose d'être partout présent, c'en est une autre d'être partout présent *totalement*. En effet, si la puissance de l'intelligible devait se voir fragmentée selon la multiplicité sensible, alors cette puissance serait certes présente dans toute la réalité sensible, mais seulement partiellement (par fragments) et non totalement. Qu'aurait encore de vénérable une telle puissance incapable de résister au morcellement du sensible ? Pour cette raison, la puissance de l'intelligible doit être dite « illimitée » également au sens où elle n'est pas limitée et fragmentée par les multiples portions du monde sensible. Or, cela n'est possible que parce qu'une telle puissance ne relève pas elle-même de l'ordre du sensible et n'est donc pas soumise aux limitations qui caractérisent les corps, en particulier la limitation quantitative. Il faut bien comprendre, explique Plotin, « que cette puissance n'est pas d'une certaine quantité (ὅτι μὴ ποσή) mais que, si on la divise à l'infini par la pensée (ἀλλ' εἰς ἄπειρον διαιρῶν τῇ διανοίᾳ), elle présente toujours la même puissance, d'une profondeur illimitée (ἀεὶ ἔχει δύναμιν τὴν αὐτὴν βυσσόθεν ἄπειρον) »[1]. La possibilité qu'il y a de diviser à l'infini la puissance intelligible en manifeste donc le caractère inépuisable : quelle que soit la multiplicité qu'il s'agit d'englober ou de régir, cette puissance demeure toujours sans défaut, tout entière présente.

Un problème, toutefois, demeure. Si l'intelligible est non seulement présent « partout » dans le sensible, mais également « totalement »[2], alors il faut en conclure, d'une part, qu'un même intelligible doit se retrouver partout dans le sensible (*i.e.* dans chaque partie du monde sensible) et, d'autre part, que chaque partie du monde sensible manifeste la totalité intelligible. Or, tel n'est manifestement pas le cas. Toutefois, explique Plotin, la responsabilité n'en incombe pas à l'intelligible, mais bien à la matière chargée d'en accueillir la puissance illimitée.

Prenons le premier cas de figure. Pourquoi, demande un interlocuteur anonyme, le triangle matériel ne se retrouve-t-il pas partout dans le sensible, si le triangle en soi est partout présent ? C'est que la matière du sensible, répond Plotin « ne s'applique pas totalement à tout (οὐ πᾶσα πρὸς πᾶν) »[3]. Comme il est dit dans le traité *Sur les deux matières*, la matière du sensible « acquiert toujours une forme et puis une autre (...) elle est toutes choses à tour de rôle et une seule chose à

1. *Enn.* VI 5 [23] 12, 4-5, traduction de R. Dufour, modifiée.

2. Sur la présence tout entière de l'intelligible dans le sensible, voir E.K. Emilsson, « L'ontologie de Plotin dans l'*Ennéade* VI. 4-5 », dans M. Dixsaut (éd.), *Contre Platon, I : Le platonisme dévoilé*, Paris, Vrin, 1993, p. 157-173.

3. *Enn.* VI 5 [23] 11, 35.

chaque fois »[1]. La matière du sensible est donc incapable de manifester, partout à la fois, un seul et même intelligible, puisqu'elle est censée les accueillir tous et qu'elle ne peut, de par sa nature, n'en recevoir qu'un à la fois.

La même explication est donnée pour le deuxième cas de figure : « l'illimitation intelligible est présente *tout entière* (πάσης μὲν παρούσης), mais n'est pas vue totalement en chaque chose (οὐ παντὶ δὲ πάσης ἐνορωμένης) en raison de l'impuissance du substrat (ἀδυναμίᾳ τοῦ ὑποκειμένου) »[2]. C'est que, la matière, par nature, ne peut manifester l'intelligible que sous la forme de corps sensibles, lesquels impliquent entre eux une séparation tant spatiale que temporelle. S'il est donc impossible que la totalité intelligible se manifeste, en acte, dans chaque partie du monde sensible, la responsabilité en revient à l'impuissance de la matière et non à une prétendue impuissance de l'intelligible lui-même[3].

En définitive, on constate que toutes ces acceptions de l'*apeiron* manifestent, de l'intelligible, un même caractère : sa totalité. Cette totalité se conjugue, si l'on peut dire, en deux temps : elle manifeste que le principe est *en toutes choses* (que ce soit dans chacun des intelligibles ou dans chacun des sensibles) et qu'il y est à chaque fois *totalement*. Ainsi entendu, l'*apeiron* sert, comme dans le cas de l'Un, à manifester la perfection de l'intelligible, lequel possède une puissance « infatigable et sans bornes »[4].

1. *Enn.* II 4 [12] 3, 9-12.

2. *Enn.* VI 5 [23] 11, 30-31, traduction de R. Dufour, modifiée.

3. Pour une discussion sur la capacité réceptive de la matière du sensible, on se rapportera au débat entre D.J. O'Meara et J.S. Lee : D.J. O'Meara, *Structures hiérarchiques dans la pensée de Plotin*, *op. cit.*, p. 59-60 ; J.S. Lee, « The Doctrine of Reception According to the Capacity of the Recipient in *Ennead* VI 4-5 », *Dionysius* 3, 1979, p. 79-97 ; D.J. O'Meara, « The problem of omnipresence in Plotinus' *Ennead* VI 4-5 : a reply », *Dionysius* 4, 1980, p. 61-74 et enfin J.S. Lee, « Omnipresence, Participation, and Eidetic Causation in Plotinus », dans R.B. Harris (éd.), *The Structure of Being*..., p. 90-103. Outre ces travaux, on consultera également l'article de K. Corrigan, « Body's approach to soul : an examination of a recurrent theme in the *Enneads* », *Dionysius* 9, 1985, p. 37-52.

4. Cf. *Enn.* VI 5 [23] 12, 8.

CHAPITRE VII

TOTALISATION ET PARTICULARISATION

Il n'est plus question désormais de douter de l'importance que revêt l'*apeiron* dans l'intelligible puisqu'il est, d'une part, ce qui assure une *multiplicité* à l'intelligible et, d'autre part, ce qui manifeste qu'une telle multiplicité s'est totalisée, c'est-à-dire unifiée en un tout *complet*. Pour autant, cet *apeiron* ne manifeste la multiplicité intelligible qu'à titre d'exigence, ou, dit autrement, de condition de possibilité : pour que l'intelligible vienne à l'être, il doit être *non* un, autre que l'Un, donc multiple. Et il en va également de même pour l'*apeiron* en tant qu'il manifeste la totalisation du multiple : pour que l'intelligible *soit*, il doit être total, donc non limité.

C'est de la conjonction de ces deux exigences, exigences propres à la σύνταξις de l'être, qu'apparaît le problème de la *particularisation intelligible*. En effet, l'exigence de multiplicité induit, dans l'intelligible, un mouvement de pluralisation interne par lequel l'être (ou l'Intellect, puisque celui-ci est identique à son objet [1]) passe *du tout à la partie*. Mais ce mouvement de particularisation répond également à l'exigence de totalisation et de complétude, puisque celle-ci implique que l'Intellect possède en lui-même l'intelligible jusque dans son ultime manifestation.

La question de la particularisation de l'intelligible est abordée par Plotin selon deux perspectives que l'on pourrait qualifier, sommairement, d'analytique et de génétique :

– selon la première, l'intelligible est appréhendé comme un ensemble qui, en fonction de la perspective adoptée, peut apparaître soit comme un tout en lequel se laisse voir la totalité des parties, soit comme une partie en laquelle se laisse voir le tout dont elle est partie.

– selon la seconde, l'intelligible est appréhendé par le prisme d'un mouvement processif qui va de l'intelligible total à l'intelligible partiel et où la particulari-

1. Cf. *infra*, p. 197-201.

sation est présentée comme une forme d'éloignement relativement au principe génératif. A travers cette seconde perspective, l'étude de ce que Plotin appelle l'*eskhaton eidos* nous mènera à mettre au jour une autre forme d'*apeiron*, cette fois négative, celle du manque et de la déficience comme conséquence de la procession intelligible.

TOUT ET PARTIES

Penser, pour l'Intellect, c'est penser le tout

On le sait, l'Intellect, pour être, doit contenir en lui la totalité des intelligibles. En ce sens, l'Intellect peut être compris comme un *tout* contenant une multiplicité de *parties*. Que l'une de ces parties vienne à manquer (en étant, par exemple, en dehors de l'Intellect) et l'Intellect, devenu incomplet, cessera d'être un tout.

Cette exigence d'être tout a pour première conséquence que l'Intellect ne peut *jamais seulement* être la pensée d'une chose particulière, mais doit toujours d'abord être pensée *totale* :

> Pour le dire autrement, l'Intellect n'est pas intellect de quelque chose en particulier (ὁ νοῦς οὐχ ἑνός τινος νοῦς), mais bien Intellect total (ἀλλὰ καὶ πᾶς). Et étant total, il est aussi Intellect de toutes choses (πᾶς δὲ ὢν καὶ πάντων), *Enn.* III 8 [30] 8, 40-42.

Etre, pour l'Intellect, c'est donc être non pas la pensée d'*une* chose (*i.e.* d'un intelligible particulier), mais *de toutes choses*. C'est à cette condition seulement que l'Intellect pourra être véritablement ce qu'il est, à savoir l'Intellect total. Toutefois, une telle condition ne va pas sans certaines difficultés. La principale peut se formuler de la manière suivante : pour qu'un tel Intellect existe, il ne faut pas seulement qu'il puisse penser tous les intelligibles ensemble, mais également qu'il puisse, le cas échéant, les penser *chacun séparément*. Si tel ne devait pas être le cas, il faudrait dire qu'aucune des parties de l'Intellect total n'est, proprement et singulièrement, intelligible, puisqu'aucune ne serait pensable en elle-même. Il en résulterait alors pour l'Intellect d'être un tout formé de parties inintelligibles. Pour éviter cette conséquence désastreuse, il est dès lors nécessaire de poser que l'Intellect non seulement pense tous les intelligibles, mais qu'il peut également les penser chacun séparément. Or, comment l'Intellect pourrait-il demeurer ce qu'il est, à savoir *total*, en pensant un objet singulier, fût-ce une idée ?

Plotin est parfaitement conscient de cette difficulté. Pour la résoudre, il s'attache, dans un premier temps, à expliquer comment nous devons nous figurer la multiplicité intelligible. Il en va, écrit-il, comme des multiples sciences contenues dans l'âme :

> Là-bas [*i.e.* dans l'Intellect], toutes choses sont ensemble et pourtant distinctes (πάντα δὲ ὁμοῦ ἐκεῖ καὶ οὐδὲν ἧττον διακεκριμένα). En effet, bien que l'âme aussi possède en elle-même plusieurs sciences ensemble, elle ne comporte pourtant aucune confusion (οὐδὲν ἔχει συγκεχυμένον). Chacune d'entre elles,

quand cela est nécessaire, accomplit la tâche qui lui est propre sans entraîner les autres avec elles (ἑκάστη πράττει τὸ αὑτῆς, ὅταν δέῃ, οὐ συνεφέλκουσα τὰς ἄλλας), *Enn.* V 9 [5] 6, 3-6, trad. F. Fronterotta, modifiée.

L'analogie de la science est très régulièrement utilisée, dans les *Ennéades*, pour expliquer la structure interne de l'intelligible [1]. Dans le cas présent, elle est invoquée par Plotin pour rendre compte du subtil équilibre existant entre unité et multiplicité intelligibles. Cet équilibre doit satisfaire aux deux exigences propres à la σύνταξις intelligible : d'une part, il faut que les multiples intelligibles forment un tout, ce qui suppose qu'ils soient tous mutuellement liés ; d'autre part, il faut que ces multiples intelligibles, en tant qu'intelligibles, soient pensables singulièrement, dans leur spécificité même. En somme, il faut pouvoir se figurer les multiples intelligibles comme à la fois liés et distincts. L'analogie de la science [2] nous permet effectivement de rendre compte de cette double exigence : d'une part, notre âme contient *ensemble* de multiples sciences ; d'autre part, il est possible, « lorsque cela est nécessaire », d'*actualiser* l'une ou l'autre de ces sciences, en fonction du type d'objet qu'il s'agit de connaître.

Il est donc concevable, comme nous conduit à le penser l'analogie des multiples sciences en l'âme, qu'il puisse exister un tout en lequel les parties soient à la fois ensemble et séparées. Or, si tel est déjà le cas de l'âme individuelle relativement aux multiples sciences qui sont en elles, cela n'en sera que plus vrai également pour l'Intellect, lequel, on le sait, manifeste une unité-multiple supérieure à celle de l'Ame. Aussi, écrit Plotin, « de la même manière et bien davantage encore (οὕτως οὖν καὶ πολὺ μᾶλλον), l'Intellect est toutes choses ensemble et, d'un autre côté, pas ensemble (ὁμοῦ πάντα καὶ αὖ οὐχ ὁμοῦ), car chacune d'entre elles est une puissance propre (ὅτι ἕκαστον δύναμις ἰδία) » [3]. Une telle assertion ne va toutefois pas sans difficulté : comment l'Intellect pourrait-il être une chose et son contraire ? N'est-ce pas là nier un principe logique fondamental, celui de non-contradiction ? Pas si l'on comprend que si l'Intellect est toutes choses « ensemble » et, d'un autre côté, « pas ensemble », c'est parce que, dans les deux cas, il n'est *pas* considéré *sous le même rapport* [4]. En effet, il

1. Cf. *Enn.* V 9 [5] 8, 2-8 ; *Enn.* IV 9 [8] 5, 12-26 ; *Enn.* VI 9 [9] 5, 18-20 ; *Enn.* III 9 [13] 2 ; *Enn.* IV 3 [27] 2, 50-55 ; *Enn.* VI 2 [43] 20, 3-10.

2. Cf. *Enn.* VI 9 [9] 5, 18-20 : « Dans les sciences, toutes les choses sont ensemble dans ce qui est sans partie (πάντων ἐν ἀμερεῖ ὄντων ὅμως ἐστίν) et pourtant chaque partie de la science est séparée des autres (ἕκαστον χωρὶς αὐτῶν) », traduction de P. Hadot, modifiée.

3. *Enn.* V 9 [5] 6, 7-9, traduction de F. Fronterotta, modifiée.

4. Le principe de non-contradiction, formulé par Aristote dans sa *Métaphysique*, rappelle en effet « qu'il est impossible que le même attribut appartienne et n'appartienne pas en même temps (τὸ γὰρ αὐτὸ ἅμα ὑπάρχειν τε καὶ μὴ ὑπάρχειν ἀδύνατον), au même sujet (τῷ αὐτῷ) et sous le même rapport (καὶ κατὰ τὸ αὐτό) » (Γ 3, 1005b19-20, traduction de J. Tricot ; une autre formulation de ce principe se trouve en Γ 6, 13-18). Pour qu'il y ait contradiction, il faut donc braver trois conditions différentes : que l'attribut soit identique dans les deux cas, que le sujet soit identique dans les deux cas, et que l'attribution se fasse sous le même rapport. Chez Plotin, la contradiction n'est qu'apparente car l'attribution positive puis négative de « toutes choses ensemble » à l'Intellect suppose chaque fois un

s'agit là de deux perspectives différentes ou, si l'on veut, de deux manifestations différentes d'une même réalité : l'Intellect « est toutes choses ensemble », au sens où il englobe la totalité des êtres intelligibles ; en revanche, comme nous le verrons dans l'étude du chapitre 20 du traité VI 2 [43], il « n'est pas toutes choses ensemble » parce que chaque intelligible, par la particularisation qui est la sienne (laquelle en fait une partie ou une espèce de l'Intellect total), constitue une puissance particulière irréductible et donc autre.

Dans cette perspective, il est dès lors possible de franchir une étape supplémentaire et d'entrevoir la solution que Plotin va donner à l'aporie exposée plus haut : puisque les intelligibles sont à la fois distincts et non distincts, l'Intellect peut les penser chacun séparément et, *dans le même mouvement*, les penser tous ensemble. Cela n'est toutefois possible que si l'on accorde à chaque intelligible particulier d'être ce qu'il est en propre (*i.e.* ce par quoi il se distingue des autres intelligibles) et, *en même temps*, d'être la totalité des intelligibles qui composent l'Intellect :

> Il faut donc, puisque l'Intellect est tous les êtres et <pensée> de toutes choses (δεῖ οὖν αὐτὸν πάντα ὄντα καὶ πάντων), *que chacune de ses parties soit tout et possède toutes choses* (τὸ μέρος αὐτοῦ ἔχειν πᾶν καὶ πάντα) ; sinon, l'Intellect aura une partie qui ne sera pas un intellect et sera composée de parties qui ne sont pas des intellects (εἰ δὲ μή, ἕξει τι μέρος οὐ νοῦν, καὶ συγκείσεται ἐξ οὐ νῶν) ; il sera un amas de choses amassées qui attend, pour devenir Intellect, d'être fait de toutes choses (καὶ σωρός τις συμφορητὸς ἔσται ἀναμένων τὸ γενέσθαι νοῦς ἐκ πάντων), *Enn.* III 8 [30] 8, 42-45.

Si l'Intellect est un tout composé de parties, il n'est pas pour autant réductible à un « tas » ou un « amas » (σωρός), c'est-à-dire au résultat d'un processus d'accumulation et d'addition de parties qui, à un moment, aurait formé un tout. Cette vision quantitative ou collective du tout demeure insuffisante à rendre compte adéquatement de ce qu'est l'Intellect. La raison en est qu'il doit exister une *transitivité* entre l'Intellect total et ses multiples parties : celles-ci ne sont pas seulement les parties de l'Intellect, mais également des intellects à part entière [1]. En ce sens, le rapport du tout aux parties, dans l'Intellect, s'éclaire si on l'envisage comme celui d'un genre relativement à ses espèces. Bien qu'il ne le fasse pas ici explicitement, le rapprochement de la relation tout/partie avec celle du genre/espèce est souvent opérée par Plotin dans les *Ennéades*. L'exemple le plus flagrant est donné, nous le verrons [2], dans le traité VI 2 [43]. Ailleurs, dans son

changement de perspective, lequel, en grec, est manifesté par la particule αὖ (on retrouve cette même particule dans un texte similaire que nous analyserons plus loin : *Enn.* V 8 [31] 9, 19-22).

1. *Cf.* A.H. Armstrong, « The Plotinian doctrine of ΝΟΥΣ in Partistic theology », *Vigiliae Christianae* 8, 1954, p. 237 : « Dans le Νοῦς, les intellects individuels ne sont pas additionnés pour faire le tout ; nous *sommes* chacun d'entre nous le tout, et cependant si chacun d'entre nous n'était pas là dans son individualité distincte le tout ne serait pas complet, il lui manquerait une partie nécessaire de sa riche diversité ».

2. Cf. *infra*, p. 227-239.

traité *Sur l'Intellect, les idées et l'être*, il écrit : « l'Intellect total contient <toutes choses> comme un genre contient ses espèces et un tout ses parties (ὁ δὲ πᾶς νοῦς περιέχει ὥσπερ γένος εἴδη καὶ ὥσπερ ὅλον μέρη) » [1]. Dans le cas présent, ce rapprochement nous permet de comprendre que de même qu'une espèce est pleinement constituée par le genre sous lequel elle est subsumée et la différence qui la spécifie, de même chaque partie de l'Intellect doit manifester à la fois l'universalité qui lui vient de l'Intellect et la singularité qui lui vient de la différence qui la spécifie. En conséquence, si l'Intellect est défini comme étant « tous les êtres et <pensée> de toutes choses », alors il est nécessaire que cette définition puisse également s'attribuer à chacune de ses parties, prises comme espèces : chaque intelligible sera dès lors également Intellect à part entière, à savoir un tout possédant « toutes choses » [2].

L'aporie de départ est ainsi résolue [3]. L'Intellect peut demeurer ce qu'il est, à savoir total, même lorsqu'il pense tel ou tel intelligible particulier, puisque chaque intelligible est lui-même un tout comprenant la totalité des intelligibles [4]. L'Intellect demeure donc total partout et en toute circonstance et il ne faut pas croire qu'il se coupe de la totalité de ce qu'il contient lorsqu'il prend pour objet un intelligible particulier.

Ces développements sur la nature de l'Intellect total nous permettent de mettre au jour une première ébauche de ce qu'il en est de la particularisation intelligible.

1. Cf. *Enn.* V 9 [5] 6, 9-10.

2. Cf. *Enn.* V 9 [5] 8, 1-3 : « Si donc la pensée est pensée d'une chose intérieure, cette chose intérieure est une spécificité et c'est là l'idée (εἰ οὖν ἡ νόησις ἐνόντος, ἐκεῖνο τὸ εἶδος τὸ ἐνον· καὶ ἡ ἰδέα αὕτη). Qu'est-ce donc que l'idée ? C'est un intellect et une essence intellectuelle (νοῦς καὶ ἡ νοερὰ οὐσία) ; chaque idée n'est pas autre chose que l'Intellect, mais chacune est l'Intellect (οὐχ ἑτέρα τοῦ νοῦ ἑκάστη ἰδέα, ἀλλ' ἑκάστη νοῦς) ». Sur ce point, *cf.* E.K. Emilsson, « Plotinus on the object of thought », *Archiv für Geschichte der Philosophie* 77, 1995, p. 21.

3. On soulignera ici que ce qui permet proprement de résoudre l'aporie de départ, c'est certes le fait que le genre soit *tout entier* dans chacune de ses espèces, mais c'est également le fait que le genre, chez Plotin, soit compris comme la *totalité* de ses espèces – il en est, on le verra, la puissance génératrice. Autrement dit, une telle solution n'est valable que pour un système de pensée qui conçoit le genre comme étant plus riche que ses espèces et non pas, comme chez Aristote par exemple, plus pauvre qu'elles.

4. *Cf.* le commentaire de D. Roloff, *Plotin. Die Gross-schrift III, 8 – V, 8 – V, 5 – II, 9*, « Untersuchungen zur antiken Literatur und Geschichte », Berlin, De Gruyter, 1970, p. 22 : « Les actes de pensée individuels (*Einzeldenkakte*) ne sont nullement des intellects individuels (*Einzelgeiste*), sans quoi l'Intellect dans son ensemble se verrait divisé en parties, lesquelles – dès lors que l'Intellect signifie fondamentalement Intellect total (*wenn Geist grundsätzlich Gesmtgeist bedeutet*) – seraient chaque fois des non intellects (*Nichtgeist*). Cela apparaît pourtant impossible, de sorte qu'il faut que par chaque acte de pensée individuel, en lequel l'Intellect pense un contenu particulier, soit en même temps pensé tout le contenu restant [*i.e.* la totalité des idées] ». Voir également A.H. Armstrong, *L'architecture de l'univers intelligible dans la philosophie de Plotin. Une étude analytique et historique*, Ottawa, édition de l'Université d'Ottawa, 1984, p. 107-108 (désormais cité A.H. Armstrong, *L'architecture de l'univers intelligible*...), ainsi que J. Trouillard, « La présence de Dieu selon Plotin », art. cit., p. 38-45 (« Chez Plotin, l'intelligible le plus pauvre contient la totalité des idées, car dans le νοῦς chaque partie est totale », p. 42, ou encore, « Une pensée partielle ne cesse jamais d'être implicitement totale, sinon elle ne serait plus une pensée », p. 44) et, du même auteur, « La genèse du plotinisme », *Revue philosophique de Louvain* 53, 1955, p. 477-478.

Cette particularisation ne doit pas être comprise comme une forme de limitation ou de diminution de l'Intellect. Tout au contraire, écrit Plotin, elle en manifeste, dans sa production même, le caractère *illimité* :

> C'est pourquoi l'Intellect est illimité (ἄπειρος) et, lorsqu'une chose vient de lui [sc. un intellect particulier] (εἴ τι ἀπ' αὐτοῦ), il n'y a pas de diminution (οὐκ ἠλάττωται), ni de la chose qui vient de lui, puisque cette chose est elle-même également toutes choses (οὔτε τὸ ἀπ' αὐτοῦ, ὅτι πάντα καὶ αὐτό), ni de cela d'où vient cette chose [sc. l'Intellect total], puisque l'Intellect n'est pas une composition faite de parties (οὔτε ἐκεῖνος ὁ ἐξ οὗ, ὅτι μὴ σύνθεσις ἦν ἐκ μορίων), *Enn.* III 8 [30] 8, 46-48.

La particularisation ne constitue pas une *diminution* de l'Intellect total car elle en est un élément constitutif: nul Intellect total sans une multiplicité d'intelligibles, et nul intelligible sans particularisation. On ne pourrait la comprendre comme une forme de diminution que si on se la représentait comme un phénomène séparé et postérieur: il y aurait d'abord l'Intellect total, *puis* les intellects particuliers[1].

Comprise comme phénomène inhérent à l'Intellect total en tant que tel, la particularisation ne peut dès lors nullement être entendue comme une forme de diminution, que cette diminution porte (1) sur les intelligibles particuliers ou (2) sur l'Intellect total.

(1) Dans le premier cas, la particularisation ne mène pas à produire des intelligibles particuliers totalement séparés du tout dont ils sont pourtant les parties; au contraire, écrit Plotin, « ce qui vient de l'Intellect total » est, lui aussi, *toutes choses* (*panta*); le fait d'advenir comme intelligible particulier n'implique pas l'abolition de tout rapport avec l'universel puisque chaque intelligible, du fait qu'il est un intellect, demeure le tout; la singularité propre aux intelligibles n'entraîne donc pas leur atomisation et l'on comprend à nouveau pourquoi Plotin, comme nous l'avons vu dans le chapitre précédent[2], refuse de faire de l'idée quelque chose qui ne serait qu'un (une unité sans parties).

(2) Quant à l'Intellect total, la production de la multiplicité des intelligibles particuliers ne cause nulle diminution en lui puisqu'il n'est pas, nous dit Plotin, « une composition faite de parties ». Si tel était le cas, il faudrait alors penser que l'Intellect, à l'instar d'un « tas »[3], n'advient comme Intellect que lorsque toutes les parties qui le composent sont rassemblées. Or, Plotin juge insuffisante une telle conception de l'Intellect puisqu'elle ne permet pas de rendre compte de la singularité des parties. Dans un tas, en effet, les parties ne sont prises en considération qu'en tant qu'elles forment un tout selon une juxtaposition sans aucune forme d'intégration. Nul égard n'est porté aussi bien à ce qui fait leur

1. Cette perspective, que Plotin adopte également dans certains passages, sera analysée dans la deuxième partie de ce chapitre : cf. *infra*, p. 263-278.

2. Cf. *supra*, p. 201-205.

3. Cf. *Enn.* III 8 [30] 8, 44 : σωρός.

spécificité (*i.e.* ce par quoi elles se distinguent) qu'à ce qui fait leur unité. Dès lors, puisque le tout ne se manifeste que par l'amas des parties, la considération isolée d'une ou de quelques parties équivaut simultanément à une forme de diminution. Dans l'Intellect, au contraire, le tout se manifeste aussi bien à travers la considération de la totalité des parties qu'à travers celle d'une seule puisqu'il se trouve pleinement présent en chaque partie; la particularisation n'en constitue donc pas une forme de diminution; elle est plutôt une des manifestations par lesquelles peut se faire voir le tout. Le tout et les parties s'y équivalent.

Deux manifestations du tout : l'universel et le particulier

Dans le traité VI 2 [43], après avoir mis au jour les genres premiers de l'être que sont l'être, le mouvement, le repos, le même et l'autre, Plotin cherche à en montrer l'exhaustivité. A cette fin, il examine le cas de l'Intellect : peut-on dire de l'Intellect qu'il est un genre premier de l'être ?

> L'Intellect, comme il est l'être en tant que pensant et ce qui est composé de tous <les genres> (ὁ δὲ νοῦς ὄν νοοῦν καὶ σύνθετον ἐκ πάντων), n'est pas lui-même l'un des genres (οὐχ ἕν τι τῶν γενῶν). Et le véritable Intellect est l'être avec toutes choses, c'est-à-dire est déjà tous les êtres (καὶ ἔστιν ὁ ἀληθινὸς νοῦς ὂν μετὰ πάντων καὶ ἤδη πάντα τὰ ὄντα), tandis que l'être pris isolément, comme genre, n'en est qu'un élément (τὸ δὲ ὂν ψιλὸν εἰς γένος λαμβανόμενον στοιχεῖον αὐτοῦ), *Enn.* VI 2 [43] 18, 12-15.

Si l'on examine attentivement ce passage, on constate que Plotin y soutient deux définitions différentes de l'Intellect : (1) l'Intellect est « ce qui est composé de tous <les genres premiers> (σύνθετον ἐκ πάντων) » ; (2) l'Intellect est « l'être avec toutes choses (ὂν μετὰ πάντων) », c'est-à-dire avec tous les intelligibles particuliers.

(1) Dans le premier énoncé, l'Intellect est défini comme « l'être en tant que pensant (ὂν νοοῦν) », c'est-à-dire non pas seulement l'être pris comme genre particulier (à savoir, le genre « être »), mais l'être en acte, donc l'être en tant qu'il met en jeu la totalité des genres premiers. L'Intellect est, par conséquent, compris comme « ce qui est composé de tous les <genres premiers> » [1].

1. Je me rallie ici aux traductions proposées, d'une part, par A.H. Armstrong (« But Intellect, since it is being as intelligent and a composite of all [the genera] ») et, d'autre part, par R. Beutler et W. Theiler (« Der Geist aber als ein denkendes Seiendes und aus allen Klassen Zusammengesetztes »). E. Bréhier, en revanche, traduit le segment **σύνθετον ἐκ πάντων** par « il [sc. l'Intellect] est composée de tous les êtres ». Cette traduction va dès lors dans le sens d'une harmonisation : notre passage ne donnerait pas deux définitions différentes de l'Intellect, mais une seule, à savoir que l'Intellect est ce qui est composé *de tous les êtres*, entendez de tous les intelligibles particuliers. Cette traduction ne me paraît toutefois pas tenable. Le but de Plotin est de montrer qu'il est possible d'envisager l'Intellect selon deux perspectives différentes : soit, à un niveau générique ou universel (celui des genres premiers), soit à un niveau spécifique ou particulier, celui des idées singulières, lesquelles sont engendrées par le concours des genres premiers. Aussi paraît-il nécessaire de comprendre le segment **σύνθετον ἐκ πάντων** comme référant à la totalité des genres (donc, au niveau universel) et non à la totalité des êtres (ou niveau du particulier). Cette référence peut également être

(2) Dans le second énoncé, l'Intellect est défini comme « l'être avec tous les êtres (ὂν μετὰ πάντων) », c'est-à-dire ce qui comprend *déjà* (*cf.* ἤδη) la totalité des intelligibles particuliers (*cf.* πάντα τὰ ὄντα), lesquels en sont comme les parties ou espèces.

Ces deux définitions sont reprises, cette fois sous une forme aporétique, au chapitre suivant :

> (1) Puisque nous avons dit[1] que tout Intellect est fait de tous les êtres (ἐπεὶ δὲ ἔφαμεν τὸ ἐκ πάντων τῶν ὄντων νοῦν εἶναι ἕκαστον) et (2) que nous avons posé[2] que l'être (ou[3] l'essence) antérieur à toutes choses comprises comme espèces ou parties, c'est l'Intellect (πρὸ δὲ πάντων ὡς εἰδῶν καὶ μερῶν τὸ ὂν καὶ τὴν οὐσίαν τιθέμεθα νοῦν εἶναι), (3) nous disons, dès lors, que cet Intellect est postérieur (τὸν ἤδη νοῦν ὕστερον λέγομεν εἶναι), *Enn.* VI 2 [43] 19, 18-21.

La structure du passage est celle d'une démonstration dont les deux prémisses reprennent les deux définitions de l'Intellect données plus haut :

– s'il est vrai que tout Intellect est « fait de tous les êtres (ἐκ πάντων τῶν ὄντων) », c'est-à-dire composé de tous les intelligibles particuliers pris comme parties ou espèces ;

– et si, en un autre sens, on peut dire que l'Intellect n'est pas autre chose que « l'être ou l'essence », entendez la totalité des genres de l'être qui, en tant que *principes*, sont « *antérieurs* à toutes choses [*sc.* idées] comprises comme espèces ou parties » ;

– alors il s'ensuit que cet Intellect, que l'on vient de poser comme antérieur aux intelligibles particuliers, leur est également postérieur, puisqu'il a été défini, dans la première prémisse, comme ce qui est composé de tous les intelligibles.

Les deux définitions de l'Intellect, reprises ici par les deux prémisses de l'argument, apparaissent ainsi, *in fine*, contradictoires puisqu'elles mènent à envisager l'Intellect comme à la fois antérieur et postérieur aux intelligibles particuliers. En vérité, comme va tenter de l'expliquer Plotin au chapitre suivant, ces deux définitions sont toutes deux valables mais doivent être entendues comme deux perspectives différentes sur l'intelligible : par l'une, que l'on peut appeler générique ou universelle, la totalité des intelligibles est envisagée à l'état indistinct et non encore actualisé ; par l'autre, que l'on appellera spécifique ou particulière, les intelligibles sont compris comme actualisés et mutuellement distincts. La question est de savoir comment la multiplicité des intelligibles peut préexister au niveau universel à l'état indistinct et comment, en procédant et en

établie au regard de ce qui est dit au chapitre 19. Dans ce chapitre, en effet, le segment σύνθετον ἐκ πάντων réapparaît sous la forme simplifiée de ἐκ πάντων (l. 10), dans un contexte qui est clairement celui des genres premiers.

1. Cf. *Enn.* VI 2 [43] 18, 13-15.

2. Cf. *Enn.* VI 2 [43] 18, 12-13.

3. J'interprète le *kai* comme epexégétique : l'Etre, écrit Plotin, est identique à l'Intellect, au sens où il est l'essence et donc comprend la totalité des cinq genres premiers que sont l'être, le mouvement, le repos, etc. Sur l'identification entre l'*ousia* et les cinq genres premiers, voir *Enn.* II 6 [17] 1, 1-5.

actualisant ses différences, chaque intelligible peut continuer à être, en quelque manière, le tout. La difficulté n'est pas mince, aussi, comme Plotin nous y invite, « rendons cette aporie profitable à notre recherche (ταύτην τὴν ἀπορίαν χρήσιμον πρὸς τὸ ζητούμενον ποιησώμεθα) et utilisons-la comme un paradigme pour nous amener à une meilleure connaissance des choses jusqu'à présent dites (καὶ οἷον παραδείγματι χρησάμενοι εἰς γνῶσιν τῶν λεγομένων αὐτοὺς ἐμβιβάζωμεν) »[1].

Commençons par récapituler les points suivant. Nous savons que l'Intellect est fait d'une multiplicité d'intelligibles qui constituent autant d'intellects particuliers. En ce sens, l'Intellect peut être compris comme un tout composé de parties. Dans cette relation, il importe de bien distinguer entre le niveau universel et le niveau particulier : le niveau universel est celui de l'Intellect total compris comme principe générateur des multiples intellects particuliers ; le niveau particulier est celui des multiples intellects particuliers compris comme intellects engendrés. Que l'Intellect total soit le principe productif des multiples intellects particuliers s'explique du fait qu'il a été défini comme « ce qui est composé de la totalité des <genres premiers> ». En ce sens, l'Intellect total représente le niveau générique de l'intelligible, là où la totalité des intellects particuliers (*i.e.* les espèces)[2] trouvent leur source. En tant que *principe* des multiples intellects, l'Intellect total ne peut dès lors lui-même se confondre avec l'un d'entre eux. C'est ce que Plotin affirme au début du chapitre 20 :

> Comprenons donc que l'Intellect est ce qui ne s'attache à rien en particulier ni n'agit à propos de choses partielles quelles qu'elles soient (λάβωμεν οὖν τὸν μὲν εἶναι νοῦν οὐδὲν ἐφαπτόμενον τῶν ἐν μέρει οὐδ' ἐνεργοῦντα περὶ ὁτιοῦν), afin qu'il ne devienne pas un intellect déterminé (ἵνα μή τις νοῦς γίγνοιτο), *Enn.* VI 2 [43] 20, 1-3.

En affirmant que l'Intellect (entendez : l'Intellect total) « ne s'attache à rien en particulier ni n'agit à propos de choses partielles quelles qu'elles soient », Plotin ne veut pas, ici, simplement rappeler que l'Intellect est pensée du tout et de toutes choses, car nous savons désormais que le tout peut être pensé également par la considération d'une seule de ses parties. Si l'Intellect n'est pas l'intellect d'un objet particulier (*i.e.* telle ou telle idée), c'est que, en tant que *tout*, il ne peut lui-même être rangé au niveau de ses parties et être lui-même une partie.

Il est intéressant de constater que le même raisonnement est appliqué par Plotin à l'Ame. Au début de son premier traité concernant les *Difficultés relatives à l'âme* (*Enn.* IV 3 [27]), Plotin examine la doctrine – stoïcienne[3] ? – selon

1. *Enn.* VI 2 [43] 19, 21-23.

2. Les expressions « <niveau> générique » et « <niveau> spécifique » seront désormais comprises comme synonymes à celles, respectivement, de « <niveau> universel » et « <niveau> particulier ».

3. Diogène Laërce rapporte en effet que, selon les stoïciens, l'âme de l'univers est « cette âme dont sont des parties les âmes qui sont dans les êtres vivants » (*Vies et doctrines des philosophes*

laquelle chaque âme individuelle serait une partie de l'âme de l'univers. Si les stoïciens soutiennent une telle thèse, explique Plotin, c'est parce qu'ils pensent que les âmes individuelles sont génériquement semblables[1] à l'âme de l'univers, tout comme, selon eux, « des parties sont génériquement semblables aux touts dont elles sont les parties (εἶναι γὰρ ὁμοειδῆ καὶ τὰ μέρη τοῖς ὅλοις) »[2]. Or, pour Plotin, comme le commente G.M. Gurtler, les choses qui sont génériquement semblables sont celles « qui participent à un genre commun »[3]. Aussi est-il plus juste, poursuit Plotin, d'affirmer que si les âmes individuelles et celle de l'univers sont *homoeidè*, c'est parce qu'elles dérivent d'un principe unique qui est, pour elles, comme un genre. Mais ne pourrait-on pas également penser que les multiples âmes individuelles soient les espèces de l'âme de l'univers ? Non pas, puisque, précisément, le caractère *homoeidès* ne s'applique qu'entre les espèces et non entre les espèces et leur genre. Si donc les âmes individuelles et l'âme de l'univers sont génériquement semblables, c'est qu'elles forment, toutes ensemble, les espèces d'un même genre, genre qui ne leur est pas *homoeidès*. Pour autant, ce genre doit lui-même être une *âme* puisque c'est par ce caractère commun que l'on peut affirmer des âmes individuelles et de l'âme de l'univers qu'elles sont des âmes. Le raisonnement nous conduit ainsi à affirmer qu'il doit exister, à titre de genre, une Ame unique qui ne soit toutefois pas *homoeidès* aux âmes individuelles et à l'âme de l'univers. Que sera alors une telle âme ? Pour Plotin, ce qui fait que les âmes spécifiques sont génériquement semblables, c'est « qu'elles s'attachent (ἐφάπτεσθαι) »[4] à un objet déterminé, à savoir un corps. Ces âmes ne sont donc jamais envisagées absolument comme âmes, mais toujours seulement relativement : elles sont toutes l'âme *de quelque chose*. Étant âmes de quelque chose, elles sont déterminées par cette relation même et deviennent des âmes particulières. Par conséquent, l'Ame générique, puisqu'elle ne peut être elle-même *homoeidès*, « ne sera en aucune manière l'âme de quoi que soit (μὴ

illustres, VII 156, fin). Voir également *SVF* 1.495 et 2.774. Toutefois, il semble bien qu'une telle thèse ait également été prônée par les gnostiques (*cf.* H. Jonas, « The soul in gnosticism and Plotinus », dans *Le Néoplatonisme*, *op. cit.*, p. 49).

1. Cf. *Enn.* IV 3 [27] 1, 22 et 2, 1 : ὁμοειδῆ. Il apparaît clairement, dans ce texte, que Plotin entend ὁμοειδῆ non pas, littéralement, au sens de « spécifiquement » semblable, mais bien au sens de « génériquement » semblable. Cette acception particulière remonte à Aristote lui-même, même si c'est précisément celui-ci qui, le premier, distingua entre une identité « spécifique » et une identité « générique ». Cf. *Topiques* A, 7, 103b10-14 et E, 4, 133b1-2.

2. *Enn.* IV 3 [27] 1, 22.

3. G.M. Gurtler, *Plotinus. The Experience of Unity*, New York–Berne–Francfort–Paris, P. Lang, 1989, p. 24 (désormais cité G.M. Gurtler, *Plotinus…*). Sur l'*homoeides*, voir également C. Steel, *The Changing Self…*, *op. cit.*, p. 28 et W. Helleman-Elgersma, *Soul-Sisters…*, *op. cit.*, p. 212-213.

4. *Enn.* IV 3 [27] 1, 2. Même verbe que celui utilisé par Plotin en *Enn.* VI 2 [43] 20, 1, à propos de l'Intellect. Comme l'écrit très justement J. Trouillard, « La présence de Dieu selon Plotin », art. cit. : « ce ne sont pas les corps qui diversifient les âmes (VI. 4. 4, 37-39), c'est l'attachement au corps qui "fragmente", au sens péjoratif, l'unité des âmes. IV 8. 4, 14. Et encore cette déchéance ne peut-elle affecter une âme individuelle tout entière, briser son rapport à l'esprit et son universalité. IV 8. 8. » (p. 43).

τινός ἐστιν ὅλως) »[1]. S'il faut parler, comme le font les stoïciens, en termes de tout et de parties, on dira alors, conclut Plotin, que « l'Ame totale (ἡ ὅλη), dont les parties sont <l'âme de l'univers et les âmes individuelles>, n'est pas l'âme de quoi que ce soit (οὐκ... ἔσται τινός), mais est âme par elle-même (ἀλλὰ αὐτὴ ἀφ' ἑαυτῆς) : elle ne sera donc même pas l'âme du monde, puisque celle-ci est une âme déterminée et fait partie des âmes particulières (οὐ τοίνυν οὐδὲ τοῦ κόσμου, ἀλλά τις καὶ αὕτη τῶν ἐν μέρει) »[2].

Lorsque, au début du chapitre 20 du traité VI 2 [43], Plotin affirme de l'Intellect qu'il est « ce qui ne s'attache à rien en particulier ni n'agit à propos de choses partielles quelles qu'elles soient », il entend donc préserver l'Intellect d'être confondu avec un intellect « particulier » (τὶς νοῦς) ou « partiel » (ἐν μέρει)[3] : à la différence d'un intellect particulier qui n'est, lui, que la pensée de tel ou tel intelligible (par exemple, de l'idée de justice ou de l'idée d'homme) et qui est déterminé par cette relation (en devenant pensée *de* la justice ou pensée *de* l'homme), l'Intellect total n'est la pensée d'aucun intelligible particulier et n'est donc pas un intellect déterminé[4].

Pour expliquer le rapport existant entre l'Intellect total et les intellects particulières, Plotin recourt une nouvelle fois à l'analogie de la science :

> Il en va comme de la science, qui est antérieure aux espèces partielles de sciences (ὥσπερ ἐπιστήμη πρὸ τῶν ἐν μέρει εἰδῶν), et comme de la science spécifique, qui est antérieure aux sciences partielles qui sont en elle (καὶ ἡ ἐν εἴδει δὲ ἐπιστήμη πρὸ τῶν ἐν αὐτῇ μερῶν), *Enn.* VI 2 [43] 20, 3-4.

L'*antériorité* dont il est ici fait mention doit être comprise comme l'antériorité logique qui distingue le principe de ce dont il est le principe : il faut qu'il y ait d'abord une science totale pour que puissent venir ensuite au jour des sciences spécifiques, tout comme il faut que préexiste une âme, à titre de tout ou de genre, pour que puissent être engendrées les âmes partielles ou spécifiques. Appliquée à l'Intellect, cette antériorité fait rappel de ce qui a été dit à la fin du chapitre 19 : « l'être (ou l'essence), qui est *antérieur* à toutes choses comprises comme espèces ou parties (πρὸ δὲ πάντων ὡς εἰδῶν καὶ μερῶν), est l'Intellect ».

Cette antériorité logique a également pour but de nous montrer que la distinction entre Intellect total et intellect partiel recouvre une distinction entre deux modes d'être, l'un universel, l'autre particulier :

1. *Enn.* IV 3 [27] 2, 9. *Cf.* M. Andolfo, *L'ipostasi della psyche…*, *op. cit.*, p. 31.

2. *Enn.* IV 3 [27] 2, 55-57.

3. Chez Plotin, une âme, un intellect ou une science sera dit « partiel (ἐν μέρει) » s'il n'est en acte qu'*une seule* chose, à la différence de l'Ame, de l'Intellect ou de la Science appelé « total » parce qu'il est en acte *toutes* choses. Le qualificatif de « partiel » signifie donc, d'une chose, qu'elle n'est (en acte) qu'une partie du tout auquel elle appartient. Par conséquent, chez Plotin, le qualificatif de « partiel » est compris comme analogue à celui de « particulier (καθ' ἕκαστον) » : un intellect « partiel », par exemple, est un intellect qui n'est pas « universel », καθόλου, c'est-à-dire, littéralement, qui n'est pas « selon le tout ».

4. On trouve une affirmation similaire en *Enn.* V 5 [32] 3, 1-3 et en *Enn.* VI 7 [38] 33, 4-7. Sur ce dernier passage, cf. *supra*, p. 39-40.

(1) Toute science spécifique, n'étant aucune des sciences partielles <qui sont en elle>, est la puissance de toutes ces sciences partielles (πᾶσα μὲν οὐδὲν τῶν ἐν μέρει δύναμις πάντων)[1], tandis que chaque science partielle est en acte ce qu'elle est et en puissance toutes les sciences <partielles> (ἕκαστον δὲ ἐνεργείᾳ ἐκεῖνο, καὶ δυνάμει δὲ πάντα); (2) et il en va de même pour la science universelle (καὶ ἐπὶ τῆς καθόλου ὡσαύτως·) : les sciences spécifiques, qui reposent en puissance dans la science totale, celles donc qui saisissent un objet spécifique, sont en puissance la science totale (αἱ μὲν ἐν εἴδει, αἳ ἐν τῇ ὅλῃ δυνάμει κεῖνται, αἳ δὴ τὸ ἐν εἴδει λαβοῦσαι δυνάμει εἰσὶν ἡ ὅλη·); en effet, c'est le tout de la science qui est prédiqué, pas une portion du tout et, cependant, il faut que la science totale reste intacte en elle-même (κατηγορεῖται γὰρ ἡ πᾶσα, οὐ μόριον τῆς πάσης· αὐτήν γε μὴν δεῖ ἀκέραιον ἐφ' ἑαυτῆς εἶναι), *Enn.* VI 2 [43] 20, 4-10.

Dans son explication, Plotin commence par réaffirmer un axiome fondamental de sa pensée, à savoir que dans l'intelligible, le tout est la puissance de ses parties. Dans le cas présent, cet axiome est appliqué, dans un premier temps, à la science spécifique relativement aux sciences partielles qui sont comprises sous elle, puis, par analogie, à la science universelle relativement aux sciences spécifiques qui sont en elle.

(1) Si la science spécifique est la puissance des sciences partielles, c'est au sens où elle en est la puissance productrice : elle les engendre en leur conférant, à toutes, le caractère d'être une science – nous verrons, au point (2), ce qu'implique un tel caractère. Quant aux sciences partielles, que l'on peut identifier à des théorèmes, elles sont en acte ce qu'elles sont et en puissance la totalité des sciences partielles qui composent la science spécifique[2]. En introduisant la distinction conceptuelle « en puissance »/« en acte », Plotin entend montrer, ici, qu'un intelligible particulier peut être à la fois ce qu'il est, à savoir partiel (il est

1. Ce segment a suscité des traductions fort diverses. La principale difficulté concerne la référence du πᾶσα. Pour E. Bréhier, il désigne la « science universelle ». Pour Armstrong, Beutler-Theiler et Gurtler, il renvoie plutôt à « chaque sorte de science » ou « chaque science spécifique ». Toutefois, dans ce dernier cas, l'interprétation globale du segment diffère : selon Armstrong et Beutler-Theiler, il faut comprendre que chaque science spécifique n'est aucune des sciences partielles qu'elle contient en elle mais en est, bien plutôt, la puissance [« for every body of knowledge is none of its partial contents but the potentiality of all of them » ; « jede Wissenschaft ist keiner ihrer Teilgehalte, sie ist das Vermögen zu ihnen allen »] ; selon Gurtler, en revanche, Plotin entend signifier que chaque science spécifique ne peut nullement être comprise comme la puissance de toutes les autres sciences spécifiques (*i.e.* de toutes les autres sciences qui sont de même niveau qu'elle) [« every <specific knowledge> is not at all a potentiality of all the partial species »]. A une relation verticale qui va de la science spécifique aux sciences particulières comprises sous elle, Gurtler oppose ainsi une relation horizontale entre sciences spécifiques de même niveau. *Cf.* G.M. Gurtler, *Plotinus...*, *op. cit.*, p. 32 et « The origin of genera. *Ennead* VI 2 [43] 20 », *Dionysius* 12, 1988, p. 6. Il me semble toutefois plus naturel de penser que Plotin entende poser, en premier lieu, l'axiome à l'aune duquel il va déployer son argumentation. Cet axiome, que l'on retrouve régulièrement dans les *Ennéades*, affirme que le tout est la puissance (au sens de puissance génératrice) de ses parties.

2. Voir également *Enn.* III 9 [13] 2, 3 : « chaque théorème contient en puissance la science totale (ἔχει δὲ ἕκαστον δυνάμει τὸ ὅλον) ».

alors dit « en acte » ce qu'il est), sans pour autant être coupé de tout rapport avec la totalité (il est cette totalité, mais pas « en acte », seulement en puissance).

(2) Cette fois, l'accent est d'abord mis sur la présence des sciences spécifiques dans la science totale : les sciences spécifiques sont *déjà* présentes, dans la science universelle, avant même d'être proprement « actualisées ». Ce que Plotin veut ici nous signifier, c'est que la science universelle pré-contient en elle la multiplicité des sciences spécifiques dont elle est la puissance. C'est pour cette raison que les multiples sciences spécifiques « reposent » dans la science universelle : si elles y reposent, c'est parce que, à ce niveau, elles ne « s'attachent » pas encore à un objet en particulier; elles ne sont donc pas *en acte* puisqu'elles sont « détachées » de l'objet spécifique duquel il leur a été donné d'être la science; pour autant, elles existent déjà bel et bien, mais seulement « en puissance » : elles sont là, « disponibles (ἕτοιμον) »[1], prêtes à saisir l'objet spécifique qui leur convient. On peut qualifier la présence des multiples sciences spécifiques dans la science universelle d'*éminente*. L'éminence, on l'a vu, est en effet le mode de présence attribué à des réalités lorsqu'elles sont envisagées dans leur source, c'est-à-dire dans le principe d'où elles tirent leur existence[2].

Ces sciences, poursuit Plotin, pour spécifiques qu'elles soient, n'en demeurent pas moins « en puissance la science totale [*i.e.* la science universelle ou générique dont elles sont les espèces] ». Ce point peut mieux se comprendre si on l'envisage selon la structure genre-espèces : en tant qu'espèces, les sciences spécifiques sont constituées, notamment, par le genre dont elles sont les espèces; or, ce genre, à savoir la science universelle, est présent tout entier en elles, et non seulement en partie (« c'est le tout de la science qui est prédiqué, pas une portion du tout », écrit Plotin); dès lors, chaque science spécifique contient, à l'instar de la science universelle, la totalité des sciences spécifiques; toutefois, parce que les sciences spécifiques sont également constituées par une différence spécifique (laquelle spécifie le genre), de telles sciences ne peuvent jamais être dites en acte la totalité, mais seulement *en puissance*.

Enfin, Plotin conclut ce passage en affirmant que « la science totale reste intacte en elle-même ». Une telle affirmation est, elle aussi, récurrente dans les *Ennéades*. Ainsi, par exemple, on peut lire ailleurs que « la division d'une science unique, qui est un tout, en une multiplicité de théorèmes particuliers (μιᾶς ἐπιστήμης τῆς ὅλης ὁ μερισμὸς εἰς τὰ θεωρήματα τὰ καθέκαστα), ne constitue pas un éparpillement ou une fragmentation de cette science (οὐ σκεδασθείσης οὐδὲ κατακερματισθείσης) »[3]. Le sens de cette affirmation est qu'il ne faut pas voir, dans la relation du tout aux parties, une relation physique où les parties seraient autant de portions ou de fragments du tout. La partie n'est

1. Cf. *Enn.* IV 9 [8] 5, 16-18 : « Là-bas, toutes les parties sont pour ainsi dire en acte en même temps (ἐκεῖ μὲν οἷον ἐνεργείᾳ ἅμα πάντα); chacune de celles que tu veux utiliser y est donc disponible (ἕτοιμον οὖν ἕκαστον, ὃ προχειρίσασθαι θέλεις) ».

2. Sur l'éminence, cf. *supra*, p. 37-38.

3. *Enn.* III 9 [13] 2, 1-3.

jamais qu'une actualisation possible du tout, *actualisation particulière*, certes, mais où le tout continue à se manifester. Lorsque la partie passe à l'acte, elle n'entraîne donc aucune diminution ou fragmentation du tout : elle le manifeste différemment, selon le mode particulier qui est le sien [1].

Les rapports qui unissent et distinguent en même temps la science totale et les sciences particulières, poursuit Plotin, nous permettent de voir, lorsqu'ils sont appliqués à l'Intellect, que l'Intellect total et les intellects particuliers constituent deux modes d'être différents :

> Similairement, il faut dire que l'Intellect total existe d'une certaine manière, étant antérieur aux êtres particuliers existant en acte, et que chacun des intellects existe d'une autre manière (οὕτω δὴ ἄλλως μὲν νοῦν τὸν ξύμπαντα εἰπεῖν εἶναι, τὸν πρὸ τῶν καθέκαστον ἐνεργείᾳ ὄντων, ἄλλως δὲ νοῦς ἑκάστους) : (1) alors que les intellects partiels sont complétés par tous <les autres intellects partiels>, l'Intellects qui est au-dessus de toutes choses pourvoit à chacun des intellects particuliers (τοὺς μὲν ἐν μέρει ἐκ πάντων πληρωθέντας, τὸν δὲ ἐπι πᾶσι νοῦν χορηγὸν μὲν τοῖς καθέκαστα) ; (2) en outre, l'Intellect total est la puissance des intellects particuliers et les contient dans l'universalité, tandis que les intellects particuliers contiennent, dans leurs <modes d'être> partiels, l'Intellect universel, comme la science déterminée contient la science <universelle> (δύναμιν δὲ αὐτῶν εἶναι καὶ ἔχειν ἐν τῷ καθόλου ἐκείνους, ἐκείνους τε αὖ ἐν αὑτοῖς ἐν μέρει οὖσιν ἔχειν τὸν καθόλου, ὡς ἡ τὶς ἐπιστήμη τὴν ἐπιστήμην), *Enn.* VI 2 [43] 20, 10-16.

L'Intellect total et les intellects particuliers se distinguent donc, d'une part, par leur constitution et leur fonction, d'autre part, comme deux manifestations différentes de la totalité intelligible.

(1) L'Intellect total est la cause de l'être de chaque intellect particulier. Il en est le « chorège » (*cf.* χορηγόν). Le chorège, explique A.C. Lloyd, « n'est pas celui qui dirige le chœur, mais l'homme qui procure toutes les choses qui lui sont nécessaires » [2]. Ainsi en va-t-il effectivement de l'Intellect total lequel, rappelons-le, est « composé de la totalité des genres ». En tant que tel, l'Intellect possède, à un niveau universel, tout ce dont a besoin chaque intellect particulier, à savoir l'être, le mouvement, le repos, le même et l'autre. Ces genres, que l'on peut définir comme des attributs essentiels de l'Intellect, suffisent à donner à chaque intellect particulier ce dont il a besoin pour *être*, et cela quelle que soit la spécificité qui est la sienne. En tant que chorège, l'Intellect total demeure « au-dessus de toutes choses », entendez de tous les intellects particuliers. Sa nature principielle l'empêche en effet de se voir mélangé et confondu avec les intellects particuliers qu'il engendre.

Les intellects partiels, en revanche, sont seulement « complétés par tous <les autres intellects partiels> (τοὺς μὲν ἐν μέρει ἐκ πάντων πληρωθέντας) ». A la place du ἐκ πάντων, commente A.C. Lloyd, on aurait plutôt attendu un ἐκ

1. Voir, sur ce point, les analyses de M. Andolfo, *L'ipostasi della psyche…*, *op. cit.*, p. 33-35.
2. A.C. Lloyd, « Neoplatonic logic and Aristotelian logic », art. cit., p. 148.

πάντος. Autrement dit, au lieu de dire que chaque intellect partiel est complété par *tous* les autres intellects partiels, il aurait été plus simple, selon cet auteur, d'expliquer que chaque intellect partiel est complété *par le tout*, c'est-à-dire par l'Intellect total. Et il est vrai, ainsi que nous venons de le voir, que c'est l'Intellect total qui est dit «pourvoir» à la totalité des intellects particuliers[1]. Selon A.C. Lloyd, l'utilisation du ἐκ πάντων s'expliquerait par l'analogie avec la science, dont il vient d'être question, analogie qui semblerait nécessiter une approche « extensionnelle ». Il ne me paraît toutefois pas juste de croire, comme le laisse sous-entendre cette dernière remarque de A.C. Lloyd, que Plotin veuille privilégier – en dépit de son ἐκ πάντων – une approche « intensionnelle » relativement à une approche « extensionnelle »[2]. C'est ce que l'on peut voir, par exemple, dans le traité IV 9 [8], où il est dit qu'il ne faut pas concevoir « un théorème comme séparé des autres théorèmes (ἔρημον δὲ τῶν ἄλλων θεωρημάτων) » (entendez, des autres théorèmes avec lesquels il constitue la science totale) car, dans ce cas, «il ne serait plus ni scientifique, ni technique (ἔσται οὐκέτι τεχνικὸν οὐδὲ ἐπιστημονικόν), mais tout juste comme le bavardage d'un enfant (ἀλλ' ὥσπερ ἂν καὶ εἰ παῖς λέγοι)»[3]. Dans cet extrait, Plotin met en avant aussi bien la manifestation intensionnelle du tout dans chacun de ses théorèmes (*i.e.* le fait que la science totale est présente, à titre générique, dans chacune de ses espèces) que sa manifestation extensionnelle (*i.e.* le fait que chaque théorème n'est pas séparé des autres et que, en ce sens, il contient en puissance tous ceux qui le précèdent logiquement et tous ceux qui viendront à sa suite). En conséquence, pour un théorème donné, *il y a une stricte équivalence* entre, d'une part, le fait d'être « technique et scientifique » et, d'autre part, le fait d'être relié aux autres théorèmes qui composent la science totale : il ne sera pas « scientifique » s'il est isolé, et il sera « isolé » s'il n'est pas scientifique. La raison en est que si la science se définit comme la totalité des théorèmes qui la compose, alors tout théorème, étant lui-même scientifique, doit également être pensé comme un tout comprenant en son sein la totalité des théorèmes. Dès lors, on peut dire que l'affirmation selon laquelle «les intellects partiels sont complétés par tous <les autres intellects partiels> » *équivaut* à prédiquer, de l'intellect particulier, l'Intellect total (à titre de genre): si un intellect, bien que particulier, est complété par tous les autres intellects avec lesquels il compose l'Intellect total, c'est précisément parce qu'il est lui-même un intellect et que, à ce titre, il possède également en lui la totalité des intellects particuliers.

(2) L'Intellect total et l'intellect partiel constituent, chacun, une manifestation différente du tout intelligible. L'Intellect total en est une manifestation *uni-*

1. *Ibid.*, p. 148 : « Chaque théorème singulier d'une science tire son sens – est "complété" par – des théorèmes restants ».

2. Sur la distinction entre « intension » et « extension », voir les explications de H.W.B. Joseph, *An Introduction to Logic*, Oxford, Clarendon Press, 1916, p. 136-158 (désormais cité H.W.B. Joseph, *An Introduction*...).

3. *Enn.* IV 9 [8] 5, 19-21. Sur cet extrait, *cf.* M. Andolfo, *L'ipostasi della psyche*..., *op. cit.*, p. 156.

verselle : en tant que « puissance des intellects particuliers », entendez puissance génératrice, l'Intellect total contient en lui tous les intellects particuliers. Ces intellects particuliers, avons-nous vu, existent dans l'Intellect total sous un mode *éminent* : chaque intellect particulier y est non pas en acte, mais « au repos ». Aussi sont-ils dits compris « dans l'universalité » (ἐν τῷ καθόλου) : au lieu d'être considérés relativement à ce que chacun a de particulier et de spécifique, les intellects particuliers sont compris relativement à ce qui les relie mutuellement. Un intellect particulier, lorsqu'il est envisagé sous le mode de l'universel, n'est donc jamais considéré séparément des autres intellects particulier. Cette non-séparation des intellects particuliers est essentielle pour l'Intellect total qui les contient. En effet, on sait que celui-ci ne peut jamais s'appliquer à un objet particulier, considéré séparément des autres, sans quoi il deviendrait lui-même un intellect particulier.

Les intellects particuliers peuvent également exister en acte. Ce mode d'être, par lequel chaque intellect apparaît dans ce qu'il a de spécifique et de particulier, n'empêche pas pour autant l'intellect particulier de demeurer, en quelque manière, relié à la totalité. Plotin va même plus loin, puisqu'il affirme que « les intellects particuliers contiennent, *dans leurs <modes d'être> partiels*, l'Intellect universel ». Ceci corrobore, me semble-t-il, l'équivalence mise au jour entre extension et intension : si l'Intellect total est présent dans l'intellect partiel, ce n'est pas *en dépit de* la particularisation de ce dernier, mais bien *à travers elle*. Car la particularisation n'empêche nullement chacun des intellects d'être le tout de l'intelligible : un intellect particulier demeure toujours un intellect et, en ce sens, possède en soi l'Intellect total *tout entier* (de même qu'une espèce possède tout entière en elle le genre dont elle est l'espèce). La particularisation ou spécification, parce qu'elle est comme une mise entre parenthèses de l'universel, nous donne à voir différemment le tout : il n'est plus envisagé à travers la totalité des intellects particuliers, mais seulement à travers l'un d'entre eux, compris comme une de ses instanciations possibles.

Chaque type d'intellect (total ou partiel), poursuit Plotin, se manifeste selon une double présence :

> <Comprenons également que> le grand Intellect est par lui-même, tout comme chacun des intellects sont en eux-mêmes (καὶ εἶναι καὶ καθ' αὑτὸν τὸν μέγαν νοῦν καὶ ἑκάστους αὖ ἐν αὑτοῖς ὄντας) ; que les intellects partiels sont compris dans l'Intellect total et que l'Intellect total est également compris dans les intellects partiels (καὶ ἐμπεριέχεσθαι αὖ τοὺς ἐν μέρει τῷ ὅλῳ καὶ τὸν ὅλον τοῖς ἐν μέρει) ; que chacun de ces intellects partiels est par lui-même et en autre chose et que l'Intellect total est par lui-même et dans les intellects partiels (ἑκάστους δὲ <ἐφ'> ἑαυτῶν καὶ ἐν ἄλλῳ καὶ ἐφ' ἑαυτοῦ ἐκεῖνον καὶ ἐν ἐκείνοις) ; que tous sont en puissance dans celui qui est par lui-même, qui est en acte toutes choses à la fois, mais en puissance chacune séparément (καὶ ἐν ἐκείνῳ μὲν πάντας ἐφ' ἑαυτοῦ ὄντι δυνάμει, ἐνεργείᾳ ὄντι τὰ πάντα ἅμα, δυνάμει δὲ ἕκαστον χωρίς) ; et qu'ils sont en acte ce qu'ils sont, mais en puissance le tout (τοὺς δ' αὖ ἐνεργείᾳ μὲν ὅ εἰσί, δυνάμει δὲ τὸ ὅλον), *Enn.* VI 2 [43] 20, 16-23.

Comme le commentent très justement R. Beutler et W. Theiler[1], ce texte rappelle ce que Plotin a écrit, au chapitre 19, concernant la nature du genre : le genre, était-il dit, doit être compris à la fois comme « pur et sans mélange » relativement à ses espèces et comme « mélangé » à elles. Cela signifie que le niveau générique (ou universel) de l'intelligible doit être entendu à la fois, d'une part, comme existant par soi-même indépendamment du niveau spécifique (ou particulier), puisqu'il en est la puissance productrice et, d'autre part, comme mélangé aux espèces, au sens où le genre est dit s'attribuer tout entier à chacune de ses espèces.

Dans notre passage, cependant, cette théorie de la double présence (en soi et en un autre) ne s'applique pas seulement au niveau générique, mais également au niveau spécifique. Certes, l'Intellect total doit être considéré à la fois comme existant par lui-même et dans chaque intellect partiel, mais *il en va également ainsi pour les intellects partiels* : ceux-ci, d'une part, existent en eux-mêmes, ou, dit autrement, par eux-mêmes, et, d'autre part, existent dans l'Intellect total. La raison en est que, comme il a été dit plus haut, dans l'intelligible, l'universel et le particulier constituent *deux manifestations différentes d'une même réalité* : lorsque Plotin nous dit qu'il existe un intellect qui est en lui-même et dans les intellects partiels, il parle bien évidemment d'un seul et même intellect, à savoir l'Intellect total ; de même en va-t-il pour les intellects partiels qui sont *à la fois* en eux-mêmes (en acte) et dans l'Intellect total (au repos). Ce point est capital, car il nous démontre que si le niveau particulier ne peut jamais être complètement détaché du niveau universel (ne fût-ce que parce qu'il est engendré par lui), il en va de même pour le niveau universel relativement au niveau particulier. Cela signifie, en clair, qu'il est impossible de concevoir l'Intellect uniquement sous le mode de l'universel car, dans ce cas, il faudrait accorder qu'aucun intelligible partiel n'existe en acte (en effet, les intellect particuliers qui sont dans l'Intellect total y sont seulement « au repos », sans que leurs particularités ne soient encore activées) ; un tel Intellect serait dès lors composé de parties qui ne sont pas pleinement intelligibles (en tout cas pas séparément ou spécifiquement)[2]. L'universel et le particulier sont donc deux regards différents portés sur une même réalité, à savoir un tout (l'Intellect total) composé de parties (les intellects partiels).

Les concepts de puissance et d'acte sont utilisés par Plotin pour clarifier les différents visages que peut prendre l'intelligible du fait du double enveloppement qui le régit. On peut ainsi distinguer entre quatre modes de présence :

– lorsque les intellects partiels sont dans l'Intellect total (*i.e.* dans leur source) : ils y sont alors *en puissance* et non en acte, puisqu'ils ne sont pas pensés dans leur spécificité ou particularité, mais seulement dans ce qui les relie les uns aux autres ;

– lorsque les intellects partiels sont en eux-mêmes : ils sont alors « en acte ce qu'ils sont » et « en puissance le tout » ; ils sont en acte, puisqu'ils sont pensés dans

1. R. Beutler et W. Theiler, *Plotins Schriften [Anmerkungen zu den Schriften 39-45]*, t. IV b, Hamburg, F. Meiner, p. 478.

2. Cf. *supra*, p. 222.

leur particularité, mais ils demeurent *en puissance* le tout, puisque le tout est génériquement présent en eux – ou, dit autrement, parce qu'ils sont complétés par la totalité des intellects partiels;

– lorsque l'Intellect total est en lui-même : il est alors dit « en acte toutes choses à la fois ». Le propre de l'Intellect total, ainsi qu'il était dit en *Enn.* VI 2 [43] 20, 1-3, est de ne pas être un intellect déterminé, donc de ne se déterminer relativement à aucun objet pris en particulier; pour cette raison, l'Intellect total est en acte *tous* les intellects partiels, mais aucun en particulier; il demeure, en ce sens, *indéterminé*;

– l'Intellect total est également dans les intellects partiels, lorsque ceux-ci sont en acte. C'est pour cette raison qu'il est dit « en puissance chaque intellect partiel séparément » : il ne peut pas être en acte tel ou tel intellect partiel (sans quoi il se particulariserait également), mais il peut être en chacun d'entre eux lorsque ceux-ci s'actualisent. Lorsqu'il est considéré dans un intellect partiel, l'Intellect total y est présent totalement : il suffit en effet à pourvoir totalement à ce dont l'intellect partiel a besoin pour être.

Dans la dernière partie du chapitre 20, Plotin récapitule ces derniers points et, surtout, *fonde* l'actualisation des intellects partiels, c'est-à-dire le passage de l'état où ils « reposent » dans l'Intellect à celui où ils sont en acte en eux-mêmes :

> En tant qu'ils sont ce qu'ils sont dits être, les intellects <spécifiques> sont en acte ce qu'ils sont dits être, mais en tant qu'ils sont dans le genre qu'est l'Intellect, ils sont en puissance l'Intellect (καθόσον μὲν γὰρ τοῦτο ὃ λέγονταί εἰσιν, ἐνεργείᾳ εἰσὶν ἐκεῖνο ὃ λέγονται· ᾗ δ' ἐν γένει ἐκεῖνο, δυνάμει ἐκεῖνο); l'Intellect, de son côté, en tant que genre, est la puissance de toutes les espèces qui sont sous lui et n'est en acte aucune d'entre elles, mais toutes sont au calme en lui (ὃ δ' αὖ, ᾗ μὲν γένος, δύναμις πάντων τῶν ὑπ' αὐτὸ εἰδῶν καὶ οὐδὲν ἐνεργείᾳ ἐκείνων, ἀλλὰ πάντα ἐν αὐτῷ ἥσυχα); en tant qu'il est en acte ce qu'il est avant ses espèces, l'Intellect fait partie de ce qui n'est pas particulier (ᾗ δὲ ὅ ἐστι πρὸ τῶν εἰδῶν ἐνεργείᾳ, τῶν οὐ καθέκαστα). Il faut donc, si précisément les intellects spécifiques doivent pouvoir être en acte, que l'acte qui procède de l'Intellect générique en soit la cause (δεῖ δή, εἴπερ ἐνεργείᾳ ἔσονται οἱ ἐν εἴδει, τὴν ἀπ' αὐτοῦ ἐνέργειαν αἰτίαν γίγνεσθαι), *Enn.* VI 2 [43] 20, 23-29.

Lorsque les multiples intellects partiels (ou « spécifiques », ἐν εἴδει) sont dans l'Intellect total, ils y sont « en puissance », ou, dit autrement, « au calme (ἥσυχα) ». S'ils sont au calme, c'est qu'ils ne sont pas activés, mis en mouvement par une pensée qui les penserait spécifiquement et distinctement. En revanche, lorsqu'ils sont envisagés en eux-mêmes, les intellects partiels sont « en acte ce qu'ils sont dits être ». Ils sont alors pensés dans leur spécificité et particularité.

Un problème, toutefois, se pose : comment de tels intellects, s'ils sont primitivement seulement « en puissance », peuvent-ils passer à l'acte ? La difficulté, ici, est que ce qui est dit « en puissance », par définition, suppose une cause *autre que lui* grâce à laquelle il peut s'actualiser[1]. Si une telle cause venait à manquer, ce qui est en puissance demeurerait à jamais en puissance. Une telle cause existe-t-elle? Oui, explique Plotin: « si précisément les intellects spécifiques doivent pouvoir être en acte, il faut que l'acte qui procède de l'Intellect générique en soit la cause ». Par « l'acte qui procède de l'Intellect générique (τὴν ἀπ' αὐτοῦ ἐνέργειαν) », il faut entendre non pas l'acte de l'Intellect générique en tant que tel, mais l'acte qui *dérive* de l'Intellect générique et, pour cette raison, en est distinct[2]. Cette précision est importante car elle nous montre que si l'Intellect générique est ultimement la cause de l'actualisation des intellects particuliers, il demeure, en même temps, irréductible à eux, appartenant, comme cela a été dit, au domaine de « ce qui n'est pas particulier ».

Le tout intelligible est un kosmos

Dans le traité V 8 [31], consacré à la beauté de l'intelligible, on trouve une description extrêmement vivante de l'intelligible, description qui le dépeint sous la forme d'un *kosmos*. Certes, l'appellation de *kosmos noètos* (que l'on ne trouve pourtant pas telle quelle dans ce traité) n'est pas rare dans les *Ennéades*. Le plus souvent, elle a pour but de manifester l'ordonnancement parfait de l'intelligible et l'absence de hasard en lui. Dans ce traité, toutefois, c'est plutôt le *kosmos* comme monde habité qui est privilégié. Ainsi, au chapitre 9, il est question de la venue d'un dieu (que l'on peut identifier à l'Intellect total ou générique de *Enn.* VI 2 [43] 20) qui « apporte son propre monde (τὸν αὐτοῦ κόσμον) <peuplé> des dieux qui sont en lui (μετὰ πάντων τῶν ἐν αὐτῷ θεῶν) »[3]. Avec cette présentation apparemment plus littéraire et métaphorique de l'intelligible, où les idées se voient personnifiées sous la forme de dieux, où le *kosmos* intelligible apparaît comme une « sphère transparente (σφαίρας διαφανοῦς) »[4] grâce à laquelle chaque chose vue (c'est-à-dire pensée) s'accompagne de la vue de toutes les autres choses, Plotin réussit à clarifier certaines difficultés ayant trait à la compréhension des rapports qui structurent l'intelligible.

1. Cf. *Enn.* II 5 [25] 3, 28-29 : « En effet, ce qui est en puissance n'admet, pour devenir quelque chose en acte, d'être conduit à l'acte que par la venue d'un autre », traduction de J.-M. Narbonne.

2. Cf. *Enn.* V. 4 [7] 2, 28-34 : « Il y a deux sortes d'actes : l'acte de l'essence, et l'acte qui résulte de l'essence; l'acte de l'essence, c'est l'objet lui-même en acte; l'acte qui en résulte, c'est l'acte qui en suit nécessairement, mais qui est différent de l'objet lui-même. Ainsi dans le feu, il y a une chaleur qui constitue son essence, et une autre chaleur qui vient de la première, lorsqu'il exerce l'activité inhérente à son essence, tout en restant en lui-même ».

3. *Enn.* V 8 [31] 9, 15-16, traduction de P. Mathias, modifiée.

4. *Enn.* V 8 [31] 9, 6-7. Sur cette métaphore, voir l'étude de S. Rappe, « Metaphor in Plotinus' *Enneads* v 8.9 », *Ancient Philosophy* 15, 1995, p. 155-172 (principalement p. 163-166) qui explique que le recours à l'image de la transparence a ici pour but de différencier deux types de connaissance, l'une véritable, dirigée vers soi, l'autre, discursive, tournée vers l'extérieur. Voir également, du même auteur, « Self-knowledge and subjectivity in the *Enneads* », art. cit., p. 260-261. G. Shaw, de son côté, dans son article « Eros and arithmos : Pythagorean theurgy in Iamblichus and Plotinus », *Ancient Philosophy* 19, 1999, p. 121-142, propose une interprétation de type théurgique de ce passage et identifie la sphère transparente à une sorte de σύνθημα ou signe divin (p. 136-137).

Matière et forme

Au chapitre 9 du traité V 8 [31], Plotin tente de donner une représentation du monde intelligible à partir d'une purification progressive du monde sensible. Cette purification implique que nous envisagions les dieux qui peuplent le monde intelligible comme dépourvus de *morphè* sensible :

> Les dieux sont ensemble et, d'un autre côté, chacun est séparé, <chacun> occupant une position inétendue et ne possédant nulle forme sensible (ὁμοῦ δέ εἰσι καὶ ἕκαστος χωρὶς αὖ, ἐν στάσει ἀδιαστάτῳ οὐ μορφὴν αἰσθητήν); sinon, l'un serait à un endroit, l'autre à un autre et aucun ne serait, en lui-même, tout (ἤδη γὰρ ἂν ὁ μὲν ἄλλοθι, ὁ δέ που ἀλλαχόθι ἦν, καὶ ἕκαστος δὲ οὐ πᾶς ἐν αὐτῷ), *Enn.* V 8 [31] 9, 19-22.

Si les dieux, dans l'intelligible, sont *ensemble*, ils doivent également être *séparés*. Cette séparation suppose que chacun, en quelque manière, occupe une position (*cf.* ἐν στάσει) distincte des autres. Toutefois, cette position doit être inétendue (au sens fort de *non-spatial*, *cf.* ἀδιαστάτῳ). En effet, occuper une position, pour les dieux, ne doit surtout pas être entendu dans le sens d'occuper un lieu sensible. Si tel était le cas, les dieux devraient se distinguer par une *morphè* sensible : l'un serait ici, parfaitement séparé d'un autre qui serait là. Or, une telle séparation, qui a cours dans le monde sensible, n'a pas sa place dans le monde intelligible où, on le sait, chaque intelligible doit être *tout*, donc être, en quelque manière, relié à tous les autres.

Si les multiples intelligibles peuvent être dits reliés aux autres, ce n'est pas, avons-nous vu, en dépit de leur singularité, mais bien *à travers elle*. Dans le traité V 8 [31], on trouve une explicitation particulièrement pénétrante de ce point.

> Dans le monde intelligible « nul dieu ne se meut sur quelque <sol> étranger (οὐκ ἐπ' ἀλλοτρίας), comme une terre, mais ce en quoi il est, c'est cela même qu'il est (ἀλλ' ἔστιν ἑκάστῳ ἐν ᾧ ἐστιν αὐτὸ ὅ ἐστι) et lorsqu'il s'élève vers le haut, si l'on peut dire, cela d'où il est venu (τὸ ὅθεν) l'accompagne, de sorte qu'il n'est pas lui-même une chose, et sa place une autre (οὐκ αὐτὸς μὲν ἄλλο, ἡ χώρα δὲ αὐτοῦ ἄλλο). En effet, son substrat, c'est l'Intellect et il est lui-même intellect (καὶ γὰρ τὸ ὑποκείμενον νοῦς καὶ αὐτὸς νοῦς) *Enn.* V 8 [31] 4, 15-19.

Ainsi donc, si l'on peut, en quelque manière, affirmer que les dieux occupent chacun une « place » (χώρα) et que, par là, ils demeurent mutuellement distincts, il faut également affirmer que cette place n'est pas un lieu étranger : au contraire, où qu'ils soient, les dieux emmènent avec eux leur « place », puisque celle-ci n'est pas autre chose que *ce qu'ils sont* eux-mêmes : la « place » occupée par chaque dieu, est-il dit, est le ὅ ἐστι de chaque dieu, *ce qu'il est*, son *essence*. Or, il apparaît que cette « place » (donc l'essence) est non seulement ce par quoi chaque dieu se distingue des autres (du fait que chacun occupe une place particulière et distincte), mais également ce par quoi chacun d'entre eux est relié aux autres, son *substrat* commun (*cf.* ὑποκείμενον).

Nous assistons, avec ce texte remarquable, à la mise au jour de l'essence, du ὅ ἐστι de chaque intelligible, par la conjonction de la *khôra* platonicienne et de l'*hupokeimenon* aristotélicien. Nous avons déjà eu l'occasion de voir que, selon le *Timée*, « il faut bien que tout ce qui est *se trouve en un lieu* (ἔν τινι τόπῳ) et *occupe une place* (κατέχον χώραν τινά), et qu'il n'y a rien (οὐδὲν εἶναι) qui ne se trouve ou sur terre, ou quelque part dans le ciel »[1]. S'inspirant du *Timée* qui fait de la χώρα un principe de différenciation des êtres, Plotin interprète le fait « d'occuper une place » comme la manifestation d'une exigence, celle de la multiplicité intelligible : si chaque intelligible occupe une certaine place, c'est parce qu'il est spécifiquement distinct des autres intelligibles et ne peut se confondre avec eux. Toutefois, on vient de le voir, la place occupée n'est pas séparable de celui qui l'occupe. Cette inséparabilité est posée pour juguler la séparation des intelligibles entre eux : certes, tous les intelligibles sont distincts et occupent une place différente, mais cette place n'est pas un « ici » ou un « là-bas » et n'implique pas une séparation radicale des intelligibles entre eux. En d'autres termes, la « place occupée » n'empêche pas chaque intelligible d'être un tout. C'est même le contraire puisque du fait qu'elle est comprise comme inséparable de ce qui l'occupe, la *khôra* apparaît simultanément comme l'*hupokeimenon* commun à tous les dieux, entendez à tous les intelligibles particuliers qui peuplent le monde intelligible. Elle apparaît comme le νοῦς lui-même, à savoir l'Intellect générique ou total dont il est question en VI 2 [49] 20, Intellect total dont les intelligibles (ici, les dieux) sont autant d'actualisations particulières. Ainsi, l'essence de chaque dieu n'est-elle pas autre chose que l'Intellect total *en tant qu'*il se spécifie autour d'une position déterminée, d'une place particulière (*khôra*).

L'explicitation de l'Intellect (*i.e.* l'Intellect *total*) comme *hupokeimenon* de tous les dieux intelligibles (*i.e.* les intellects particuliers) nous permet de jeter un nouvel éclairage sur la fonction de la matière de l'intelligible. On se souvient[2] que cette matière, au chapitre 4 du traité II 4 [12], est déduite à partir de la considération des multiples intelligibles, comme étant leur *hupokeimenon* :

> Si donc les spécificités sont multiples, il y a nécessairement en elles quelque chose de commun (κοινόν τι); et aussi quelque chose de propre (ἴδιον), par quoi elles diffèrent mutuellement (ᾧ διαφέρει ἄλλο ἄλλου). Ce propre, donc, et cette différence qui sépare, c'est la forme appropriée (ἡ οἰκεία μορφή). S'il y a forme (μορφή), il y a ce qui est informé (τὸ μορφούμενον), sur quoi porte la différence (περὶ ὃ ἡ διαφορά). Aussi, y a-t-il également la matière qui reçoit la forme (ὕλη ἡ τὴν μορφὴν δεχομένη) et qui est toujours substrat (ἀεὶ τὸ ὑποκείμενον), *Enn.* II 4 [12] 4, 2-7.

Dans ce passage, la structure hylémorphique est manifestement pensée dans les termes propres à la relation genre-espèces : la « matière de l'intelligible » est

1. Platon, *Timée* 52b3-b5, traduction de L. Brisson.
2. Cf. *supra*, p. 78-82.

le *genre* dont les idées sont les espèces et le « propre » représente la *différence* qui spécifie la matière et engendre les multiples espèces (ou idées). Or, si l'on prend en compte les développements du chapitre 20 du traité VI 2 [43] [1] et ceux des chapitres 4 et 9 du traité V 8 [31], *il apparaît que la matière de l'Intelligible n'est pas autre chose que l'Intellect total ou générique, à savoir le niveau universel ou éminent de l'intelligible.* A ce niveau, avons-nous vu, l'intelligible est encore indéterminé : les idées y sont « au calme » et aucune n'est en acte ce qu'elle est. De même, il est dit que la matière de l'intelligible, si l'on en retranche par la pensée les formes [2] ou différences par lesquelles se distinguent les idées, apparaît alors comme « informe et indéfinie (ἄμορφον καὶ ἀόριστον) » [3]. Par là, on voit que si chaque idée est spécifiée comme idée par une *morphè*, son essence ne se confond pas pour autant avec cette *morphè* : à l'instar d'une espèce dont la définition est donnée par le genre et la différence spécifique, l'essence de chaque intelligible est constituée non seulement par une forme (qui la spécifie en la distinguant des autres idées) mais également par une matière qui, parce qu'elle constitue le fond commun à toutes les idées, est ce qui assure à ces dernières une unité « sympathique » et, pour tout dire, *suntaxique*.

Le fait que Plotin choisisse de parler en termes de « matière » et, plus précisément encore, de « matière de l'intelligible », pour désigner le niveau générique de l'intelligible, n'est pas anodin. Il est fort probable que cette appellation vienne d'une lecture de la *Métaphysique* [4]. Pour Aristote, rappelons-le, le genre est la « matière » de la définition [5]. Mais il y a plus : l'expression ὕλη νοητή est elle-même utilisée à trois reprises par le Stagirite, deux fois au livre Z de la *Métaphysique* (1036a9-10 et 1037a4) et une fois au livre H (1045a33-35). Dans ce dernier passage, il est dit : « il y a deux sortes de matière, la matière intelligible et la matière sensible, et il y a toujours, dans la définition, le côté matière (τὸ μὲν ὕλη) aussi bien que le côté acte (τὸ δὲ ἐνέργεια) : par exemple, figure plane pour le cercle » [6]. Comme le commente W.D. Ross, la matière de l'intelligible désigne, dans ce passage, « l'élément générique dans une définition et, dès lors, est présente dans la nature des espèces (il n'y a pas ici de référence aux individus) et n'est pas limitée aux objets mathématiques » [7]. La matière intelligible est donc ce qui désigne, chez Aristote, la partie générique de la définition des espèces et elle est présente « dans les êtres sensibles, mais pris non en tant que sensibles ; les êtres mathématiques par exemple » [8].

1. Cf. *supra*, p. 227-239.
2. Cf. *Enn.* II 4 [12] 4, 18 : τὰς μορφάς.
3. *Enn.* II 4 [12] 4, 19-20.
4. Sur l'origine de la notion de matière de l'intelligible, *cf.* E. Varessis, *Die Andersheit…*, *op. cit.*, p. 234-237.
5. *Cf.* Aristote, *Métaphysique* Z, 1038a6.
6. Traduction par J. Tricot.
7. W.D. Ross, *Aristotle. Metaphysics*, t. II, Oxford, Oxford University Press, 1997 [1924], p. 199.
8. Aristote, *Métaphysique* Z, 1036a11-12.

La matière de l'intelligible plotinienne semble parfaitement se prêter à la définition donnée dans la *Métaphysique* : elle aussi désigne le composant générique de l'espèce; elle aussi prend pour objet non pas des corps, mais des entités strictement intelligibles[1]. Toutefois, le statut qui lui est conféré est fondamentalement différent. Alors que chez Aristote une telle matière sert de «*fond* aux autres matières» et renvoie à «la matière la plus atténuée qu'une chose peut posséder»[2], chez Plotin elle devient le *fonds* inépuisable qui pourvoit à la constitution de chaque intelligible particulier; elle n'est pas le plus pauvre, mais le plus riche (puisqu'elle est en acte toutes les déterminations ensemble) et son indétermination est «immensité»[3]. Pour cette raison, une telle matière ne peut pas seulement être dans les espèces – comme Aristote le réclame pour chaque genre, ou chaque universel; elle est certes *dans* les espèces, «mélangée» à elles, mais elle est aussi, selon les termes mêmes du traité VI 2 [43], «pure et sans mélange».

Vide et plein

Dans le monde intelligible, tout est transparent[4] à tout, et la contemplation s'y produit sans résistance[5]. Les dieux qui s'y meuvent «se voient eux-mêmes dans les autres <dieux> (ἑαυτοὺς ἐν ἄλλοις)»[6]. Autrement dit, la pensée n'y consiste pas seulement à voir tout, mais, en voyant tout, à se voir soi-même. Par là sont satisfaites les deux exigences concernant l'Intellect : celui-ci, avons-nous vu, doit non seulement penser un objet qui soit la totalité de l'intelligible, mais également, à travers la pensée de cet objet, se penser lui-même. Dans le traité V 8 [31], cette double exigence est atteinte du fait que chaque dieu est «de toute éternité fait de tout (ἐξ ὅλου ἀεί) en sorte qu'il est à la fois chose particulière et tout (ἅμα ἕκαστον καὶ ὅλον)»[7]. Si chaque dieu est fait de tous les dieux qui peuplent le monde intelligible, au sens où il a été dit qu'un théorème contient en puissance tous les autres théorèmes qui composent la science totale, alors il s'en suit que lorsqu'un dieu contemple un autre dieu, il se voit simultanément lui-même présent en cet autre dieu puisqu'il en est une partie constituante. La pensée, dans l'intelligible, n'est donc jamais pensée d'une extériorité : ce qui apparaît ici comme un rapport externe (*i.e.* la pensée d'un dieu *y* par un dieu *x*) n'est pas autre chose qu'un rapport de soi à soi (*i.e.* de tout ce que *x* est en lui-même).

1. Sur le lien entre la matière de l'intelligible plotinienne et la ὕλη νοητή, voir également J.M. Rist, «The indefinite dyad and intelligible matter in Plotinus», art. cit., p. 106-107; Th. A. Szlezák, *Platon und Aristoteles…*, *op. cit.*, p. 72-79 et Ph. Merlan, *From Platonism…*, *op. cit.*, p. 125.

2. J. Tricot, *Aristote. La Métaphysique*, t. I, Paris, Vrin, 1981 [1966], p. 408, n. 3, a.

3. Sur ce point, *cf.* H.W.B. Joseph, *An Introduction…*, *op. cit.*, qui démonte la doctrine bien connue selon laquelle l'extension d'une chose va en sens inverse de son intension et vice-versa.

4. Cf. *Enn.* V 8 [31] 4, 4 : διαφανῆ.

5. Cf. *Enn.* V 8 [31] 4, 5 : ἀντίτυπον οὐδέν.

6. *Enn.* V 8 [31] 4, 4.

7. *Enn.* V 8 [31] 4, 23.

Si la contemplation, dans le monde intelligible, est toujours contemplation du tout, elle ne doit pas pour autant être assimilée à une forme de *remplissage* menant à la réplétion de celui qui contemple :

> La contemplation, là-bas, n'est ni un labeur ni un remplissage qui mènerait à sa propre cessation (τῆς δὲ ἐκεῖ θέας οὔτε κάματός ἐστιν οὔτ' ἔστι πλήρωσις εἰς τὸ παύσασθαι θεωμένῳ). Car il n'y avait point de vide à combler, de manière qu'on fût satisfait d'être arrivé à bonne fin, en le remplissant (οὔτε γὰρ κένωσις ἦν, ἵνα ἥκων εἰς πλήρωσιν καὶ τέλος ἀρκεσθῇ). Et les êtres n'y sont pas mutuellement autres en sorte que ce qui appartienne à l'un apparaîtrait déplaisant à un autre (οὔτε τὸ μὲν ἄλλο, τὸ δ' ἄλλο, ἵνα ἑτέρῳ τῶν ἐν αὐτῷ τὰ τοῦ ἑτέρου μὴ ἀρέσκοντα ᾖ).
> Là-bas, les êtres sont infatigables (ἄτρυτά τε τὰ ἐκεῖ). Il y a absence de réplétion au sens où le remplissage ne conduit pas à mépriser cela dont on est rempli (ἀλλ' ἔστι τὸ ἀπλήρωτον τῷ τὴν πλήρωσιν καταφρονεῖν ποιεῖν τοῦ πεπληρωκότος) : voir, en effet, c'est voir toujours davantage (ὁρῶν γὰρ μᾶλλον ὁρᾷ) et se voir soi-même illimité ainsi que les choses vues en suivant sa propre nature (καθορῶν ἄπειρον αὑτὸν καὶ τὰ ὁρώμενα τῇ ἑαυτοῦ συνέπεται), *Enn.* V 8 [31] 4, 27-34.

Dans ce texte, la thématique du vide et du plein est rejetée pour cette double raison que la contemplation, d'une part, n'est pas un labeur appelant, une fois accompli, un repos et, d'autre part, est un mouvement continu, incessant.

Affirmer que la contemplation est une forme de « remplissage » impliquerait simultanément, tout d'abord, un vide primitif qu'il s'agirait de combler et, ensuite, la cessation du remplissage une fois atteinte la réplétion. Or, dans l'intelligible, la contemplation ne suppose nullement que celui qui contemple soit vide de ce qu'il contemple. Tout au contraire : il ne peut y avoir contemplation que si cette contemplation donne, à celui qui contemple, à voir sa propre totalité intérieure. Il est donc nécessaire que celui qui contemple possède *déjà*, si l'on peut dire, la totalité de ce qu'il va contempler. Ce point a été établi plus haut, lorsqu'il a été dit que chaque dieu « est fait de tous les dieux ». D'autre part, il est hors de question d'envisager que la pensée, pour les dieux intelligibles, puisse cesser. Une telle cessation signifierait, pour ceux-ci, de ne plus être ce qu'ils sont, à savoir des êtres pensant ou contemplant. Aussi est-il dit que de tels êtres sont infatigables (*cf.* ἄτρυτα). Par là, Plotin entend souligner la nature incessante et continue (ἄτρυτος) de la contemplation. Car contempler, dans l'intelligible, ce n'est pas atteindre un objet de pensée puis s'arrêter, mais, au contraire, « voir toujours davantage ». Ce point est capital : aucun objet de pensée ne pourra jamais satisfaire le contemplateur, car sa satisfaction ne s'accomplit que *dans le mouvement même de la contemplation.* Aussi est-ce à travers le mouvement de la pensée, qui est aussi pensée de soi, que chaque dieu découvre sa propre illimitation.

Ces considérations sur la nature de la contemplation intelligible ne remettent-elles pas en cause les développements, présentés au chapitre II, concernant la constitution de l'Intellect? Nous avons vu, d'une part, que Plotin associe l'Intellect au dieu Kronos, lequel, selon le récit d'Hésiode, dévora ses propres enfants. Selon cette présentation, l'Intellect est dit « rempli »[1] du fait qu'il est « plein »[2] des intelligibles qu'il a engendrés. Ailleurs, il est dit également que l'Intellect ne devient proprement Intellect « qu'en se remplissant (πληρούμενος) des formes intelligibles » et qu'il « n'a été l'Intellect que lorsqu'il a été achevé (ἀπετελέσθη) et qu'il a vu »[3].

Ces textes, qui privilégient la thématique du *plein* et du *remplissage* pour faire valoir la venue à l'être de l'Intellect, ne sont pas contradictoires avec l'affirmation du traité V 8 [31] selon laquelle la contemplation, dans l'Intellect, ne suppose aucun vide à combler et n'implique aucune réplétion. Lorsque l'Intellect, tel Kronos se rassasiant de ses rejetons, est dit rempli et achevé, le plein a seulement pour objet de manifester la *complétude* et l'*intériorité* des intelligibles qui composent l'Intellect : *tous* les intelligibles doivent être *dans* l'Intellect pour que celui-ci soit proprement l'Intellect. Quant au « remplissage », il s'explique du fait que l'Intellect est envisagé du point de vue de sa génération : il s'agit de rendre compte du passage entre deux états de l'Intellect, l'un qui est indéfini car sans objet, l'autre qui est défini du fait de la présence intérieure de la totalité des intelligibles.

On rappellera, en outre, ce fait important que l'Intellect ne se remplit des intelligibles et, par là, ne trouve son accomplissement, qu'en tant qu'il s'est tourné vers le Bien et qu'il l'a saisi et pensé[4]. La venue à l'être de l'Intellect coïncide ainsi avec un mouvement vers le Bien, mouvement qui doit être « complètement rassasié et complet (διακορὴς καὶ πλήρης) »[5]. Que signifie un tel mouvement ? Est-ce que, étant rassasié et plein, il cesse d'être mouvement et se fait repos ? Cela reviendrait à dire que le mouvement ne trouve sa perfection et son accomplissement que dans sa propre négation, sa propre annihilation. Au contraire, un mouvement qui est « rassasié et complet » est un mouvement qui est pleinement lui-même, qui demeure ce qu'il est, mouvement. Il ne faut donc pas croire que l'Intellect, une fois « rempli » par la contemplation qu'elle a de l'Un, se détourne à nouveau de l'Un et se mette à penser en lui-même. Il n'y a pas lieu de distinguer la relation verticale et la relation horizontale comme deux étapes successives dans la constitution de l'Intellect. Plotin est clair sur ce point : c'est lorsque l'Intellect saisit le Bien qu'il se constitue comme Intellect. Cela signifie que, pour l'Intellect, penser l'Un ou se penser soi-même sont une seule et même chose[6]. Dans les deux cas, le mouvement de la pensée est compris comme illimité et continu : l'Intellect

1. Cf. *Enn.* V 1 [10] 7, 35 : πλήρης.
2. Cf. *Enn.* V 1 [10] 7, 30 : πλήρη.
3. *Enn.* VI 7 [38] 16, 31-32.
4. Cf. *infra*, p. 80-82.
5. *Enn.* VI 7 [38] 16, 18-19.
6. *Cf.* J. Trouillard, « Procession néoplatonicienne et création judéo-chrétienne », art. cit., p. 17 : « Pour une substance, c'est la même chose que de se convertir vers son principe ou vers soi-même, et pareillement de se fonder sur son principe ou sur soi-même. Car il est un point originel où principe et dérivé agissent indivisiblement ».

ne cesse jamais de contempler le Bien, de même que chacun des dieux qui peuplent le monde intelligible ne cesse, infatigablement, de penser la totalité.

Du tout aux parties

Procession et différenciation

Même si la particularisation n'empêche pas chaque intelligible de demeurer, en quelque manière, relié au tout, elle est toutefois largement dévalorisée par Plotin, car elle constitue une forme d'éloignement relativement au tout. Or, s'il y a éloignement, c'est qu'il y a procession et s'il y a procession, c'est que l'Intellect, par sa nature même, l'autorise.

Nous savons[1] que l'Intellect se constitue par impuissance à penser l'Un comme absolument un : parce qu'il veut le saisir comme un objet de connaissance, il le multiplie et devient lui-même multiple. Mais il y a plus : derrière cette impuissance se cache également une volonté d'indépendance et d'autosuffisance. Aussi Plotin parle-t-il de l'audace (τόλμα) de l'Intellect, à savoir « l'audace qu'il a eu, en quelque manière, de s'éloigner de l'Un (ἀποστῆναι δέ πως τοῦ ἑνὸς τολμήσας) »[2]. Cet éloignement, explique-t-il ailleurs, est dû à ce que l'Intellect « a voulu tout posséder en lui (πάντα ἔχειν θέλων) »[3]. Mais il aurait mieux valu pour lui ne pas le vouloir, car, ce faisant, il se déploie[4] et devient un principe second[5]. Le déploiement de l'Intellect est, poursuit Plotin, comparable à celui qui préside à la formation d'un cercle :

> Comme un cercle qui se déploie (ἐξελίξας), il est devenu figure (σχῆμα), surface (ἐπίπεδον), circonférence (περιφέρεια), centre (κέντρον), rayons (γραμμαί), avec un haut et un bas (τὰ μὲν ἄνω, τὰ δὲ κάτω). Le meilleur est le point de départ (βελτίω μὲν ὅθεν), le pire est le point d'arrivée (χείρω δὲ εἰς ὅ); car le point d'arrivée n'est pas comme le point de départ avec le point d'arrivée (τὸ γὰρ εἰς ὃ οὐκ ἦν τοιοῦτον οἷον τὸ ἀφ' οὗ καὶ εἰς ὅ), pas plus que le point de départ avec le point d'arrivée n'est comme le point de départ seul (οὐδ' αὖ τὸ ἀφ' οὗ καὶ εἰς ὃ οἷον τὸ ἀφ' οὗ μόνον), *Enn.* III 8 [30] 8, 36-40, trad. J.-F. Pradeau, légèrement modifiée.

La comparaison du déploiement interne de l'Intellect avec celui d'un cercle permet de déterminer le mouvement processif intelligible en fonction de deux

1. Cf. *supra*, p. 44-45.

2. *Enn.* VI 9 [9] 5, 29. Sur la notion d'audace, voir J.M. Rist, « Monism : Plotinus and some predecessors », art. cit., p. 338-342 ; N. Baladi, « Origine et signification de l'audace chez Plotin », dans *Le Néoplatonisme*, *op. cit.*, p. 89-99 ; N.J. Torchia, *Plotinus,* Tolma, *and the Descent of Beings : An Exposition and Analysis*, New York, P. Lang, 1998 ; I. Koch, « *Tolma* et *Kakia* dans la réflexion éthique sur le mal chez Plotin », *Kairos* 15, 1999, p. 75-98.

3. *Enn.* III 8 [30] 8, 34.

4. Cf. *Enn.* III 8 [30] 8, 34 : ἐξείλιξεν.

5. Cf. *Enn.* III 8 [30] 8, 35 : δεύτερον.

lieux distincts : d'une part, un lieu d'origine (le centre), que l'on peut identifier à l'Intellect total du traité VI 2 [43] ; d'autre part, un lieu d'arrivée où le mouvement processif trouve son terme (la circonférence) et qui symbolise l'actualisation des intellects particuliers. Mais là n'est pas tout car cette distinction topologique recouvre manifestement, aux yeux de Plotin, une *distinction axiologique* : le lieu d'origine représente, pour l'intelligible, « le meilleur », tandis que le lieu d'arrivée est « le pire ». En somme, la comparaison avec le déploiement du cercle a pour but de nous signifier, d'une part, que la génération de l'Intellect en tant qu'Intellect accompli implique la considération d'un mouvement processif interne et, d'autre part, que ce mouvement processif, par lequel les intelligibles particuliers se voient engendrés, entraîne une différenciation axiologique de l'intelligible.

Avec la mise au jour de cette différenciation axiologique, les intellects particuliers – qui, on l'a vu [1], sont engendrés par l'Intellect total ou générique – se voient différenciés en fonction d'un seul et même critère : l'éloignement relativement au principe génératif (soit, l'Intellect total). Cet éloignement permet de rendre compte non seulement de la différenciation des multiples intellects particuliers relativement à l'Intellect total, mais également de la différenciation des multiples intellects entre eux (ou, en tout cas, des différences entre intellects qui relèvent de niveaux de particularisation différents) [2] :

– pour ce qui est de la première forme de différenciation, nous avons déjà vu en quoi elle consiste : à la différence de l'Intellect total qui ne s'attache à aucun objet en particulier et n'est donc pas déterminé par cet objet, les intellects qui s'éloignent de l'Intellect total sont ceux qui se déterminent en actualisant leurs particularités ; la différence entre l'Intellect total et les intellects particuliers réside donc dans le fait que le premier demeure *apeiron*, illimité, puisque sa portée n'est pas limitée à la considération d'un objet en particulier, alors que les seconds sont limités, c'est-à-dire déterminés sous telle ou telle forme ; – quant à la différenciation des intelligibles particuliers entre eux, elle n'implique nulle distinction quant à la *nature* – tous demeurent en effet des intelligibles –, mais bien quant à *l'unité*. En effet, si chaque intellect particulier, quel qu'il soit, contient en lui-même totalement l'Intellect total, alors il faut admettre que tout ces intellects sont identiques quant à leur nature. En revanche, cette identité ne les empêche pas d'être différemment éloignés de leur principe génératif et cet éloignement se traduit alors en terme d'unité : plus les intelligibles particuliers s'éloignent de l'Intellect total et plus ils se voient mutuellement dissociés les uns des autres. Or, si cette différenciation est comprise comme une différenciation axiologique, c'est

1. Cf. *supra*, p. 229-239.

2. En effet, la différenciation hénologique par « éloignement relativement au principe » ne permet pas de rendre compte des différences existant entre des intellects particuliers situés à un même niveau d'éloignement, mais seulement des différences existant entre des intellects particuliers situés à *des niveaux différents*. Ce type de différenciation ne permet donc pas de répondre totalement à la question : pourquoi tel intelligible particulier se distingue-t-il d'un autre ? qu'est-ce qui fait qu'il est particularisé différemment d'un autre ?

parce que l'unité, explique Plotin, a surtout rapport au *bien* : « autant une chose obtient de bien (καθόσον τυγχάνει ἀγαθοῦ), autant elle est une (κατὰ τοσοῦτον καὶ ἕν) ; le plus ou moins d'unité consiste dans le plus ou moins de bien (καὶ τὸ μᾶλλον καὶ ἧττον τοῦ ἓν ἐν τούτῳ) » [1].

Il ne faut toutefois pas se méprendre sur ce que recouvre l'unité en question. Elle ne signifie pas, par exemple, que le niveau inférieur de l'intelligible (celui où les intellects particuliers sont pensés dans leurs particularités et leurs distinctions) soit plus « varié » que le niveau supérieur (celui où les intellect particuliers sont « au calme », pensés dans l'universalité). C'est même tout le contraire :

> L'Intellect et l'Ame « sont d'autant plus variés qu'ils sont plus simples (ποικίλα πάντα ὅσῳ ἁπλᾶ), c'est-à-dire dans la mesure même où ils ne sont pas composés, où ils sont des principes et où ils sont des actes (τοῦτο δὲ ὅσῳ μὴ σύνθετα καὶ ὅσῳ ἀρχαὶ καὶ ὅσῳ ἐνέργειαι) : l'acte de ce qui, là-haut, vient en dernier est simplement lui-même, parce qu'en quelque sorte l'activité s'y arrête (τοῦ μὲν γὰρ ἐσχάτου ἡ ἐνέργεια ὡς ἂν λήγουσα ἁπλῆ). Mais l'acte de ce qui, là-haut, est premier est tous les actes (τοῦ δὲ πρώτου πᾶσαι), *Enn.* VI 7 [38] 13, 1-4, trad. P. Hadot, modifiée.

L'unité, dans l'intelligible, n'implique nullement la suppression de toute multiplicité et de toute variété. Au contraire, l'Intellect et l'Ame « sont d'autant plus variés qu'ils sont plus simples » [2]. Une telle affirmation, apparemment en soi contradictoire, se comprend du fait que, dans l'intelligible, le supérieur n'est pas une simple abstraction appauvrie de l'inférieur, mais une réalité consistante et, comme nous l'avons vu à de multiples reprises, la puissance génératrice de ce qui est inférieur. On se souvient en effet que dans l'analyse du chapitre 20 du traité VI 2 [43], Plotin écrit que « l'Intellect total pourvoit à chacun des intellects particuliers (χορηγὸν μὲν τοῖς καθέκαστα) » [3]. Si l'Intellect total est le « chorège » de chacun des intellects particuliers, c'est parce qu'il contient, *en acte*, tout ce dont les intellects particuliers auront besoin pour subsister. En revanche, le niveau inférieur, du fait qu'il n'est qu'une particularisation possible du niveau supérieur, n'est pas en acte la totalité de l'intelligible, mais seulement celle dont il est, précisément, l'actualisation.

Ainsi entendue, la procession intelligible peut se représenter comme un mouvement à la fois vertical (descendant) et horizontal : en s'actualisant, les intellects particuliers s'éloignent de l'Intellect total et procèdent vers des niveaux intelligibles de plus en plus bas ; en procédant, chaque intellect particulier se voit distingué des autres et cette distinction va en s'accroissant à mesure que se poursuit la procession. Mais là n'est pas tout : la procession implique, par sa nature même, un terme, une fin. En effet, si la procession constitue une forme d'appauvrissement et de perte relativement au principe en lequel elle trouve sa

1. *Enn.* VI 2 [43] 11, 18-19.
2. Sur ce texte, *cf.* S.L. Rappe, « Explanation and nature in *Enneads* VI. 7.1-15 », art. cit., p. 90-91.
3. *Enn.* VI 2 [43] 20, 13.

source, alors viendra un moment où les intelligibles ne pourront plus continuer à procéder, car leur particularisation et leur mutuelle séparation auront atteint le point ultimement acceptable pour demeurer des intelligibles. Aussi est-ce pour cette raison que Plotin distingue, dans l'intelligible, entre *deux actes* : d'une part, l'acte originaire, premier, qui est « tous <les actes> », à savoir l'acte de Intellect total[1]; d'autre part, l'acte ultime, dernier, celui au-delà duquel il n'est plus possible d'aller sans basculer définitivement dans le non-être de la matière et qui, on va le voir, est la *phusis*.

Nous aurons l'occasion d'examiner plus avant, dans la dernière section de ce chapitre, le statut et la nature de l'acte ultime dans l'intelligible. En attendant, voyons ce qu'il en est de la procession des intelligibles particuliers et de ce qu'elle implique pour chacun d'entre eux.

Dans son traité *Sur la descente de l'âme dans les corps*, Plotin rend compte de la particularisation intelligible par l'intermédiaire d'une double analogie, celle de la ville et celle du feu :

> Par exemple, si une ville était animée et enveloppait en elle d'autres êtres animés, alors l'âme de la ville serait certes plus parfaite et plus puissante (τελειοτέρα... καὶ δυνατωτέρα), mais rien n'empêcherait cependant que l'âme des autres choses soit d'une même nature qu'elle (τῆς αὐτῆς φύσεως). Ou encore c'est comme le feu universel dont sont issus aussi bien un grand feu que des petits (ἢ ὡς ἐκ τοῦ παντὸς πυρὸς τὸ μὲν μέγα, τὸ δὲ μικρὰ πυρὰ εἴη), *Enn.* IV 8 [6] 3, 16-19.

Si l'on y regarde de près, on voit que ces deux analogies soulignent deux traits différents de la particularisation. Le premier est que même si les intelligibles particuliers (ici, les âmes enveloppées par l'âme de la ville) sont tous de même nature que l'Intellect total (l'âme de la ville et les âmes particulières qu'elle contient sont toutes deux des âmes), celui-ci n'en demeure pas moins « plus parfait et plus puissant ». Le second est que si les intelligibles particuliers sont tous, au même titre, intelligibles (de même que tous les feux particuliers sont des feux), ils se distinguent cependant en ce que certains sont plus grands que d'autres, une distinction que l'on peut interpréter en termes de perfection et de puissance.

Dès qu'il y a particularisation, il y a donc une forme de perte : ce qui se particularise est dit moins parfait et moins puissant que ce qui n'est pas particularisé[2]. Mais la particularisation a également ses degrés : un intelligible peut

1. Cf. *Enn.* VI 2 [43] 20, 29.

2. C'est cette idée que l'on trouve exprimée dans la *Sentence* 11 de Porphyre : « Les réalités incorporelles (αἱ ἀσώματοι ὑποστάσεις), dans leur mouvement de descente (ὑποβαίνουσαι), se partitionnent et se pluralisent jusqu'au domaine de l'individuel (μερίζονται καὶ πληθύνονται εἰς τὰ κατὰ ἄτομον) par relâchement de puissance (ὑφέσει δυνάμεως), alors que, dans leur mouvement ascendant (ὑπερβαίνουσαι), elles s'unifient (ἑνίζονται) et, par un mouvement inverse du précédent, elles vont vers leur rassemblement par surabondance de puissance (εἰς τὸ ὁμοῦ ἀντιχωροῦσι δυνάμεως περιουσίᾳ) », traduction de Unité Propre de Recherche n° 76 du CNRS, légèrement modifiée.

être jugé plus puissant et plus parfait qu'un autre du fait qu'il est moins particularisé, c'est-à-dire du fait qu'il s'est moins éloigné de la source commune qui lui a donné le jour. A cela s'ajoute enfin la dimension axiologique que nous avons mise au jour plus haut : ce qui n'est pas particularisé est meilleur que ce qui est particularisé et, parmi les choses qui sont particularisées, certaines sont meilleures que d'autres. C'est le cas, par exemple, de l'âme qui s'attache à un corps : lorsqu'il y a communion d'une âme avec un corps, « une telle communion est un mal (κακὸν δὲ εἶναι τὴν τοιαύτην κοινωνίαν) et son affranchissement un bien (ἀγαθὸν τὴν ἀπαλλαγήν) »[1]. La raison en est qu'une telle âme « étant sortie hors du tout (ἐκ τοῦ παντός) », est devenue « en quelque manière partielle (μερικὴ πως) »[2]. La particularisation est ainsi présentée comme une forme de *partialisation*. Par là, Plotin entend souligner ce qui est perdu et donc manque dès lors qu'il y a particularisation[3]. Or, ce qui est perdu, en l'occurrence, c'est l'universalité :

> L'acte d'une telle âme n'est plus dirigé vers le tout (οὐκέτι πρὸς τὸ ὅλον), bien qu'il appartienne au tout (καίπερ τοῦ ὅλου οὔσης). C'est comme si celui qui connaît la science totale (ἐπιστήμης ὅλης) n'en considérait jamais qu'un théorème particulier. Mais le bien, pour celui qui sait, ce n'est pas d'avoir en vue tel théorème de la science (οὐ κατά τι τῆς ἐπιστήμης), mais bien d'avoir en vue toute la science qu'il possède (ἀλλὰ κατὰ τὴν πᾶσαν ἣν ἔχει), *Enn.* VI 4 [22] 16, 24-28.

Si la particularisation est une forme de partialisation, c'est au sens où elle résulte d'un changement radical de perspective : au lieu de penser le tout à travers toutes ses puissances, on n'en pense plus qu'une partie isolée. Certes, le tout demeure cependant présent en chacune de ses parties. Mais il n'est plus alors saisissable que sous une forme appauvrie. Il faut en effet bien comprendre que la particularisation n'est pas une perspective parmi d'autres sur le tout. Car cette

1. *Enn.* VI 4 [22] 16, 21-22.

2. *Enn.* VI 4 [22] 16, 23-24. Il convient ici de ne pas confondre cette âme, qualifiée de *merikè pôs*, avec la *phusis* qui est, elle aussi, appelée « âme partielle (μερικὴ) » (cf. *Enn.* III 9 [13] 3, 7). Il s'agit de deux âmes différentes : la *phusis* est appelée « âme partielle » parce qu'elle n'est qu'une partie de l'Ame totale (*i.e.* l'Ame hypostatique) et elle intervient dans la formation du corps, en déterminant, au moyen de *logoi*, la matière du sensible ; en revanche, l'âme qui est dite *merikè pôs* est une âme supérieure à la *phusis* (en tout cas, s'il s'agit d'une âme destinée à animer un homme) et qui ne peut entrer en commerce avec le corps que lorsque celui-ci a déjà préalablement été façonné par la *phusis*. Cf. *Enn.* II 1 [40] 5, 18-23 et le commentaire de F. Romano, « Natura e anima in Plotino », art. cit., p. 286.

3. L'adjectif « μερικός » n'a pas exactement le même sens, chez Plotin, que la qualification de « ἐν μέρει ». Comme on l'a vu dans l'étude d'*Enn.* VI 2 [43] 20, ἐν μέρει signifie de quelque chose qu'il n'est en acte qu'une seule chose (et non toutes choses). Toutefois, ce qui est qualifié de ἐν μέρει n'en demeure pas moins constitutivement relié au tout et c'est pourquoi les intellects « partiels », selon Plotin, sont dits *en puissance* le tout. L'utilisation du qualificatif « μερικός », en revanche, a pour but de souligner ce qui est perdu lors de la particularisation : une chose est « *merikos* » lorsqu'elle s'est éloignée de la saisie du tout et ne regarde désormais plus qu'en direction de la partie ; *en acte*, elle n'est qu'une partie et non plus le tout. On peut donc dire que ἐν μέρει et μερικός constituent deux perspectives différentes sur un même objet.

perspective n'est pas axiologiquement neutre. Elle résulte d'une attitude *audacieuse* qui, on l'a vu, trouve son origine au plus profond de l'Intellect. Aussi, écrit Plotin, « l'origine du mal, pour les âmes (ἀρχὴ μὲν οὖν αὐταῖς τοῦ κακοῦ), c'est bien l'audace (ἡ τόλμα), la génération, l'altérité première et le fait de *vouloir s'appartenir à elles-mêmes* (τὸ βουληθῆναι δὲ ἑαυτῶν εἶναι) »[1]. Autrement dit, la particularisation intelligible ne fait que reproduire, au sein de l'Intellect, l'audace par laquelle l'Intellect s'était primitivement éloigné de l'Un. On se souvient qu'un tel éloignement résultait de ce que l'Intellect « a voulu tout posséder en lui (πάντα ἔχειν θέλων) »[2]. Or, vouloir tout posséder, pour l'Intellect, cela signifie vouloir être à soi-même son propre principe en formant une totalité parfaitement *autosuffisante*[3]. De la même manière en va-t-il pour les intelligibles particuliers, lesquels, nous dit Plotin, « veulent s'appartenir à eux-mêmes »[4].

Dans son traité *Sur l'éternité et le temps*, Plotin explique que si l'âme vient, quelque fois, à s'attacher à un corps, cela vient « de sa nature affairée (φύσεως...

1. *Enn.* V 1 [10] 1, 3-5. Sur la question de la volonté dans la problématique de la descente des âmes, voir G. Carrière, « Man's downfall in the philosophy of Plotinus », *New Scholasticism* 24, 1950, p. 284-308 (notamment p. 296-297 et 304-305); E.B. Costello, « Is Plotinus inconsistent on the nature of Evil? », *International Philosophical Quarterly* 7, 1967, p. 483-497 (notamment p. 491); P.-M. Schuhl, « La descente de l'âme selon Plotin », *Diotima* 4, 1976, p. 65-68 et N.-Ch. Banacou-Caragouni, « Observations sur la descente des âmes dans les corps chez Plotin », *Diotima* 4, 1976, p. 58-64 (notamment p. 61-63). Dans ce dernier article, l'auteur parle « d'une volonté univoque... celle de la loi qui s'est emparée de leur propre nature » et qui fait que « les âmes ne se sentent pas contraintes par la nécessité, car, établie dans leur propre nature, celle-ci se manifeste comme une tendance naturelle et, pour ainsi dire, "inopprimable" » (p. 62). Voir également J. Simons, « Matter and time », art. cit., p. 65-66 et I. Koch, « *Tolma* et *Kakia* dans la réflexion éthique sur le mal chez Plotin », art. cit., p. 81-90. Ce dernier écrit : « l'indépendance (αὐτεξουσίον, V, 1 [10], § 1, 1. 5) que les âmes mettent en action pour courir "dans la direction opposée" et oublier leur père n'est pas celle d'une décision : elle est l'effet spontané de la nature de l'âme, qui n'est pas faite pour rester en permanence dans l'intelligible » (p. 88). Enfin, on se rapportera à la magistrale étude de D. O'Brien, « Le volontaire et la nécessité : réflexions sur la descente de l'âme dans la philosophie de Plotin », *Revue philosophique de la France et de l'étranger* 167, 1977, p. 401-422, où l'auteur conclut que la descente des âmes relève d'un cas de figure très particulier, celui « de se donner *volontairement*, et de bon gré, à la *nécessité* qui est identique à la nature même de l'âme » (p. 421).

2. *Enn.* III 8 [30] 8, 34.

3. Cf. *Enn.* V 3 [49] 13, 19-21 : « L'être dans le besoin par rapport à lui-même [*i.e.* l'Intellect] a produit, grâce à la totalité (τῷ ὅλῳ), son autosuffisance (αὔταρκες), en tirant sa suffisance de toutes ses parties (ἱκανὸν ἐξ ἁπάντων γενόμενον), en étant avec soi-même et en tendant vers soi-même ».

4. Il convient cependant de distinguer les deux expressions, celle de « vouloir tout posséder en soi (πάντα ἔχειν θέλων) » (propre à l'Intellect) et celle de « vouloir s'appartenir à soi-même (τὸ βουληθῆναι δὲ ἑαυτῶν εἶναι) » (propre à l'Ame). Dans les deux cas, assurément, il y a cette même volonté appropriatrice, mais il faut souligner ce fait que l'Intellect ne pourrait nullement se constituer comme Intellect par volonté de s'appartenir à soi-même ou, dit autrement, par volonté de se posséder soi-même. Au contraire, écrit Plotin, « la pensée ne réside pas dans l'acte de se posséder soi-même (τῷ ἔχειν ἑαυτὸ οὐ νοεῖν), mais dans un acte de voir dirigé vers le premier (τῷ πρὸς τὸ πρῶτον βλέπειν) » (*Enn.* III 9 [13] 9, 6-7). Vouloir se posséder soi-même est donc propre à l'Ame puisqu'il signifie, en somme, renoncer à la pensée véritable (ou connaissance de soi), laquelle suppose de penser en direction du premier. Sur ce point, *cf.* J.-Y. Blandin, « "Penser, c'est regarder en direction du premier" », art. cit., p. 138.

πολυπράγμονος)[1], de sa volonté d'être maîtresse d'elle-même (ἄρχειν αὐτῆς βουλομένης), de s'appartenir (εἶναι αὐτῆς) et de la recherche de quelque chose de plus que ce que lui offre son état présent (τὸ πλέον τοῦ παρόντος ζητεῖν) »[2]. Ce qu'il est intéressant de voir, dans cette explication, c'est que l'âme ne se particularise (en devenant l'âme *d'*un corps) que parce qu'elle cherche un *plus*, à savoir l'autosuffisance. Or, du fait de sa nature intelligible, elle est en réalité *déjà* autosuffisante. Dès lors, l'autosuffisance qu'elle cherche est un leurre, et ce plus qu'elle croit acquérir s'avère être pour elle un *moins*: lorsqu'une âme s'est retirée longtemps du tout que forme l'Ame totale, « en fuyant la totalité et en s'éloignant d'elle par sa distinction (φεύγουσα τὸ πᾶν καὶ τῇ διακρίσει ἀποστᾶσα) et qu'elle ne regarde pas en direction de l'intelligible (μὴ πρὸς τὸ νοητὸν βλέπῃ), elle devient une partie, s'isole et s'affaiblit (μέρος γενομένη μονοῦται τε καὶ ἀσθενεῖ) »[3].

Ainsi, tout se passe comme si, parce qu'elles cherchent l'autosuffisance, les âmes deviennent les esclaves des corps qu'elles ont pourtant à diriger[4]. Un tel résultat ne signifie toutefois nullement qu'il soit impossible, pour les âmes comme pour n'importe quel intelligible particulier, d'atteindre à l'autosuffisance. Il signifie seulement que les âmes ignorent ce qu'est la véritable autosuffisance. Pour Plotin, « ce qui est absolument simple et véritablement autosuffisant n'a besoin de rien (τὸ δὲ πάντη ἁπλοῦν καὶ αὔταρκες ὄντως οὐδὲν δεῖται) »[5]. Or, seul l'Un peut en ce sens être dit autosuffisant puisque l'Intellect, on l'a vu[6], a besoin de se penser lui-même. Il est toutefois possible à l'Intellect d'atteindre à ce que Plotin appelle une « autosuffisance seconde (δευτέρως αὔταρκες) »[7] à condition *de penser le tout dans l'universalité*. C'est en effet le seul moyen, pour l'Intellect, de ne pas se déterminer, c'est-à-dire de ne pas limiter et attacher[8] sa puissance à la pensée d'un objet en particulier. La véritable autosuffisance

1. Sur le terme πολυπράγμων, voir l'analyse faite par N.J. Torchia, *Plotinus,* Tolma, *and the Descent of Beings : An Exposition and Analysis*, New York, P. Lang, 1998, p. 75-78. Dans son sens littéral, explique l'auteur, *polupragmôn* réfère à un caractère « empressé, affairé, pointilleux ou encore à une inquiétude excessive qui concerne en même temps de multiples détails ». Mais le terme a également, poursuit l'auteur, un sens épistémologique désignant « une curiosité concernant des domaines de savoir de toutes sortes ».

2. *Enn.* III 7 [45] 11, 15-17.

3. *Enn.* IV 8 [6] 4, 13-15, traduction de L. Lavaud. Sur cet isolement et affaiblissement des âmes, *cf.* J.M. Rist, *Plotinus. The Road…*, *op. cit.*, p. 126-127 et J.S. Lee, « Omnipresence, Participation, and Eidetic Causation in Plotinus », art. cit., p. 90-103. Ce dernier écrit : « Il vaut la peine de noter que l'intérêt pour soi de l'âme, sa contemplation de soi, est la source du mal moral de l'âme selon Plotin. Cet intérêt pour soi fait de l'âme "quelque chose d'inférieur", c'est-à-dire un être déficient moralement » (p. 90).

4. *Cf.* I. Koch, « *Tolma* et *Kakia* dans la réflexion éthique sur le mal chez Plotin », *Kairos* 15, 1999, p. 78 : « l'âme audacieuse se trompe en croyant que s'individualiser, venir en un corps particulier, c'est acquérir une indépendance nouvelle ».

5. *Enn.* V 3 [49] 13, 16-17.

6. Cf. *supra*, p. 37.

7. *Enn.* V 3 [49] 13, 17.

8. Sur ἐφάπτω, cf. *Enn.* IV 8 [6] 4, 20, *Enn.* IV 3 [27] 1, 2 et *Enn.* VI 2 [43] 20, 1.

s'atteint donc d'abord par le détachement, un *détachement* que certaines âmes interprètent, *à tort*, comme une forme de distinction et de séparation. Plotin donne une illustration de ce processus de partitionnement au moyen d'une analogie avec les raisons séminales :

> Il en va comme d'une raison séminale qui, se déployant (ἐξελίττων) à partir d'une semence au repos, s'achemine, comme il apparaît, vers la multiplicité (εἰς πολύ), en rendant visible la multiplicité par une partition (ἐμφανίζων[1] τὸ πολὺ τῷ μερισμῷ) et, au lieu de garder son unité interne, se dépense en grandeur et s'affaiblit dans cette procession même (δαπανῶν εἰς μῆκος ἀσθενέστερον πρόεισιν), *Enn.* III 7 [45] 11, 23-27.

Si les raisons séminales, en s'extériorisant hors de la semence, manifestent une forme d'affaiblissement, c'est parce qu'elles expriment sous le mode de la distinction et de la multiplicité ce qui est originairement simple. Tant qu'elles demeurent au sein de la semence, les raisons séminales sont des touts capables de donner naissance à n'importe quel caractère. Une fois déployées, ces raisons se voient spécifiées selon tel ou tel caractère, par exemple l'œil ou la main[2]. Assurément, ces caractères ne font que manifester la préexistence, au sein de la semence, d'une multiplicité. Mais la multiplicité qui préexiste, à titre éminent, dans la semence et celle qui se laisse voir « dans la grandeur » ne sont pas identiques : dans le premier cas, la multiplicité y est, littéralement, « concentrée (ἐν ἑνὶ κέντρῳ) »[3], indéterminée et manifeste la puissance totale de la semence ; dans le second cas, elle est déterminée, distinguée en fonction du caractère en lequel elle s'actualise et s'épuise.

Perte et compensation

Dans le traité VI 7 [38], Plotin affirme que le Vivant total (ζῷον παντελές) – l'expression, on l'a vu[4], vient d'une exégèse du *Timée* et désigne, chez l'Alexandrin, la totalité de l'intelligible – ne doit pas seulement contenir l'homme (entendez, l'*idée* d'homme), « car sans cela l'homme serait seul ici-bas (μόνον γὰρ ἄνθρωπος ἐνταῦθα ἦν) »[5]. Cette affirmation témoigne du statut que Plotin entend conférer à l'intelligible : celui-ci est le principe de la totalité du sensible, une totalité qui trouve dans l'intelligible sa raison d'être. Aussi, s'il est vrai que le monde sensible est pluriel et différencié, composé non seulement d'hommes mais également d'animaux, de plantes et de minéraux, alors il faut que chacune de ces choses trouve, dans le Vivant total, son propre principe explicatif. La pluralité et

1. Je suis, avec E. Bréhier, la conjecture de Schegk qui change le ἀφανίζων (rendre invisible, cacher, obscurcir) des manuscrits en ἐμφανίζων.
2. L'exemple est donné en *Enn.* V 9 [5] 6, 10-17.
3. *Enn.* V 9 [5] 6, 12-13.
4. Cf. *supra*, p. 167-169.
5. *Enn.* VI 7 [38] 8, 32, traduction de P. Hadot.

la diversité sensibles induisent donc une pluralité et une diversité dans l'intelligible.

Est-ce à dire que l'on va trouver, dans l'intelligible, des êtres qui sont, comme c'est le cas dans le sensible, rationnels ou irrationnels ? Mais comment pourrait-on admettre, demande un interlocuteur anonyme, que « ce qui est privé d'intellect (ἀνόητον) ou de raison (ἄλογον) puisse appartenir à ce en quoi chaque chose se trouve (ἐν ᾧ ἕκαστα) et par quoi tout est produit (ἐξ οὗ)? »[1]. C'est que « les vivants qui sont ici-bas », répond Plotin, « ne sont pas comme ceux de là-haut » et il faut « saisir ces derniers plus noblement »[2]. Il n'y a pas, en effet, d'êtres intelligibles qui soient, par exemple, « rationnels », car la rationalité est postérieure à l'intelligible (elle ne survient que lors de la descente de l'âme dans un corps). En revanche, on peut dire que la rationalité en tant que telle préexiste dans l'intelligible, à un niveau formel, tout comme préexiste l'irrationalité sous le même mode : dans les deux cas, on va le voir, l'intelligible en question doit contenir toutes les propriétés essentielles qui constituent, chez un être donné, la rationalité ou l'irrationalité.

Le Vivant total ne manifeste pas seulement la multiplicité et la diversité du sensible, il rend compte également, sous un mode propre, de *l'hétérogénéité* par laquelle se distinguent entre eux les multiples êtres sensibles. Or, cette hétérogénéité est initialement produite non par le contenu même de l'idée (*i.e.* le fait qu'elle rassemble tels et tels caractères), mais, conformément à ce que nous avons vu dans la section précédente, par l'éloignement relativement « aux choses premières » :

> Il faut bien penser que les multiples vies – qui sont comme des mouvements – et les multiples pensées *ne devaient pas* être identiques (οὐκ ἐχρῆν τὰς αὐτὰς εἶναι), mais qu'il *fallait* que les vies diffèrent entre elles et, de la même manière, les pensées (ἀλλὰ καὶ ζωὰς διαφόρους καὶ νοήσεις ὡσαύτως) : ces différences sont, en quelque manière, des différences de clarté et d'évidence (τὰς δὲ διαφοράς πως φωτεινοτέρας καὶ ἐναργεστέρας) de sorte que c'est en fonction de leur proximité d'avec les choses premières (κατὰ τὸ ἐγγὺς δὲ τῶν πρώτων) que ces vies et ces pensées seront de premier, de deuxième ou de troisième rang (πρώτας καὶ δευτέρας καὶ τρίτας), *Enn.* VI 7 [38] 9, 15-18.

Il est remarquable de voir que les différences du monde sensible – par exemple, celles qui permettent de distinguer entre les êtres irrationnels et les êtres rationnels ou entre les êtres rationnels eux-mêmes – résultent d'abord d'une *exigence*, à savoir celle que le monde intelligible ne doit pas seulement être un, mais également multiple, donc composé d'êtres différents[3]. Au niveau intelligible, la différence ne porte pas directement sur les êtres intelligibles entre eux, mais d'abord sur les êtres intelligibles relativement à ce que Plotin nomme ici « les

1. *Enn.* VI 7 [38] 9, 4-5, traduction de P. Hadot, modifiée.
2. *Enn.* VI 7 [38] 9, 8-9.
3. Sur cette exigence, cf. *supra*, p. 201-214.

choses premières (τῶν πρώτων) », et que l'on peut, me semble-t-il, identifier aux genres premiers de l'être[1]. Cela signifie que les intelligibles particuliers sont ce qu'ils sont et, par là, se distinguent les uns des autres, en fonction de la plus ou moins grande proximité qu'ils ont avec le niveau le plus élevé de l'Intellect, à savoir le niveau universel ou générique. De cette manière, la différence introduit, dans l'intelligible, une procession et, avec elle, une hiérarchie. Les vies et les pensées seront de premier, deuxième ou troisième rang, et cela en fonction du degré de particularisation qui leur est propre : « c'est pourquoi, parmi les pensées, les unes deviennent des dieux, les autres constituent un deuxième genre dans lequel se place ce que l'on appelle ici-bas "raisonnable", et, immédiatement à la suite, le genre que l'on appelle "sans raison" »[2].

Si la particularisation introduit, dans l'intelligible, un mouvement processif, elle n'entame cependant pas la *nature* intelligible de tous les « vivants » ainsi particularisés : comme l'écrit Plotin, « de la même manière qu'une vie particularisée ne cesse d'être vie (ὡς γὰρ ἡτισοῦν ζωὴ οὐκ ἀπήλλακται τοῦ εἶναι ζωή), de la même manière un intellect particularisé ne cesse pas d'être intellect (οὕτως οὐδὲ νοῦς τοιόσδε ἀπήλλακται τοῦ εἶναι νοῦς) »[3]. Ainsi que nous l'avons vu précédemment, chaque intellect particulier tire sa réalité (*i.e.* son être et son unité) d'une double source : d'une part, de l'Intellect universel (*sc.* le genre) qui pourvoit à tout ce dont elle a besoin, et d'autre part, de la particularisation (*sc.* la différence) elle-même, une particularisation qui implique un éloignement relativement à l'unité et à la simplicité de l'Intellect universel. Cette double source ne cesse, pourrait-on dire, de tirailler l'intelligible particulier : par la présence en lui de l'Intellect total, l'intelligible est, en quelque manière, la totalité des intelligibles ; par la particularisation, il se partialise, s'éloigne du tout et n'est plus en acte qu'une puissance particulière. Il y a donc, dans chaque intelligible particulier, une tension interne par laquelle il tend vers le tout et, *inversement*, s'en échappe. Du fait de cette tension, explique Plotin, chaque intelligible, d'une part, implique un manque, une déficience occasionnée par la particularisation et, d'autre part, parce qu'il demeure un intelligible à part entière, trouve en lui-même ce qui permet de compenser ce manque :

> Les puissances <de l'Intellect> se déploient en laissant toujours quelque chose en haut (ἐξελιττόμεναι γὰρ αἱ δυνάμεις καταλείπουσιν ἀεὶ εἰς τὸ ἄνω) : en s'avançant, elles abandonnent quelque chose et, dans cet abandon même, <perdent> une chose et puis une autre (προϊᾶσι δέ τι ἀφιεῖσαι καὶ ἐν τῷ ἀφεῖναι δὲ ἄλλα <καὶ> ἄλλα[4]) à cause de la déficience du vivant qui se manifeste ainsi (διὰ τὸ ἐνδεὲς τοῦ ζῴου τοῦ φανέντος) ; mais à partir de cette incomplétude même, elles trouvent quelque chose d'autre à ajouter (ἐκ τοῦ

1. Cf. *supra*, p. 205-214.
2. *Enn.* VI 7 [38] 9, 20-22, traduction de P. Hadot, modifiée.
3. *Enn.* VI 7 [38] 9, 29-31, traduction de P. Hadot, modifiée.
4. Je suis la conjecture de Kirchhoff, reprise par Bréhier, qui ajoute un καί entre les deux ἄλλα. H.-S.² corrigent quant à eux par ἄλλα ἄλλαι.

ἐλλείποντος ἕτερον ἐξευροῦσαι προσθεῖναι). Par exemple, s'il n'a plus les moyens suffisants pour vivre (οὐκ ἔστιν ἔτι τὸ ἱκανὸν εἰς ζωήν), apparaissent les ongles, les serres, les dents acérées ou les cornes, *Enn.* VI 7 [38] 9, 38-44.

Quel que soit le degré de son abaissement dans l'échelle hénologique de l'Intellect, chaque puissance intelligible (entendez, chaque intellect ou âme particulière) continue à demeurer un tout complet. Or, ce tout manifeste, ainsi qu'il est dit quelques lignes plus loin, le caractère *autosuffisant*[1] d'une telle puissance.

On peut évidemment s'étonner de ce que Plotin accepte, ici, d'attribuer l'autosuffisance à l'intelligible particulier, alors qu'il la refuse, comme il a été vu plus haut, à l'âme qui descend dans le corps. Il ne faut toutefois pas y voir de contradiction, car ces deux assertions ne s'appliquent pas à l'intelligible particulier de la même manière. Si Plotin refuse à l'âme qui descend dans un corps (comme à toute âme ou à tout intellect particulier) d'être autosuffisante, c'est *au regard de sa particularisation*, laquelle la fait procéder et s'éloigner du tout. En revanche, tout intellect ou toute âme particulière, y compris l'âme qui descend dans un corps, demeure un tout complet et autosuffisant du fait qu'il est, respectivement, intellect ou âme, c'est-à-dire *du fait qu'il possède en lui le principe dont il procède* (à savoir l'Intellect ou l'Ame totale)[2] et duquel il tire tout ce dont il a besoin pour être ce qu'il est. Et c'est bien cela que Plotin veut nous signifier lorsqu'il écrit que « quel que soit le point où l'intellect <particulier> se soit enfoncé, à ce point même il émerge à nouveau, grâce au caractère autosuffisant de sa *nature* (τῷ αὐτάρκει τῆς φύσεως) et il découvre, déposé en lui-même, le remède à son incomplétude (εὑρεῖν ἐν αὐτῷ τοῦ ἐλλείποντος κειμένην ἴασιν) »[3]. Nous verrons, à la fin de cette section, comment une telle autosuffisance permet de manifester le lien indéfectible entre l'intelligible particulier existant en acte et le principe universel qui lui a donné le jour. En attendant, tâchons de comprendre ce que l'autosuffisance dont il est à présent question implique pour l'intelligible particulier.

Comme il a été dit plus haut, « les vivants qui sont ici-bas ne sont pas comme ceux de là-haut » et ce qui confère à ces derniers leur nature principielle consiste précisément en leur caractère *autosuffisant*, c'est-à-dire « complet » ou « parfait »[4]. La perfection de l'intelligible, toutefois, ne vient pas seulement du fait qu'il possède, en acte, tous les caractères qui le constituent spécifiquement, mais également du fait qu'il possède *en lui-même* son « pourquoi »[5] ou sa « cause »[6]. Dans le sensible, en revanche, la complétude et la totalité ne sont

1. Αὐτάρκει, cf. *Enn.* VI 7 [38] 9, 45.

2. Cf. *Enn.* VI 2 [43] 20, 15-16 : « Les intellects particuliers contiennent, dans leurs particularités, l'Intellect universel, comme la science déterminée contient la science <universelle> » (cf. *supra*, p. 234-236).

3. *Enn.* VI 7 [38] 9, 44-46, traduction de P. Hadot, modifiée.

4. Τέλεον, cf. *Enn.* VI 7 [38] 10, 2 et *sq.*

5. Διότι, cf. *Enn.* VI 7 [38] 2, 4 ou διὰ τί, cf. *Enn.* VI 7 [38] 2, 9.

6. Αἰτίαν, cf. *Enn.* VI 7 [38] 1, 57. Selon C. D'Ancona Costa, c'est cette coïncidence entre « cause » et idée qui permet à Plotin d'éviter la régression à l'infini provoquée par l'argument du

jamais données en acte. Cela s'explique du fait que les êtres sensibles sont des êtres temporels en constant devenir : tel être sensible n'est jamais uniquement ce qu'il est présentement en acte, mais également tout ce qu'il a été et tout ce qu'il sera. Or, il est impossible de faire coïncider, en acte, ces trois temps. Cette impossibilité a pour conséquence une *extériorisation* de la « cause ». Le principe intelligible, en revanche, doit être un *tout* (πᾶν) contenant, dans l'unité, la totalité des propriétés qui, dans le sensible, seront déployées, ce qui veut donc dire, explique Plotin, « que ce tout a en lui-même jusqu'à sa propre cause (τοῦτο δέ ἐστιν ἔχον ἐν ἑαυτῷ καὶ τὴν αἰτίαν) »[1].

Selon P. Hadot, la « cause » dont il est ici question désigne le « pourquoi » de l'intelligible particulier et non la cause efficiente de son existence[2]. Autrement dit, l'autosuffisance et la complétude ne signifient nullement que chaque intelligible particulier soit à lui-même sa propre cause génératrice (ce qui d'ailleurs serait faux puisqu'on sait qu'il est engendré par l'Intellect total), mais bien qu'il soit à lui-même sa propre *raison d'être*. Cette raison d'être doit permettre de répondre à la question suivante : pourquoi tel intelligible particulier est-il ce qu'il est ? pourquoi possède-t-il les caractères qui le spécifient ? Or, selon Plotin, si l'on peut dire que chaque intelligible particulier possède en lui-même son « pourquoi », c'est parce qu'il lui est donné d'être un tout et que chacun des caractères qui le constituent assure à ce tout sa *complétude*. C'est d'ailleurs, écrit-il, ce que l'on peut déjà observer chez les êtres sensibles, comme par exemple l'homme : « si tu veux en définir la cause, il te suffit de dire "tout" (αἰτιολογῶν πάντα λέγεις). Pourquoi donc les yeux ? Pour qu'il y ait "tout" (διὰ τί οὖν ὀφθαλμοί; ἵνα πάντα). Et pourquoi les sourcils ? Pour qu'il y ait "tout" (καὶ διὰ τί ὀφρύες; ἵνα πάντα) »[3]. Cette totalité sensible ne fait que refléter la totalité propre à l'essence intelligible qui en est le principe, une essence en laquelle les multiples caractères sont leur propre raison d'être du fait qu'ils « complètent <l'essence> »[4]. L'expression « complément de l'essence » est, on l'a vu[5], celle que Plotin utilise primitivement pour désigner la nature et la fonction des genres premiers relativement à l'essence universelle qu'est l'être : ces genres, est-il dit, ne sont pas des déterminations extérieures et accidentelles de l'essence, déterminations qui se contenteraient de la qualifier sans lui apporter rien d'essentiel ; au

troisième homme (*cf.* « AMORPHON KAI ANEIDEON. Causalité des formes et causalité de l'Un chez Plotin », art. cit., p. 91).

1. *Enn.* VI 7 [38] 1, 57, traduction de P. Hadot.

2. *Cf.* P. Hadot, *Plotin. Traité 38*, *op. cit.*, p. 87, n. 21.

3. *Enn.* VI 7 [38] 3, 13-15, traduction de P. Hadot, modifiée. Sur ce texte, voir S.L. Rappe, « Explanation and nature in *Enneads* VI. 7.1-15 », art. cit., p. 81-83. L'auteur, entre autres, tente de démarquer la thèse de Plotin de celle d'Aristote : « Une doctrine spécifiquement aristotélicienne de la nature comme principe de changement est ce qui est rejeté par Plotin. Que les processus naturels soient dirigés en vue de la réalisation d'une forme dans la matière et en vue du développement le plus complet d'une substance individuelle est, selon la doctrine de la pré-existence du sensible dans l'intelligible, une explication inadéquate de la genèse du monde » (p. 83).

4. Cf. *Enn.* VI 7 [38] 3, 26 : συμπληρωτικόν.

5. Cf. *supra*, p. 103, 140 et 211-212.

contraire, chaque genre doit lui-même être compris comme essentiel, car il a pour fonction de compléter l'essence, donc de la porter à sa perfection. Il en va également ainsi dans le cas d'une essence particulière intelligible : les multiples caractères ne sont pas postérieurs à cette essence, mais bien intérieurs, et ils ont tous pour but de faire de cette essence une totalité une et complète, donc autosuffisante.

L'autosuffisance manifeste, on vient de le voir, le fait que contrairement aux êtres sensibles, les intelligibles particuliers possèdent *en eux-mêmes* leur « pourquoi ». Toutefois, il faut ici comprendre que cette intériorité ne vise pas l'intelligible dans sa particularité mais bien, comme on l'a déjà laissé entendre, dans sa « nature », à savoir dans le fait qu'il *est* intelligible (quelle qu'en soit la particularité). Cela signifie que *l'intériorité* dont il est ici question est non pas celle par laquelle un intelligible se distingue des autres (lesquels lui seraient, selon ce schéma, extérieurs), mais bien celle par laquelle il leur est relié, étant entendu que tous possèdent, en eux-mêmes, une essence commune, à savoir le principe universel ou générique qui leur a donné le jour :

> Et si l'on disait que l'idée reçoit son pourquoi de l'Intellect, ce pourquoi n'en serait pas séparé, puisque l'idée est précisément identique à l'Intellect (εἰ δὲ παρὰ νοῦ τις λέγοι, οὐ χωρίς ἐστιν, εἴ γε καὶ αὐτό ἐστιν). Si donc il est nécessaire que l'Intellect possède ces idées sans qu'elles manquent de quoi que ce soit, il ne faut pas non plus qu'elles manquent du “pourquoi”. Or, l'Intellect a en lui-même le “pourquoi ainsi” des choses qui sont en lui (νοῦς δὲ ἔχει τὸ διὰ τί οὕτως ἕκαστον τῶν ἐν αὐτῷ). Et quant aux choses qui sont en lui, l'Intellect sera chacune d'entre elles (τὰ δὲ ἐν αὐτῷ αὐτὸς ἕκαστον ἂν εἴη [τῶν ἐν αὐτῷ]), en sorte qu'aucune n'est engendrée en manquant de son “pourquoi” (ὥστε μηδὲν προσδεῖσθαι τοῦ διὰ τί γέγονεν), mais c'est tout ensemble qu'elle est engendrée et qu'elle a en elle la cause de son existence (ἀλλ' ὁμοῦ γέγονε καὶ ἔχει ἐν αὐτῷ τὴν τῆς ὑποστάσεως αἰτίαν), *Enn.* VI 7 [38] 2, 21-27, trad. P. Hadot, modifiée.

Il n'y a pas de contradiction entre le fait d'affirmer, d'une part, que l'idée (ou l'intellect ou l'âme particulière) possède en soi-même son propre « pourquoi » et, d'autre part, qu'elle le reçoit « de l'Intellect <total> (παρὰ νοῦ) ». Nous savons en effet grâce au chapitre 20 du traité VI 2 [43], qu'il y a dans l'intelligible, un *double enveloppement* : non seulement l'Intellect contient tous les intelligibles, mais chaque intelligible contient à son tour l'Intellect total du fait qu'il est lui-même un intellect. Aussi, posséder son propre pourquoi ou le recevoir d'un principe supérieur sont deux manières différentes d'affirmer une même chose, à savoir que l'autosuffisance ne s'obtient que lorsque l'on arrive à faire coïncider son propre centre, sa propre intériorité, avec le centre du principe supérieur qui nous a donné le jour.

*L'*eskhaton eidos *et la limite de la particularisation*

La particularisation induit, dans l'intelligible, un mouvement processif par lequel chaque intelligible nouvellement engendré marque un abaissement, un éloignement relativement au niveau primitif et générique de l'Intellect. Cet éloignement n'empêche toutefois pas chaque intelligible de trouver en lui-même les ressources nécessaires à sa complétude et à son autosuffisance. Cependant, un tel principe de compensation – qui assure à chaque intelligible particulier d'être, par lui-même, une totalité (*i.e.* l'unité d'une multiplicité) – ne stoppe nullement le cours inéluctable de la procession et, avec lui, une manifestation toujours plus faible des puissances intelligibles. La procession implique donc, par sa nature même, une clôture de la σύνταξις intelligible : à un moment donné de son déploiement, la procession doit manifester l'état dernier de l'intelligible, un état au-delà duquel il ne sera plus désormais légitime de parler d'intelligible. Si cette clôture est, pour ainsi dire, inexorable, il reste à rechercher *quand* elle se produit. Autrement dit, si l'on peut affirmer, dans l'absolu, que la σύνταξις intelligible implique par elle-même son propre *terme*, il s'agit encore de découvrir le critère en fonction duquel on peut identifier ce terme : quand la procession nous fait-elle basculer de l'intelligible à la matière dernière, de l'être au non-être ?

Dans le traité VI 7 [38], Plotin décrit succinctement la procession intelligible sous la forme d'une division continue du Vivant total, division aboutissant, nous dit-il, à une « espèce indivisible » :

> Le Vivant total comprend, en lui, les natures des vivants (τοῦ παντὸς ζῴου ἐμπεριεχομένας ζῴων φύσεις), puis à nouveau d'autres natures, comprenant en elles des vivants plus petits et des puissances inférieures (καὶ πάλιν αὖ ἄλλας ἐπὶ τὰ μικρότερα τῶν ζῴων καὶ εἰς τὰς ἐλάττους δυνάμεις), jusqu'à l'arrêt dans l'espèce indivisible (ὅπου στήσεται εἰς εἶδος ἄτομον), *Enn.* VI 7 [38] 14, 16-18.

La procession a donc bien, dans l'intelligible, un terme : elle s'arrête (*cf.* στήσεται) lorsqu'elle atteint ce que Plotin nomme ici « l'espèce indivisible » (εἶδος ἄτομον) et qu'il appelle, ailleurs, « l'espèce dernière » (ἔσχατον εἶδος)[1].

Cette espèce indivisible et dernière correspond, dans l'ordonnancement intelligible, à la partie la plus basse de l'Ame, à savoir la *nature* (φύσις) : dans l'intelligible, est-il dit, « la sagesse est première tandis que la nature est dernière (ἡ μὲν φρόνησις πῶτον, ἡ δὲ φύσις ἔσχατον) : la nature est une image de la sagesse (ἴνδαλμα γὰρ φρονήσεως ἡ φύσις) et, étant <la partie> dernière de l'Ame, elle ne contient que les derniers rayons de la raison (ψυχῆς ἔσχατον ὂν ἔσχατον καὶ τὸν ἐν αὐτῇ ἐλλαμπόμενον λόγον ἔχει) »[2]. A la différence des parties supérieures de l'Ame (*logistikon* et *phantastikon*) et, au-dessus de celles-ci, de l'Intellect, la nature ne pense pas, mais produit seulement[3]. Par cette production, on l'a vu[4], la nature engendre « quelque chose de totalement autre par rapport à elle (γεννᾷ πάντη ἕτερον αὐτῆς) »[5], à savoir la matière dernière. Mais là n'est pas tout, car non seulement elle engendre cette matière, mais en plus elle l'informe et, ce

1. Cf. *Enn.* VI 2 [43] 22, 16-17.
2. *Enn.* IV 4 [28] 13, 2-5.
3. Cf. *Enn.* IV 4 [28] 13, 7-8 : οὐδὲ οἶδε, μόνον δὲ ποιεῖ.
4. Cf. *supra*, p. 86-108.
5. *Enn.* III 4 [15] 1, 6.

faisant, produit un corps animé. Aussi la nature est-elle décrite comme l'« acte dernier » de l'intelligible, « celui qui désormais s'attache à la matière et l'informe (ἡ δὲ ἐσχάτη ὕλης ἤδη ἐφαπτομένη καὶ μορφοῦσα) »[1]. Comme dans le cas des intellects particuliers[2] et celui des âmes qui descendent dans les corps[3], la nature est dite « s'attacher » à quelque chose. Par cet attachement, elle manifeste sa particularisation. Mais on peut remarquer ici une spécificité propre à la *phusis* : la *phusis* s'attache non pas à quelque chose d'intelligible, ou à quelque chose d'autre que l'intelligible bien qu'informé par lui (*sc.* le corps), mais à ce qui lui est *radicalement autre* (*cf.* πάντη ἕτερον), le non-être (plus exactement, « la portion de l'"autre" qui est opposée aux êtres existant au sens propre »[4]).

Cette spécificité rend la *phusis* atypique au regard des autres intelligibles et peut-être peut-on penser que c'est ce caractère atypique qui fait hésiter Plotin lorsqu'il écrit que la *phusis* est « ce en quoi (ἐν ᾗ) – *ou même ce avant quoi* (ἢ καὶ πρὸ τούτου) – s'arrêtent les êtres (ἵσταται τὰ ὄντα), et ces êtres sont alors les derniers de l'intelligible (καὶ ἔστιν ἔσχατα ταῦτα τοῦ νοητοῦ) »[5]. Cette hésitation quant à la nature de la *phusis* vient précisément de la fonction qu'elle a dans l'intelligible : certes, du fait qu'elle est une partie de l'Ame, elle doit être comprise comme un intelligible à part entière, mais parce qu'elle a pour fonction de délimiter la partie inférieure de l'intelligible dans son ensemble, elle apparaît comme une limite à cheval entre deux mondes et dont il est bien difficile de percer la véritable nature.

A la fin du traité *Sur les genres de l'être II*, Plotin se penche à nouveau sur cette difficulté en s'employant, toutefois, à en clarifier les termes. Tout d'abord, il introduit un critère de démarcation clair permettant d'identifier, dans le cours de la procession intelligible, l'*eskhaton eidos* :

> <Dans l'Intellect>, il n'est absolument pas possible de saisir une unité numérique ou un individu (ὅλως δὲ οὐκ ἔστι τὸ ἓν ἀριθμῷ λαβεῖν καὶ ἄτομον) : en effet, ce qui y est saisi, c'est la spécificité, sans la matière (ὅ τι γὰρ ἂν λάβῃς, εἶδος· ἄνευ γὰρ ὕλης). C'est pourquoi également Platon affirme, en un langage sibyllin, "que l'essence se morcelle à l'infini (εἰς ἄπειρα κατακερματίζεσθαι τὴν οὐσίαν)"[6]. Tant que l'on <divise> et que l'on aboutit à une autre espèce, par exemple à partir d'un genre, <les choses qui sont saisies> ne sont pas encore illimitées (ἕως μὲν γὰρ ἄλλο εἶδος, οἷον ἐκ γένους, οὔπω ἄπειρον), car elles sont limitées par les

1. *Enn.* VI 2 [43] 22, 31-32. Sur la *phusis*, *cf.* A.H. Armstrong, *L'architecture de l'univers intelligible…*, *op. cit.*, p. 108 et L. Brisson, « *Logos* et *logoi* chez Plotin. Leur nature et leur rôle », art. cit., p. 94, lequel écrit : « Comme partie inférieure de l'Ame du monde, sa partie productrice, la Nature peut être définie comme la multiplicité des formules rationnelles (*logoi*) organisées en un système. De ce fait, elle possède, sous le mode qui lui est propre, l'ensemble des formes intelligibles qui rendent compte de toutes les réalités dans le monde sensible, qu'il s'agisse des êtres animés ou des êtres inanimés ».
2. Cf. *Enn.* VI 2 [43] 20, 1.
3. Cf. *Enn.* IV 8 [6] 4, 20 et *Enn.* IV 3 [27] 1, 2.
4. *Enn.* II 4 [12] 16, 1-2.
5. *Enn.* IV 4 [28] 13, 20-21.
6. Platon, *Parménide* 144b.

espèces qu'elles engendrent (περατοῦται γὰρ τοῖς γεννηθεῖσιν εἴδεσι). Mais *l'espèce dernière*, celle qui ne se divise plus en espèces, est plus illimitée (τὸ δ' ἔσχατον εἶδος ὃ μὴ διαιρεῖται εἰς εἴδη, μᾶλλον ἄπειρον). C'est pour cela "qu'à ce point, il faut la laisser aller à l'infini et l'abandonner"[1] (καὶ τοῦτό ἐστι τὸ τότε δὲ ἤδη εἰς τὸ ἄπειρον μεθέντα ἐᾶν χαίρειν), *Enn.* VI 2 [43] 22, 11-19.

Avant de déterminer le critère permettant d'identifier, dans la procession intelligible, l'*eskhaton eidos*, Plotin asserte une règle générale sur la nature de l'intelligible : il n'est pas possible, affirme-t-il, de saisir une unité numérique ou un individu. Par « individu », il faut comprendre, d'une part, ce qui est fait de matière et de forme et, d'autre part, ce qui est postérieur au genre et à l'espèce. S'il est impossible de saisir, dans l'intelligible, un individu, cela est non seulement dû au fait que l'intelligible est dénué de matière mais également au fait que l'idée (ou, dans l'âme, le *logos*), par sa fonction même, est idée d'une multiplicité (sensible), donc constitue une forme d'universel[2]. On sait, en outre, que l'Intellect ne peut penser ce qui est absolument « sans parties » et que, pour cette raison, l'intelligible doit toujours être une unité multiple. Ainsi comprise, la procession ne demeurera procession de l'intelligible que tant qu'elle ira du genre aux espèces et des espèces à d'autres espèces inférieures[3].

Dans ce mouvement processif, l'intelligible se manifeste par la délimitation qui le caractérise : chaque niveau supérieur (genre ou espèce supérieure) *se*

1. Platon, *Philèbe* 16e1-2.

2. On notera toutefois que Plotin, en *Enn.* IV 3 [27] 8, écrit que « les êtres doivent être au repos et les intelligibles doivent demeurer identiques et chacun doit être numériquement un : car c'est ainsi qu'est le ceci (οὕτω γὰρ τὸ τόδε) ». Si, dans ce texte, Plotin accorde à l'idée d'être numériquement une, c'est seulement au sens où le caractère d'être « numériquement un » manifeste la parfaite détermination (l'identité à soi) de l'idée. Dans l'extrait du traité VI 2 [43] 22, Plotin refuse d'attribuer ce caractère à l'idée, parce qu'il lui donne un sens différent, ou, en tout cas, plus développé : le numériquement un désigne certes l'identité à soi, mais non pas l'identité à soi spécifique (laquelle suppose une multiplicité interne), mais une identité à soi individuelle. Il est alors synonyme de *amerè*, sans parties. Sur la distinction entre « spécifiquement identique » et « numériquement identique », voir C. Steel, *The Changing Self...*, *op. cit.*, p. 103-104 (l'auteur renvoie à Aristote, *Métaphysique* Δ, 6, 1016a17 *sq.* et *Topiques* I, 7).

3. Il est important de remarquer que le fait qu'on ne puisse saisir, dans l'intelligible, d'unité numérique ou d'individu, ne signifie pas pour autant que Plotin rejette la possibilité qu'il y ait des idées d'individus ou de choses individuelles sensibles (comme le pense, par exemple, H.J. Blumenthal, « Did Plotinus believe in Ideas of Individuals ? », *Phronesis* 11, 1966, p. 74-75, article repris dans *Plotinus' Psychology. His Doctrine of the Embodied Soul*, Den Haag, M. Nijhof, 1971, p. 112-133). Il n'est pas nécessaire, comme semble le croire J. Trouillard (cf. *La purification...*, *op. cit.*, p. 76-77), que l'idée d'une chose individuelle sensible soit elle-même individuelle (du moins si on pense par là une unité ne comprenant aucune multiplicité) : au contraire, c'est précisément parce que l'idée doit contenir en elle toutes les propriétés qui, dans le sensible, vont trouver à se déployer, qu'elle doit être une unité « spécifique » et non une unité « individuelle ». Pour une réévaluation actualisée de la question de l'idée d'individus chez Plotin, on se rapportera à L.P. Gerson, *Plotinus*, *op. cit.*, p. 72-78, P. Kalligas, « Forms of Individuals in Plotinus : A Re-Examination », *Phronesis* 42, 1997, p. 206-227 et A. Petit, « Forme et individualité dans le système plotinien », *Les cahiers philosophiques de Strasbourg* 8, 1999, p. 109-122, qui se livre à une critique minutieuse et pertinente de la position de H.J. Blumenthal.

détermine en engendrant un niveau inférieur – *cf.* l. 16, où Plotin écrit que « <les genres ou espèces supérieures> sont limités par les espèces qu'ils engendrent (περατοῦται γὰρ τοῖς γεννηθεῖσιν εἴδεσι) » –, lequel doit impérativement demeurer *spécifique*, c'est-à-dire intelligible. Un exemple de ce type de délimitation est celui où il est dit que l'intellect indéfini se voit défini lorsqu'il est rempli par la totalité des intelligibles : dans ce cas, en effet, l'Intellect ne trouve son plein accomplissement, donc sa détermination, que lorsqu'il enveloppe en lui-même la totalité des intelligibles qu'il a lui-même engendrés. Ainsi, on peut dire que l'Intellect, qui contient en lui-même tous les intellects particuliers, et l'âme, qui contient toutes les âmes particulières, sont toutes deux d'une nature intelligible, puisqu'elles sont parfaitement déterminées par ce qu'elles enveloppent.

Il arrive cependant que ce qui est engendré, dans le cours de la procession, ne soit plus capable d'engendrer à son tour d'autres espèces. C'est précisément le cas de l'*eskhaton eidos* qui, est-il dit, « ne se divise plus en espèces (ὃ μὴ διαιρεῖται εἰς εἴδη) ». L'espèce dernière est donc celle qui, venant à la suite de toutes les autres espèces, se révèle incapable de poursuivre, dans l'intelligible, le mouvement de procession, en engendrant un niveau intelligible supplémentaire. Une telle espèce sera alors dite « indivisible », *atomon*. Mais il faut bien entendre le sens de cette indivisibilité : elle ne signifie pas que l'*eskhaton eidos* soit lui-même un individu, mais seulement qu'il ne peut plus se diviser en d'autres espèces inférieures.

Ainsi est-il possible, désormais, d'identifier dans l'intelligible l'*eskhaton eidos* comme étant ce qui, à la différence des intelligibles qui le précèdent, ne peut plus se diviser en espèces. Simultanément, cependant, la nature d'un tel *eidos* se révèle problématique : si l'intelligible se caractérise par la détermination, laquelle ne s'obtient, semble-t-il, que lorsqu'un niveau supérieur engendre en lui-même un niveau inférieur, qu'en sera-t-il alors de l'espèce dernière qui, elle, est incapable d'engendrer d'autres intelligibles ? Plotin nous le dit : elle sera « plus illimitée (μᾶλλον ἄπειρον) ». Si tel est le cas, il semble bien que nous soyons dans l'aporie la plus complète : certes, nous avons trouvé, dans la série des espèces intelligibles, l'espèce dernière, celle qui permet effectivement d'identifier le terme de la série tout entière, à savoir le point au-delà duquel il ne peut plus y avoir d'intelligibles ; cependant, une telle espèce se révèle, précisément du fait qu'elle est « dernière », d'une nature apparemment non intelligible, car illimitée.

La solution de cette aporie nous est donnée dans les lignes qui suivent immédiatement l'extrait précédent. Plotin y montre que l'intelligible n'acquiert pas seulement sa détermination au moyen de *ce qu'il* enveloppe et lui est postérieur, mais également au moyen de *ce qui l'*enveloppe et lui est antérieur :

> Mais en tant qu'elles sont envisagées pour elles-mêmes, elles sont illimitées (ἀλλ' ὅσον μὲν ἐπ' αὐτοῖς, ἄπειρα) ; en tant qu'elles sont enveloppées dans l'unité, elles entrent dans un nombre (τῷ δὲ ἑνὶ περιληφθέντα εἰς ἀριθμὸν ἔρχεται ἤδη). Ainsi, l'Intellect contient l'Ame qui vient après elle, de sorte que l'Ame est dans un nombre (νοῦς μὲν οὖν ἔχει τὸ μεθ' ἑαυτὸν ψυχήν, ὥστε ἐν ἀριθμῷ εἶναι), et contient l'Ame jusqu'à ce qui, en celle-ci, est dernier (καὶ ψυχὴν μέχρι τοῦ

ἐσχάτου αὐτῆς), mais ce qui est dernier, en l'Ame, est désormais totalement illimité (τὸ δὲ ἔσχατον αὐτῆς ἤδη ἄπειρον παντάπασι), *Enn.* VI 2 [43] 22, 19-23.

Il en va, dans l'intelligible, comme pour les théorèmes d'une science unique : aucun théorème n'est séparé des autres ni même réellement séparable car, comme on l'a vu [1], si on devait envisager un théorème séparément et isolément, « il ne serait ni scientifique, ni technique (ἔσται οὐκέτι τεχνικὸν οὐδὲ ἐπιστημονικόν), mais juste comme le bavardage d'un enfant (ἀλλ' ὥσπερ ἂν καὶ εἰ παῖς λέγοι) » [2]. De même, dans l'intelligible, chaque espèce est toujours reliée à la totalité des autres espèces du fait qu'elles sont toutes issues d'une même source, à savoir le niveau générique de l'Intellect. C'est donc parce qu'elle a été engendrée et qu'elle est enveloppée par son générateur qu'une espèce trouve à être ce qu'elle est et qu'elle s'accomplit comme espèce intelligible : étant désormais reliée au tout et à la totalité, elle entre dans le nombre et la détermination. Or, s'il est vrai qu'il doit y avoir *au moins une* espèce au-delà de laquelle nul intelligible n'est désormais engendré, en revanche *toutes* les espèces doivent appartenir à un niveau antérieur et générique puisque toutes ont été engendrées. Cela signifie que l'espèce dernière, celle qui ne se divise plus en d'autres espèces, trouve également à s'accomplir en tant qu'intelligible du fait qu'elle est enveloppée par l'âme et, par l'intermédiaire de celle-ci, par l'Intellect [3].

En conclusion, on peut dire que l'espèce dernière est celle qui, dans l'intelligible, concrétise le mieux la tension interne propre à chaque intelligible particulier : parce qu'elle est « dernière », une telle espèce marque le niveau d'abaissement le plus important qui soit concevable dans l'intelligible en général, un abaissement tel que cette espèce semble même exclue de l'intelligible (du fait de sa nature « illimitée ») [4], étant impuissante à engendrer un niveau intelligible supplémentaire ; parce qu'elle est une « espèce », elle manifeste en elle-même la présence tout entière du principe supérieur qui lui a donné le jour, et, ce faisant, se voit reliée à la totalité des autres espèces.

1. Cf. *supra*, p. 234-235.

2. *Enn.* IV 9 [8] 5, 19-21.

3. Tel est effectivement le cas de la *phusis* : « Tant que l'Intellect et l'âme existeront, les raisons s'écouleront en cette troisième espèce de l'âme [*i.e.* la *phusis*], tout comme tant qu'existera le soleil, tous ses rayons en procéderont », *Enn.* II 3 [52] 18, 19-22.

4. *Cf.* M. Andolfo, *L'ipostasi della psyche...*, *op. cit.*, p. 169-172.

CONCLUSION

Après ce long parcours au cœur de la question de l'être et de son ordonnancement, il me paraît important de souligner certains aspects essentiels de la σύνταξις de l'être, en particulier cette *perméabilité* propre à la détermination de l'intelligible relativement à l'indétermination de l'Un et à celle de la matière dernière.

L'étude de la notion de système, chez Plotin, nous révèle l'existence d'une double tension au cœur de l'intelligible : il y a, dans l'être véritable, à la fois une tendance à la multiplicité et à l'éparpillement infini, et une tendance à l'unité et à la résorption de toute multiplicité. La σύνταξις plotinienne représente dès lors l'état d'équilibre entre ces deux tensions antagonistes, un état qui n'est pour autant pas sclérosé, mais bien plutôt vivant et en constant mouvement. C'est de cette vie dont la détermination propre à l'être témoigne à chaque niveau de son déploiement, une détermination qui ne cesse, pour ainsi dire, de se voir différemment « déterminée » en fonction de la plus ou moins grande proximité qu'elle entretient avec l'Un et la matière dernière, c'est-à-dire avec ce double dehors qui l'enserre et la fonde.

Si l'on voulait résumer succinctement la réalité plotinienne au sens large – celle qui s'étend de l'Un à la matière ultime – par le prisme de la question de la détermination, on pourrait dire que cette réalité passe par trois phases apparemment antagonistes : la première, d'indétermination (l'Un), la seconde, de détermination (l'être et l'Ame) et, enfin, la dernière, à nouveau d'indétermination (la matière dernière). Cette présentation, bien que sommaire, n'en reflète pas moins un aspect saillant de la réalité, à savoir son caractère discontinu : il y a entre l'Un et l'intelligible et entre l'intelligible et la matière dernière une véritable rupture, puisque dans le premier cas on passe de l'un au multiple et, dans le second, on quitte l'être pour le non-être. Cette discontinuité, loin d'être le signe d'un chaos, trouve sa cause dans le mouvement génératif qui émane de l'Un : non seulement ce mouvement unifie en son sein les différentes strates de la réalité au sens large, mais c'est lui qui assure à la σύνταξις de l'intelligible une clôture et donc un nombre. La raison en est que ce mouvement génératif est compris par Plotin comme un mouvement processif, c'est-à-dire un mouvement d'éloignement relativement à l'Un. En tant que tel, le mouvement génératif qui émane de l'Un apparaît comme possédant en soi-même sa propre fin, son propre terme: il est voué, si l'on peut dire, à l'arrêt et est donc, en ce sens, un mouvement *fini.*

Si l'intelligible forme en lui-même un ordonnancement, s'il n'est pas illimité et possède un nombre, c'est donc parce qu'il est lui-même engendré par un mouvement processif fini. Nous avons vu que Plotin explique la procession de l'intelligible selon le modèle de la génération du nombre, à savoir par un « mélange de mouvement et de repos »[1] : par le « mouvement », la nature intelligible « fait un comme continûment (οἷον συνεχῆ ἕνα ποιοῦσα) »[2], c'est-à-dire produit des unités encore indifférenciées, unités qui ne sont déterminées comme unités discrètes que lorsqu'il y a « repos »; le « repos », cependant, n'est qu'une suspension du mouvement, non son arrêt, de sorte que la procession repart immédiatement après lui et produit un nouvel *apeiron*, lequel est à son tour circonscrit. C'est ainsi que se produisent les nombres essentiels – donc la totalité des intelligibles – selon un ordre qui va des plus petits aux plus grands:

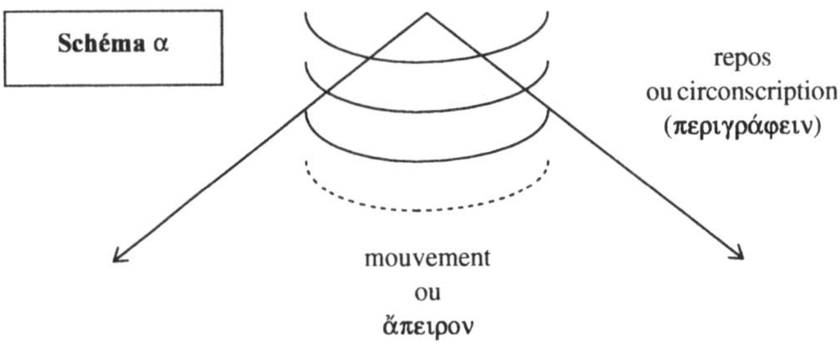

Comme on le voit, la procession intelligible et l'éloignement relativement au principe génératif qu'elle suppose impliquent la production d'un *apeiron* de plus en plus grand qui, au fur et a mesure de ses multiples déterminations (ou circonscriptions), donne le jour à des nombres également de plus en plus grands. Cet *apeiron*, lorsqu'il est envisagé au plus près de l'Un, renvoie à ce que Plotin appelle la « matière de l'intelligible ». Lorsqu'il a déjà procédé plus avant, il apparaît alors comme la « matière de l'Ame ». Enfin, vient un moment où l'*apeiron* produit est à ce point important qu'il n'est plus possible de le circonscrire. Ce point ultime et dernier de la procession est annoncé, dans l'intelligible, par la *phusis* qui, ainsi qu'on l'a vu dans la dernière section du chapitre VII, correspond à l'« espèce dernière », l'espèce en deçà de laquelle nulle autre espèce ne peut plus advenir. En ce sens, la *phusis* doit être comprise comme « plus illimitée (μᾶλλον ἄπειρον) »[3] que les espèces qui la précèdent génétiquement. Pour autant, elle n'est pas pure *illimitation* (*i.e.* mouvement d'éloignement relativement à l'Un), puisqu'elle est *limitée* : à l'instar des autres intelligibles, sa multiplicité (ou illimitation) est en effet « empêchée d'être totale multiplicité

1. *Enn.* VI 2 [43] 13, 23-24 : ἐν μίξει κινήσεως καὶ στάσεως.
2. *Enn.* VI 6 [34] 11, 25.
3. *Enn.* VI 2 [43] 22, 17.

(κεκώλυται πάντη πλῆθος) (...), du fait qu'elle s'est retournée vers l'Un et a ainsi trouvé son repos (ἀνέστρεψε... εἰς ἓν καὶ ἔμεινεν)»[1]. Il en va différemment, en revanche, pour la matière dernière, laquelle est engendrée après la *phusis* : parce qu'elle « a fui la nature des êtres véritables (πέφευγε τὴν τῶν ὡς ἀληθῶς ὄντων φύσιν)»[2], la matière manifeste l'illimitation pure, à savoir un mouvement de fuite jamais circonscrit. Son éloignement est en effet tel – elle vient, écrit Plotin, « en dernier dans les choses d'en-bas (ἐν ἐσχάτῳ τοῦ κάτω) »[3] – qu'elle se trouve incapable de se retourner vers son principe génératif (la *phusis*) et qu'elle demeure éternellement sans part à l'un.

La *phusis* et la matière forment ainsi la limite inférieure de la σύνταξις intelligible, limite interne pour la *phusis* et externe pour la matière : la première indique que l'intelligible est arrivé au terme de son déploiement et qu'il a ainsi atteint la complétude ; la seconde témoigne du mouvement d'altérité et d'illimitation qui a primitivement donné naissance à l'intelligible, mais qui, désormais laissé seul à lui-même, apparaît comme la négation de l'être même.

A côté de cette présentation de la procession par production continue d'*apeiron* et limitation successive de cet *apeiron*, Plotin donne également une explication de la procession qui émane de l'Un en termes de particularisation et de partialisation. Cette seconde présentation s'explique par le fait que, selon l'Alexandrin, toute génération implique nécessairement une forme de détermination : « ce qui est engendré (τὸ γενόμενον), si précisément il est engendré, a été engendré comme quelque chose et a reçu une forme appropriée (ἔδει γενέσθαι τι καὶ μορφὴν ἰδίαν ἔσχεν) »[4]. Si le principe génératif est premier, c'est-à-dire non engendré, il devra alors être compris comme n'étant *pas* « quelque chose », donc comme n'étant pas déterminé. C'est pour cette raison qu'il est présenté comme « sans spécificité » et « sans forme ». Un tel schéma explicatif nous donne ainsi à voir dans la procession qui émane de l'Un un passage de l'indétermination à la détermination, passage non axiologiquement neutre puisque la détermination est présentée comme une forme d'éloignement relativement au Bien (ou Un).

L'analyse de la procession au sein de l'intelligible permet d'éclairer ce qui se perd dès lors que l'on passe du non-spécifique au spécifique, de l'Un à ce qui vient après l'Un.

Au sommet de l'intelligible, la première spécificité à être engendrée est une « spécificité sans forme (τὸ δὲ ἄμορφον εἶδος) »[5], laquelle, nous dit Plotin, est véritablement belle. La beauté d'une telle spécificité lui vient précisément de ce qu'elle est « sans forme » : elle n'est pas une beauté particulière parmi d'autres, une beauté qui se distinguerait des autres par une quelconque *morphè*. Etre « sans forme », par conséquent, signifie que la spécificité première, dans l'intelligible,

1. *Enn.* VI 6 [34] 3, 4-9, traduction de J. Bertier *et al.*, modifiée.
2. *Enn.* II 5 [25] 4, 15-16.
3. *Enn.* III 4 [15] 1, 17.
4. *Enn.* VI 7 [38] 32, 10-11.
5. *Enn.* VI 7 [38] 33, 4.

« n'est pas la spécificité de telle ou telle chose, mais la spécificité de toute chose (καὶ εἴδους οὐ τινός, ἀλλὰ παντός) »[1]. L'indétermination de la spécificité est donc le signe de son universalité : à l'instar de la science totale qui n'est pas la science de tel ou tel domaine du réel, la spécificité première renvoie à ce qui est commun à toutes les spécificités (*i.e.* à la spécificité de la justice, de la tempérance, de la grandeur, etc.) ; elle est, en somme, la spécificité de toutes les spécificités[2], à savoir ce qui fait de chacune, au-delà de ses particularités, une spécificité.

Si la spécificité première marque le niveau le moins déterminé de l'intelligible (ou niveau du « tout »), la spécificité dernière, au contraire, manifeste le degré le plus poussé de la détermination (ou niveau de la « partie »), celui où la particularisation et la différenciation interne sont les plus importantes. Pour rendre compte de la distinction entre ces deux niveaux de l'intelligible, Plotin a recours au couple conceptuel de la puissance et de l'acte : alors que la spécificité première est en acte toutes les spécificités sans être réductible à l'une d'entre elles envisagées séparément, la spécificité dernière est seulement en acte ce qu'elle est et en puissance toutes les spécificités. De cette manière, la procession au sein de l'intelligible peut être entendue comme une diminution progressive de ce qui est en acte au profit d'une augmentation proportionnée de ce qui est en puissance. C'est ce que l'on peut représenter par le schéma suivant :

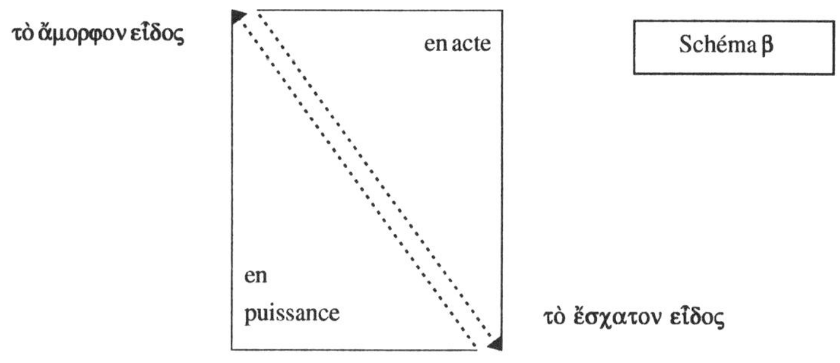

En rapprochant cette explication de celle qui a été donnée plus haut (*cf.* schéma α), on constate que Plotin utilise la notion d'indétermination en deux sens contraires bien que non contradictoires :

Selon le premier modèle (α), l'indétermination (associée aux notions de « mouvement » et de « matière ») est considérée comme un *mal*, du moins si elle est laissée sans part à l'un ; il s'agit de l'indétermination propre à une multiplicité « incapable d'incliner vers soi-même (ἀδυνατοῦν εἰς αὐτὸ νεύειν) » et qui, pour cette raison, « s'écoule et s'étend en s'éparpillant (χέηται καὶ ἐκτείνηται

1. *Enn.* V 5 [32] 6, 3-4.

2. Cf. *Enn.* VI 7 [38] 17, 35-36 où il est question de la « spécificité des spécificités premières (εἶδος εἰδῶν τῶν πρώτων) ».

σκιδνάμενον) »[1]; si, en revanche, la multiplicité « se retourne vers l'Un » et se voit circonscrite, elle trouve alors sa perfection dans le nombre et devient une multiplicité *une*.

Selon le second modèle (β), l'indétermination renvoie à un niveau antérieur de la différenciation et de la particularisation, à savoir au niveau du *tout*. C'est de cette indétermination qu'est pourvu l'Un du fait qu'il est puissance totale (δύναμις πᾶσα) ou puissance de toutes choses (δύναμις πάντων). C'est cette indétermination que l'on retrouve associée également à l'Intellect, à la fin du traité VI 2 [43], un Intellect qualifié de « total » parce qu'il « ne s'attache à rien en particulier ni n'agit à propos de choses partielles quelles qu'elles soient (λάβωμεν οὖν τὸν μὲν εἶναι νοῦν οὐδὲν ἐφαπτόμενον τῶν ἐν μέρει οὐδ' ἐνεργοῦντα περὶ ὁτιοῦν), afin de ne pas devenir un intellect déterminé (ἵνα μὴ τὶς νοῦς γίγνοιτο) »[2].

Ces deux formes d'indéterminations ne sont pas contradictoires, puisque leurs significations diffèrent. Elles reflètent, au cœur de l'intelligible, la tension antagoniste existant entre l'Un et la matière ultime. L'Un aussi bien que la matière ultime représentent les deux pôles d'attraction auxquels l'ordonnance de l'être est sans cesse soumise. On sait en effet que la σύνταξις doit répondre à deux exigences qui peuvent apparaître difficilement conciliables : celle, d'une part, de faire de la multiplicité de l'être une multiplicité *une*, c'est-à-dire une multiplicité qui ne soit pas pure illimitation et qui trouve sa perfection dans un nombre ; celle, d'autre part, de préserver l'existence de la multiplicité elle-même en veillant à ce qu'elle ne soit pas annihilée par l'unité qui la circonscrit. Il y a donc, dans la σύνταξις de l'être, une tension vers l'unité et vers la multiplicité dont l'Un et la matière symbolisent les formes extrêmes : l'Un représente le point ultime de l'unification, là où toutes les particularités et les différences s'effacent, tandis que la matière dernière désigne un état multiple dont les différents éléments sont à ce point mutuellement autres qu'ils ne possèdent plus rien en commun, plus aucune unité susceptible de les rassembler et de les déterminer en un nombre.

Il importe ici de souligner que l'Un comme la matière dernière sont absolument dépourvus de détermination, de sorte que celle-ci apparaît comme le propre de l'intelligible seul. En revanche, l'indétermination, on l'a vu, n'est pas le propre de l'Un et de la matière dernière, puisqu'elle se trouve également activement présente au sein de l'ordonnance de l'être. On peut même dire que c'est cette indétermination qui permet de « déterminer » l'ordonnance de l'être, c'est-à-dire de distinguer l'être en niveaux, et cela en fonction de la proximité du niveau considéré relativement à l'Un ou à la matière dernière. C'est ce que l'on peut constater en examinant l'état de la détermination aux niveaux extrêmes de l'ἄμορφον εἶδος et de l'ἔσχατον εἶδος. Ces deux niveaux témoignent, on va le voir, de la coexistence d'une double tendance : celle, d'une part, à la multiplicité et

1. *Enn.* VI 6 [34] 1, 4-5.
2. *Enn.* VI 2 [43] 20, 1-3.

à la particularisation et qui correspond à une tension vers la matière dernière; celle, d'autre part, à l'unité et à la résorption de la particularisation, qui manifeste un désir de l'Un-Bien.

Commençons par le cas de la « spécificité première ». La proximité de cette spécificité relativement à l'Un (ou son éloignement relativement à la matière dernière) lui confère une indétermination (de type β), celle du tout : parce qu'elle se situe au sommet de l'intelligible, elle est antérieure à toute différenciation interne et est, pour cette raison, « sans forme ». Mais la proximité de la spécificité première relativement à l'Un ne l'empêche pas d'être autre que l'Un : à l'instar de tout ce qui est postérieur à l'Un, elle est non Un. Cette altérité se manifeste dans la nature même de la spécificité première, à savoir dans le fait d'être spécifique. L'Un, en revanche, doit être compris comme *non spécifique* :

> Le <principe des spécificités> ne peut être aucune d'entre elles (δεῖ δ' αὐτὸ εἶναι τούτων μηδὲ ἕν). Car il serait quelque chose parmi elles et n'en serait qu'une partie (τὶ γὰρ αὐτῶν ἔσται μέρος τε ἔσται). Donc, il ne peut être ni une forme (οὐδέ… μορφή) comme celles dont nous venons de parler, ni une puissance déterminée (οὐδέ τις δύναμις) et il ne peut même pas non plus être toutes les formes et toutes les puissances qui ont été produites et qui existent là-haut (οὐδ' αὖ πᾶσαι αἱ γεγενημέναι καὶ οὖσαι ἐνταῦθα), mais il faut qu'il soit au-dessus (ὑπέρ) de toutes les puissances et de toutes les formes. C'est donc le non-spécifique qui est le principe (ἀρχὴ δὲ τὸ ἀνείδεον), non pas le non-spécifique qui a besoin de la forme (οὐ τὸ μορφῆς δεόμενον), mais le non-spécifique d'où vient toute forme intellectuelle (ἀλλ' ἀφ' οὗ πᾶσα μορφὴ νοερά), *Enn.* VI 7 [38] 32, 5-10, trad. P. Hadot, modifiée.

Ce texte remarquable nous donne à voir le rapport de l'intelligible à l'Un selon une perspective à la fois continue et discontinue : d'une part, l'Un apparaît comme le terme ultime d'un mouvement de conversion où les différences et les particularités sont progressivement résorbées; d'autre part, le passage du niveau supérieur de l'intelligible à l'Un implique une sorte de saut, puisqu'il oblige à abandonner *toute* détermination, y compris celle propre à la nature intelligible elle-même, à savoir la détermination eidétique ou spécifique. Ceci nous donne ainsi à comprendre que l'ἄμορφον εἶδος n'est pas exempt de toute détermination, puisque la nature eidétique est par elle-même une forme de détermination dont il faut se soustraire pour atteindre l'Un.

La proximité de la « spécificité dernière » (ou *phusis*) relativement à la matière ultime (ou son éloignement relativement à l'Un) lui confère une indétermination (de type α), celle de la partie. La spécificité dernière marque en effet le niveau maximal de la particularisation intelligible, niveau au-delà duquel l'altérité propre au mouvement processif n'est désormais plus déterminable : « ce qui est dernier, en l'âme, est désormais totalement illimité (τὸ δὲ ἔσχατον αὐτῆς ἤδη ἄπειρον παντάπασι) » [1]. Cependant, il convient de remarquer que la spécificité

1. *Enn.* VI 2 [43] 22, 22-23.

dernière n'en demeure pas moins un *eidos* à part entière. En effet, même si elle symbolise l'état le plus particularisé de l'intelligible, et, en ce sens, le plus indéterminé (au regard des niveaux antérieurs), la spécificité dernière continue à être de *nature* intelligible, une nature qui est, relativement à la matière ultime, déterminée. Il y a donc dans la spécificité dernière quelque chose qui échappe à la particularisation et à la forme d'indétermination que celle-ci suppose.

La détermination, dans l'intelligible, est donc toujours qualifiée, en quelque manière, par les *deux* formes d'indéterminations que sont celle du tout et celle de la partie. Où que l'on soit dans l'ordonnancement de l'être, on trouve en effet toujours présente une tendance à l'unité et une tendance à la multiplicité et à l'éparpillement infini. Il est intéressant de noter que ce qui est jugé « déterminé » ou « indéterminé », dans chaque cas, varie selon la perspective envisagée :

Dans une perspective processive, la nature eidétique apparaît, relativement à l'Un, comme l'avènement de la détermination ; une telle détermination, parce qu'elle marque un éloignement relativement à l'Un, annonce la particularisation ultérieure, celle qui donnera naissance, in *fine*, à l'indétermination (α) de la matière dernière.

Dans une perspective de conversion, la nature eidétique apparaît, relativement à la matière dernière, comme l'avènement de la détermination et la fin d'une indétermination négative (α) ; cette détermination, à son tour, est l'annonce d'une indétermination positive (β), celle de l'Un, puisqu'elle représente, au regard de la matière dernière, une première forme de résorption de l'altérité.

Si la σύνταξις de l'être autorise plusieurs perspectives et se révèle différemment selon la perspective utilisée, c'est parce qu'elle est, en elle-même, une vie multiple et variée. C'est, me semble-t-il, cette dimension « vitaliste » de l'intelligible qui empêche de qualifier la détermination de l'être, d'un point de vue axiologique, uniquement comme un bien ou comme un mal. Elle est, en vérité, sans cesse tiraillée par cette double tension qui mène soit à la puissance illimitée de l'Un, soit à l'impuissance radicale de la matière.

BIBLIOGRAPHIE

OUVRAGES BIBLIOGRAPHIQUES ET INDEX

BLUMENTHAL (H.J.), « Plotinus in the light of twenty years'scholarschip, 1951-1971 », dans *Aufstieg und Niedergang der Römischen Welt*, II, Principat, 36, 1, Berlin–New York, W. de Gruyter, 1987, p. 528-570.

CORRIGAN (K.) et O'CLEIRIGH (P.), « The course of Plotinian scholarschip from 1971 to 1986 », dans *Aufstieg und Niedergang der Römischen Welt*, II, Principat, 36, 1, Berlin–New York, W. de Gruyter, 1987, p. 571-623.

DUFOUR (R.), « Plotinus : a bibliography. 1950-2000 », *Phronesis* 46, 2001.

SLEEMAN (J.H.) et POLLET (G.), *Lexicon Plotinianum*, Leiden–Leuven, Brill et Leuven University Press, 1980.

THILLET (P.), *Plotin, Bibliographie*, adresse internet : http : //callimac.vij.inserm.fr, 24 juin 1997.

TEXTES, TRADUCTIONS ET COMMENTAIRES

Plotin

Œuvres complètes

Les Ennéades *de Plotin, chef de l'école néoplatonicienne*, t. I-III, traduction française, sommaires, notes et éclaircissements par M.N. Bouillet, Paris, L. Hachette et Cie, 1857-1859.

Ennéades, t. I-VI², texte établi et traduit par E. Bréhier, Paris, Les Belles Lettres, 1924-1938.

Plotini Opera [*editio major*], t. I-III, texte établi par P. Henry et H.-R. Schwyzer, Museum Lessianum, Leiden, Brill, 1951-1973.

Plotins Schriften, t. I-VI, texte établi et traduit en allemand par R. Beutler, R. Harder et W. Theiler, Hamburg, F. Meiner Verlag, 1956-1971.

Plotini Opera [*editio minor*], t. I-III, texte établi par P. Henry et H.-R. Schwyzer, Oxford, Oxford University Press, 1964-1983.

Plotinus, t. I-VII, traduction anglaise de A.H. Armstrong, Cambridge Mass.–London, Harvard University Press, 1966-1988.

Plotin, t. I-IV, traductions sous la direction de L. Brisson et J.-F. Pradeau, Paris, GF-Flammarion, 2002-2007.

Traités individuels

Traité sur les nombres, introduction, texte grec, traduction française, commentaire et index grec par J. Bertier, L. Brisson, A. Charles, J. Pépin, H.D. Saffrey et A.-Ph. Segonds, Paris, Vrin, 1980.

Traité 38 (VI, 7), introduction, traduction française, commentaire et notes par P. Hadot, Paris, Cerf, 1988.

Traité 25 (II, 5), introduction, traduction française, commentaire et notes par J.-M. Narbonne, Paris, Cerf, 1988.

Traité 50 (III, 5), introduction, traduction française, commentaire et notes par P. Hadot, Paris, Cerf, 1990.

*Traité sur la liberté et la volonté de l'Un [*Ennéade *VI, 8 (39)]*, introduction, texte grec, traduction française et commentaire par G. Leroux, Paris, Vrin, 1990.

Du Beau. Ennéades *I, 6 et V, 8*, préface, traduction française et commentaires de P. Mathias, Paris, Presses Pocket, 1991.

*Les deux matières [*Ennéade *II, 4 (12)]*, introduction, texte grec, traduction française et commentaire par J.-M. Narbonne, Paris, Vrin, 1993.

Traité 9 (VI, 9), introduction, traduction française, commentaire et notes par P. Hadot, Paris, Cerf, 1994.

Ennead *III. 6. On the Impassibility of the Bodiless*, traduction anglaise et commentaire par B. Fleet, Oxford, Oxford University Press, 1995.

Traité 51 (I, 8), introduction, traduction française, commentaire et notes par D. O'Meara, Paris, Cerf, 1999.

Traité 49 (V, 3), introduction, traduction française, commentaire et notes par B. Ham, Cerf, Paris, 2000.

Traité 53 (I, 1), introduction, traduction française, commentaire et notes par G. Aubry, Paris, Cerf, 2004.

Platon

Platonis Opera, t. I-V, texte établi par J. Burnet, Oxford, Oxford University Press, 1900-1907.

Œuvres complètes, t. I-II, traduction française et notes par L. Robin avec la collaboration de J. Moreau pour le *Parménide* et le *Timée*, Paris, Gallimard, 1950.

Timée, traduction française, introduction et notes par L. Brisson, Paris, GF-Flammarion, 1992.

Sophiste, traduction française, introduction et notes par N.-L. Cordero, Paris, GF-Flammarion, 1993.

Aristote

Metaphysics, t. I-II, texte révisé établi, introduit et commenté par W.D. Ross, Oxford, Oxford University Press, 1997 [1924].

La métaphysique, t. I-II, introduction, notes et index par J. Tricot, Paris, Vrin, 1981 [1966].

De Anima, texte révisé établi, introduit et commenté par W.D. Ross, Oxford, Oxford University Press, 1999 [1961].

De l'âme, traduction nouvelle et notes par J. Tricot, Paris, Vrin, 1995 [1934].

De l'âme, traduction française, introduction et notes par R. Bodéüs, Paris, GF-Flammarion, 1993.

Aristotelis Categoriae et Liber De Interpretatione, texte établi par L. Minio-Paluello, Oxford, Oxford University Press, 1949.

Aristotelis Topica et Sophistici Elenchi, texte établi par W.D. Ross, Oxford, Oxford University Press, 1958.

Organon, t. I-V, traduction française et notes par J. Tricot, Paris, Vrin, 1997 [1950-59].

Catégories, présentation, traduction française et commentaire par F. Ildefonse et J. Lallot, Paris, Seuil, 2002.

La physique, introduction de L. Couloubaritsis, traduction par A. Stevens, Paris, Vrin, 1999.

Le Stoïcisme

Stoicorum Veterum Fragmenta, texte établi par J. Von Arnim, Leipzig, Teubner, 1903-1905.

The Hellenistic Philosophers, t. I : traduction anglaise par A.A. Long et D.N. Sedley des principales sources accompagné d'un commentaire philosophique ; t. II : textes grecs et latins avec notes et bibliographie, Cambridge, Cambridge University Press, 1987 [traduit en français par J. Brunschwig et P. Pellegrin : *Les philosophes hellénistiques*, t. I-III, Paris, GF-Flammarion, 2001].

Porphyre

Isagoge, texte grec et latin, traduction française par A. de Libera et A.-Ph. Segonds, Introduction et notes par A. de Libera, Paris, Vrin, 1998.

Sentences, étude d'introduction, texte grec, traduction française et commentaire par l'Unité Propre de Recherche n°76 du CNRS, sous la direction de L. Brisson, Paris, Vrin, 2005.

Jamblique

In Nicomachi Arithmeticam Introductionem Liber, texte établi par H. Pistelli, Leipzig, Teubner, 1894.

Sextus Empiricus

Sexti Empirici Opera, texte établi par H. Mutschmann, Leipzig, Teubner, [d. i.].

Against the Logicians, texte et traduction anglaise par R.G. Bury, Cambridge Mass.–London, Harvard University Press, 1997 [1935].

Against the Physicists. Against the Ethicists, texte et traduction anglaise par R.G. Bury, Cambridge Mass.–London, Harvard University Press, 1997 [1935].

Diogène Laërce

Diogenis Laertii. Vitae Philosophorum, t. I-II, texte établi par M. Marcovich, Stuttgart–Leipzig, Teubner, 1999-2002.

Vies et doctrines des philosophes illustres, traduction française sous la direction de M.-O. Goulet-Cazé, Paris, Le livre de poche, 1999.

ÉTUDES MODERNES

AMADO (E.), « A propos des nombres nombrés et des nombres nombrants chez Plotin », *Revue philosophique de la France et de l'étranger* 78, 1953, p. 423-425.

D'ANCONA (Ch.), « Determinazione e indeterminazione nel sovrasensibile secondo Plotino », *Rivista di storia della filosofia* 45, 1990, p. 437-474.

– « AMORPHON KAI ANEIDEON. Causalité des formes et causalité de l'Un chez Plotin », *Revue de philosophie ancienne* 10, 1992, p. 75-113.

– « Plotinus and later Platonic philosophers on the causality of the first principle », dans L.P. Gerson (éd.), *The Cambridge Companion to Plotinus*, Cambridge, Cambridge University Press, 1996, p. 356-385.

– « Separation and the forms : a Plotinian approach », *American Catholic Philosophical Quarterly* 71, 1997, p. 380-382.

ANDOLFO (M.), *L'ipostasi della psyche in Plotino. Struttura e fondamenti*, Milano, Vita e Pensiero, 1996.

ANNAS (J.), « Die Gegenstände der Mathematik bei Aristoteles », dans A. Graeser (éd.), *Mathematics and Metaphysics in Aristotle* [Symposium Aristotelicum X], Berne, P. Haupt Verlag, 1987, p. 131-147.

ANTON (J.P.), « Some logical aspects of the concept of hupostasis in Plotinus », dans R.B. Harris (éd.), *The Structure of Being. A Neoplatonic Approach*, Albany, State University of New York Press, 1982, p. 24-33.

ARMSTRONG (A.H.), « Emanation in Plotinus », *Mind* 46, 1937, p. 61-66.

– *L'architecture de l'univers intelligible dans la philosophie de Plotin. Une étude analytique et historique*, Ottawa, édition de l'Université d'Ottawa, 1984 [1940].

– « The Plotinian doctrine of ΝΟΥΣ in Partistic theology », *Vigiliae Christianae* 8, 1954, p. 234-238.

– « Spiritual or intelligible matter in Plotinus and St. Augustine », dans *Augustinus Magister* [Congrès international augustinien, 21-24 sept. 1954], Paris, Etudes augustiniennes, 1954, p. 227-283.

– « Plotinus's doctrine of the infinite and its significance for Christian thought », *The Downside Review* 73, 1954-5, p. 47-58.

– « The background of the doctrine "that the intelligibles are not outside the Intellect" », dans P. Henry, P. Hadot, O. Gigon, O. Reverdin (éds.), *Les sources de Plotin* [Entretiens sur l'Antiquité classique, Vandœuvres-Genève, 21-29 août 1957], Genève, Fondation Hardt, 1960, p. 393-425.

– « Eternity, life and movement in Plotinus' accounts of ΝΟΥΣ », dans *Le Néoplatonisme* [Entretiens de Royaumont], 1971, éd. du C.N.R.S., Paris, p. 67-76.

– « Beauty and the discovery of divinity in the thought of Plotinus », dans J. Mansfeld et L.M. de Rijk (éds.), *Kephalaion. Studies in Greek Philosophy and its Continuation offered to C. J. de Vogel*, Assen, Van Gorcum, 1975, p. 155-163.

– « Platonic mirrors », *Eranos-Jahrbuch* 45, 1986, p. 147-181.

ARNOU (R.), « La séparation par simple altérité dans la "Trinité" plotinienne », *Gregorianum*, 11, 1930, p. 181-193.

– *Le désir de Dieu dans la philosophie de Plotin*, Alcan, Paris, [s. d.].

– « "L'acte de l'Intelligence en tant qu'elle n'est pas Intelligence". Quelques considérations sur la nature de l'Intelligence selon Plotin », dans *Mélanges Joseph Maréchal*, t. II, Desclée de Brouwer, Paris, 1950, p. 249-262.

ARROYABE (E.), « Zur plotinischen Rede von "Materie" », *Prima Philosophia* 4, 1991, p. 197-208.

AUBIN (P.), *Plotin et le christianisme. Triade plotinienne et trinité chrétienne*, Paris, Beauchesne, 1992.

AUBRY (G.), « Puissance et principe : la δύναμις πάντων, ou puissance de tout », *Kairos* 15, 2000, p. 9-32.

– *Dieu sans la puissance.* Dunamis *et* energeia *chez Aristote et chez Plotin*, Paris, Vrin, 2006.

BALADI (N.), « Origine et signification de l'audace chez Plotin », dans *Le Néoplatonisme* [Entretiens de Royaumont], Paris, éd. du C.N.R.S., 1971, p. 89-99.

BANACOU-CARAGOUNI (N.-Ch.), « Observations sur la descente des âmes dans les corps chez Plotin », *Diotima* 4, 1976, p. 58-64.

BARNES (J.), « Bits and Pieces » dans J. Barnes et M. Mignucci (éds.), *Matter and Metaphysics*, Napoli, Bibliopolis, 1988, p. 223-294.

BEIERWALTES (W.), « Le vrai soi », dans M. Dixsaut (éd.), *La connaissance de soi. Etudes sur le traité 49 de Plotin*, Paris, Vrin, 2002, p. 9-40.

BENZ (H.), *"Materie" und Wahrnehmung in der Philosophie Plotins*, Würzburg, Königshausen und Neumann, 1990.

BLANDIN (J.-Y.), « "Penser, c'est regarder en direction du premier" », dans M. Fattal (éd.), *Etudes sur Plotin*, Montréal, L'Harmattan, 2000, p. 129-148.

BLUMENTHAL (H.J.), « Did Plotinus believe in Ideas of Individuals? », *Phronesis* 11, 1966, p. 74-75.

– « Soul, world soul and individual soul in Plotinus », dans *Le Néoplatonisme* [Entretiens de Royaumont], Paris, éd. du C.N.R.S., 1971, p. 55-66.

– *Plotinus' Psychology. His Doctrine of the Embodied Soul*, Den Haag, M. Nijhof, 1971.

– « On soul and intellect », dans L.P. Gerson (éd.), *The Cambridge Companion to Plotinus*, Cambridge, Cambridge University Press, 1996, p. 82-104.

BOUSSOULAS (N.I.), « Le thème de la liberté-créativité dans la pensée préplatonicienne, platonicienne et néoplatonicienne », *Diotima* 4, 1976, p. 69-77.

BRETON (S.), « Réflexions sur la *causa sui* », *Revue des sciences philosophiques et théologiques* 70, 1986, p. 349-364.

BRISSON (L.), *Le même et l'autre dans la structure ontologique du* Timée *de Platon*, Sankt Augustin, Academia Verlag, 1998[3] [1974].

– « De quelle façon Plotin interprète-t-il les cinq genres du *Sophiste ?* (*Ennéades* VI 2 [43] 8) », dans P. Aubenque (éd.), *Etudes sur le Sophiste de Platon*, Napoli, Bibliopolis, 1991, p. 449-473.

– « *Logos* et *logoi* chez Plotin. Leur nature et leur rôle », *Les cahiers philosophiques de Strasbourg* 8, 1999, p. 87-108.

– « Entre physique et métaphysique. Le terme *onkos* chez Plotin, dans ses rapports avec la matière (*hulè*) et le corps (*sôma*) », dans M. Fattal (éd.), *Etudes sur Plotin*, Montréal, L'Harmattan, 2000, p. 87-111.

BRUNNER (F.), « Le premier traité de la cinquième "Ennéade": "Des trois hypostases principielles" », *Revue de théologie et de philosophie* 23, 1979, p. 135-172.

BRUNSCHWICG (L.), *Les étapes de la philosophie mathématique*, Paris, Presses Universitaires de France, 1947.

BUSSANICH (J.), « Plotinus on the inner life of the One », *Ancient Philosophy* 7, 1987, p. 163-189.

– *The One and its Relation to the Intellect in Plotinus. A Commentary on Selected Texts*, Leiden, Brill, 1988.

– « Plotinus's metaphysics of the One », dans L.P. Gerson (éd.), *The Cambridge Companion to Plotinus*, Cambridge, Cambridge University Press, 1996, p. 38-65.

CARRIÈRE (G.), « Man's downfall in the philosophy of Plotinus », *New Scholasticism* 24, 1950, p. 284-308.

CHARLES-SAGET (A.), *L'architecture du divin. Mathématique et philosophie chez Plotin et Proclus*, Paris, Les Belles Lettres, 1982.

CHRÉTIEN (J.-L.), « Le Bien donne ce qu'il n'a pas », *Archives de philosophie* 43, 1980, p. 263-277.

CLARKE (W.N.), « The limitation of act by potency : Aristotelianism or Neoplatonism », *New Scholasticism* 26, 1952, p. 167-194.

– « Infinity in Plotinus : a reply », *Gregorianum* 40, 1959, p. 75-98.

COLLETTE (B.), *Dialectique et hénologie chez Plotin*, Bruxelles, Ousia, 2001.

CORRIGAN (K.), « Body's approach to soul : an examination of a recurrent theme in the *Enneads* », *Dionysius* 9, 1985, p. 37-52.

– « Plotinus, 'Enneads' 5, 4[7], 2 and related passages. A new interpretation of the status of the intelligible objects », *Hermes* 144, 1986, p. 195-203.

– « Is there more than one generation of matter in the *Enneads ?* », *Phronesis* 37, 1986, p. 167-181.

– « On the generation of matter in the *Enneads* : a reply », *Dionysius* 12, 1988, p. 17-24.

– « Berkeley and Plotinus on the non-existence of matter », *Hermathena* 157, 1994, p. 67-85.

– *Plotinus' Theory of Matter-Evil and the Question of Substance : Plato, Aristotle, and Alexander*, Leuven, Peeters, 1996.

– « Essence and existence in the *Enneads* », dans L.P. Gerson (éd.), *The Cambridge Companion to Plotinus*, Cambridge, Cambridge University Press, 1996, p. 105-129.

COSTELLO (E.B.), « Is Plotinus inconsistent in the nature of evil ? », *International Philosophical Quarterly* 7, 1967, p. 483-497.

COULOUBARITSIS (L.) « Le logos hénologique chez Plotin », dans M.-O. Goulet-Cazé, G. Madec et D. O'Brien (éds.), *Chercheurs de sagesse. Hommage à Jean Pépin*, Paris, Institut d'études augustiniennes, 1992, p. 231-243.

– *La* Physique *d'Aristote*, Deuxième édition modifiée et augmentée de *L'avènement de la science physique*, Bruxelles, Ousia, 1997.

COURCELLE (P.), « Le "connais-toi toi-même" chez les néo-platoniciens grecs », dans *Le Néoplatonisme* [Entretiens de Royaumont], Paris, éd. du C.N.R.S., 1971, p. 153-166.

CRYSTAL (I.), « Plotinus on the structure of self-intellection », *Phronesis* 43, 1998, p. 264-286.

DECK (J.N.), « The One, or God, is not properly "hupostasis" : a reply to Professor John P. Anton », dans R.B. Harris (éd.), *The Structure of Being. A Neoplatonic Approach*, Albany, State University of New York Press, 1982, p. 34-39.

– *Nature, Contemplation and the One : A Study in the Philosophy of Plotinus*, Toronto, University of Toronto Press, 1967.

DILLON (J.), « Plotinus, *Enn.* 3.9.1, and later views on the intelligible world », *Transactions and Proceedings of the American Philosophical Association* 100, 1969, p. 63-70.

DÖRRIE (H.), « Zum Ursprung der Neuplatonischen Hypostasenlehre », *Hermes* 82, 1954, p. 331-342.

– « La doctrine de l'âme dans le néoplatonisme de Plotin à Proclus », *Revue de théologie et de philosophie* 23, 1973, p. 116-134.

DUHOT (J.-J.), *La conception stoïcienne de la causalité*, Paris, Vrin, 1989.

EMILSSON (E.K.), « L'ontologie de Plotin dans l'*Ennéade* VI. 4-5 », dans M. Dixsaut (éd.), *Contre Platon, I : Le platonisme dévoilé*, Paris, Vrin, 1993, p. 157-173.

– « Plotinus on the object of thought », *Archiv für Geschichte der Philosophie* 77, 1995, p. 21-41.

– « Cognition and its object », dans L.P. Gerson (éd.), *The Cambridge Companion to Plotinus*, Cambridge, Cambridge University Press, 1996, p. 217-249.

FIELDER J. H., « *Chorismos* and emanation in the philosophy of Plotinus », dans R.B. Harris (éd.), *The Significance of Neoplatonism*, Virginia, Norfolk, 1976, p. 101-120.

FINDLAY (J.N.), « The three hypostases of Plotinism », *Review of Metaphysics* 28, 1975, p. 660-680.

– « The Neoplatonism of Plato », dans R.B. Harris (éd.), *The Significance of Neoplatonism*, Virginia, Norfolk, 1976, p. 23-40.

GAUDIN (C.), « La production des êtres chez Plotin et la question de l'économie des principes », *Revue des sciences religieuses* 68, 1994, p. 267-292.

GERSON (L.P.), « Plotinus's metaphysics: emanation or creation? », *Review of Metaphysics* 46, 1992-1993, p. 559-574.

– *Plotinus*, London, Routledge, 1994.

GOLDSCHMIDT (V.), *Le système stoïcien et l'idée du temps*, Paris, Vrin, 1953.

– « Ὑπάρχειν et Ὑφιστάναι dans la philosophie stoïcienne », *Revue des études grecques* 85, 1972, p. 331-344.

– *Temps physique et temps tragique chez Aristote*, Paris, Vrin, 1982.

GRAESER (A.), *Plotinus and the Stoics. A Preliminary Study*, Leiden, Brill, 1972.

GURTLER (G.M.), « Sympathy in Plotinus », *International Philosophical Quarterly* 24, 1984, p. 395-406.

– « The origin of genera. *Ennead* VI 2 [43] 20 », *Dionysius* 12, 1988, p. 3-15.

– *Plotinus. The Experience of Unity*, New York–Berne–Francfort–Paris, P. Lang, 1989.

– « Sympathy: Stoic materialism and the Platonic soul », dans M.F. Wagner (éd.), *Neoplatonism and Nature. Studies in Plotinus'* Enneads, Albany, State University of New York Press, 2002, p. 241-276.

GUYOT (H.), « La génération de l'Intelligence par l'Un chez Plotin », *Revue néoscolastique* 7, 1905, p. 55-59.

HADOT (P.), « Etre, vie, pensée chez Plotin et avant Plotin », dans P. Henry, P. Hadot, O. Gigon, O. Reverdin (éds.), *Les sources de Plotin* [Entretiens sur l'Antiquité classique, Vandœuvres-Genève, 21-29 août 1957], Genève, Fondation Hardt, 1960, p. 105-157.

– « Sur divers sens du mot PRAGMA dans la tradition philosophique grecque », dans P. Aubenque (dir.), *Concepts et catégories dans la pensée antique*, Paris, Vrin, 1980, p. 309-319.

– « Ouranos, Kronos and Zeus in Plotinus' treatise Against the Gnostics », dans H.J. Blumenthal et R.A. Markus (éds.), *Neoplatonism and Early Christian Thought. Essays in honnour of A. H. Armstrong*, London, Varium Publication LTD, 1981, p. 124-137.

HELLEMAN-ELGERSMA (W.), *Soul-Sisters. A Commentary on* Enneads *IV 3 (27), 1-8 of Plotinus*, Amsterdam, Rodopi, 1980.

HORN (Ch.), *Plotin über Sein, Zahl und Einheit. Eine Studie zu den systematischen Grundlagen der* Enneaden, Stuttgart–Leipzig, Teubner, 1995.

IGAL (J.), « The Gnostics and "the ancient philosophy" in Porphyry and Plotinus », dans H.J. Blumenthal et R.A. Markus (éds.), *Neoplatonism and Early Christian Thought.*

Essays in honnour of A. H. Armstrong, London, Varium Publication LTD, 1981, p. 138-149.

JEVONS (F.R.), « Dequantification in Plotinus' cosmology », *Phronesis* 9, 1964, p. 64-71.

JONAS (H.), « The soul in gnosticism and Plotinus », dans *Le Néoplatonisme* [Entretiens de Royaumont], Paris, éd. du C.N.R.S., 1971, p. 45-53.

JOSEPH (H.W.B.), *An Introduction to Logic*, Oxford, Clarendon Press, 1916.

KALLIGAS (P.), « Forms of individuals in Plotinus : a re-examination », *Phronesis* 42, 1997, p. 206-227.

KOBUSCH (Th.), *Sein und Sprache. Historische Grundlegung einer Ontologie der Sprache*, Leiden, Brill, 1987.

KOCH (I.), « *Tolma* et *Kakia* dans la réflexion éthique sur le mal chez Plotin », *Kairos* 15, 2000, p. 75-98.

KORDIG (C.R.), « The mathematics of mysticism : Plotinus and Proclus », dans R.B. Harris (éd.), *The Structure of Being. A Neoplatonic Approach*, Albany, State University of New York Press, 1982, p. 114-121.

KRÄMER (J.), *Der Ursprung der Geistmetaphysik. Untersuschungen zur Geschichte des Platonismus zwischen Platon und Plotin*, Amsterdam, P. Schippers, 1964.

KÜHN (W.), « Comment il ne faut pas expliquer la connaissance de soi-même (*Ennéade* V, 3 [49], 5.1-17) », dans M. Dixsaut (éd.), *La connaissance de soi. Etudes sur le traité 49 de Plotin*, Paris, Vrin, 2002, p. 229-266.

LACROSSE (J.), *L'amour chez Plotin. Eros hénologique, Eros noétique, Eros psychique*, Bruxelles, Ousia, 1994.

– *La philosophie de Plotin. Intellect et discursivité*, Paris, Presses Universitaires de France, 2003.

LAURENT (J.), *Les fondements de la nature selon Plotin. Procession et participation*, Paris, Vrin, 1992.

LAVAUD (L.), « Désir et pensée dans la philosophie de Plotin », *Kairos* 15, 2000, p. 107-130.

– « Structure et thème du traité 49 », dans M. Dixsaut (éd.), *La connaissance de soi. Etudes sur le traité 49 de Plotin*, Paris, Vrin, 2002, p. 179-208.

LEE (J.S.), « The doctrine of reception according to the capacity of the recipient in *Ennead* VI 4-5 », *Dionysius* 3, 1979, p. 79-97.

« Omnipresence, participation, and eidetic causation in Plotinus », dans R.B. Harris (éd.), *The Structure of Being. A Neoplatonic Approach*, Albany, State University of New York Press, 1982, p. 90-103.

LLOYD (A.C.), « Neoplatonic logic and Aristotelian logic », *Phronesis* 1, 1955-56, p. 58-72 et 146-159.

– « The principle that the cause is greater than its effects », *Phronesis* 21, 2, 1976, p. 146-156.

– *The Anatomy of Neoplatonism*, Oxford, Clarendon Press, 1998 [1990].

MEIJER (P.A.), « Stoicism in Plotinus' *Enneads* VI, 9, 1 », *Quaderni urbinati di cultura classica* 59, 1988, p. 61-76.

– *Plotinus On the Good or the One (Enneads VI, 9). An Analytical Commentary*, Amsterdam, J.C. Gieben, 1992.

MERLAN (Ph.), *From Platonism to Neoplatonism*, Den Haag, M. Nijhoff, 1975.

MONTET (D.), *Archéologie et généalogie. Plotin et la théorie platonicienne des genres*, Grenoble, J. Millon, 1996.

– « Sur la notion d'ἀγαθοειδές », *Kairos* 15, 2000, p. 131-149.

MOREAU (J.), « Plotin et la théorie platonicienne de la matière », dans *Réalisme et idéalisme chez Platon*, Paris, Presses Universitaires de France, 1951, p. 119-135.

– « L'Un et les êtres selon Plotin », *Giornale di metaphysica* 11, 1956, p. 204-224.

MOUKANOS (D.), *Ontologie der « Mathematika » in der* Metaphysik *des Aristoteles*, s. n. Athènes, 1981.

NARBONNE (J.-M.), « Plotin et le problème de la génération de la matière; à propos d'un article récent », *Dionysius* 11, 1987, p. 3-31.

– « Essai sur la problématique plotinienne », dans *Plotin. Les deux matières*, Paris, Vrin, 1993, p. 7-270.

– *La métaphysique de Plotin*, Paris, Vrin, 1994.

– « L'*ou ti* de Plotin », », *Les cahiers philosophiques de Strasbourg* 8, 1999, p. 23-51.

– *Hénologie, Ontologie, Ereignis (Plotin-Proclus-Heidegger)*, Paris, Les Belles Lettres, 2001.

NÉDONCELLE (M.), « Altérité, altération et aliénation dans la philosophie de Plotin », *Mélanges Octave et Melpo Merlier*, t. II, Athènes, Institut Français d'Athènes, 1956, p. 173-183.

NIKULIN (D.), « Intelligible matter in Plotinus », *Dionysius* 19, 1988,

– « The one and the many in Plotinus », *Hermes* 126, 1998, p. 326-340.

– *Matter, Imagination and Geometry. Ontology, Natural Philosophy and Mathematics in Plotinus, Proclus and Descartes*, Aldershot (GB), Ashgate, 2002.

NOCK (A.D.), « Posidonius », *The Journal of Roman Studies* 49, 1959.

O'BRIEN (D.), « Plotinus on evil. A study of matter and the soul in Plotinus' conception of human evil », dans *Le Néoplatonisme* [Entretiens de Royaumont], Paris, éd. du C.N.R.S., 1971, p. 113-146.

– « Le volontaire et la nécessité : réflexions sur la descente de l'âme dans la philosophie de Plotin », *Revue philosophique de la France et de l'étranger* 167, 1977, p. 401-422.

– « Plotinus and the Gnostics on the generation of matter », dans H.J. Blumenthal et R.A. Markus (éds.), *Neoplatonism and Early Christian Thought. Essays in honnour of A.H. Armstrong*, London, Varium Publication LTD, 1981, p. 108-123.

– « J.-M. Narbonne on Plotinus and the generation of matter : two corrections », *Dionysius* 12, 1988, p. 25-26.

– « The origin of matter and the origin of evil in Plotinus' criticism of the gnostics », dans *Herméneutique et ontologie, hommage à Pierre Aubenque*, Paris, Presses Universitaires de France, 1990, p. 181-202.

– « Le non-être dans la philosophie grecque: Parménide, Platon, Plotin », dans P. Aubenque (éd.), *Etudes sur le* Sophiste *de Platon*, Napoli, Bibliopolis, 1991, p. 317-364.

– *Plotinus on the Origin of Matter. An Exercise in the Interpretation of the « Enneads »*, Napoli, Bibliopolis, 1991.

– « Platon et Plotin sur la doctrine des parties de l'Autre », *Revue philosophique de la France et de l'étranger* 4, 1991, p. 501-512.

– « Origène et Plotin sur le roi de l'univers », dans M.-O. Goulet-Cazé, G. Madec et D. O'Brien (éds.), *Chercheurs de sagesse. Hommage à Jean Pépin*, Paris, Institut d'études augustiniennes, 1992, p. 317-342.

– *Théodicée plotinienne, théodicée gnostique*, Leiden–New York–Köln, Brill, 1993.

– « Plotinus on matter and evil », dans L.P. Gerson (éd.), *The Cambridge Companion to Plotinus*, Cambridge, Cambridge University Press, 1996, p. 171-195.

– « La matière chez Plotin : son origine, sa nature », *Phronesis* 44, 1999, p. 45-71.

O'MEARA (D.J.), « The problem of omnipresence in Plotinus' *Ennead* VI 4-5 : a reply », *Dionysius* 4, 1980, p. 61-74.

– « A propos d'un témoignage sur l'expérience mystique de Plotin (*Enn.* IV 8 [6], I, I-II) », *Mnemosyne* 27, 1974, p. 238-244.

– *Structures hiérarchiques dans la pensée de Plotin*, Leiden, Brill, 1975.

– *Pythagoras Revived. Mathematics and Philosophy in Late Antiquity*, Oxford, Clarendon Press, 1989.

– « La question de l'être et du non-être des objets mathématiques chez Plotin et Jamblique », *Revue de théologie et de philosophie* 122, 1990, p. 405-416.

– « The hierarchical ordering of reality in Plotinus », dans L.P. Gerson (éd.), *The Cambridge Companion to Plotinus*, Cambridge, Cambridge University Press, 1996, p. 66-81.

OOSTHOUT (H.), *Modes of Knowledge and the Transcendental. An Introduction to Plotinus* Ennead *5.3 [49]*, Amsterdam, Grüner, 1991.

PÉPIN (J.), « Plotin et les mythes », *Revue philosophique de Louvain* 53, 1955, p. 21-27.

– « Eléments pour une histoire de la relation entre l'intelligence et l'intelligible chez Platon et dans le néoplatonisme », *Revue philosophique* 146, 1956, p. 39-64.

– *Mythe et allégorie. Les origines grecques et les contestations judéo-chrétiennes*, Paris, Etudes Augustiniennes, 1976 [1958].

– « Plotin et le miroir de Dionysos (*ENN.* IV, 3 [27], 12, 1-2) », *Revue internationale de philosophie* 24, 1970, p. 304-320.

– « Platonisme et antiplatonisme dans le traité de Plotin *Sur les nombres* (VI. 6 [34]) », *Phronesis* 24, 1979, p. 197-208.

– « Le traité de Plotin *Sur les Nombres* (VI 6 [34]) : traces de son influence à la fin de l'Antiquité », dans J. Danek (dir.), *Vérité et éthos, Recueil commémoratif dédié à A.-M. Parent*, Québec, Les Presses de l'Université Laval, 1982, p. 87-91.

– « Dieu est-il tout-puissant ? Alexandre d'Aphrodise, Origène le Chrétien, Plotin », dans J.J. Clearly (éd.), *The Perennial Tradition of Neoplatonism*, Leuven, Leuven University Press, 1997, p. 3-18.

PERL (E.D.), « "The power of all things" : the One as pure giving in Plotinus », *American Catholic Philosophical Quarterly* 71, 1997, p. 301-313.

PETIT (A.), « Forme et individualité dans le système plotinien », *Les cahiers philosophiques de Strasbourg* 8, 1999, p. 109-122.

PHILLIPS (J.F.), « Stoic "Common notions" in Plotinus », *Dionysius* 11, 1987, p. 33-52.

PICAVET (F.), « Hypostases plotiniennes et trinité chrétienne », *Annuaire de l'Ecole Pratique des Hautes Etudes (Ve Section)* 1917, p. 1-52.

PRITCHARD (P.), *Plato's Philosophy of Mathematics*, Sankt Augustin, Academia Verlag, 1995.

RAPPE (S.), « Metaphor in Plotinus' *Enneads* v 8.9 », *Ancient Philosophy* 15, 1995, p. 155-172.

– « Self-knowledge and subjectivity in the *Enneads* », dans L.P. Gerson (éd.), *The Cambridge Companion to Plotinus*, Cambridge, Cambridge University Press, 1996, p. 250-274.

– « Explanation and nature in *Enneads* VI. 7.1-15 », dans M.F. Wagner (éd.), *Neoplatonism and Nature. Studies in Plotinus'* Enneads, Albany, State University of New York Press, 2002, p. 71-98.

RIST (J.M.), « Plotinus on matter and evil », *Phronesis* 6, 1961, p. 154-166.

– « The indefinite dyad and intelligible matter in Plotinus », *The Classical Quarterly* 12, 1962, p. 92-107.

– « Monism : Plotinus ans some predecessors », *Harvard Studies in Classical Philology* 69, 1965, p. 329-344.

Plotinus. The Road to Reality, Cambridge, Cambridge University Press, 1967.

– « The Problem of "Otherness" in the *Enneads* », dans *Le Néoplatonisme* [Entretiens de Royaumont], Paris, éd. du C.N.R.S., 1971, p. 77-87.

ROLOFF (D.), *Plotin. Die Gross-schrift III, 8-V, 8-V, 5 - II, 9*, Untersuchungen zur antiken Literatur und Geschichte, Berlin, de Gruyter, 1970.

ROMANO (F.), « Natura e anima in Plotino », dans M.-O. Goulet-Cazé, G. Madec et D. O'Brien (éd.), *Chercheurs de sagesse. Hommage à Jean Pépin*, Paris, Institut d'études augustiniennes, 1992, p. 275-296.

RUTTEN (Ch.), « La doctrine des deux actes dans la philosophie de Plotin », *Revue philosophique de la France et de l'étranger* 146, 1956, p. 100-106.

– « Le genre et la différence selon Plotin », dans *Mélanges Léon Graulich*, Faculté de droit, Liège, 1957, p. 639-648.

– *Les catégories du monde sensible dans les* Ennéades *de Plotin*, Paris, Les Belles Lettres, 1961.

SANTA CRUZ (M.I.), *La genèse du monde sensible dans la philosophie de Plotin*, Paris, Presses Universitaires de France, 1979.

– « L'exégèse plotinienne des *ΜΕΓΙΣΤΑ ΓΕΝΗ* du *Sophiste* de Platon, dans J.J. Clearly (éd.), *The Perennial Tradition of Neoplatonism*, Leuven, Leuven University Press, 1997, p. 105-118.

– « L'Un est-il intelligible ? », dans M. Dixsaut (éd.), *La connaissance de soi. Etudes sur le traité 49 de Plotin*, Paris, Vrin, 2002, p. 73-90.

SCHILLER (J.P.), « Plotinus and Greek rationalism », *Apeiron* 12, 1978, p. 37-50.

SCHUHL (P.-M.), « Descente métaphysique et ascension de l'âme dans la philosophie de Plotin », *Studi internazionali di filosofia* 5, 1973, p. 71-84.

– « La descente de l'âme selon Plotin », *Diotima* 4, 1976, p. 65-68.

SCHÜRMANN (R.), « The one : substance or function ? », dans M.F. Wagner (éd.), *Neoplatonism and Nature. Studies in Plotinus'* Enneads, Albany, State University of New York Press, 2002, p. 157-177.

SCHWYZER (H.-R.), « Une interprétation plotinienne d'un passage du *Timée* », *Actes du Congrès de l'Association Guillaume Budé*, 1954, p. 255-256.

– « Zu Plotins Deutung der Sogenannten Platonischen Materie », dans *Zetesis, Album amicorum aangeboden aan Prof. Dr. E. de Stryker*, Anvers-Utrecht, 1973, p. 266-280.

SEDLEY (D.), « Stoic Metaphysics at Rome », dans R. Salles (éd.), *Metaphysics, Soul, and Ethics in Ancient Thought, Themes from the Work of Richard Sorabji*, Oxford, Oxford University Press, 2005, p. 117-142.

SEIDEL G. J., « Chaos in Plotinus », *Revue de philosophie ancienne* 10, 1992, p. 211-220.

SHAW (G.), « Eros and arithmos : Pythagorean theurgy in Iamblichus and Plotinus », *Ancient Philosophy* 19, 1999, p. 121-142.

SIMONS (J.), « Matter and time », *Dionysius* 9, 1985, p. 53-74.

SOLMSEN (F.), « Plotinus 6. 9. 7 (2. 518. 3ff Vollkmann) », *Classical Philology* 53, 1958, p. 245.

– « Plotinus V 5, 3, 21ff., a passage on Zeus », *Museum Helveticum* 43, 1986, p. 68-73.

STEEL (C.), *The Changing Self. A Study in Later Neoplatonism*, Bruxelles, édition de l'Académie Royale de Belgique, 1978.

– « L'Un et le Bien. Les raisons d'une identification dans la tradition platonicienne », *Revue des sciences philosophiques et théologiques* 73, 1989, p. 69-85.

SWEENEY (L.), « Are *apeira* and *aoristia* synonyms ? », *The Modern Schoolman* 33, 1956, p. 270-279.

– « Infinity in Plotinus », *Gregorianum* 38, 1957, p. 515-535 et 713-732.

– « Another interpretation of *Enneads*, VI, 7, 32 », *The Modern Schoolman* 38, 1961, p. 289-299.

– *Divine Infinity in Greek and Medieval Thought*, New York, P. Lang, 1992.

SZLEZÁK (Th. A.), *Platon und Aristoteles in der Nuslehre Plotins*, Bâle–Stuttgart, Schwabe & Co Ag, 1979.

THEILER (W.), *Die Vorbereitung des Neuplatonismus*, Berlin, Weidmannsche Buchhandlung, 1930.

– « Plotin zwischen Plato und Stoa », dans P. Henry, P. Hadot, O. Gigon, O. Reverdin (éds.), *Les sources de Plotin* [Entretiens sur l'Antiquité classique, Vandœuvres-Genève, 21-29 août 1957], Genève, Fondation Hardt, 1960, p. 63-103.

– « Einheit und unbegrenzte Zweiheit von Plato bis Plotin », dans *Untersuchungen zur Antiken Literatur*, Berlin, 1970, p. 460-483.

– « Das Unbestimmte, Unbegrenzte bei Plotin », *Revue internationale de philosophie* 92, 1970, p. 290-297.

TORCHIA (N.J.), *Plotinus,* Tolma, *and the Descent of Beings : An Exposition and Analysis*, New York, P. Lang, 1998.

TROUILLARD (J.), « La présence de Dieu selon Plotin », *Revue de métaphysique et de morale* 59, 1954, p. 38-45.

– *La purification plotinienne*, Paris, Presses Universitaires de France, 1955.

– *La procession plotinienne*, Paris, Presses Universitaires de France, 1955.

– « L'âme du *Timée* et l'Un du *Parménide* dans la perspective néoplatonicienne », *Revue internationale de philosophie* 24, 1970, p. 236-251.

– « La notion de ΔΥΝΑΜΙΣ chez Damascios », *Revue des études grecques* 85, 1972, p. 353-363.

– « Procession néoplatonicienne et création judéo-chrétienne », dans *Néoplatonisme. Mélanges offerts à J. Trouillard*, Fontenay-aux-Roses, Les Cahiers de Fontenay, 1981, p. 1-30.

VARESSIS (E.), *Die Andersheit bei Plotin*, Stuttgart–Leipzig, Teubner, 1996.

VERBEKE (G.), « Pourquoi "trois" hypostases principales chez Plotin ? », dans *Recherches d'islamologie. Recueil d'articles offert à Georges C. Anawati et Louis Gardet par leurs collègues et amis*, Louvain, Peeters, 1977, p. 359-379.

DE VOGEL (C.J.), « On the Neoplatonic character of Platonism and the Platonic character of Neoplatonism », *Mind* 62, 1953, p. 43-64.

– « La théorie de l'ἄπειρον chez Platon et dans la tradition platonicienne », *Revue philosophique de la France et de l'étranger* 149, 1959, p. 21-39.

– « A propos de quelques aspects dits néoplatonisants du platonisme de Platon », dans *Le Néoplatonisme* [Entretiens de Royaumont], Paris, Éditions du C.N.R.S., 1971, p. 7-16.

WHITTAKER (J.), « Philological comments on the neoplatonic notion of infinity », dans R.B. Harris (éd.), *The Significance of Neoplatonism*, Virginia, Norfolk, 1976, p. 155-172.

WURM (K.), *Substanz und Qualität. Ein Beitrag zur Interpretation der Plotinischen Traktate VI 1, 2 und 3*, Berlin–New York, De Gruyter, 1973.

INDEX DES RÉFÉRENCES AUX *ENNÉADES*

TABLE DES MATIÈRES

DEUXIÈME PARTIE
LA DÉTERMINATION

TROISIÈME PARTIE
L'INDÉTERMINATION AU CŒUR DE LA DÉTERMINATION

ACHEVÉ D'IMPRIMER
EN OCTOBRE 2007
PAR L'IMPRIMERIE
DE LA MANUTENTION
A MAYENNE
FRANCE
N° 308-07

Dépôt légal : 4e trimestre 2007